THE ASTROLOGY OF YOU AND ME:
How to Understand and Improve Every Relationship in Your Life

人際關係 占星全書

96種日常情境╳12星座溝通攻略

蓋瑞・高史奈德 GARY GOLDSCHNEIDER ──── 著　吳妍儀 ──── 譯

此書獻給我的七個孩子——
安德魯（Andrew）、亞倫（Aron）、以薩克（Isak）、
莎拉（Sara）、安東（Anton）、亞莉安娜（Ariana），
以及伊莎多拉（Isadora）
他們為我上了生平第一堂真實人生心理學

牡羊座 3月21日 至 4月20日	金牛座 4月21日 至 5月21日	雙子座 5月22日 至 6月21日	巨蟹座 6月22日 至 7月22日

獅子座 7月23日 至 8月23日	處女座 8月24日 至 9月22日	天秤座 9月23日 至 10月22日	天蠍座 10月23日 至 11月21日

射手座 11月22日 至 12月21日	摩羯座 12月22日 至 1月20日	水瓶座 1月21日 至 2月19日	雙魚座 2月20日 至 3月20日

96種情境綱要

[工作篇]

1. 要求＿＿座老闆加薪
2. 向＿＿座老闆宣布壞消息
3. 替＿＿座老闆安排差旅和娛樂
4. ＿＿座老闆的決策風格
5. 打動＿＿座老闆
6. 提案並對＿＿座老闆做簡報
7. 面試或雇用＿＿座員工
8. 宣布壞消息或解雇＿＿座員工
9. 與＿＿座員工一同差旅或娛樂
10. 分配任務給＿＿座員工
11. 激勵或打動＿＿座員工
12. 管理、指導或指正＿＿座員工
13. 尋求＿＿座同事的建議
14. 向＿＿座同事求助
15. 與＿＿座同事一同差旅或娛樂
16. 與＿＿座同事共事
17. 打動或激勵＿＿座同事
18. 說服或指正＿＿座同事
19. 打動＿＿座客戶
20. 向＿＿座客戶推銷
21. ＿＿座客戶重視的外表和舉措
22. 保持＿＿座客戶的興趣
23. 向＿＿座客戶報告壞消息
24. 招待＿＿座客戶需注意的「眉角」
25. 與＿＿座建立合夥關係
26. 與＿＿座合夥人之間的任務分配
27. 與＿＿座合夥人一同差旅或娛樂
28. 管理並指導＿＿座合夥人
29. 與＿＿座合夥人長期的合作之道
30. 與＿＿座合夥人分道揚鑣
31. 反擊＿＿座競爭者

32 智取＿＿座競爭者

33 當面讓＿＿座競爭者刮目相看

34 對＿＿座競爭者削價競爭或高價搶標

35 與＿＿座競爭者的公關戰爭

36 向＿＿座競爭者展現你的態度

[**愛情篇**]

37 吸引＿＿座的目光

38 初次跟＿＿座約會的建議

39 初次跟＿＿座約會的助興與敗興之舉

40 對＿＿座採取「攻勢」

41 打動＿＿座的方法

42 擺脫＿＿座的方法

43 與＿＿座戀人進行討論

44 與＿＿座戀人發生爭論

45 與＿＿座戀人一起旅遊

46 與＿＿座戀人的性愛關係

47 ＿＿座戀人的親暱表現

48 ＿＿座戀人的幽默感

49 ＿＿座的婚禮和蜜月

50 ＿＿座的家庭和婚姻生活

51 ＿＿座婚後的財務狀況

52 ＿＿座的不忠與脫軌

53 ＿＿座與子女的關係

54 ＿＿座面對離婚的態度

55 遇見＿＿座祕密情人

56 與＿＿座幽會的地點

57 與＿＿座的祕密性愛

58 長久保有＿＿座祕密情人

59 與＿＿座的祕密歡愉

60 與＿＿座祕密情人分手

61 與＿＿座前任成為朋友

62 與＿＿座前任復合

63 與＿＿座前任討論過去的問題

64 對＿＿座前任表達親暱感情的程度

65 界定與＿＿座前任現有的關係

66 要求 ____ 座前任分擔照顧子女的責任

82 ____ 座父母的危機處理

83 ____ 座父母的假期安排和家族聚會

[朋友與家人篇]

84 照顧年邁的 ____ 座父母

67 向 ____ 座朋友求助

85 與 ____ 座手足的競爭和親近

68 與 ____ 座朋友溝通和聯絡

86 過往的成長經驗對 ____ 座手足的影響

69 向 ____ 座朋友借錢

87 與疏離的 ____ 座手足往來

70 向 ____ 座朋友徵求意見

88 ____ 座手足對繼承、遺囑等金錢議題的處理

71 拜訪 ____ 座朋友的時機

89 與 ____ 座手足的家族團聚和慶祝活動

72 與 ____ 座朋友一起慶祝和娛樂

90 與 ____ 座手足一起度假

73 與 ____ 座室友分擔財務責任

91 ____ 座子女的人格發展

74 與 ____ 座室友分擔打掃責任

92 ____ 座子女的嗜好、興趣和職涯規畫

75 當你的訪客遇到 ____ 座室友

93 對 ____ 座子女的管教

76 與 ____ 座室友的社交生活

94 與 ____ 座子女的親暱程度

77 與 ____ 座室友的隱私問題

95 處理 ____ 座子女與手足之間的互動

78 與 ____ 座室友討論問題

96 與成年 ____ 座子女的互動

79 ____ 座父母的教養風格

80 ____ 座父母與孩子的相處

81 ____ 座父母給孩子的金錢觀

目次

自序：一本關於另一個傢伙的星座書 12

牡羊座　14
3月21日至4月20日

工作
你的牡羊座老闆　15
你的牡羊座員工　16
你的牡羊座同事　18
你的牡羊座客戶　19
你的牡羊座合夥人　21
你的牡羊座競爭者　22

愛情
與牡羊座的第一次約會　25
你的牡羊座戀人　26
你的牡羊座配偶　28
你的牡羊座祕密情人　29
你的牡羊座前任　31

朋友與家人
你的牡羊座朋友　33
你的牡羊座室友　34
你的牡羊座父母　36
你的牡羊座手足　38
你的牡羊座子女　39

金牛座　42
4月21日至5月21日

工作
你的金牛座老闆　43
你的金牛座員工　44
你的金牛座同事　46
你的金牛座客戶　47
你的金牛座合夥人　49
你的金牛座競爭者　50

愛情
與金牛座的第一次約會　53
你的金牛座戀人　54
你的金牛座配偶　56
你的金牛座祕密情人　57
你的金牛座前任　59

朋友與家人
你的金牛座朋友　61
你的金牛座室友　62
你的金牛座父母　64
你的金牛座手足　65
你的金牛座子女　67

雙子座　70
5月22日至6月21日

工作
你的雙子座老闆　71
你的雙子座員工　72
你的雙子座同事　74
你的雙子座客戶　76
你的雙子座合夥人　77
你的雙子座競爭者　79

愛情
與雙子座的第一次約會　81
你的雙子座戀人　82
你的雙子座配偶　84
你的雙子座祕密情人　86
你的雙子座前任　87

朋友與家人
- 你的雙子座朋友　　　　　　　90
- 你的雙子座室友　　　　　　　91
- 你的雙子座父母　　　　　　　93
- 你的雙子座手足　　　　　　　94
- 你的雙子座子女　　　　　　　96

巨蟹座　　　　　　　　98
6月22日至7月22日

工作
- 你的巨蟹座老闆　　　　　　　99
- 你的巨蟹座員工　　　　　　100
- 你的巨蟹座同事　　　　　　102
- 你的巨蟹座客戶　　　　　　103
- 你的巨蟹座合夥人　　　　　105
- 你的巨蟹座競爭者　　　　　106

愛情
- 與巨蟹座的第一次約會　　　109
- 你的巨蟹座戀人　　　　　　110
- 你的巨蟹座配偶　　　　　　112
- 你的巨蟹座祕密情人　　　　113
- 你的巨蟹座前任　　　　　　115

朋友與家人
- 你的巨蟹座朋友　　　　　　117
- 你的巨蟹座室友　　　　　　118
- 你的巨蟹座父母　　　　　　120
- 你的巨蟹座手足　　　　　　121
- 你的巨蟹座子女　　　　　　123

獅子座　　　　　　　　125
7月23日至8月23日

工作
- 你的獅子座老闆　　　　　　126
- 你的獅子座員工　　　　　　127
- 你的獅子座同事　　　　　　129
- 你的獅子座客戶　　　　　　130
- 你的獅子座合夥人　　　　　132
- 你的獅子座競爭者　　　　　133

愛情
- 與獅子座的第一次約會　　　136
- 你的獅子座戀人　　　　　　137
- 你的獅子座配偶　　　　　　139
- 你的獅子座祕密情人　　　　140
- 你的獅子座前任　　　　　　142

朋友與家人
- 你的獅子座朋友　　　　　　144
- 你的獅子座室友　　　　　　145
- 你的獅子座父母　　　　　　147
- 你的獅子座手足　　　　　　149
- 你的獅子座子女　　　　　　150

處女座　　　　　　　　153
8月24日至9月22日

工作
- 你的處女座老闆　　　　　　154
- 你的處女座員工　　　　　　155
- 你的處女座同事　　　　　　157
- 你的處女座客戶　　　　　　158
- 你的處女座合夥人　　　　　160
- 你的處女座競爭者　　　　　161

愛情
- 與處女座的第一次約會　　　164
- 你的處女座戀人　　　　　　165
- 你的處女座配偶　　　　　　167
- 你的處女座祕密情人　　　　168
- 你的處女座前任　　　　　　170

朋友與家人
- 你的處女座朋友　　　　　　172

你的處女座室友	173
你的處女座父母	175
你的處女座手足	176
你的處女座子女	178

天秤座　　180
9月23日至10月22日

工作
你的天秤座老闆	181
你的天秤座員工	182
你的天秤座同事	184
你的天秤座客戶	185
你的天秤座合夥人	187
你的天秤座競爭者	188

愛情
與天秤座的第一次約會	191
你的天秤座戀人	192
你的天秤座配偶	194
你的天秤座祕密情人	195
你的天秤座前任	197

朋友與家人
你的天秤座朋友	199
你的天秤座室友	200
你的天秤座父母	202
你的天秤座手足	203
你的天秤座子女	205

天蠍座　　207
10月23日至11月21日

工作
你的天蠍座老闆	208
你的天蠍座員工	209
你的天蠍座同事	211
你的天蠍座客戶	212
你的天蠍座合夥人	214
你的天蠍座競爭者	215

愛情
與天蠍座的第一次約會	218
你的天蠍座戀人	219
你的天蠍座配偶	221
你的天蠍座祕密情人	222
你的天蠍座前任	224

朋友與家人
你的天蠍座朋友	226
你的天蠍座室友	227
你的天蠍座父母	229
你的天蠍座手足	231
你的天蠍座子女	232

射手座　　235
11月22日至12月21日

工作
你的射手座老闆	236
你的射手座員工	237
你的射手座同事	239
你的射手座客戶	240
你的射手座合夥人	242
你的射手座競爭者	243

愛情
與射手座的第一次約會	246
你的射手座戀人	247
你的射手座配偶	249
你的射手座祕密情人	250
你的射手座前任	252

朋友與家人
你的射手座朋友	254
你的射手座室友	255
你的射手座父母	257

你的射手座手足　　　　　　258
你的射手座子女　　　　　　260

摩羯座　　　　　　262
12月22日至1月20日

工作
你的摩羯座老闆　　　　　　263
你的摩羯座員工　　　　　　264
你的摩羯座同事　　　　　　266
你的摩羯座客戶　　　　　　267
你的摩羯座合夥人　　　　　269
你的摩羯座競爭者　　　　　270

愛情
與摩羯座的第一次約會　　　273
你的摩羯座戀人　　　　　　274
你的摩羯座配偶　　　　　　276
你的摩羯座祕密情人　　　　277
你的摩羯座前任　　　　　　279

朋友與家人
你的摩羯座朋友　　　　　　281
你的摩羯座室友　　　　　　282
你的摩羯座父母　　　　　　284
你的摩羯座手足　　　　　　285
你的摩羯座子女　　　　　　287

水瓶座　　　　　　289
1月21日至2月19日

工作
你的水瓶座老闆　　　　　　290
你的水瓶座員工　　　　　　291
你的水瓶座同事　　　　　　293
你的水瓶座客戶　　　　　　294
你的水瓶座合夥人　　　　　296
你的水瓶座競爭者　　　　　297

愛情
與水瓶座的第一次約會　　　300
你的水瓶座戀人　　　　　　301
你的水瓶座配偶　　　　　　303
你的水瓶座祕密情人　　　　304
你的水瓶座前任　　　　　　306

朋友與家人
你的水瓶座朋友　　　　　　308
你的水瓶座室友　　　　　　309
你的水瓶座父母　　　　　　311
你的水瓶座手足　　　　　　313
你的水瓶座子女　　　　　　314

雙魚座　　　　　　317
2月20日至3月20日

工作
你的雙魚座老闆　　　　　　318
你的雙魚座員工　　　　　　319
你的雙魚座同事　　　　　　321
你的雙魚座客戶　　　　　　322
你的雙魚座合夥人　　　　　324
你的雙魚座競爭者　　　　　325

愛情
與雙魚座的第一次約會　　　328
你的雙魚座戀人　　　　　　329
你的雙魚座配偶　　　　　　331
你的雙魚座祕密情人　　　　332
你的雙魚座前任　　　　　　334

朋友與家人
你的雙魚座朋友　　　　　　336
你的雙魚座室友　　　　　　337
你的雙魚座父母　　　　　　339
你的雙魚座手足　　　　　　340
你的雙魚座子女　　　　　　342

自序
一本關於另一個傢伙的星座書

二〇〇七年十月一個下雨的午後，我又再度回到故鄉費城，並且很快打電話給怪癖圖書公司（Quirk Books）的總裁兼發行人大衛‧勃根尼克特（David Borgenicht），說我人在這裡。他立刻邀請我過去，不久後我就走在舊城熟悉的街道上，按了這家不尋常出版社的門鈴。一位接待員請我進去以後，我等著大衛，然後立刻被他的「最糟狀況」系列圖書所贏得的獎項吸引，這些獎狀裱了框，顯眼地展示在牆上。大衛跟我從未見過面，但我們已經透過一位共同朋友，即阿姆斯特丹美國圖書中心的瑞克‧萊特史東（Rick Lightstone）而彼此認識了；我

蓋瑞‧高史奈德
（Gary Goldschneider）
生日：5月22日
星座：雙子座

和瑞克都住在阿姆斯特丹。怪癖圖書熱忱友善又放鬆的工作氛圍，讓我印象深刻。大衛熱邀我進去，然後在他的會議室長桌前請我坐下，對面藏書室的書架上有一批精選書籍，其中包括我寫的《生日的祕密語言》（*Secret Language of Birthdays*）。

瑞克曾經建議過要跟大衛一起炮製一個新書計畫。大衛就像是能讀到我的心意似的，立刻鼓勵我分享對於我下一本書的任何點子。我提了幾個縈繞在我腦中的構想，而在仔細把這些想法記下來之後，大衛直接說道：

「我對新書有個點子。這會是一本關於『另一個傢伙』的星座書。」

「另一個傢伙？」我困惑地問道。

「是啊，」他回答：「你知道的，一九九〇年代大家談的都是我、我、我。大家對於跟他們說『他們是什麼人』的那種書趨之若鶩，而你的《生日的祕密語言》真的抓住這股潮流了。我現在心裡想的是一種星座手冊，告訴你如何透過別人的星座來接近他們，本質上就是在幾乎任何一種

人生範疇裡，怎樣應付一個摩羯座、獅子座或雙子座等等。」

六個月後，二〇〇八年四月，大衛在前往倫敦書展的途中，到阿姆斯特丹稍作停留來看我。在史佩廣場盧森堡咖啡館的一張桌子前，他坐在我對面，列出他和同僚具體提出的此書主要部分：工作、愛情、朋友與家人。每個範疇之下都有小標，像是你的天秤座老闆、你的水瓶座祕密情人和你的雙子座朋友，而在每一個小標之下還有另外六種情境，說明像是「要求天秤座老闆加薪」、「與水瓶座的祕密性愛」，以及「向雙子座朋友借錢」等議題。這個計畫需要的總字數大約是十七到十八萬字，很是讓人望而生畏；但既然三本「祕密語言」系列的每一本總字數都有五十萬字，我們都知道我辦得到。

我當時發現大衛的原創點子很棒，現在也仍舊這麼覺得。現在的人對於別人更感興趣，或許是因為對自己的興趣稍微少了那麼一點點。直到後來我才領悟到，這正是我一直想寫的書，而且實際上我曾經以「自己的太陽星座書」的形式，向各家出版社提案過。我覺得現在時候終於到了，在這個類別裡可以再出現另一本重量級的書。從一九六〇年代，以及琳達・古德曼（Linda Goodman）劃時代的巨作《太陽星座》（Sun Signs）出版後，在這個流行領域裡，這類型的書很奇怪地一直缺席。我們雙方的想法與興趣配合得剛剛好，這種令人滿意的刺激讓我寫出了這部作品。我要感謝大衛以及怪癖圖書公司的全體同仁，他們讓我們的共同創作變成一個極其完美的體驗。我想我從沒有像寫這本書一樣，這麼享受寫作的過程。

蓋瑞・高史奈德
阿姆斯特丹，二〇〇八年十一月

牡羊座

生日：3月21日至4月20日

牡羊座是黃道十二宮的第一個星座，代表火象基本宮，象徵純粹與高度直覺的星座能量。因為火星是牡羊座的主宰行星，牡羊座的人傾向於顯得很強勁、很進取，而且堅持要得償所願、要當贏家。雖然他們常常很孩子氣又心胸開闊，但也可能在情緒上很疏離，並且覺得很難表達他們複雜的感受。他們不喜歡被分析，在與他們自己有關的方面會採取「你看到什麼就是什麼」的態度。

工作

牡羊座
3月21日至4月20日

你的牡羊座老闆

牡羊座老闆是天生的領袖,對於他們希望整個團體該往哪個方向走,不會有太多疑慮。明確、清楚而苛求,這些烈火性格的人會要求他們的員工盡其所能地投入每一分心力,然後再多投入一點。因為扮演這種角色對他們來說太如魚得水,所以他們渴望做決定,並且看到這些決定被落實。他們是真正的獨立個體,自然會尊重其他人的個體性;一旦他們的員工明白老闆有何期待之後,這些牡羊座老闆就會以驚人的開放態度看待員工獨立作業,甚至期待他們這麼做。

❶ 要求牡羊座老闆加薪

牡羊座老闆可能已經料到你有這個念頭。最有可能的情況是,你甚至不用問,他們自己就會提議給你加薪(如果這是你應得的)。然而,這也意味著如果你需要主動要求加薪,你可能會被回絕。牡羊座老闆樂於當個寬宏大量的人,但只在有正當理由的時候。對於你可能完成的驚人交易——讓整個團體有了新活力與方向的那一種——會讓他們印象特別深刻。他們並不那麼注意穩定或勤勉的行為,因此可能會忽略不引人注目卻忠誠效力的員工。

❷ 向牡羊座老闆宣布壞消息

請確定你戴了安全帽。起初在一陣不祥的沉默之後,牡羊座老闆可能會勃然大怒(別排除大吼大叫或拿起附近的東西亂扔的可能性)。越來越紅的臉色可能是第二個警告標誌。地震式的爆發很可能會延續幾分鐘,但通常就像夏季暴雨,很快就會過去。有一種選擇是直接把那份令人困擾的報告以書面形式遞給你的牡羊座老闆,然後迅速撤退。

❸ 替牡羊座老闆安排差旅和娛樂

要是你把事情安排得就像牡羊座老闆自己會做的一樣,他們會非常高興;如果你沒有,就會挺不愉快了。所以你要成功,最根本的就是要搞清楚他們特別的欲求和期望。既然組織工作通常不是他們的強項,他們可能會完全仰賴你來讓事情盡善盡美。請記得,他們熱愛氣派的姿態,而且會不惜血本讓自己有面子。要特別注意那種小小的神來之筆,點出你對他們

強項
有啟發性
精力旺盛
有開創性

弱點
不注意
緊繃
缺乏自覺

互動風格
咄咄逼人
愛下命令
直言不諱

的偏好很敏銳。牡羊座老闆會對願意多花心思的人青睞有加，所以你事先通知餐廳、旅館或旅行社辦事人員你老闆的偏好，會是很好的作法。

4 牡羊座老闆的決策風格

牡羊座老闆自然會自己做所有重要的決定，而且通常不會要求你提出建議。話雖如此，當你自己做決定的時候，他們喜歡看到你表現果斷；而在他們正視你所做的事情時，你就屏息以待吧！牡羊座老闆總是在做決定、下命令，他們不會容忍抗命或誤解。他們也不常改變心意，所以在面對困難或失敗時，他們很可能會怪到你頭上，指出他們眼中屬於你的彈性問題與弱點。最好鼓起勇氣實現他們的信條，並且在進展不妙的時候，溫和地提醒他們，他們本來的命令是什麼。

5 打動牡羊座老闆

第一步是先引起你的牡羊座老闆注意。要達到這個目標，最佳方式不是定期發出溫和的備忘錄，而是簡明扼要、思考周全的計畫，如此才能夠迅速地穿透牡羊座的盔甲。計畫應該在你們兩人獨處的時候提出，因為我不建議你在同事面前冒著讓牡羊座老闆尷尬的風險。不要試著巴結牡羊座老闆，或者用拐彎抹角或委婉的方式推銷你的想法，這樣只會讓他們更不耐煩。你一使出你的絕招之後，最好讓他們獨處一下，一旦他們準備好之後就會給你答覆。

6 提案並對牡羊座老闆做簡報

面對牡羊座老闆，最好讓整件事簡潔有力。一開始就闡明你的重點／結果，而不是留到最後才說。用不超過五個項目的清單列出你的主要論點。不要怕說出你計畫裡的內在問題，也不要把計畫中會牽涉到的花費與努力縮到最小。挑戰對牡羊座老闆很有吸引力，而可能性低、甚至根本不可能的事情通常會燃起他們的鬥志。請確保你留下夠多空間讓他們親自參與，少了這個，提案就不可能成功。既然他們通常很容易覺得煩，請設法穿著柔和或中性色調與風格的服裝。

你的牡羊座員工

儘管有著強烈的獨立性格，牡羊座員工卻很擅長遵循規定，以及聽從上司的指示。同時，他們會立刻瞥見上司的錯誤，也會看到他們的計畫裡有什麼樣的缺陷與漏洞。通常他們會對這種事情保持緘默，直到某一天，或許受到刺激、或者不公平地被指控犯了錯誤，他們才會翻舊帳，把曾經加諸他們身上的不公平與不正確的命令都搬出來。請期待牡羊座員工會想出改變事態的建議，但通常只有在他們覺得整個團體或老闆對他們開誠布公的時候，他們才會這樣做。

7 面試或雇用牡羊座員工

牡羊座求職者尋求的是一個可以清楚執行、定義精確的任務,沒有模稜兩可或過度異想天開的要求。面試並雇用一位牡羊座,最成功的作法是直截了當。特別重要的是不要太加油添醋,因為牡羊座不會忘記虛假或誤導性的承諾。不要把牡羊座實事求是的態度誤解成缺乏熱忱;新進的牡羊座員工已迫不及待要把他們超凡的精力投入手邊的任務了。愉快、樂觀的環境,可以最有效率地引導出他們最好的一面。

8 宣布壞消息或解雇牡羊座員工

這可能很難處理,因為在牡羊座自認為表現一直很好的時候,你可能很難拿他們的失敗去跟他們對質。對許多牡羊座來說,失敗是人生中最難處理的部分。此外,牡羊座員工對於自己和自己的工作通常缺乏客觀性,只看到他們想要或需要看到的那一面。如果可能的話,應該花幾個星期逐漸地讓他們對壞消息或解雇有所準備,給他們時間去調適,並且讓警訊真正進入他們腦中。務必避免採取突然間針對他們的行動,因為他們可能會展現出同樣突然而狂暴的反應,讓所有相關人等都極不愉快。

9 與牡羊座員工一同差旅或娛樂

雖然他們拉著行李箱走天涯的能力高強,不過大多數牡羊座員工在安全、熟悉的環境下工作,表現最好。雖然一般來說他們是很有活力的人,卻可能難以適應經常變動的新處境,而在長期出差的狀況下,他們可能會變得困惑混亂,以致限制了他們的成效。在娛樂方面,牡羊座員工是絕佳的組織者,能替同僚、客戶與老闆規畫好晚餐、慶祝活動和鬧區夜遊活動。他們也特別擅長得知其他人喜歡什麼,所以也很會送禮。

10 分配任務給牡羊座員工

只要任務範圍界定好,通常不會有問題。牡羊座員工非常善於弄清楚他們不喜歡什麼,也會事先讓你知道。所以應該鼓勵他們提前告訴你,他們是否覺得能夠完成一項指定任務,而不至於過度擔憂或有壓力。然而有些情況下,如果牡羊座員工的老闆或上司確定只要他們做就對了,就可以刺激或鼓勵牡羊座接受本來沒那麼想做的任務。這樣的工作最好從鼓勵他嘗試的角度分配下去,如此,牡羊座員工還有機會選擇退場,而不必被怪罪。

11 激勵或打動牡羊座員工

金錢對一般牡羊座員工而言,可以是強烈的激勵因素,他們相信如果你是認真的,你就會用金錢來證明你是說真的。紅利可以是激勵牡羊座員

強項
辛勤工作
精力充沛
樂意幫忙

弱點
叛逆
易怒
不寬容

互動風格
誠實
忠貞
坦率

工的強烈誘因。因為牡羊座員工通常擁有非凡的精力，他們並不介意超時工作以賺取一點外快。然而必須小心確保他們對自己的能耐沒有不切實際的看法，不會給自己過大的壓力。雖然你可能已經打動牡羊座員工，他們可能會接受被指派的任務並且辛勤工作，但還是要小心戒備，避免他們高估個人的能力導致崩潰。

12 管理、指導或指正牡羊座員工

牡羊座員工對批評極端敏感。如果你花時間完整解釋你的意思，他們就可以應付得來；但他們可能會特別易怒，而且會被一句脫口而出、未經思索的評語深深傷害到。他們也無法應付那種日復一日的嘮叨式批評，他們通常臉皮不夠厚，無法把這種負面言論彈開了事。讓他們大笑、或至少微笑地面對自己的弱點，或者在緊繃的情況下笑看任何有趣或荒謬的事，會大大有助於跟他們溝通。總的來說，牡羊座員工很容易管理和指導，只要你對他們誠實，又沒有太多藉口，或者做出誤導性的保證。

你的牡羊座同事

通常可以預期牡羊座同事會盡到他們份內的責任，而且對工作有積極的態度。然而，因為他們很容易氣餒（通常會導致不滿或徹底的沮喪），他們需要有同事保證他們對這個團體的價值。感覺到自己對於現在進行的事有根本的重要性，甚至是工作核心，對牡羊座同事來說，是一種應該被滿足的重大需求。並不是所有的牡羊座都需要當明星，在團體裡鶴立雞群；通常只要重視他們所扮演的角色就夠了。

13 尋求牡羊座同事的建議

如果你選擇找牡羊座同事諮詢意見，他們大多數人會覺得受到恭維，因此會盡己所能地幫助你。然而，因為他們直率又極其固執己見的做事方法，你應該把他們的建議放在心上，卻不必然要照本宣科。既然牡羊座同事會繼續追蹤看你有沒有遵循他們的建議，你應該準備好進行第二次、甚至第三次討論。如果你沒有這個準備，那麼你一開始就不該去找他們求教，因為他們會相當認真地看待這種事。漫不經心地隨口給建議，並不是他們的專長。

14 向牡羊座同事求助

牡羊座喜歡有人來找他們幫忙，無論牽涉到的工作有多繁重，通常他們都會願意盡己所能地協助你。請記得，牡羊座同事的動力來自於挑戰，而且他們也需要感覺到自己很重要、很有價值。有強大的牡羊座當幫手，肯定是一項優勢。然而，你必須小心不要太常拜託他們，或者讓他們覺得被占便宜了。所以，最好把他們的幫助保留給偶爾的緊急狀況，而不是每天或每星期都靠他們。

強項
投入
願意奉獻
精力充沛

弱點
氣餒
自我批判
沮喪

互動風格
積極正向
友善
樂於幫忙

15 與牡羊座同事一同差旅或娛樂

因為他們的個體性與嚴格的價值觀，最好別放任牡羊座同事完全控制差旅或派對計畫。只要清楚界定他們的任務，當他們身為團體的一部分時，通常會做得很好。牡羊座同事熱愛玩得開心，特別是在他們發現自己其實很享受本來沒特別期待的任務時。要讓他們保持好心情，讓他們的精力能夠輕鬆地流動，笑聲和開玩笑會很重要。他們熱愛生動有趣的展覽，也很享受為了同事與老闆的特殊品味而做些量身打造的安排。

16 與牡羊座同事共事

牡羊座同事有非常強烈的好惡，特別是在跟人有關的方面。他們通常會給別人第一次機會，但如果他們感到失望或者遭到背叛，便很少會給人第二次或第三次機會。別期待他們會對他們個人不喜歡的人特別合作。他們可以跟這樣的人一起工作，但不會明顯地對他們很親切，或者特別顯得過度熱心幫忙。你也不該期待他們踏出和解的第一步。要達到最好的結果，就是讓他們加入他們覺得自在的團體。

17 打動或激勵牡羊座同事

誠實與直接最能夠打動牡羊座同事，他們需要知道你對他們坦誠相待，從沒有惡搞他們。他們特別疑心操縱別人、偷偷摸摸、或者不正當的行為，就算你只是手法細膩地嘗試解決問題也一樣。挑戰對他們來說是強大的動力，甚至到了需要完成看似不可能任務的地步。在此，你必須為了他們和整個團體而防範他們的驕傲自大，尋求實際而非超越常理的方法，在日常事務上尤其如此。給牡羊座同事比較小而可為的任務，並且逐漸建立他們的自信心。

18 說服或指正牡羊座同事

牡羊座很難被說服，尤其當你的論點與他們截然相反的時候，更是困難。他們對誘人或討人喜歡的作法心存疑慮，對於過度有攻擊性的作法則會強烈抵抗。說服牡羊座同事的最佳辦法，是用例子讓他們看到某種方法可以成功，同時盡可能讓爭論保持實事求是、不帶情緒。因為他們對批評極為敏感，請把話說得簡單明瞭；如果他們對你的論點提出反駁意見，或者提出解釋為自己辯護，就聽聽他們怎麼說。

你的牡羊座客戶

滿足牡羊座客戶並不難，只要你細心聽他們的話，把他們需要的東西給他們就行。問題在於他們可能覺得他們的期望已經非常清楚了，然而實際上某些重要的事實卻還沒有徹底定義清楚。換句話說，牡羊座客戶通常會假定你了解他們，因為他們覺得他們的想法極為清楚不含糊，所以不可能有人會誤會他們的意思。想像一下，當你要求進一步釐清的時候，他們

強項
自信
不模稜兩可
直截了當

弱點
過度苛求
不能寬恕
沒耐性

互動風格
結果導向
情緒激烈
難搞

會有多驚訝。他們可能假定你有點遲鈍，或者根本就是腦殘。用你的直覺，設法第一次就搞懂。

19 打動牡羊座客戶

牡羊座客戶期待你很有警覺心、聰明，而且完全理解他們所說的話。他們可能對你提出的複雜考量、問題和不確定性大惑不解，同時也極端不耐煩。一旦你已經展現出你的理解，還有及時滿足他們期望的意願，請不要拘束，用你對他們最熱愛的主題所具備的知識來打動他們——希望你已經事先研究過這些功課了。如果你沒有，不必介意，反正他們可能還是會讓你知道；如果你有去問過或者猜測過他們喜歡什麼，就更是如此。

20 向牡羊座客戶推銷

算了吧！牡羊座客戶對於被推銷不感興趣。他們要不是以前全都聽過了，就是根本不信任你的動機，因此會在你的推銷話術講到一半時就打槍。他們才是重要的人，你不是，而他們要他們的需求被滿足。「妥協」二字真的不在他們的字典裡。如果你還是想設法說服他們相信新產品或新服務的價值，你可以在一同意滿足他們的需求以後就提出來，方式要委婉、誘人、不太認真，這樣才最能夠成功吸引他們的注意。

21 牡羊座客戶重視的外表和舉措

請謹記在心，牡羊座客戶是你們兩人之中比較重要的那一個，所以別試著用你美麗的衣服或超炫的髮型來搶牡羊座的鋒頭。你的外表應該柔和、自信而低調。話雖如此，要是你覺得這場會議重要到足以讓你以最佳外表來參加，牡羊座客戶會很感激。所以，把你的外表打理整齊，舉止專業有效率。最重要的是，別沉浸於閒聊漫談當中，或者太努力打趣逗樂。反正你精心準備的先發笑話或俏皮話，可能會徹底失敗或者只得到一個象徵性的淺笑，進而讓你的起點往後倒退了一光年的距離。

22 保持牡羊座客戶的興趣

最能打動牡羊座客戶的就是結果。這不表示許下承諾，反而是強調你過去的紀錄。如果你曾經為一位競爭者完成很好的工作，更是如此。光是提到主要競爭者，就會引起牡羊座客戶的反應，還會讓他們對你要說的話產生新的興趣。對牡羊座客戶強調你為什麼比較喜歡為他們工作，他們會像貓舔牛奶一樣欣然接受。一旦他們知道你曾經在他們的領域裡為別人工作，他們就會設法盡其所能地取悅你。

23 向牡羊座客戶報告壞消息

你願意走進颶風裡嗎？挑戰龍捲風呢？你的牡羊座客戶不想聽壞消息。他們付你錢是要你提供好消息。所以就給好消息吧！如果你的好消息已經用盡了，那就用好的角度來呈現壞消息，強調結果本來可能更糟得

多。不要強調你怎樣盡了全力，或者這只是運氣不好，這樣的解釋只會產生負面效果。準備好一條退路，讓你能拯救整個計畫，還能滿足牡羊座客戶的期望——解釋你只需再多一點時間就可以把工作完成，並且提議少收點錢。

24 招待牡羊座客戶需注意的「眉角」

事先做點調查，確定牡羊座客戶用餐的偏好——食物、服務、氛圍、呈現方式——並且專注於細節。祕書和辦公室裡的傳言是主要消息來源。在招待這方面，牡羊座客戶偏好哪種音樂或俱樂部的氣氛，可能也是一般常識。一般來說，牡羊座喜歡吃也喜歡喝，所以你可能會有控制他們酒量的問題。別擔心，如果他們享受了一段好時光，就比較有可能同意你的看法。確保你提供的交通方式迅速又簡單。

你的牡羊座合夥人

牡羊座合夥人可以對任何事業付出超凡的精力。然而，要是他們往錯誤的方向直衝，他們常常狂熱而偏執專一的方式便可能被證明是個問題，可能導致重大的時間與金錢損失。所以，事情在實踐階段之前，最好經過充分的討論與計畫，而且你要留心他們的進展。他們不會喜歡對你或整個團隊做每週工作報告，所以應該用謹慎的方法為之。牡羊座合夥人喜歡獨立工作，為他們的引擎提供自己的燃料。

25 與牡羊座建立合夥關係

你的牡羊座合夥人所扮演的角色，從一開始就應該界定清楚，否則他們往往會同時參與太多事。他們想要你當合夥人的動機，也是檢視的重點。為什麼這麼獨立的人會需要或想要一個合夥人，還有為什麼要找你？建議作法是讓兩位合夥人都有完整的書面法律保障條文，意思是有單獨一位律師可以考量你們雙方的期望。詳細列出未來可能的困難會讓你的牡羊座合夥人不耐煩，不過這麼做是必要的，以防事情出差錯。

26 與牡羊座合夥人之間的任務分配

牡羊座合夥人可能認為他們是多工處理者，有能耐完成幾乎任何艱鉅的任務。不過在日常基礎上，若他們的工作有限而且界定清楚，合夥關係會運作得最好。工作範圍可以按照個別計畫做決定，不過他們真正的強項（不管是行銷、公關、銷售、還是研發等等）很快就會變得很明顯。牡羊座合夥人可能遭遇到的問題是，他們最想做的，未必是他們做得最好的或是公司所需要的。他們可能非常固執地抓著他們最愛的任務不放，儘管已經出現了負面的結果或表現。

強項
忠誠
積極正面
誠實

弱點
疏離
健忘
不敏感

互動風格
進取
思路偏狹
充滿野心

27 與牡羊座合夥人一同差旅或娛樂

牡羊座合夥人通常很享受差旅，以及與工作相關的娛樂活動，但卻不必然是做安排的最佳人選。請確定你和你的助理有留意你的牡羊座合夥人所做的計畫，因為牡羊座合夥人可能很健忘，以致在他們匆忙且不耐煩地想把事情搞定的時候，忽略了重要的細節。通常出差或是在工作崗位時，牡羊座合夥人都是合夥關係的良好代表，個性積極正面、直率又有野心。請確定在處理客戶時，他們有把團體的利益置於自己的利益之上。他們常常太自我中心，可能會為了自己的興趣而犧牲團體的好處。

28 管理並指導牡羊座合夥人

一般來說，牡羊座合夥人是管不得的。大多數時候，你必須仰賴他們的直覺與判斷。接受指示並不是他們的特長，因為他們覺得他們總是知道最多，在危機出現時尤其如此。因為他們的直覺力很強，特別是在偵測騙局和騙子的時候，公司通常會從這種能力中獲益。設法清楚地向他們表達你的期望，丟出幾個明顯的暗示，然後把履行工作留給他們。

29 與牡羊座合夥人長期的合作之道

牡羊座合夥人有著非比尋常的忠誠度，而且一旦許下承諾，就會長期堅守。然而，毫無疑問會出現一些長期性的問題，有可能會損害彼此的關係。只要有可能，在合夥關係中應該撤除所有私人事務。牡羊座在某些主題上非常敏感易怒，而當這種問題被掀起的時候，可能會引起爆炸性的反應。請記得他們的強項是客觀性而非深刻的感受性，而且最好不要太深入干涉個人事務。就算你的牡羊座合夥人很直言不諱，如果可能的話，你還是要保持圓融而有耐性。

30 與牡羊座合夥人分道揚鑣

在緊密合作好幾年之後，跟一位牡羊座解除合夥關係是可以達成的，只要是以對雙方都有利、務實又可行的方式為之。因為牡羊座合夥人很誠實，鮮少會要求他們不覺得有權要求的東西。這不盡然是因為他們對你個人的關心，而比較是因為他們內在的公平概念讓他們不會占你便宜。你可以呼籲行為要符合倫理，而他們鮮少會想踰越倫理規範。當他們必須承認失敗時會有很深切的失望感，但他們的獨立性會驅策他們繼續前進。

你的牡羊座競爭者

直接強碰的時候，牡羊座競爭者可能相當凶猛嚇人。至少照他們的行事方法，可能會以激增的精力、資金的挹注，還有無可忽視的專注持久宣傳戰，造成壓倒對手的威脅。遭遇這樣的對手可能會變得像是在打仗，隨之而來爭取消費者與客戶的整個鬥爭過程則會是全面性的戰爭。要贏過牡羊座競爭者，意味著全方位研究他們的戰略，而且就像在戰爭裡一樣，要

對市場的形勢與現狀有深入的了解。光是忽略牡羊座競爭者，自顧自地經營你的事業，希望他／她會失敗或者就這樣退場，通常不會奏效。

31 反擊牡羊座競爭者

就像在拳擊賽中一樣，對抗牡羊座競爭者最有效的戰略是反擊。當然，讓牡羊座先動作並不難，但要有那個耐性和自制力按兵不動，尋找弱點，並且直到那時才跳進去攻擊，便可能很難；不過如果你想取得勝利，這是很根本的。如果你讓牡羊座競爭者把自己累垮、然後犯下你可以從中獲利的錯誤，他們可能會導致自己的失敗。你甚至可以考慮偶爾透過恫嚇與挑戰，煽動他們進入一種狂熱狀態。

32 智取牡羊座競爭者

牡羊座的計畫通常很簡單，應用的是單一路線的攻擊戰略。創造出一個長程計畫，讓牡羊座最初的攻擊力道被消耗掉，同時編織出一個複雜的封鎖網絡，造就出種種會拖垮你的對手的小障礙和問題。讓你的計畫保持靈活，並且跟競爭者最近的猛攻保持同步。也要準備好跟這個領域裡的其他競爭者聯手，在必要的時候讓步妥協。有彈性而不死板的防衛計畫是最好的。不當個固定的目標，你就阻撓了敵人的必要攻擊。

33 當面讓牡羊座競爭者刮目相看

毫無疑問地，你的牡羊座競爭者會拒絕被你本人打動。最好只當你自己，甚至不要試著讓他們印象深刻。他們需要讓你深深記住他們對你印象不深，一旦你無視於他們的這種需求，你就占了上風。在受到挑戰而要回應他們挑撥性的言論時，最好保持眼神接觸，委婉而有點諷刺地回覆。含糊朦朧又冷嘲熱諷，可以激起他們的怒火。對他們的評論回以微笑或大笑，就像是對牡羊座火上加油。說話速度要緩慢而清楚，並且讓沉默往對你有利的方向發揮作用。

34 對牡羊座競爭者削價競爭或高價搶標

不要採用牡羊座那種有侵略性的方法，要靜悄悄又有效率地達成你的目標，多處理細節而不是擺出堂皇的姿態。如果牡羊座競爭者是市場上的領頭羊，就慢慢地蠶食他們的優勢，一點一點賺取毛利率，漸漸地削價競爭或者報價高過他／她，讓時間站在你這邊。另一方面，如果你是市場上的主導力量，牡羊座便是挑戰者，你應該建立一層厚實的防禦，平穩地繼續前行，不讓他們帶刺的倒鉤或子彈貫穿。保持你的自信，但同時小心注意對你的優勢所造成的真正威脅，在不慌亂的狀況下迅速反擊。

35 與牡羊座競爭者的公關戰爭

牡羊座的公關路線可能會採取極端的閃電戰，所以對你來說，最好以更保守、明智的方式來對抗。在替你的公司建立可靠因子的同時，顯示出

強項
堅持不懈
好鬥
勢不可當

弱點
過度自信
盲目
不理智

互動風格
充滿活力
恢復力強
有挑戰性

牡羊座

工作

你的對手在思維上的錯誤，取笑他們過度簡單的廣告，並且利用他們的天真來讓他們感到尷尬。接著，宣傳你的產品或服務的優越性，來對牡羊座對手提出挑戰，會釣出所費不貲的回應，這樣就可以從財務面上榨乾他們。如此能夠逼他們採用狗急跳牆的昂貴手段，來對抗你挑撥性的進擊。

36 向牡羊座競爭者展現你的態度

在牡羊座令人印象深刻的軍火庫裡，這可能被證明是弱點。牡羊座對手在防衛方面通常沒那麼強，當個人因素在商業交易中浮上檯面時，他們便無法應付。把這點放在心上：你不是非得刺激或傷害他們不可。透過採用理解、仁慈、合乎倫理與務實的路線，你可能會贏得他們的尊重，或甚至可以取得未來共同合作事業的成果。要讓牡羊座的攻擊「消風」，最佳作法莫過於同意他／她的看法，並且展現你們兩人能夠怎樣共同朝著單一目標努力，這樣到頭來或許比全面開戰來得好。

愛情

牡羊座
3月21日至4月20日

與牡羊座的第一次約會

準備好被迷住、頭暈眼花、飄飄然……什麼都有可能！無論是充滿活力，還是保持安靜的自信，這個人對於他／她的期望、偏好、或者感覺上事情應該發展的方向，都不會有太多懷疑。牡羊座不太可能送出混雜或模稜兩可的訊息，而是會在第一次約會時帶頭。要是你決定先搶下這個角色，牡羊座毫無疑問會讓你這麼做，但只要你一有任何猶豫不定的跡象，牡羊座這個約會對象很可能就會好心地接管，而不是看著你掙扎。一旦牡羊座開始為你們兩人做決定，他／她就不太可能停止。

37 吸引牡羊座的目光

要抓住迷人牡羊座的目光，通常不難。一旦牡羊座看出你有興趣，他／她可能會完全忽視你，不管這種吸引力是不是互相的都一樣。由於牡羊座的這種策略，可能讓人很難確定他／她到底對你有沒有意思。直接接近牡羊座可能導致他／她走開，或者用尖銳的言詞給你釘子碰。如果你沒有被這種反應嚇退，繼續進攻，牡羊座很可能會正視你，最後接受你的邀請，聊一聊、散散步，或者不免俗地喝一杯。既然牡羊座渴望被注意，你應該在初次見面的幾小時或一、兩天後追加一通電話、電子郵件，或者雙管齊下。

38 初次跟牡羊座約會的建議

牡羊座喜歡明亮的燈光、活動、電影，以及所有種類的娛樂活動，而你們在一起的第一個晚上會是令人難忘的，只要你能取悅他們強烈的品味與偏好。牡羊座約會對象有可能會對你的不專注擺臭臉，或者對你無趣的舉止打哈欠。他們會對你有很多期待。然而，牡羊座有種獨立的傾向和強烈的領導特質，可能會要你遵從，並且在你設法跟上步調的時候拚命堅持。你可能會有這種想法：你的牡羊座約會對象對你的興趣，及不上為了你好而「演」一下的興趣。

39 初次跟牡羊座約會的助興與敗興之舉

牡羊座厭惡任何設法想要澆熄他們活力、要他們冷靜、或者想占有他們的行為。輕微的愛慕之舉，像是早期的碰觸、偶爾伸出手臂環抱他／

強項
令人印象深刻
自信
有決斷力

弱點
愛說教
固執己見
強勢

互動風格
有說服力
有決心
直接

她、或者勾著他／她的手臂，都不建議。盡可能保持淡漠，不要表現出你的情緒，無論是正面還是負面。太早展露情感，通常會讓牡羊座變得困惑而冷淡。找出讓你的約會對象感興趣的話題，然後讓對話朝著那個方向發展。請記得，滿足你的需求與想望之所以對牡羊座具有重要性，只是因為這樣反映出他們成功取悅了你。避免突然陷入沉默；讓事情持續發展。

㊵ 對牡羊座採取「攻勢」

牡羊座喜歡先採取行動。行動會發生得非常突然——可能在你們兩人察覺到之前就發生了——而且可能如閃電般迅速地消失。就算此事在凌晨時分持續進行，對於所發生的事，你們雙方都不太可能記得太多。對牡羊座來說，重點在於被這個體驗帶著走，而不是你的風度、人格、或者你的問題（但願不是）。牡羊座想要在他們想要的時候得其所欲——而且就只是這樣。不要期待柔情或同理心的展現，因為你不會得到的。

㊶ 打動牡羊座的方法

光是能夠撐過跟牡羊座的初次約會，就很令人佩服了。不要想辦法炫耀你的才智或優秀特質。只有在你有能力面對他們的強烈情緒、理解他們的心願和慾望的時候，牡羊座才會真的對你印象深刻。極端固執己見的牡羊座，並不期待你或任何人同意他們的看法。儘管如此，牡羊座還是不會放棄嘗試說服你相信他們有多正確。別迴避爭執，因為從鬥劍似的機智對答到徹底不留情的擊倒出場，牡羊座都很享受這些互動。去證明你是個值得的對手。

㊷ 擺脫牡羊座的方法

一般來說，在牡羊座大膽無畏又充滿自信的外表下，有個最恨且最怕被拒絕的內在小孩。如果你期望避免牡羊座繼續付出你不想要的關注，或者對於被拒絕產生不快的劇烈反應，你就必須放聰明一點。給出一個明顯的暗示，講到你想拋下他／她這個牡羊座對象（或許還補充說你習慣如此），他／她毫不猶豫就會跳進來扭轉局勢，當那個先拒絕的人。輸贏對大多數牡羊座來說是非常重要的事情。輸，不是他們的作風。

你的牡羊座戀人

你可以指望牡羊座戀人的誠實，以及維持親密往來的渴望。然而，他們的活力如此充沛，以至於你可能無法符合他們對於你的精力所做出的持續要求。雖然他們極為獨立（而且極可能鼓勵你也這樣做），但他們卻想要每天都跟你有所接觸，不管是虛擬的、聽覺上的、或者是身體上的。牡羊座很痛恨自己被說成很黏人，因為他們的自我形象是一個完全獨立的個體，但他們非常仰賴伴侶，至少會聽他們的話，認真看待他們的建議，還有遵從他們的指揮。

43 與牡羊座戀人進行討論

太常發生的情況是，跟你的牡羊座戀人進行討論，就意味著靜靜聆聽他們有什麼話要說。基本上，牡羊座對於討論沒什麼興趣，而是對行動比較有興趣。你會很快得到這個概念：討論的主要目的是糾正你這方的不妥行為。所以當牡羊座說「我們必須談談」的時候，期待最糟的狀況吧！警告、怪罪、讓你覺得內疚、說教，全都有可能。然而當牡羊座「心情對」的時候，可能會舌燦蓮花、機智又有魅力到極點。牡羊座也很享受笑話、講故事和文字遊戲——只要保持簡短就好。

44 與牡羊座戀人發生爭論

為了你好，請盡可能避免跟牡羊座戀人爭吵。牡羊座是基本宮的火象星座，脾氣很差。跟你的牡羊座戀人起爭執，導致他／她突然摔電話或者衝出房間，都可能是家常便飯。跟牡羊座爭辯通常不會讓事情有任何進展，反而只會讓你的牡羊座伴侶表現出他們的怨恨，並且有機會對你的行為說出他們的反對意見。既然牡羊座伴侶把這麼多事情都放在心裡，表達抗議這件事可能成為跟他們爭吵時真正正面的成果之一。

45 與牡羊座戀人一起旅遊

跟牡羊座戀人一起旅遊可能真的很刺激，只要你別試著箝制他們的行事作風。他們自視為極端健康的人，並且期待你也是如此。那表示你絕對不要嘗試用抱怨或者展現出身體上的痛苦，來讓他們慢下來。他們最常表現出的反應是對你的苦難不怎麼同情，然後敦促你盡快恢復常態。此外，你會感受到要跟上他們的超凡精力所帶來的壓力。

46 與牡羊座戀人的性愛關係

牡羊座不怎麼喜歡延遲的滿足。他們通常急著立刻就得到他們想要的，沒能得到就會很不開心，而且常常會因此感到沮喪。牡羊座想要在他們想要的時候就得其所欲，而他們通常都會得到。雖然他們可以有最極致的表現，但在某種程度上，你永遠不會從他們身上發現太多他們對你或者這次體驗的感受。別試著去問，因為他們認為你應該已經知道這次的經驗有多棒、或者他們有多棒。在公開場合顯得莽撞衝動的牡羊座，私底下可能非常溫柔甜美。然而，他們可能不會總是等到環境比較舒適、私密的時候，才表達他們較為激情的感受。

47 牡羊座戀人的親暱表現

大多數牡羊座似乎不像是喜歡摟摟抱抱的類型。你肯定不該期待他們會在社交場合中曬恩愛，相反地，他們通常會在這種場合保持冷靜。然而在私底下，他們可以極端親暱，而且不管是給予還是接受，他們都很樂意。在一起的寧靜時刻會顯露出他們溫柔的一面，而你本來從不知道有這一面的存在——只要你能找到時間逮住他們，度過平靜的幾小時。事實

強項
獨立
誠實
精力旺盛

弱點
缺乏自覺
苛求
愛支配人

互動風格
果斷
專注
有活力

上,牡羊座真正需要、甚至無意識中最想要的,就是找到一個能讓他們感到自在、且能信任到足以放下戒心的人。

48 牡羊座戀人的幽默感

處在一段親密關係中的牡羊座,就愛傻傻地享受樂趣;但因為他們認真又很有自覺的舉止,要這麼做常常有困難。當他們真正讓自己放鬆下來的時候,通常很喜歡玩文字相關遊戲、桌遊、說笑話,還有像真正的小孩子(他們就是)一樣地玩耍。最好讓他們來打出他們準備好要玩樂的信號,然後你就可以溫柔地鼓勵他們,直到他們達到一種整體的狂歡狀態。然而,別讓事情變得太誇張,因為他們那把「火」可能會失控,事實證明那會很具有毀滅性。注意他們有惡作劇的傾向。

你的牡羊座配偶

你的牡羊座配偶最要求的是誠實。當然,要是你的牡羊座配偶在婚姻中誤入歧途一、兩次,他們會期待自己能夠被寬宥——如果你有發現的話。在日常生活中,牡羊座配偶會把事情搞定,但通常他們的優先順序會落在他們的專業那邊,而不是家庭這頭。身為他們的配偶,他們會期待你鞏固碉堡,確保家裡事事運作順暢。牡羊座並不是盡心盡力的清潔工,所以讓東西保持井然有序的責任可能會落在你肩上。

49 牡羊座的婚禮和蜜月

雖然牡羊座通常沒那麼熱衷於儀式和公開表露感情,但他們會對婚禮拿出百分之百的熱忱與合作精神。牡羊座往往會花錢花到超出實際所得,所以在撒錢揮霍的婚禮和蜜月之後,你可能會發現自己在結婚初期很缺現金。期待牡羊座在臥房裡的全副注意力吧!在你的蜜月之後,你可能會覺得累壞了,需要一次真正的休假。讓你的家成型可能會是你的工作,這時,你的牡羊座配偶則在想辦法獲取一些現金。

50 牡羊座的家庭和婚姻生活

浮誇的牡羊座通常太專注於他們自己、他們的想法、以及他們的事業,以致無法對更世俗平凡的家庭事務做出穩定的貢獻。從一開始就創造並架構出他們的責任範圍會是好主意,而不是讓他們沉淪到一種忽略家務的固定模式,或者更糟的是期待你去做所有的工作。他們其實在日常事務上表現得相當好,只要他們的任務有定義清楚,而你也有在注意他們的活動。對於保持他們的高昂興致,讚美與回饋是必要的。

51 牡羊座婚後的財務狀況

開銷過多對牡羊座來說是個大問題,對他們的配偶而言也是。牡羊座不只是常常漫不經心地花錢換取他們需要的東西、刷爆信用卡、花掉他們

強項
誠實
辛勤工作
負責

弱點
言行刻意欺瞞
有誤導性
自私

互動風格
專注奉獻
有勇氣
大膽

牡羊座

所沒有的錢，還常常過火到讓自己揹上他們永遠不可能還得起的債務。這時候，想當然是身為配偶的你被期待去拯救他們。然而不知怎的，牡羊座似乎總是能在財務上糊裡糊塗混過去，通常會在最後一刻避開全部的災難。奇怪的是，他們對這種事情的漠不關心似乎帶給他們好運，也對他們有正面效果。

52 牡羊座的不忠與脫軌

你的不忠是無可容忍的，但牡羊座的不忠就可以。要不是因為牡羊座傾向於保持忠誠、偶爾才會脫軌，否則就會創造出一種不可能維持的雙重標準。再者，牡羊座的婚外情通常維持不久，雖然很激情，在情感上卻涉入不深。如果你做得到，就忽略牡羊座對外的吸引力和調情行為，因為那些行為並沒有太大意義，或是會對你的婚姻造成真正的威脅。反正有一大堆事情只是發生在你那牡羊座配偶活躍的想像世界裡，在這種情況下，牡羊座會很難分辨幻想與現實。

53 牡羊座與子女的關係

牡羊座可以是絕佳的父母，但他們並不特別愛做這種麻煩的工作。對孩子來說，牡羊座父母是絕佳的顧問、老師與策士，他們能夠立即運用他們的精力，鼓勵下一代在運動、學業與交友方面的表現。主要的問題在於牡羊座父母大多數時候並不會在孩子身邊，因為他們的事業和個人事務占去他們太多心思，所以重要細節會留給誰處理，可想而知。牡羊座父母會在發生緊急事件時現身，但他們肯定不特別擅長解決每天冒出來的小問題；他們往往會小題大作，或者乾脆忽略不管。

54 牡羊座面對離婚的態度

既然牡羊座對承認失敗很敏感，一旦婚姻出現問題時便只有兩種可能：無論如何都要守在一起，或者讓你承認「一切都是你的錯」。請注意你的牡羊座配偶承諾要重新開始，並且發誓要避免再犯過往錯誤的時候。雖然牡羊座是出於一片好意，但當事情與他們有關時，他們通常會變得不切實際。承諾全都是出於好意，但不知怎的大半時候就是不會實現。倘若離婚一途不可避免，如果你能夠冷靜地在紙上搞定所有法律、監護權與財務問題，並在不責怪、不發怒的狀況下讓你的牡羊座配偶同意這一切，那會是最好的解決之道。

你的牡羊座祕密情人

你的牡羊座祕密情人感情熱切而強烈，會為了愛奉獻一切。然而，有時候你不免會納悶，那所有的精力是針對你，還是針對一種理想中的愛——一種太過完美而永遠不可能實現的理想。所以儘管牡羊座的愛很熱烈，在信念上與表達上通常注定是非實質的。有時候，牡羊座這個祕密情

強項
專注奉獻
熱切
感情強烈

弱點
不切實際
過度苛求
盲目

互動風格
堅定
理想化
積極正面

人看起來就像是愛情聖殿裡的男女祭司，把愛當成宗教般尊崇。被放在高台之上，對你來說只會讓事情變得更有挑戰性，因為即便不是不可能，但要達到牡羊座的理想還是很困難，儘管他們有強烈的需求要相信你。

55 遇見牡羊座祕密情人

對既有關係的不快樂與不滿，讓牡羊座有動機把你找出來。所以，你不必為了與他們相遇而做任何事情。這種事情可能發生在派對上，或者偶然發生在公開場合。牡羊座臉上的表情與伴隨而來的舉止，會立刻告訴你，他們在追尋什麼，以及這是為什麼。跟他們牽扯時要小心，因為他們可能會用依附於過去或現有關係上的同一種理想主義來抬舉你。趁著你做什麼都不可能有錯、並且他們的熱情還很高昂的時候，享受這段祕密戀情的開端吧！

56 與牡羊座幽會的地點

牡羊座這個祕密情人可能在你家跟你見面，因為他們很可能已經結婚，或者正與別人同居。這個地點可能成為他們眼中的聖殿，是他們可以定期造訪、期待當成「家外之家」的地方。這讓你得以控制情況的某些面向，但也要靠別人的好心，尤其是你的重要性處於第二順位。當他們開始想要過夜的時候，你必須決定這個愉快的關係是不是你想要更長久維持的東西。在做這個決定以前要仔細思考，不過不要迴避問題太久。

57 與牡羊座的祕密性愛

牡羊座祕密情人會把焦點放在你身上，釋放他們全部的性感。問題是，在激情波濤中的某處，可能有衝著前任或現任伴侶而表達的憤怒或怨恨，所以某方面來說，這會減損你除了是個替代品以外的重要性。當然，你會想要以你自己的身分被愛，而不是被拿來跟別人比較。通常怨恨越深，衝著你而來的性慾表現就會越強烈，這會讓狀況變得更糟糕，儘管其中牽涉到極強的肉體愉悅。討論這一點可能有必要，不過牡羊座的火焰可能隨後就涼掉了。

58 長久保有牡羊座祕密情人

通常這應該不是問題，因為牡羊座這個祕密情人會完全沉浸在他們對你的愛之中。如果你想盡可能長久保住你的牡羊座祕密情人，你可能必須刻意地避免討論他們的動機、意圖與其他感情牽扯。牡羊座遲早會提到這些，然後你就必須準備好打開理解的耳朵。然而，你要把話說清楚，儘管你充滿柔情或愛意，但你並不會在牡羊座自我的祭壇上犧牲你的自尊或自重。你也有你的需求與想望，而你的牡羊座祕密情人必須體認到這一點。讓自己圓融機智些。

59 與牡羊座的祕密歡愉

牡羊座很愛出外尋歡作樂。出現在夜總會、電影院和派對上，是他們很享受的事。首要問題是遇見他們的朋友、同事或家人，而這些人並不知道你的存在。在這種短暫的會面中，你可能必須準備好撒謊或者稍微扭曲一下事實，讓牡羊座負責講話就好。安靜的兩人晚餐或是下班後的隨性小酌，對大多數牡羊座來說也十分宜人，而且比起社交場合更能確保你擁有多一點點的隱私。留意牡羊座的酒精攝取量，有可能迅速地急轉直下失去控制，尤其是在他們玩得正愉快的時候。

60 與牡羊座祕密情人分手

如果你的牡羊座祕密情人還處於祕戀的理想化階段，分手會變得非常困難。他們感受到的拒絕對他們來說是無可忍受的，而他們會想到一百萬個理由要繼續下去，而且幾乎不可能不傳簡訊、發電子郵件、或者直接來敲你的門。然而，一旦你下定決心要分開，你就必須強硬且堅決地拒絕當面見到他們。如果你想避開不快、憤怒與傷害的極端結果，請用體諒但堅定的溝通來緩和狀況，讓你們逐步發展到分手的地步，而不是一次突如其來的驚嚇。

你的牡羊座前任

你的牡羊座前任的憤怒和怨恨，不太可能在分手後很快就消失。因為牡羊座無疑會大肆將問題歸咎於你，他們可能會繼續保持侵略性，拒絕通情達理地適應你的需要與想望。你的牡羊座前任的整體態度，會把重點放在他們心目中認為有權得到的事物——因為你過去犯的錯，所以他們有權得到。所以在為你做錯的事而尋求報復的時候，他們可能會堅持要你為這種行為付出代價（甚至已經事隔多年）。你要是拒絕承認做錯事，你的牡羊座前任便不太可能原諒你、或者放棄讓你產生罪惡感。

61 與牡羊座前任成為朋友

跟你的牡羊座前任朝著建立友誼邁出的第一步，是必須承認你過去的錯誤，並且要求寬恕。一旦你的前任接受了這件事，不管他／她有多不情願，你都可以繼續往前邁進了。別設法想從他們身上得到一樣的東西。令人驚訝的是，你的牡羊座前任後來可能會自己心甘情願地道歉。與牡羊座前任建立堅定的友誼是有可能的，而一旦達成，通常可以持久。牡羊座前任可能相當寬宏大量，只要他們不覺得自己被逼迫，他們反而可以不受拘束地付出。再者，當你真正需要幫助時，他們是可以仰賴的，而且在緊急情況下他們會挺你。

62 與牡羊座前任復合

這有很大一部分仰賴於你們之中哪一位在促使復合。如果你的前任真

強項
強健
熱切
不間斷

弱點
無情
愛怪罪
憤怒

互動風格
咄咄逼人
好鬥
苛求

的想要這麼做，那麼決定權在你。如果你是對復合最有興趣的一方，事情可能會變得更複雜。牡羊座前任必須被追求得好像你們要結婚了，甚至像第一次約會那樣。別期待關於這個主題的長期深入對談。請記住，牡羊座的行事作風是行動派的，而那些行動的基礎，可能是長時間完全迴避這個主題，或是無止盡地反覆思考後的瞬間決定。

63 與牡羊座前任討論過去的問題

跟牡羊座前任談論過去很有可能變成獨白，且驚人的是根本講不到幾個字。牡羊座前任很可能跟你談這個主題才幾分鐘就坐立不安了。他／她持續地打岔，以致可能會切斷你們之間任何真正的溝通。牡羊座前任不太可能客觀地處理過去，卻不讓習慣性的怪罪與憤怒爆發出來。設法去除情緒性問題的危險性，保持冷靜，拒絕讓牡羊座用指控惹毛你。在一個安靜私密卻有社交性的環境裡見面可能有幫助，牡羊座在這種地方比較可能保持冷靜。

64 對牡羊座前任表達親暱感情的程度

牡羊座前任會對你的親暱表現非常猜疑，所以最好嚴格避免這種表達方式，讓事情保持比較客觀的狀態。過個兩年左右，偶然碰一下手臂或拍拍背，可能會發展成短暫的擁抱。雖然牡羊座常常會感覺到親暱的情感，但他們卻很難表達出來或是去接受，而寧願走極端：完全切斷身體接觸，或者毫無保留地「撩下去」。請等待他們表達親暱感情的小小信號（通常很低調），然後以類似方式回應。

65 界定與牡羊座前任現有的關係

這樣的界定必須基於事實，大半要靠隨機應變，因為牡羊座前任通常厭惡做出口頭或書面協議。所以，你必須對牡羊座想要的東西極為敏感，而且絕對不要提醒他們，你認為你們曾經同意過什麼。應該永遠不要逼迫牡羊座前任表達他們的感受或者做評估，因為他們通常不願或不能做到（或者既不願也不能）。讓你跟牡羊座前任的新關係靜靜地自己發展，而不要去做計畫。

66 要求牡羊座前任分擔照顧子女的責任

牡羊座前任可能會把你們的共同子女看成是你過往錯誤的活證據，尤其強調你在他們眼中怠忽職守，以致必須讓孩子面對問題。可能很難讓牡羊座前任專注於現在的情境，因為他們還是太受困於過去了。隨著時光流逝，應該溫和地鼓勵牡羊座前任想想看什麼對孩子最好，而不是一逕想著他們自己受創的自我。你必須堅持你的前任要遵守法庭的決定。你要遵守你這方的條件，並且堅持你的前任也同樣要做到。不要期待他／她對情緒問題有深切的理解。

朋友與家人

牡羊座
3月21日至4月20日

你的牡羊座朋友

可以信賴牡羊座朋友會維持多年的忠誠，即使他們不常跟你聯絡。一通電話，或者一年拜訪兩、三次，顯示出你的牡羊座朋友仍然把你記在腦中、放在心上。他們的時間表通常都排得滿滿的，幾乎可以保證他們沒多少時間跟朋友相聚。然而，身為牡羊座最好或者最老的朋友，你很可能會發現自己被包括在他們的家庭慶祝活動當中，藉此強調你被視為至少跟兄弟姊妹一樣親近。跟牡羊座有共同的朋友，會確保有需求時，可傳達最新消息或者八卦給彼此，通常是透過電話為之。

67 向牡羊座朋友求助

在此，第一個問題是你得先抓住牡羊座朋友，因為他們通常以光速行動。你一留訊息給牡羊座朋友，他們肯定會在一星期內跟你聯絡。到那時，你的問題可能已經解決了。一旦他們記住你真的需要他們的事實，牡羊座朋友就會幫忙，不過是在他們忙碌行程表的時間約束下進行。十之八九，牡羊座會選擇做出有價值的建議或給予忠告，而不是親自現身。你最好是鮮少請求牡羊座幫忙，而不是定期如此。

68 與牡羊座朋友溝通和聯絡

牡羊座朋友並不特別擅長溝通或保持聯絡。既然你們的互動可能很稀少，你最好發簡訊或寄電子郵件給他們，而不是期待即時通訊軟體或者電話對談那種悠閒的樂趣。留下簡短訊息能讓牡羊座即時得知你的行動，也會給你的朋友機會，在行程中或短暫的喘息空間裡偶爾回應你。然而，別屏息期待回應。牡羊座通常缺乏喘息空間的生活風格，送出了清楚的訊息：如果你行，就來抓我啊！

69 向牡羊座朋友借錢

這會很困難。他們自己就會把錢用到極限。刷爆信用卡和讓銀行帳戶透支，是牡羊座的專長，所以能借給朋友的多餘存款少之又少。話雖如此，他們可以的時候就會幫忙，而且通常極為慷慨。牡羊座對於錢的態度不是太認真，因為他們是理想主義者，通常滿心想的都是比經濟收益與報酬更重要的議題。這種真正的漠不關心反映在態度上，通常會透過他們的

強項
恆常不變
關愛
體貼

弱點
散漫
八卦
缺乏焦點

互動風格
忙碌
愛閒聊
親近

言行來傳達這種訊息：如果我有錢，我就會給。如果錢回來了，那就是借款。

70 向牡羊座朋友徵求意見

不管你有沒有徵求，牡羊座朋友總是準備好要給予建議。他們可能會提議在你的問題裡扮演主角──不是當你的代理人，就是在幕後當你的策士。有人向他們徵求建議，會讓他們覺得自己被需要而顯得有重要性。而他們熱切地想要帶頭，是很明顯可見的。一陣子以後，你可能會開始後悔一開始問了他們，因為他們的投入可能會變成一種宰制，指出他們現在已經把這個問題當成他們自己的責任（或許還暗示你很無助或根本無能）。所以你在對牡羊座提出要求前要小心，或者讓你一開始的請求保持點隨性或漫不經心。

71 拜訪牡羊座朋友的時機

牡羊座朋友並不輕易讓自己閒閒在家，因為他們要不是不在，就是不折不扣地在逃避世界（如果他們在的話）。他們偏愛在幾個約會之間的空檔見你，或許吃個午餐或喝上一杯。他們瘋狂的步調能容許的全部時間，通常就是一小時。你們同在的這段時間裡，他們通常會對你付出全部的注意力。請確保你建議他們關掉手機，否則可以預期會出現干擾。要為買單或不買單做好準備，因為牡羊座可能會在離開的時候順手拿起帳單付錢，不然就是衝出門去，留下你付全額。

72 與牡羊座朋友一起慶祝和娛樂

牡羊座朋友熱愛慶祝生日，尤其是他們自己的生日。年復一年出席同樣的派對，跟同樣的人進行同樣的對話，可能會變得累人，但這可是牡羊座最樂在其中的。應該要精心挑選禮物，因為你的牡羊座朋友可能很會送禮，也期待收到某個選得很好的回禮。當牡羊座為朋友和家人辦派對的時候，通常是走奢華風格。他們耗費了這麼大的精力，以至於你很難輕易拒絕邀請。如果你無法出席，請花時間想個真的很好的藉口。要牢記你先前的藉口，你選擇的家人只能死一次！

你的牡羊座室友

牡羊座室友可能覺得很難跟天天同住一起的人和睦相處；反之亦然，與牡羊座同住的人或許也有此想法。高度理想化的牡羊座室友並不是生來做俗務瑣事的，他們把心思放在更重要的目標上，同時卻可能被自己的雜物絆倒。此外，牡羊座的室友必須留意和討論他們有趣的想法、觀念和感受，絕對不能忽略他們。牡羊座的挫折忍受力很低，而他們很可能用悶悶不樂、風雨欲來的安靜來表達他們受傷了，那種安靜不是爆發成惱怒與怒火中燒，就是變成週期性的沮喪。通常只要看看他們的臉就知道全套故事

了。讓他們保持快樂吧！

73 與牡羊座室友分擔財務責任

牡羊座室友會履行他們的財務責任，只要那些責任有仔細地規畫好——不只是他們要貢獻的總金額，還包括什麼時候付、怎麼付。把重要的事情拋諸腦後是牡羊座的專長，所以你可能要面對這件小事：月底時，很有技巧地提醒他們該付房租了。整體而言，你應該避免討論錢，特別是他們的錢。可能有必要準備一個B計畫，以防你的牡羊座室友沒辦法及時付食物、租金或水電瓦斯等費用。

74 與牡羊座室友分擔打掃責任

雖然牡羊座室友有精力打掃，但他們最常缺乏的是動機與意願。在此，最有效的是結構清楚、無關情緒的作法。寫出每週例行工作清單，甚至具體到詳列哪一天要做什麼，這樣他們就知道其他人對他們的期待是什麼了。當他們忽視這樣的清單，提出不變的藉口說他們晚一點會做時，可能很容易就發生爭執。更糟的是，他們可能就這樣消失好幾天。把他們的一團亂留給他們，只清理你自己的空間這招並不會奏效，因為他們很有可能根本無視自己的雜亂。給他們的整齊一點獎勵會有幫助，小小的獎賞與感激的表示也行。

75 當你的訪客遇到牡羊座室友

如果是你們共同的朋友，所有人都可以賓主盡歡。然而如果他們只是你的朋友，牡羊座室友又覺得他們很惱人或麻煩，那麼就要小心了！牡羊座的脾氣非常容易引爆，而他們誠實又經常缺乏自制，保證會引起衝突。事後當面對質，他們很可能會否認整件事情，或者說是你的朋友先挑起的。通常較圓融的作法是，在你的室友安排到別處忙碌的時候，再邀請你的新朋友或是跟牡羊座合不來的老朋友。

76 與牡羊座室友的社交生活

在自家範圍開趴的時候，牡羊座室友可能會帶來很大的樂趣。事實證明他們會很慷慨地付出金錢與時間，也會想出種種辦法來娛樂並取悅你的賓客。（這樣的派對也可以當成要他們打掃的誘因，至少在準備期間如此。）要是你帶你的牡羊座室友出去參加派對，別期待他們會靜靜地坐著，或者慢慢變得自在起來。牡羊座的作法通常是直接一頭鑽入，從而把賓客分成兩個陣營——一個是享受牡羊座個人秀的陣營，另一個則是不欣賞的那種。不論是哪一邊，你的牡羊座室友都注定會是注意力的焦點，問題只在於時間早晚。

77 與牡羊座室友的隱私問題

牡羊座室友可能很令人訝異地是注重隱私的人，他們需要自己的房間

強項
有趣
理想主義
心性高尚

弱點
缺乏自覺
惱怒
沮喪

互動風格
投入
目標導向
精力旺盛

牡羊座

朋友與家人

作為退隱之地。絕對不要直接踏進去破壞這種隱私。永遠都要敲門，並且準備好要說的話。在他們憤怒或沮喪的時候，最好讓他們獨處；否則你就有風險，要面對一次最激烈、而且肯定不愉快的衝突。請確保他們也知道你期待他們尊重你的隱私，因為他們對此可能會顯得太隨性，尤其是趁你不在的時候借用東西。如果你們兩人都有自己的房間，會是最好的狀況。如果你們其中一人或者另一個室友睡在客廳的沙發上，可能就會有問題了。

78 與牡羊座室友討論問題

討論你的問題對你的牡羊座室友來說永遠是有可能的，但討論他們的問題則通常不可能。牡羊座無法輕易討論自己的感受，或者解釋為什麼某些事情會對他們造成困擾。另一方面，他們可能態度相當開放地聽你談你自己，還常常提出驚人且有幫助的建議。然而，他們不用問就自己給建議的傾向同樣強烈，所以他們很可能不管你有沒有問，就自行提出他們的看法。若問題是有關於他們所迴避的家務、付房租或伙食費、或者忘記有人來電或留訊息，就準備好面對一場大戰吧！永遠要尋求提出這種話題的正確時機。

你的牡羊座父母

牡羊座父母會對子女投入甚多的心力——有時候甚至太多了。不管他們自己有多違反傳統，他們通常很努力讓孩子走在筆直狹窄的道路上。牡羊座父母有強烈的倫理信念，而且不會容忍子女逾越他們的是非觀念。懲罰與獎賞在他們教養孩子的方式上可能占有重要地位。大半情況下，他們會同意他們所生存的社會所訂下的規範，但會敦促他們的孩子做個堅強的個體，有自己處理事情的獨特方式。然而，他們必須記得後退一些，真正讓他們的孩子去犯錯，並為自己做決定。

79 牡羊座父母的教養風格

牡羊座父母通常相信紀律，會毫不猶豫地把紀律加諸孩子身上，並且很肯定這樣會有助於他們往後的人生。他們的觀念是，紀律建立品格，並且替不這麼做就會很混亂的狀況提供架構。動手其實不是他們的作風，雖然偶爾他們的怒火烈焰可能會以火山那種程度氾濫成災，但通常都過得很快。他們更常把嚴格的限制加諸子女身上，如果子女違反就禁足。雖然牡羊座父母傾向於嚴格又不讓步，但他們卻驚人地心軟，而且常常原諒錯誤，特別是那些無心之過。牡羊座父母的孩子應該避免直接挑戰他們的權威。

80 牡羊座父母與孩子的相處

大多數時候，牡羊座父母很疼愛他們的孩子。在他們嚴格又處處禁止

強項
鼓勵
投入
積極正面

弱點
愛控制
過度講究道德
愛批評

互動風格
活力十足
喜歡懲罰與獎賞

的態度之下，通常隱藏著一顆柔軟的心。牡羊座父母喜歡跟他們的孩子一起找樂子，一直想出各種能讓雙方都享受其中的娛樂可能性。看著他們跟孩子一起玩耍，你可能常常納悶到底哪一個才是小孩！對牡羊座父母來說，全心全意把孩子當成兄弟姊妹來對待，甚至跟他們一起跑進沙池裡去，一點都不算是不尋常。然而，當他們的孩子調皮搗蛋或者直接違抗他們的願望與信念時，這種親暱之情便可能立刻抽離。

81 牡羊座父母給孩子的金錢觀

大多數牡羊座父母會每週給他們的孩子零用錢，不過他們也會注意這筆錢是怎麼被用掉的。孩子若是因為某個特定事件或計畫而需要錢，應該直接去找牡羊座父母，清楚講明他們的狀況，牡羊座父母允許金錢支出的機率很高。在許多情況下，牡羊座父母不會要求回饋，特別是當孩子做的投資是某種促進自我發展的活動時。一旦牡羊座父母答應給予金錢支援後，他們就會做到，但子女還是應該講清楚那筆錢要怎樣償還、什麼時候償還。

82 牡羊座父母的危機處理

牡羊座父母很容易情緒激動。一旦警鈴開始響了，他們可能會立刻跳起來行動。不幸的是，這麼做，並不是在所有狀況下都有正面效果，因為他們急著採取行動時，偶爾會因為太匆促而往錯誤的方向跑。然而，他們也能夠踩剎車、猛然停止，然後改變航向。一般來說，牡羊座父母的直覺很強，他們的投入是全面的，所以他們確實是一個救星。他們很愛扮演英雄角色，所以他們可能會全然享受這種經驗，不管過程有多驚險。沒有必要就別驚動他們。

83 牡羊座父母的假期安排和家族聚會

內心深處是傳統主義者的牡羊座父母，很享受家族聚會與習俗上的長假。他們特別喜歡自然環境，尤其享受野餐、野炊和露營行程。請牢記在心，牡羊座父母其實是個大孩子，只等著重新發現他們的童年。請確保有把牡羊座父母包括在所有的活動中，永遠別假定身為大人的他們就對孩子的遊戲與樂趣不感興趣了。可以仰仗他們以慈愛的慷慨購買必要裝備、或者支付旅遊與住宿費用。牡羊座父母熱愛把錢花在他們喜歡的事情、人和活動上。直到後來他們才會操心帳單的事。

84 照顧年邁的牡羊座父母

年邁的牡羊座父母會很難處理。牡羊座並不總是感激有人相助，尤其是在他們確信他們可以自己來的事情上──儘管這個信念是錯誤的。年邁的牡羊座父母對現實的認知並不總是很精確，以致他們不太容易接受自己

無法在沒人幫忙的情況下處理事情。牡羊座父母極度獨立，然而當他們終於能夠溫順地接受幫助時，通常會顯露出你從來不知道存在著的面向。通常他們的命運就是退化到某種孩子氣的狀態，所以別猶豫，要有耐心地帶頭，扮演父母的角色，然後把所有事情都仔細地規畫好，消除不確定性，有系統地以縝密的安排取而代之。

你的牡羊座手足

牡羊座手足會想要在兄弟姊妹之中帶頭，尤其若是他們的年紀最長時。另一方面，一個年紀較小或者排行居中的牡羊座手足可能期待被保護，他們通常會沉浸在家庭平靜與安全的懷抱中。在功能失調或不穩定的家庭中，你的牡羊座手足可能是混亂情境中的堡壘或支柱，甚至取代了父母的地位，幫忙扶養其他兄弟姊妹。年紀較長的牡羊座手足也可能很獨裁，搶下總司令的位置，要求其他人必須不加質疑地遵從命令。然而，事實證明這樣的專橫可能會讓年幼的弟妹感到安心，因為牡羊座嚴格的紀律帶來了一種安定感。

強項
負責
堅強
關心

弱點
嚴厲
霸道
專橫

互動風格
當先鋒
領導
有紀律

85 與牡羊座手足的競爭和親近

對牡羊座而言，沒有手足相爭的問題，因為他們是無可辯駁的老大。雖然牡羊座可能會對其他手足表現出親暱的情感，常常在父母缺席的情況下關心他們，但在大多數事務上，牡羊座不會容忍手足挑戰他們的權威。其他手足如果設法質疑一個牡羊座弟妹的這種權威，或者嘗試清除這種權威，就會有一段難熬的時光。牡羊座手足可能會對其他人表達深切的感情，並且偶爾讓人感覺親近，但通常他們嚴格的態度鮮少會放鬆太久。

86 過往的成長經驗對牡羊座手足的影響

牡羊座手足並不會輕易地寬恕或遺忘。任何輕蔑、迫害或其他形式的對抗，會延續到成年以後，就像他們控制其他手足的模式一樣。所以，他們會把童年的角色與議題帶到成年生活中，以致經常妨礙他們跟其他手足建立正常關係。不盡然是他們拒絕放下這些事，而是他們真的沒辦法做到這一點。要讓時間擔任療癒的工作，隨後帶來接納，需要其他人的耐心與理解。

87 與疏離的牡羊座手足往來

要把疏離的牡羊座手足帶回家庭裡，是極端困難的。一旦牡羊座手足脫離家庭，不論原因是覺得被拒或被誤解，或者就只是失去興趣，他／她都會頑固地避免與其他人保持聯絡或者進行其他溝通的努力。一般來說，最有效的聯絡方式是透過他們童年時最親近的一位手足或父母。與此同時，其他人應該保持距離，因為其他人的任何嘗試通常會讓事情更難辦。透過你那位疏離手足的配偶或共同朋友來達成和解，也是可行的。

88 牡羊座手足對繼承、遺囑等金錢議題的處理

牡羊座手足通常對他們所擁有的事物很慷慨。然而一旦跟遺囑與繼承有關時，他們通常會堅守立場，拒絕讓步。這並不是因爲金錢或資產本身，而是因爲這些東西所象徵的意義；也就是說，那是他們眼中去世父母所表達的愛、溫情或關懷。所以，牡羊座被排除於遺囑之外或者以不恰當的方式被記得，對他們來說是徹底的拒絕，也因此表達了在父母生前，這個牡羊座手足眞的很不重要。

89 與牡羊座手足的家族團聚和慶祝活動

通常可以仰賴牡羊座手足對家庭團聚與其他慶祝活動做出重要的貢獻。然而，他們可能寧願在金錢方面有所貢獻，因爲他們忙碌的行程表不容許他們貢獻出自己的時間。可以期待他們會在聚會時出現，但這是無法保證的。如果他們出現了，有可能來去都一樣倉促突然。有智慧的兄弟姊妹在提到敏感話題時會小心翼翼，因爲如果牡羊座受到嘲弄或刺激，易燃的天性可能很容易就被點燃。他們實在太容易就被戳爆，應該要避免這樣做。

90 與牡羊座手足一起度假

除非讓牡羊座手足帶頭，並且在大多數事情上接受他／她的權威，否則你們很難一起共享愉快的假期。問題常常出自於牡羊座對安排實際事務不感興趣。一等到其他兄弟姊妹發覺這一點，想試著糾正事態以避免災難的時候，牡羊座手足可能會把這當成是在批評他們如何處理（或者忘記處理）重要安排。再者，牡羊座手足會把這樣的努力當成在挑戰他們的權威。一旦假期順利開始了，牡羊座就可以添加正能量、活力，以及爲大多數活動注入開創性精神。

你的牡羊座子女

由於牡羊座是一個孩子的星座，象徵性地代表了生命大循環的開端，因此，牡羊座小孩在還小的時候應該覺得很自在。這就是爲什麼發現一個牡羊座孩子沒有快樂的童年時會特別悲哀。從某種角度來說，你的牡羊座子女對這個人生時期的需求比其他星座更多。所有牡羊座孩子眞正需要的是在安全的環境下徹底地表達自己，而沒有不當的責備、懲罰或壓迫感。父母能犯的最大錯誤，就是把沉重的責任，尤其是青少年和成人的，加諸牡羊座子女身上。讓他們自在地玩耍、學習並成長，牡羊座子女會比大多數人更享受青春。

91 牡羊座子女的人格發展

與其嘗試塑造你的牡羊座子女，你反而應該讓他們的人格自然地展現出來。持續的不贊同會損害他們與生俱來的自信，進而阻礙他們的成長。

強項
愛玩
自然不做作
快樂

弱點
受限
批評
悲傷

互動風格
開放
有趣
精力充沛

牡羊座孩子熱愛玩耍（有時候是以一種過度生氣蓬勃的方式），但對他們的精力大潑冷水並不是解決之道。可以溫和地指引他們從其他觀點來看事情，並且學習到他們所樂於從事的事情，對他們的玩伴來說可能沒那麼有趣。總是會出現的問題是，牡羊座孩子產生的過量精力該怎麼辦。有趣但有建設性的活動會引導這樣的精力，並且在發展上帶來豐富的收穫。

92 牡羊座子女的嗜好、興趣和職涯規畫

牡羊座子女比較是行動導向，而非研究導向。雖然他們很喜愛閱讀，但他們更期待將自己的想法付諸實踐，而不只是想想而已。如果牡羊座孩子深信一個洞挖得夠深，就可以從世界的另一頭鑽出來，有一天你可能會發現他們在家裡後院挖出一個超級大洞。牡羊座孩子熱衷於嗜好和閒暇時間的活動，這些活動通常是他們自己發明出來的。他們會把發現的任何東西，立刻變成他們的。他們有著很豐富的內在生活，裡頭充滿了他們最喜歡的幻想角色。在選擇職涯的時候，變得最為成功的成年牡羊座，可能就是能夠成功把這種遊戲元素與創新整合到他們專業之中的那些人。

93 對牡羊座子女的管教

牡羊座子女需要管教，這可以提供必要的架構以便引導他們超凡的精力，不過規則必須是他們能夠理解的，而且絕對不要顯得像是沒有必要的嘮叨或批評。這樣的負面反應有可能澆熄他們本質中的火焰，或者讓它縮小成一抹昏暗的微光。所以必須在他們混亂狂熱的行為，以及你壓迫性、過度限制的制約這兩個同樣不受歡迎的極端之間，找到良好的平衡。正常來說，睿智、敏銳的父母會找到正確的方式來對待牡羊座孩子，用一種有智慧的方式來平衡放縱與緊抓不放的引導。

94 與牡羊座子女的親暱程度

牡羊座孩子極端渴望溫情，不過成年後的他們卻可能很難表達這一點。雖然擁抱偶爾會受到歡迎，微笑、和藹的話語或慈愛的動作卻最能觸動他們的心靈。對牡羊座孩子來說，親暱就只是用輕鬆方式表達的仁慈。牡羊座孩子最不信任成人擺出的傲慢姿態。在感情的領域裡，他們有種準確無誤的直覺，分辨得出什麼是真的、什麼是裝的。他們尋求的是在人的眼睛與聲音裡讀出溫情，而且他們很難被愚弄。

95 處理牡羊座子女與手足之間的互動

因為牡羊座孩子傾向在跟手足有關的事情上，扮演宰制性的角色，父母可能會發現自己太常罵他們了。應該避免這種行為，在其他小孩面前尤其如此。最好把牡羊座子女帶到一邊去，冷靜地解釋為什麼這種行為不被接受。牡羊座如果是手足間排行最長的，會有嫉妒新生弟妹的傾向。他們忽略或傷害另一個孩子的興趣，必須朝著建設性的方向轉移，轉向保護新生弟妹，並且溫柔地陪他們玩耍。正常情況下，如果父母有耐心、對兩個

孩子的需求都很敏銳，這是可以達成的。

96 與成年牡羊座子女的互動

要是你的牡羊座子女覺得自己被剝奪了真正的童年，父母就很難博得他們的認同與信任。這樣的牡羊座子女經常過度嚴肅，並且努力迴避、甚至拒絕他們與生俱來孩子氣的本性。父母通常是靠著找出雙方都享受的活動，來成功重建與牡羊座孩子的緊密聯繫，而不是嘗試跟他們把話說開來或分析他們。牡羊座成人通常會閃避父母那方所採取的心理學路線，但儘管他們起初抗拒做心理治療，他們常常會在獨立生活以後去做。

金牛座

生日:4月21日至5月21日

金牛座代表星座週期中的固定宮土象星座,強調的是生於這個星座的人內在的固執與重視感官。以金星為主宰行星的金牛座,喜歡美與所有形式的身體表達,從運動、流行到設計都包括在內。雖然金牛座一開始行動就會相當活躍,他們卻很熱愛放鬆與慢慢來,往往會拖延,寧願在原地保持舒適安逸,也不願繼續前進。

工作

金牛座
4月21日至5月21日

你的金牛座老闆

　　許多人把金牛座的人格描述為霸道或一副「老闆樣」。的確，金牛座老闆很安於這個位置，但其實他/她寧願留在幕後，讓事情自己順暢運作。當然，這是預設了員工都受過良好訓練，知道對一個金牛座老闆要有何期待。這樣的假設並不總是有合理依據，雖然金牛座老闆通常會花時間和力氣去講清楚他們想要員工怎麼進行。規則與條例通常會維持在最低限度，然而卻是無可改變的，至少對金牛座老闆來說是這樣。

1 要求金牛座老闆加薪

　　在要求金牛座老闆加薪之前，做好萬全準備是必要的。至少提前一星期排定約談，讓你有充裕的時間以書面陳述你的理由，並強調你過往的成就，才能做出強有力的簡報。把這份文件帶去開會，並在你離開的時候留給你的金牛座老闆。重要的是，不要在會議中匆促行事，也不要施加任何壓力。除非你真的打算這麼做，否則永遠別威脅說要求不遂就要離開公司。你要是沒把說出來的話貫徹到底，金牛座老闆就不會再認真看待你了。別對金牛座老闆提出隨口說說的威脅。

2 向金牛座老闆宣布壞消息

　　建議先來點愉快的前奏來緩和打擊。讓你的金牛座老闆做好準備，保持氣氛舒適和放鬆是非常重要的。避免在一陣不自在的沉默之後，脫口說出壞消息；反而要從解釋失敗或被擊潰的理由的背景資料，來導向消息本身。先承擔責任會讓金牛座老闆對你刮目相看。無論如何，你都不該設法把責任轉移到你的管理者、公司或同事身上。金牛座老闆免不了會問到損害控制，以及該採取哪個新方向，所以你要事先想好一個回應劇本。

3 替金牛座老闆安排差旅和娛樂

　　身為真正的感官主義者，金牛座老闆喜愛舒適和愉悅，所以你必須注意細節，確保晚間活動或途中過夜時，他們會過得很愉快。對許多人來說，金牛座工作的邊際效益幾乎就跟擁有一份好薪水一樣重要，而這肯定包括食物、飲料、娛樂，還有商務艙旅遊的奢華享受。然而，不要浪費公司的資金，因為金牛座老闆很能敏銳察覺這些事情要花多少錢。他們會很

強項
穩定
專注周到
謹慎

弱點
霸道
沒有彈性
不敏感

互動風格
關注
指導性
明確

感激沒有犧牲品質的折扣，而你精明的研究會替你加分。

4 金牛座老闆的決策風格

金牛座老闆在評估你的決定時，會特別警惕且吹毛求疵。沒什麼事情能讓他們對你的人格與能力有更深刻的洞見了。在關鍵時刻，金牛座老闆想確定他們能夠仰賴你良好的判斷力。所以，不要做出衝動或不加思索的決定，而是要給自己必要的時間想清楚，然後徹底實踐計畫。你的金牛座老闆甚至可能（在你不知情的狀況下）安排好一個實際測試的情境，你會在其中接受擢升到某個管理職的評估。

5 打動金牛座老闆

盡心盡力、辛勤工作，最能打動金牛座老闆。可靠性和信任度也可得高分。對他們來說，最有份量的不是神來之筆或者閃電般的成功，而是日復一日平順地營運你的部門。請避免被貼上「麻煩製造者」、甚至是「呼風喚雨之人」的標籤。最好當個圓融的外交家或和平使者——一個安靜、有能力、有效率的員工。務實到了極點的金牛座老闆，在評估你的工作時會想要看到一段時間內的扎實成就。這一點，就比其他一切都更能夠促使你的金牛座老闆給你加薪或升官。

6 提案並對金牛座老闆做簡報

應使用經考驗後證明有效的方法。在團體中，請確保每位出席者都有一份準備周全的書面資料。讓簡報保持簡單清晰，不必覺得非用高科技溝通方式不可。單一螢幕上的圖像和電腦繪圖，會是簡單有效、又不至於讓人分心的作法。焦點應該放在你所說與所寫的文字上面，而不是簡報工具。讓你的內容為自己說話。你的金牛座老闆會對你的資料、思考周全的想法、以及實際的推論印象最深刻。避免天真的理想主義或不切實際的預測。

你的金牛座員工

金牛座員工很明顯是以工作為重的類型。然而，他們有自己完成事情的方式，並且通常是以輕鬆的方式進行。這表示他們自身的舒適對他們來說極其重要，所以他們很可能緩慢而確實地進行。再者，既然他們從來不在今天做能拖到明天的事情，他們可能會有趕上預定期限的困難。金牛座員工是可怕的拖延者，經常延後他們不真正有心情去做的事，就只為了個人的享樂。對於他們的老闆和同事來說，連哄帶騙加上輕微地催促，效果會比嚴厲地向金牛座員工下命令來得好。

7 面試或雇用金牛座員工

整體而言，金牛座對於一項工作能提供的安全感很關心。雖然他們會

期待一份像樣的薪水，但像是醫療保險、退休、假期、分享利潤或紅利，對他們更有誘惑力。金牛座在合約上簽名之前，會想知道他們涉入的是什麼。你應該周全地解釋公司的理念與目標，特別是強調他們在組織中將會扮演的角色。令人不快的「驚喜」對所有金牛座來說都是毒藥，所以在你的工作描述裡不要漏掉任何東西。

8 宣布壞消息或解雇金牛座員工

金牛座可以應付直率的行為，所以最好當面告訴他們，不要拐彎抹角。一般來說，金牛座員工不會中途放棄，所以他們不太可能直接離職，替你省下開除他們的麻煩。既然他們往往會撐到最後，一旦你決定擺脫一位金牛座員工，你會有必要親自出馬，使出致命的一擊。把你決定的理由講清楚──雖然金牛座可能會頑固地不同意針對他們而來的控訴或指責。

9 與金牛座員工一同差旅或娛樂

金牛座是真正的感官主義者，他們喜歡全然享受他們參與的任何活動所帶來的身體舒適。你可能必須替他們設下有限的預算，免得他們花費過度，因為他們對於食物與舒適設備難以抗拒的弱點，可能會讓你的財務受到考驗。他們不喜歡分享房間，或者只吃一餐的一部分；他們擁有的是屬於他們的，也只能由他們來享受。雖然他們能夠分享，但他們通常並不想這樣做。當然，享受一場表演、舞蹈或會議的社交面向除外。

10 分配任務給金牛座員工

只要任務界定清楚，而且金牛座員工相信自己可以完成，他們就會產出像樣（如果不是優秀）的結果。然而，如果他們不了解你不怎麼出色的簡報，或者對你選擇忽略的事情有嚴重的懷疑，你便可以預期會出現最糟的狀況。從金牛座員工那裡獲得良好工作成果的祕訣，在於確保他們從一開始就在正軌上。他們不太可能在計畫中途繞道或者突然變卦。請把他們務實主義的態度放在心上，不要期待或要求才華洋溢、甚或太有想像力的結果。

11 激勵或打動金牛座員工

金牛座是非常報酬導向的，所以棒子加胡蘿蔔的策略（即軟硬兼施）通常會奏效。沒有胡蘿蔔的棒子也行，但只有在輕輕戳而不是大棒猛打的狀況下才有用。讓金牛座員工最感欽佩的是入世的智慧與知識，但你掌握事實的能耐也有用。他們會注意到你的說服力與魅力，但不見得會臣服於此。雖然你要說的話通常比你說的方式更重要，持平而論，金牛座員工對輕柔的聲音以及溫暖、人性化的態度，反應良好。

12 管理、指導或指正金牛座員工

金牛座能夠處理出於善意的建設性批評。實際上，比起虛偽的讚美和

強項
- 盡心盡力
- 工作導向
- 緩慢確實

弱點
- 拖延
- 過度放鬆
- 享樂主義

互動風格
- 穩定
- 自信
- 低調

奉承，他們反倒偏愛對於他們的工作成果做出誠實的評估（尤其是能讓他們受益的評估，就算內容是負面的）。金牛座員工想造就出可能達到的最佳結果，如果你的批評與指導可以幫助他們造就出這樣的成果，那就更好了。可以讓他們自己工作，但偶爾他們會想要有你加入的意見或認可，以確定他們是朝著正確的方向走。只要不時迅速地檢查一下他們的工作內容就好。

你的金牛座同事

金牛座可以成為一個部門的支柱或勞動主力。他們超級可靠，但卻不該占他們便宜，或者把他們逼到超過合理限度，因為就連他們自己都有個極限。這絕對不是暗示他們缺乏頭腦。一般來說，金牛座同事值得仰賴，除非他們徹底反對事情發展的方向。在這種情況下，他們可能只剩下兩種選擇：要不是放慢他們努力的步調，到達公民不服從的地步，就是當場辭職或要求調職。

強項
盡心盡力
工作勤勉
可靠

弱點
抗拒
頑固
倔強

互動風格
目標精確
樂意幫忙
穩定

13 尋求金牛座同事的建議

如果你正氣急敗壞，跟一位金牛座策士一起待個幾分鐘，可能會讓你冷靜下來。對於總是充滿人生智慧的金牛座同事，會花時間和力氣在你需要的時候真正幫上忙。雖然他們很可能給你不請自來的建議，但當人們找他們商量的時候，事情通常會好轉。他們可能會要求花一段時間好好琢磨一下來龍去脈，以便替你的問題想出一個可行的解決方案。如果你的情況要求正面衝突，他們會敦促你這麼做；但只要有可能，他們會支持讓事情自己解決的不干涉態度。

14 向金牛座同事求助

金牛座同事可能會謝絕介入直接的幫助或抗議，寧願不要無事生非。（然而要是牛看見紅布，或者覺得你受到不公平對待，牛通常會跑過去保護你。）金牛座對於比他們小很多或老很多的人被虐待特別敏感，如果他們懷疑這些人被占了便宜，他們會很快站出來捍衛這些老弱。只要有可能，他們就會提供財務上的幫助，但通常有其限度，因為他們在這種事情上態度保守。金牛座在緊急狀況下會分享他們的空間、交通、甚至衣服，在人們有需要時，並不會要求償還。

15 與金牛座同事一同差旅或娛樂

基本上，金牛座同事更喜歡待在家裡。話雖如此，他們很享受一年一、兩次的遠遊。他們非常擅長差旅訂位事務，以及替自己和他人訂定計畫。娛樂是金牛座的專長，雖然他們很可能想要接管辦公室派對或慶祝活動的計畫。在這種情況下，請給你的同事某個特殊任務、敦促他們守住這個工作，以此設法管理金牛座的支配傾向。然而在臨危授命的時候，總是

可以請求金牛座同事來做。

16 與金牛座同事共事

只要計畫運作順利，金牛座同事很容易跟其他人合作。但如果問題浮現了，他們可能會開始相當直率地說出他們的不滿，也常常堅持把大部分責任攬在他們寬闊的肩膀上。在其他人認為他們太強勢、霸道或固執的時候，可能會產生問題。金牛座專業人士非常苛求，最討厭的就是粗劣或草率的工作，還有徹底的無能。不了解工作成果有多糟的人，很可能會埋怨金牛座要把事情做對的那股強烈驅力。

17 打動或激勵金牛座同事

報酬最能夠驅使金牛座行動，雖然他們很少會這樣要求。他們的內在動機，通常就只是他們想看到工作完成得很漂亮，而且所有人都得到好處。所以，他們個人的報酬可能就只是一種滿足感，但透過紅利、假期或加薪來激勵他們，他們會感激地接受，而且這樣會促使他們更賣力工作。其他人的感激與謝意總是能打動金牛座同事，雖然這樣做並不是必要的。名望也會打動金牛座同事，他們會感激地接受組織最高層級人士的親自致謝或表揚。

18 說服或指正金牛座同事

頑固到簡直成了傳奇的金牛座同事，一開始可能很難被說服，而且一旦他們打定主意，通常就不可能改變了。批評對金牛座來說並不是問題，他們甚至可能很感激這樣的態度，只要事實證明這些批評有幫助、又用正確的方式傳達就行。應該靜靜地接近他們，只要可能就趁他們獨處的時候，因為他們很憎惡在眾目睽睽之下被點名或面對尷尬處境。在平靜且不引人注意的環境中，他們通常會樂於把事情說開來並傾聽。然而，一旦他們把你的話聽進去了，他們就會討厭必須再聽你講第二次、第三次。

你的金牛座客戶

雖然有著讓人受騙的隨和態度，金牛座客戶卻會毫不含糊地表達他們的期望與要求。在他們講話時改變話題、建議別的方案、或者用任何方式轉移他們對當前任務的注意力，都不是好主意。再者，你最初在規畫與實踐某個會滿足他們欲求的計畫時，最好讓一切保持在軌道上，專注於金牛座客戶的主要心願和目標。然而，所有的金牛座也都熱愛奢華和豐富，所以隨著事情的發展，你附加在產品或服務上的任何一種甜頭與附贈品，都會取悅他們。當他們的顧客對這種附加特色反應正面的時候，他們最高興了。

強項
隨和
堅強
通曉世事

弱點
缺乏彈性
無趣
缺乏想像力

互動風格
固著
專注
苛求

19 打動金牛座客戶

金牛座客戶通常只會被那些能夠專注不移的人打動。他們對於那些像花蝴蝶般，在話題之間飛來飛去的人非常挑剔又不耐煩。像他們這種穩重的客戶，很難靠魅力去迷惑和說服。如果你重複某種他們已經說過的事，或者有其他表現顯示出你沒有仔細聽他們說什麼，他們也會對此非常不滿。而且他們會提醒你這種失誤，很容易就會責備你這種行為，甚至在你們第一次開會時就這麼做。讓金牛座客戶說大部分的話，當他們問你問題的時候，回答要明智而簡潔。

20 向金牛座客戶推銷

通常金牛座客戶在你們第一次開會時，會有那麼一刻：他／她舒舒服服地往後一靠，給你一種表情，簡單說來就是：「說服我啊！」在這一刻，你必須充分準備好你手邊的每一記重砲，包括事實、圓餅圖、曲線圖、以及任何適用的視覺材料，因為這位客戶是非常視覺導向的。要是你在測試降臨時通過它，你朝著做成生意就邁進了一大步。你通常（但並不總是）能夠從金牛座客戶臉上讀出你的成功或失敗，雖然許多這樣的客戶會很努力隱藏任何反應，直到他們後來有時間反覆考慮你的簡報為止。

21 金牛座客戶重視的外表和舉措

要好看。別怕穿上剪裁時尚、色彩豐富、質感又好的衣服，要呈現你最好的一面，以便展現出你代表的公司品質。請記得，對於金牛座客戶，你的簡報中所有的物質層面，包括書面、聽覺或視覺材料的每一行，都必須展現出品質。反過來說，你犯下的任何錯誤，都會被視為反映了你公司的服務或製作品質馬虎。所以在你們的第一次會議之前，請確保你完全準備好面對最嚴苛的檢視。

22 保持金牛座客戶的興趣

雖然金牛座客戶很嚴肅，但他們也熱愛被取悅、被娛樂。他們的要求可能很沉重，但只要你手邊有種種論據，其他方面又準備得完美無瑕，你就可以不時打開你的魅力開關。你巧妙的神來之筆通常會很吸引他們；高度推薦你偶爾以戲謔的形式表達幽默（而不是講可能搞砸的笑話）。如果你覺得他們會在任何一刻失去興趣，建議提供他們茶點和飲料，或者休息一下，轉換話題，或是直接問他們想知道什麼。避免令人不自在的冗長沉默。你的表現應保持冷靜但穩定的節奏。

23 向金牛座客戶報告壞消息

如果壞消息報告得好，金牛座客戶可能會讓你感到驚訝，實事求是地接受這件事。這不必然表示他們喜歡這樣、甚至不見得表示他們接受，但與其這樣告訴你，金牛座反而更可能去找你的老闆或董事會。在報告壞消息的時候，別試著加以粉飾，而是要以客觀但關切的方式來處理。至少接

下來你就不會被指控歪曲事實或說謊。要是你對發生的事感覺格外糟糕、或者特別需要為此負責，簡潔地表達你的感受會是明智之舉。

㉔ 招待金牛座客戶需注意的「眉角」

金星主宰下的金牛座客戶熱愛美、身體享受、娛樂、食物、飲料和愉快的環境。所以舉個例子來說，帶他們去吃晚餐的時候，你會發現氛圍、服務和擺盤都跟食物的味道一樣重要。要有心理準備，他們期待頂級餐廳並且會點昂貴的品項，因為眾所周知，他們有著奢侈的品味。一旦你看出他們完全沉浸在樂趣中，你就可以放心地嘆口氣，知道你的商業交易很有機會成功了。讓對話保持趣味性，先別提起商業議題，而應讓你的金牛座客戶自己提到主題。

你的金牛座合夥人

整體而言，金牛座合夥人會覺得他們比你更了解發生什麼事。他們極端固執己見又有點霸道，比起誰帶頭，他們更關心由誰做最後的決定。事實上，這個牢靠又堅定的個體，最感興趣的事情就是做最後的決定。你可能會發現你的反對意見被掃到一邊或者被漠視，造成某些緊張與挫折。然而，就算在你認為你的金牛座合夥人完全錯誤的狀況下，隨著時間過去，你可能會理解、甚至同意他們的觀點。要對抗做生意比較令人不快的面向，金牛座合夥人可能是很好的緩衝，能夠替你、公司以及你所有的員工提供安全和保障。

㉕ 與金牛座建立合夥關係

與其把合夥關係的組織架構都交給金牛座合夥人，最好是把你的計畫交給他們，讓他們提出批判性的意見，並且加以編修增補。通常良好的安協可以透過這種簡單的方法達成。然而，要是你讓金牛座向你提出第一份草稿，或者跟你一起寫合約，這樣通常不會成功，因為金牛座合夥人如果一直覺得他們被要求做出貢獻，然後又被拒絕或被忽略（這樣更糟），就會變得很氣餒。請確保在原始的提案裡，非常清楚地說明他們在合夥關係裡的角色，確定在日常事務運作中分配給他們很多責任。

㉖ 與金牛座合夥人之間的任務分配

如果認為應該只給這個強悍、務實主義者實際的任務，那你就錯了。金牛座合夥人也是有創意的人，他們了解生產、行銷與銷售的理論面向，尤其了解公關。他們可能對花錢有點不負責任，在他們覺得某個品項對他們的工作十分必要時，往往會隨意花錢，雖然他們也有個可取之處：通常會找出最划算的交易。請確定在現金花費超過一定數目時，需要你的同意。因為外表上強烈的風采，金牛座可以勝任令人印象深刻的公司代表。

強項
保護性
牢靠
堅定

弱點
霸道
漠視不理
固執己見

互動風格
有決定性
堅定不移
難以對付

❷⓻ 與金牛座合夥人一同差旅或娛樂

金牛座合夥人在出差和娛樂的時候，可能搞出巨額帳單。金牛座合夥人有無可否認的奢侈傾向，動力來自於他們對奢華與舒適的愛好。但奇怪的是，在辦公室派對、替其他人安排旅行或娛樂活動這些事情上，通常可以仰仗金牛座做出省錢的安排，卻依然好到讓所有相關人等都高興。在關於他們自己的現金支出上，必須保護金牛座合夥人對抗他們的盲點；這可以靠你或你的財務經理來管理，事先讓金牛座合夥人看一份嚴謹的預算。

❷⓼ 管理並指導金牛座合夥人

雖然大多數情況下，許多的金牛座合夥人都想當老大，但他們也可以被管理與指導，只要你訴諸他們實際的一面，並且肯定他們把事情辦到最好的技巧就行。一旦他們同意你的基本想法，如果後勤上有可能，就把實踐留給他們。直接衝突的時候，他們可能在消極與積極之間交替——處於守勢，像個不會動的物品，然後換成攻勢，力量勢如破竹——所以最好避免跟他們直接硬碰硬。如果你對他們的感受很敏銳，或者表現出你信任他們，他們就會相當開放地考慮你的建議。請避免對他們下命令。

❷⓽ 與金牛座合夥人長期的合作之道

金牛座合夥人通常對他們的商業關係很忠誠又堅定，是那種長時間裡死撐著的長期受苦類型。然而，這並不表示可以很容易跟他們保持融洽，因為他們只能靜靜地逆來順受一陣子，然後就會讓別人知道他們真實的感受，通常方式都很直接而強勁。所以定期開會有幫助，你在會議中能鼓勵他們說出他們的抱怨，而不是把怨氣埋在心裡。他們一看出你準備接受他們說的話，並隨之採取行動，或者甚至你只是敞開心胸聽他們說話，跟他們共事就會容易得多了。

❸⓪ 與金牛座合夥人分道揚鑣

金牛座合夥人占有慾極強，而且通常會開始把你們的生意看成大半是他們自己的。所以對他們來說，要放棄公司很難，特別是他們覺得是自己培植、指導並發展的公司。如果雙方可以同意由一位仲裁者來做共同法律代表，那是最好的狀況。然而，頑固的金牛座可能會尋求自己的法務代表，甚至代表他們自己的利益。準備好對財務、房地產、責任、保險，甚至是他們很放不下的物品辯論一番。通常他們會有興趣買下你的股份，然後自己繼續做生意。

你的金牛座競爭者

金牛座競爭者堅韌又有決心，不是你能夠輕易從路上掃開的人。如果他們在這個領域裡有漫長的歷史就更是如此，因為他們會抗拒任何把他們從現有的位置上攆走的嘗試，尤其是在他們已經是第一名的時候。他們以

及他們公司的每一分精力，都會用在抵抗、破壞和謹慎攻擊你的產品上。你覺得他們有點笨拙或遲緩，可能會想要智取或者欺騙他們，但他們有可能極端精明，對誘餌很有戒心。或許你能期望的最佳狀況是，你們各自鞏固自己公司的地位與成就，各霸一方，如此便不至於對彼此造成太大損害。

31 反擊金牛座競爭者

設法在市場上發展出你可以據為己有的一席之地。避免直接攻擊金牛座競爭者，反而要找另一條路線繞過他們。一旦他們看出你對他們領域的主要部分不會造成威脅，他們的警戒可能就會放鬆一點，更能接納你的努力。也要讓他們相信，有的是給兩種優秀產品生存的空間。尋求和平的談判，擁抱現狀（至少現在如此），並且對妥協抱持開放態度，會減輕他們野蠻的保護性。最重要的是，總是要以尊重的態度對待他們，沒有一絲嘲弄的暗示。

32 智取金牛座競爭者

如果一定得變成全面戰爭或激烈競爭，你有必要辛勤工作，才能比你的金牛座敵手更洞燭機先。金牛座競爭者的防守很優秀，而且要逗弄出他們的反應，好讓你可以從他們的盔甲上找出漏洞，是極端困難的。最好的作法是把他們摸透，用光明正大的手段發掘他們的計畫是什麼，以及他們如果真的打算攻擊你，會想怎麼做。不要在這時就打草驚蛇，而是要進行得緩慢確實，做必要的研究。一旦你確認了他們的意圖，你就可以炮製你自己的作戰計畫，這可能會從針對他們弱點的雷霆一擊或閃電戰開始。

33 當面讓金牛座競爭者刮目相看

保持冷靜、沉著、鎮定。只有在你表現出你做過廣泛的研究、手邊蒐集到所有論據的時候，金牛座競爭者才會對討論的主題有最深刻的印象。你的服裝、風格和舉止應該稍微偏保守一點，這樣他們才會認真看待你。顯示出你尊重他們是可敬的對手，但也表現出你們對於彼此可以更互相接納、少一點對抗。雖然金牛座競爭者可能囉唆又愛主導對話，你仍不應該設法阻斷他們的滔滔不絕，反而要用慎選過的簡短評論逐漸挖他們的牆角。

34 對金牛座競爭者削價競爭或高價搶標

要是你們雙方都在爭取同一個客戶，或者設法促銷同樣或類似的產品，你會被迫採用攻擊性的路線。這必然會涉及的，不只是讓你的產品或服務看起來很好，也要讓他們的看起來不好。不需要捏造錯處或者誇大既有的問題，因為他們公司的路線可能存在真正的缺陷，在這個領域裡是人盡皆知的。集中在這些弱點上，毫不留情地猛打這些地方。接下來，把焦點放在強調你的公司能夠怎樣在這些領域中成功，並且對於顧客以及專業

強項
堅韌
有決心
很能抵抗

弱點
過度保守
缺乏想像力
會卡住

互動風格
驕傲
跋扈
毫不讓步

金牛座

工作

人士都同樣給予更多紅利。

㉟ 與金牛座競爭者的公關戰爭

金牛座的公關路線，很有可能會嘗試走新潮有型這一款，但不免也有那麼一點過時。設法來個耀眼華麗的宣傳活動，以嶄新的路線奪人目光，讓你的對手措手不及。你會知道你成功了──不只是因為你的銷售數字上漲、對手的銷售數字跟著滑落，還因為敵營散發出的沉默氣氛，這是他們能夠給予的最確實的讚美。專心讓媒體對你的工作感興趣，好讓你變成新聞，而不是那種普通老套的付費廣告。用你的魅力去取得平面和影像報導，特別是要爭取受訪機會。

㊱ 向金牛座競爭者展現你的態度

在處理跟金牛座對手的一對一碰面時，最好避免走個人路線，反而要以嚴格的專業方式對付他們。在你們的對話或未來互動中的某一刻，這可能會讓他們有動機跨越那條線，嘗試稍微隨興一點或友善一點；到時候，你就能夠決定是否接受這個序曲。無論接不接受，你都握有主導權。要是你們兩人都在同一個團體裡致詞，或者出現在某位客戶的董事會議上，請確定你的金牛座對手先講話。特別注意他們的方法，並且準備好在你的簡報裡提到他們的錯誤，不過請讓你的語氣保持友善輕鬆。

愛情

金牛座
4月21日至5月21日

與金牛座的第一次約會

金牛座這個約會對象通常是個慢郎中。他們想要先觀察你，然後照他們自己的速度決定是否想再見到你，或者定義你和他們之間的關係。金牛座對於合不合得來心知肚明，不過他們不太可能在初次約會時就表現得太清楚；他們通常很小心翼翼，不會洩露他們在這方面的想法或感覺。他們很有吸引力，會以他們的外貌造就出強烈的印象，但也會利用他們的聲音，而他們的聲音可能很挑逗，並且經過良好的控制和修飾。

37 吸引金牛座的目光

大多數金牛座都相當友善，至少會對你最初的攻勢保持開放。然而，他們會期望你的攻勢不要太猛烈，因為這些充滿耐心的對象需要時間來下定決心。建議去散步。如果你們已經在走路了，就繼續下去。如果你僅僅是「碰上」彼此，或者偶然在社交活動中相遇，最好在一開始保持沉默，然後傾聽金牛座有什麼話要說，也給他們機會好好看待你。如果你可以用你的沉默撩起金牛座的好奇心，那麼越安靜越好。

38 初次跟金牛座約會的建議

由金星主宰的金牛座會熱愛有美學與感官特質的活動。當你選擇了一個會合地點，要喝咖啡、酒、上餐廳、看電影或表演的時候，請記得，品質對他們來說非常重要。只要天氣好，在宜人的環境裡散步，對於熱愛自然的金牛座來說永遠是個好主意。在雨中或寒冷天氣裡到處走，肯定不算是金牛座心目中的美好時光。一般來說，與金牛座的初次約會必須充滿溫暖、舒適與安全感。

39 初次跟金牛座約會的助興與敗興之舉

金牛座這個約會對象通常對口若懸河的大嘴巴印象不佳，甚至會直接冷掉。另一方面，他們對謙遜與自信印象很好。最重要的是，他們想找到你身上某種引人好奇、會讓他們想更了解你的東西。永遠別試著催促他們或對他們施壓，而要容許他們照自己的步調進行。藉由落入他們的節奏裡，你就能夠前進到下一步，而不至於努力到一半倒退。他們的臉部表情與肢體語言，會讓你知道你做得怎麼樣。

強項
有把握
體貼
外表好看

弱點
拖延
反應遲鈍
不表露感情

互動風格
平衡
自信
肢體性

40 對金牛座採取「攻勢」

跟金牛座初次約會的典型狀況是：你偶然用手臂環抱住他們、碰觸他們或握他們的手，而你被猛然瞪一眼，那眼神似乎在說「別這樣」，然後是默默地加上比較輕柔的「我會告訴你什麼時候可以」。總是要記得，由金星主宰的金牛座把愛看成是他們的領域，憎惡任何一種侵犯他們世界的舉動。讓他們為自己做決定，並且盡可能頻繁地給予回應，不要讓他們非得自己告訴你。默默地讓他們看到你們兩人在同一個波長上。

41 打動金牛座的方法

比起有侵略性的態度、言詞流暢或好看的長相，讓金牛座這個約會對象更有好感的是有趣的本性，以及理解他們與他們願望的能力。所以，讓他們有好印象的最佳方式是建立一種好相處的氣氛，在其中，他們覺得可以自在地選擇回應或不回應。讓事情自然地發展；溫和地把約會引導到一個正面方向（對你而言的正面），可能是最佳的進展方式。過程中以你的穩定堅持和接納，而不是以炫耀的態度來讓他們印象深刻。如果他們在準備時費了些功夫，請表現出你對他們的衣著、髮型與整體外表的欣賞。

42 擺脫金牛座的方法

一般來說，是金牛座會刷掉你，而這件事可能發生得相當快，且方式相當粗暴。不過，金牛座並沒有那麼容易擺脫，因為如果他們喜歡你，他們會非常有決心，而且非常持續地努力。然而，他們的驕傲與強烈的自我形象，不會容忍太多直接的拒絕，所以如果你想擺脫他們，就徹底講清楚：要不是你對他們毫無興趣，就是你們之間不會有結果。只要你沒有送出混淆的訊息，擺脫他們應該不是問題。碰到難應付的對象，就讓時間去解釋吧！

你的金牛座戀人

金牛座在愛情這方面往往有強烈的占有慾。他們會把你視為屬於他們的，就像他們的家、他們的車或他們的衣服，而且他們會把這當成是對你極大的恭維。當然，如果你並不完全同意他們，而是堅持你是自己的主人，你有自由做你想要做的事，就會產生問題。他們可能看似同意你的看法，因為這樣做只會強化他們的信念——自己真的很公平——並且顯示出他們對你的愛是多麼有安全感。但事實上，在他們的感情夠深的時候，他們永遠不會想要分享你或者放棄你。

43 與金牛座戀人進行討論

金牛座可以是個有耐性的聆聽者，不過卻相當固執己見，而且通常愛做論斷。一般來說，他們的價值觀不是道德性的，而是反映了他們的務實主義本性，更在乎某事物是否奏效，而不是它是對是錯。因此，他們在跟

你討論的時候可以相當客觀，因為他們敞開心胸聆聽，而且鮮少會從道德上譴責你。聽他們的建議，你會做得很好，因為他們的判斷通常很健全，可是要小心他們有武斷和固著於某些觀念的傾向。

44 與金牛座戀人發生爭論

在大多數主題上，金牛座會非常固執地堅守他們固若金湯的立場。所以跟他們爭論通常會有反效果，因為你越努力嘗試攻擊或說服他們，他們就會變得越倔強。金牛座通常冷靜、沉著、鎮定，會表現出極大的耐心，甚至能夠忍受偶爾的侮辱。但當他們達到崩潰點的時候，你的行為可能會像是在一隻出名的公牛面前揮舞紅旗。他們的衝刺可能是爆炸性的，而且最好不計代價地避免引燃。徹底避免跟他們爭論，通常是最佳解決之道。

45 與金牛座戀人一起旅遊

雖然金牛座可以是很好的旅遊者，也完全享受這種追尋的過程，但他們通常待在家裡感覺更快樂。跟金牛座一起旅行的兩個問題是他們對奢侈的喜愛，以及他們時時刻刻都揹著（或者要你揹）他們的一半家當。甚至更糟的是，因為他們愛買東西，等你們要回家的時候，他們的袋子、背包或行李箱可能幾乎提不起來了。當然，隨著你們的行李重量增加，你的皮夾重量就往下掉，因為鮮少有星座比他們更享受買禮物和一般的消費。

46 與金牛座戀人的性愛關係

你的金牛座戀人傾向於對性實事求是而坦白。他們完全不會羞於談論性這件事，順便一提，也不會羞於先發動。他們有興趣的通常是真正為性而性的肉體性愛，或多或少滿足了他們對性的飢渴，就像他們對食物或睡眠的渴望一樣。所以，他們切入這個主題的方式缺乏神祕或纖細微妙之處，可能會讓你不太滿意。行為本身也可能有種古怪的、非關個人的客觀性，導致你會納悶地想，他們是不是真的知道、甚至在乎你是誰。

47 金牛座戀人的親暱表現

由金星主宰的金牛座戀人可以極端親暱和深情。但是別忘了，對他們來說，親暱是親暱，性是性，愛是愛，而這些沒有哪一個是另一個的滿意替代品。他們對於親暱情感的表達，可以是明確身體性的，包括（但不限於）擁抱、愛撫、讓人安心的觸碰或深情的眼神。然而不知怎的，他們設法用上述任何一招來傳達所有權，可能會讓你明確地感到不舒服，特別是在親近的朋友們面前。可是，拒絕他們親暱的姿態，是你能做出最糟糕的事情。你就咬牙忍耐過去吧！

48 金牛座戀人的幽默感

金牛座是死守字面解釋的類型，所以大多數笑話、雙關語和文字遊戲，通常不會讓他們有太大反應。他們痛恨被嘲笑，不過在他們不覺得受

強項
充滿愛意
關懷
投入

弱點
占有慾過強
愛控制
喜歡操縱

互動風格
直接了當
坦白
願意付出

金牛座

愛情

到過度威脅時，偶爾可以加入。他們喜歡的喜劇演員通常是很好的演員，極其完美地扮演他們的角色，所以能夠完全誘發出金牛座的仰慕、樂在其中，還有因此而生的笑聲。金牛座總是願意讓自己開心、享受美好時光，通常偏愛以電影、戲劇或最新廉價小說等形式傳達的輕鬆幽默。讓他們盡可能維持好心情，藉此避免問題。

你的金牛座配偶

強項
可靠
穩定
關愛

你的金牛座配偶可以極其奉獻、穩定、可靠又充滿關懷。他們總是自命為家務事的主宰角色，想做主要的決定，或者至少在實踐上扮演要角。雖然他們能夠拖延這種事情好幾週、甚至好幾年，一旦金牛座下定決心開始行動，通常是擋不住的。金牛座配偶鍾愛居家的樂趣，會想要家成為一個舒適安全的所在，小孩、朋友和家人在家裡都可以感覺自在。

弱點
拖延
專橫
愛找樂子

49 金牛座的婚禮和蜜月

即便很實際又能找到划算的交易，金牛座通常會想要不惜血本地為自己的婚禮提供令人印象深刻的儀式和奢華的婚宴。同樣地，他們會想要在特別美麗的景點度蜜月，不是無比天然，就是極度奢華，或者兼而有之。周遭環境也有助於讓他們放鬆，好讓他們全然地享受蜜月。金牛座新婚者對於麻煩的狀況、憂心忡忡、或會讓他們或你無法享受人生難得經驗的任何負面訊息，並不感興趣。

互動風格
冷靜
堅強
熱情友好

50 金牛座的家庭和婚姻生活

金牛座新婚者不會對自己的計畫猶豫不決，他們對於自己想要哪種樣子的家有非常好的概念。他們想要這個家舒適美麗，有和諧的色彩、雅緻的布料、令人愉快的線條，還有搶眼的布置與焦點。一旦家布置好了，你的金牛座配偶就不太可能想改變東西，而且會堅決抗拒你改變事物的期望。而且他們深信他們的品味無可挑剔，所以你的反對只是你缺乏品味的證據。因此只要有可能，你就應該把裝潢工作留給他們。

51 金牛座婚後的財務狀況

金牛座並非永遠是世界上最令人興奮的人，不過他們屬於比較奢侈的那一群。他們的品味偏向奢華，他們也無法克制自己不花錢，尤其是在打折或特價的時候。你和金牛座配偶之間關於錢、還有該怎麼花錢的爭執，可能會一直存在，所以只要有可能，他們若有在工作就應該花他們自己的錢，或者在相當嚴格的預算範圍內讓他們有決定權。讓他們做獨立的財務決定，會有助於減少爭執。

52 金牛座的不忠與脫軌

因為金牛座通常認為性與道德無關，他們會覺得跟其他人分享親密沒

什麼不對，只要不把這樣的戀情當一回事，不會威脅到他們的婚姻就好。然而如果婚姻真正幸福，他們就算有背叛配偶的念頭，也鮮少這麼做。不過，金牛座會像飛蛾撲火般被肉體之美吸引，所以如果他們非常（或者甚至只有一點點）不快樂或不滿足，他們會覺得很難抗拒邀約，因而偶爾會在某位情人的臂彎裡度過一個下午或晚上。

53 金牛座與子女的關係

一般來說，金牛座是絕佳的父母。他們是真正的撫育者，從付出或關照他人之中得到極大的滿足。此外，他們明顯厭惡所有形式的虐待小孩或小動物，所以他們的家總是充滿了許多小孩和動物。金牛座很期待能將子女的朋友和寵物視為家庭的一員，所以他們會常常出現。金牛座父母的獨生子女可能會明顯地感覺自己被得到的大量關懷弄得快窒息，所以至少有一個手足是最好的。

54 金牛座面對離婚的態度

做好被榨乾的心理準備吧！金牛座不會輕易就放棄財物。事實可能證明，他們失去你之後的真正安慰，就是得到大筆現金、大多數家具和房子。一般來說，金牛座對這種事情不會害羞，也不會騙人，他們會透過律師充分釐清他們的要求。他們不是會尋求報復的人，只會想要為他們多年來無私的奉獻（就他們看來是如此）得到適當的補償。他們會很樂於以不含糊其辭、不情緒化的方式，仔細地把事情談清楚，而且盡他們所能地對你公平。

你的金牛座祕密情人

在你們第一次愉快的幽會之後，別訝異金牛座祕密情人竟然期待你回到你的配偶或戀人身邊。金牛座祕密情人能夠對他們的慾望極為實事求是，甚至會講清楚，在相聚的主要理由過去以後，他們的感受並不意味著想和你住在一起、分享親密感、甚至是一起過夜。然而，一旦你真的占據了他們的心靈之後，他們會想要緊緊地抓住你，而且可能想變成你的固定戀人或配偶。就像在其他領域裡一樣，金牛座會隨著時間過去而變得很依戀，並且有強烈的占有慾。

55 遇見金牛座祕密情人

很有可能你會被共同的朋友介紹給金牛座祕密情人。說真的，友誼通常是這種關係開始的基調，而不是澎湃的肉體激情，甚至是身體的吸引力。你會覺得跟金牛座在一起很自在，能夠分享並談論你自己，當然也包

強項
性感
表達力強
誠實

弱點
不敏銳
缺乏同情
占有慾過強

互動風格
坦白
不含糊其辭
直白

括你的愛情生活。一旦他們理解到最後這一項不怎麼讓你滿意，或者付之闕如，他們就會開始把自己想像成你的戀人角色的主要候選人。請記得，金牛座是撫育者，會本能地對任何被傷害或受到不公平對待者作出反應。

56 與金牛座幽會的地點

金牛座在自己的地方感覺比較自在，只要有可能就偏愛在那裡碰面。就算他們跟別人同住，他們也可以安排好一段空檔時間。他們的一部分誘人魅力，在於他們想要讓你看看他們有品味、或者很有價值的個人資產，他們會準備好為此向你長篇大論一番。他們不是會突然把你撲倒在地或站著貼在牆上的那一型。床可能會非常舒適，而且很適合做愛。準備好迎接令人享受的經驗吧！

57 與金牛座的祕密性愛

一般來說，在性方面有兩種類型的人：熱情的與感官性的。金牛座祕密情人屬於第二種範疇。他們不是會讓感情在突然間或者猛烈地爆衝出來的人，他們傾向於在完整探索所有感官領域（味覺、觸覺、嗅覺、視覺與聽覺）的同時，真正享受他們的肉體反應。他們也期待在所有領域裡，長時間、不受干擾地被取悅。金牛座祕密情人喜愛性所提供的所有肉體感受，最好是以不慌不忙又不受拘束的方式為之。取悅你就意味著取悅他們，但他們也期待你會同等回報。

58 長久保有金牛座祕密情人

這通常不必要，常常也不可能，因為金牛座經常就是緊抓不放的那方——這是在他們有興趣的狀況下。如果真的事事合拍，隨著時間流逝，他們會傾向於變得更有興趣，而不是相反地變得索然無味。金牛座祕密情人對於他們所愛的對象是不會饜足的，而且就像豐盛角（希臘神話裡象徵豐饒的羊角）一樣，他們能給你的新樂趣永遠也用不完。你的金牛座祕密情人所能給予的能力真的很驚人，而不論你是否選擇跟他們分享這麼多都無關緊要，只要他們從這段關係中得到他們想要的就行。

59 與金牛座的祕密歡愉

你的金牛座祕密情人通常偏愛食物勝過所有其他形式的娛樂，因此，外食並享用美味大餐，對他們來說意義遠超過只是單純的娛樂。雖然他們願意跟你分享他們的經驗，但幾乎會立刻變得很清楚的是，有你或沒有你並沒有太大差別。但願你是移情能力很強那種人，可以感同身受地體會他們的享受之情。如果你也能夠對你的大餐津津有味（還可以付錢），這是個多出來的紅利。

60 與金牛座祕密情人分手

你的金牛座祕密情人會讓你知道事情結束了。然而他們能夠長期硬撐

著，以致常常在這過程中承受了很多懲罰。很有可能你的金牛座祕密情人對你的忍受度，比其他星座的祕密情人多上許多——只要他們選擇如此。請記得，金牛座是固定宮星座，所以就像他們不願意離開房子，他們可能也很難離開你，因爲他們必須再度重新開始找愛人。金牛座在他們的關係裡感到很自在，而且不會輕易放棄。

你的金牛座前任

你的金牛座前任很可能會把他們的責任推到你頭上，尤其是牽涉到小孩的時候。甚至在經歷財務與情緒艱難時期的時候，他們通常也會指望你；當他們無法及時付錢時，他們肯定會事先讓你知道。如果分手或離婚是金牛座提出的，你可能不能期待從他們身上得到超出法律規定太多的東西。

61 與金牛座前任成爲朋友

跟你的金牛座前任建立友誼是明智的作法，不過請注意他們在分手後還想控制家庭的傾向。請記得，一般金牛座不只是樂於撫育，還有占有慾，而在婚姻告終之後，要中斷某些發展完全的模式與態度，對他們來說並不容易。他們通常會是替友誼開限定條件的人，而你必須看出你是否有可能同意這些條件。只要有可能，你的金牛座前任就會偏好讓你們之間保持和諧。

62 與金牛座前任復合

或許和解是你心中的一種可能性，但你的金牛座前任卻鮮少有相同看法。對大多數金牛座前任而言，那扇門一旦關上，即便是分居後也還是緊閉著。然而，你是很有可能跟他們打造出一種新的關係，並且在某些方面，新的關係可能比原有的更成功也更有益。讓這個關係觸礁的岩石，可能不再是障礙，因而讓暴風雨吹襲的海面得以平靜下來。與其試圖回到曾經失敗過、而且可能因爲相同理由再一次失敗的關係，你發展這個新的關係可能會比較好。

63 與金牛座前任討論過去的問題

跟你的金牛座前任討論過往的議題是有可能的，但要產生有意義的結果卻不太可能。金牛座完全清楚彼此的關係爲何瓦解，而且他們並不期待從你這裡得到任何新資訊。再者，他們鮮少有興趣重新挖出老問題來檢視或剖析。然而，他們確實常常會多愁善感，所以偶爾坐下來看看照片或影片，隨興地追憶往事可能還不賴。要小心提防，別讓事情的發展超過這個程度。

金牛座

強項
負責
合乎倫理
可靠

弱點
愛控制
占有慾
封閉

互動風格
坦白
感官的
誠實

愛情

64 對金牛座前任表達親暱感情的程度

感情與感官滿足對金牛座來說來得太自然了,以至於很難把這些元素從跟他們的關係中排除掉。當然,在親密程度有所節制的時候,金牛座會覺得受傷,而且除非他們徹底恨透了你,否則他們會對偶爾的好話或者溫暖的情感表達十分感激。不過一旦兩年的療癒期過去了,他們便鮮少會再想要更多。而且他們容許你對他們表達的感情,以及他們向你表達的感情,會跟過去屬於不同種類,處於不同層次——更加客觀而有特定形式,比較不是發自內心或情緒化的。

65 界定與金牛座前任現有的關係

你用不著界定或討論此事,就會清楚知道金牛座前任對你和他們現在的關係有何感覺。他們的聲音語調和行為模式,通常清楚洩露了他們對你的感覺。你絕對不能講明、甚至不能暗示他們不知道自己在這方面的心意,或者他們沒察覺到他們感覺到心中有真愛,卻無法對你表達。金牛座知道他們有什麼樣的自知之明,對於他們可能不自知的事情,他們並不關注。無論你怎麼嘗試說服他們,一旦事實跟他們想的不一樣,否認與衝突肯定會接踵而至。

66 要求金牛座前任分擔照顧子女的責任

如果你在他們眼中不是個負責任或有能力的人,你的金牛座前任很可能根本不想讓你照顧小孩,反而會爭取保留全部的控制與監護權。然而,他們也明智公平到足以知道小孩通常需要也想要雙親,所以他們通常會同意讓你在週末見他們,或者偶爾在假期中見面。如果是你得到監護權,請預期你的金牛座前任會想常常看到孩子。只要有可能,就容許這項特權。

朋友與家人

金牛座
4月21日至5月21日

你的金牛座朋友

在你有需要的時候，你的金牛座朋友會特別為了你而在你身邊支援。金牛座朋友對你的友誼忠實而專注，只要有可能，他們會全心投入幫忙。然而，因為他們的固著觀念，金牛座可能會給出錯誤的建議，同時還深信他們完全正確，覺得你應該不加質疑地遵從他們的忠告。他們似乎把每件事都極端清楚地以黑白分明的方式來看待，但他們看見的太常只是他們想看見的。跟金牛座朋友在一起通常很有趣，他們會很享受娛樂、購物和短程一日遊。金牛座朋友也希望你尊重他們，不去利用他們慷慨的本性。

67 向金牛座朋友求助

最好只有在你真正需要的時候才請金牛座朋友幫忙，理由有二。第一，你可能不想被告知要怎麼做，或者硬是得到你不想遵循的建議、或沒有彈性的協助提議。金牛座朋友很可能把拒絕這種提議、或者拒絕遵循他們的建言，當成是你個人拒絕他們與他們的信念。其次，如果你一直求助，就像喊「狼來了」太多次的小男孩，他們便不會再認真看待你了。所以，事實可能證明要求一位金牛座朋友幫忙，抵不過長期而言所帶來的麻煩。

68 與金牛座朋友溝通和聯絡

金牛座朋友喜歡慣例，而且十足是習慣的動物。透過每天的電子郵件、簡訊、即時通訊和電話，都是有可能的。清早及深夜是他們最熱愛跟你聯絡的時間。金牛座朋友甚至是出了名地會把他們的手機放在床邊，免得你在半夜需要他們幫忙，或者只想聊聊。不要利用這個事實占便宜；設法只在合理的白晝時間跟他們聯絡，並且請體貼地看待他們撥出來給你的時間。

69 向金牛座朋友借錢

金錢之事對於金牛座來說非常重要，不該輕忽以對。金錢對他們來說就是安全感，所以大筆借貸或者近期內不可能歸還的錢，可能會導致他們的焦慮和擔憂。因此就算他們可能會借你錢，最好還是向非金牛座朋友借，因為這牽涉到金牛座沉重的責任感。幾天之內就歸還的臨時小額借

強項
慷慨
樂於幫忙
很有說服力

弱點
專橫
愛控制
無所不能

互動風格
愛指揮
充滿自信
樂於付出

款，金牛座處理起來通常沒問題。一旦你證明自己在這方面值得信賴，你甚至可能發現自己在週末前經常借用的小額金錢，到了星期一又借給你了。

70 向金牛座朋友徵求意見

金牛座朋友熱愛給建議，而且通常不請自來，所以你可能省下了向他們提出要求的麻煩。他們霸道又固執己見的本性，保證了他們對幾乎任何主題都有觀點。他們不只期待你聽他們的，他們也會期待你相信他們說的是真的，然後不加質疑地遵循。在任何一種情況下，真相對他們來說都是顯而易見的，以至於不贊同的人通常會讓他們感到大惑不解。別人回饋給他們的建議，他們會心懷感激，但並不總是照單全收。金牛座是慢郎中，而且很難管控。除此之外，給予建議對他們來說通常就夠好了，他們並不期待你的回饋。

71 拜訪金牛座朋友的時機

金牛座朋友享受偶爾的拜訪，但不喜歡你把他們的地方當成永久聚會的地點或臨時住處。他們需要隱私才能把事情做好，而且在社交方面也有其極限。如果你事先安排好拜訪時間而不是臨時冒出來，會是最好的。他們在門口見到你，面對你的問題：「我這個時間來打擾會不方便嗎？」當他們回答「會」的時候，可是一點都不會尷尬。一旦你懂了，這種事情就不需要再發生了。跟金牛座朋友敲定時間見面，他們會一絲不苟地遵守，而且他們通常會準時，或者至少一般不會遲到超過十五分鐘。

72 與金牛座朋友一起慶祝和娛樂

只要其他人能幫忙，金牛座朋友通常準備好要玩樂一番。問題在於他們需要一切親力親為：從烹飪到做所有的安排，包括購物和寄發邀請函。事後他們很可能筋疲力竭，還有點怨氣。所以應該只在他們事先同意跟其他人分擔責任的時候，才要求他們幫忙安排活動。就算他們事先同意了，你也必須注意他們，因為他們覺得自己總是比別人更清楚怎麼做事，很可能在其他人還沒意識到他們在做什麼之前，他們就已經越俎代庖了。

你的金牛座室友

因為金牛座對他們的空間和家具有超強的占有慾，他們可能覺得很難跟同住的對象分享。最好獨居或者與伴侶同住的金牛座，會覺得很難跟專業上或私人生活上獨立於他們之外的人分享空間。如果所有相關人等可以一起坐下來，針對日常生活中什麼可以做、什麼不能做，打造出普遍方針和具體規則，藉此避免日後所衍生的問題，會是最好的處理方式。金牛座可以是優秀的清潔人員，但有時卻不在乎自己的衣服到處亂放。通常他們非得頑固地照他們的方式做事不可。

73 與金牛座室友分擔財務責任

一般來說，金牛座室友在財務上很負責任，只有兩個例外。第一，他們很可能難以在月底湊齊租金；第二，他們通常會負債。這兩種特徵都讓他們很難在生活中輕鬆履行他們的財務責任。基本上，金牛座受到他們自己花錢，以及（當然了）過度花費的需要宰割。他們對於金錢能憑空冒出有極大的信心，對他們來說經常也是如此，而且如果有必要，他們並不介意辛勤工作以賺取金錢，但他們不時都會感受到金錢的壓力。

74 與金牛座室友分擔打掃責任

一旦有動力這麼做，金牛座室友就很擅長打掃。然而，他們是動作慢又能夠忍受混亂的類型，特別是他們自己造成的混亂，他們能忍得像大部分人一樣久。真正困擾他們的是你帶來的混亂，他們可能會很不耐煩地在清理他們自己的東西以前先清你的，或者在讓你自己清理以前就先清好了。因為金牛座室友在打掃方面可以遵守時間表，若你把打掃時間表貼在明顯處，會是明智之舉。請預期他們會拖延這樣的責任，因為他們往往會忽略這些事一陣子，然後再一次全部解決。打掃通常會讓他們心情不好。

75 當你的訪客遇到金牛座室友

其他人若擅用金牛座室友的東西，會非常容易激怒他們。在不熟悉的面孔以某種規律性持續出現的時候，你的金牛座室友也會不自在，而在熟面孔持續出現時會更不自在。簡言之，金牛座會盡可能忍耐你，但絕不是一整批五花八門的朋友。請預期他們會很直率又徹底沒禮貌，努力讓你的客人覺得不受歡迎到想離開。對你們雙方來說，應付這種問題的最佳方式是，同意如果金牛座室友的客人受到歡迎，那麼你的客人也應該受到歡迎，或至少裝出令人愉快的態度，這會讓所有相關人等都比較好辦事。

76 與金牛座室友的社交生活

如果開派對是金牛座的主意，你可以預期他們會把所有必要的採購、烹飪與清潔工作執行到底，或者至少做很大一部分的工作。如果派對是你的主意，你的金牛座室友可能會出現、也可能不會，端看他們的心情而定。金牛座有時候很難分享共同的朋友，所以如果是你做計畫和邀請，他們可能會整晚不在家或者裝病躲在自己房間裡。話雖如此，食物和注意力同樣是金牛座的弱點，所以他們常常可能被好吃的食物及好玩的對話拐出藏身之地。

77 與金牛座室友的隱私問題

當他們刻意要這麼做的時候，金牛座室友知道怎樣跟其他人融洽相處。雖然金牛座在社交上相當長袖善舞，但他們可能不時會徹底退縮，拒見任何人，包括你在內。金牛座如果在有需要的時刻卻無法保持全然的隱私，那麼他可能會是團體裡最不開心的人。另一方面，當心裡擔憂某事或

強項
誠實
工作辛勤
負責任

弱點
難相處
占有慾強
邋遢

互動風格
堅持
苛求
直率

金牛座

朋友與家人

者突然有需求的時候，他們相當有可能直接闖進你的房間，要求你注意他們。他們通常不覺得這種雙重標準有什麼錯，會爭辯說他們雖然不夠圓融卻充滿關懷的干預，長期（或短期）來說對你有益。

78 與金牛座室友討論問題

金牛座已經準備要討論問題，特別是你的問題。此外，在你根本沒問的情況下，他們可能會給你一般生活與特定個人問題的建議，並且一點都不會覺得不好意思。不用嘗試投桃報李，因為他們通常不會欣賞。當你可以看出金牛座室友需要說出他們的不滿與困難、卻覺得很難這麼做的時候，你可以有耐性地花一段時間鼓勵他們說出來。他們永遠不會為此感謝你，但很明顯地會欣賞你打開溝通管道讓他們表達自我的能力。

你的金牛座父母

身為撫育者，為人父母的金牛座可謂真正表現出他們的本色。此外，他們對三、四個孩子的長期付出，也能像對一個孩子一樣多，而且他們相當喜愛大家庭。然而，對他們來說，很難無條件地付出。必須達到的條件通常符合他們強烈的信念，而如果孩子沒能達成他們的條件，金牛座父母相當能夠拒絕履行承諾，甚至會收回他們給予的東西。所以不意外地，當金牛座父母有心慷慨的時候，他們的孩子便要提高警覺了。

79 金牛座父母的教養風格

金牛座父母施加的管教通常不是身體方面的，但在他們氣昏頭失去冷靜的時候除外。大部分時候，他們選擇縮減或取消特權。他們很擅長向孩子暗示他們會被禁足，而這種警告通常會達到想要的脅迫目的。然而，金牛座父母知道持續的直接威脅很快就會失去效力，並且應該只在這些威脅背後有貫徹到底的意圖時才提出。最有可能的情況是，瞪一眼加上限制性的碰觸或手勢，就可以傳達訊息了。當金牛座父母突然間安靜下來的時候，最好離他們遠一點。

80 金牛座父母與孩子的相處

金牛座父母熱愛摟摟抱抱。他們極度重視身體感覺，而他們的小寶寶在視覺、觸覺與嗅覺上都讓他們陶醉（特別是皮膚和頭皮）。夜晚時把哭鬧的孩子帶到他們的床上安慰，或者至少抱著他們走路、並且哼一首熟悉的旋律，是金牛座父母的行為特色。雖然金牛座通常被批評說老讓他們的孩子處於控制之下，但應該要記得，金牛座父母需要很多睡眠，所以很有可能會盡量愉快地哄一個孩子進入沉睡狀態。隨著他們的幼兒長大進入兒童階段，金牛座父母總是會在身旁給他們一個擁抱和一句好話，而且通常不必要求就有。

強項
- 樂於付出
- 撫育
- 專注奉獻

弱點
- 專制獨裁
- 有威脅性
- 不可靠

互動風格
- 親暱
- 保護性
- 愛控制

81 金牛座父母給孩子的金錢觀

教孩子怎麼掌控金錢，對金牛座父母來說很重要。他們通常會鼓勵孩子有可能的話就存錢，不是把硬幣丟進小豬存錢筒，就是開個銀行帳戶給他們。通常金牛座父母會充當銀行，謹慎做紀錄並在必要時發放基金。然而，金牛座通常會對孩子該怎麼用錢有強烈的建議。他們把現金支出當成是投資機會，會鼓勵孩子把自己的錢投入可以回收的回饋性領域——如果不是財務上，就是教育上的回收——而不是浪費在糖果或垃圾食物上。

82 金牛座父母的危機處理

雖然金牛座父母在危機時刻都會跟孩子站在一起，但他們的孩子透過經驗會學到獨自處理問題，根本不想把父母扯進來。這是因為金牛座父母通常過度反應，接管了整個情況，而且在未來還會採取過度保護或責怪的態度。給小孩懲罰的反應，也讓孩子在這種事情上寧可保密。通常金牛座父母甚至會透過他們的行為而加速危機發生。在大多數情況下，如果他們能夠退一步而不是去火上加油，危機從一開始就絕對不會浮上檯面。

83 金牛座父母的假期安排和家族聚會

在假期和家庭聚會這方面，金牛座父母通常會把整個過程都想清楚。對他們的小孩來說很不幸的是，這其中包括對孩子應有行為的嚴格指導方針，例如指派任務的細節。企圖掙脫這樣嚴苛的期待不會管用，因為金牛座父母會把任何藉口、甚至包括真正的疾病，當成是在裝病以逃避責任、或者徹底叛逆的證據。在這種情況下，最好聽金牛座父母的話，而不是反對他們，因為反對所導致的不快，通常不值得先前的掙扎與努力。如果他們看出你的慾望或厭惡極為強烈，靜靜地動之以情或許可以奏效。

84 照顧年邁的金牛座父母

雖然金牛座父母寧願自己照顧自己，但若他們的子女堅持提議要幫忙照顧他們，他們會覺得很滿足，一般來說也會接受。從非常務實的層面來看，他們把孩子的幫助當成回報他們過去在親職照料上的付出。然而，金牛座父母有他們的驕傲，所以你的涉入最好保持在必要事務上，而不要一直為他們過度操心。太常見到的情況是，子女想給金牛座父母他／她認為最好的東西，但那卻不是父母真正喜歡的。最後，金牛座父母喜歡以細微的方式寵溺自己，用不著你幫忙。

你的金牛座手足

你的金牛座手足通常會奮力保持他們在家庭中的地位。若金牛座排行老大，他們宰制性的一面通常會浮現。排行中間或最小的金牛座小孩會憎惡被寵溺或嬌生慣養，他們想被認真看待、想因為自己的力量與道德素質而得到尊重。金牛座和他們的手足可以融洽到一個程度，不過到頭來他們

強項
堅強
講求道德
受到尊敬

弱點
有侵略性
喜怒無常
暴躁

互動風格
咄咄逼人
有警戒心
關切

更關心的是有機會獨自發展個人的興趣。而且他們的朋友、他們的所有物和他們的活動，對他們來說才是獨特且最重要的，所以他們的手足必須謹記不要在這些領域裡越界。

85 與金牛座手足的競爭和親近

金牛座手足通常只會跟他們其中一個兄弟或姊妹發展出競爭關係，且一般是跟年齡最相近的那一個。這種爭鬥會持續多年，最後沒有一個孩子會是贏家。如果你的金牛座手足排行比較長，他們會力爭以維持支配者的位置；如果金牛座手足的年紀比較小，他們可能會採取一種帶刺或容易惱怒的態度，顯示出隨時願意跟哥哥或姊姊一較高下。這樣的衝突可能會把父母逼瘋，但這就像兩把刀互相磨利一樣，金牛座和非金牛座手足會磨利他們的對抗與爭論技巧。在爭執中，金牛座手足真的願意放棄或自己選擇走開的時候可謂少之又少。

86 過往的成長經驗對金牛座手足的影響

金牛座的記性很好，對他們來說並不容易（在大部分情況下或許是不可能）寬恕或忘記牽涉到手足的過往議題。對於輕蔑和侮辱，他們可能會記得一輩子，也許成年以後吵架吵得正凶時，還可能會舊事重提。通常這樣的情感牽絆會拖慢金牛座的發展，所以事實可能證明在這些問題上講和會是個重要的里程碑。好的父母會領悟到這一點，鼓勵金牛座子女真誠地討論顯然困擾他們的問題，甚至一起把其他手足也帶進這個討論裡。

87 與疏離的金牛座手足往來

疏離的金牛座手足，會頑強地拒絕重新聯絡或回應重拾手足情誼的提議。通常他們並不只是單純地漸行漸遠，反而是有某個特定問題長期以來一直在啃噬著他們。有時候激怒他們（甚至刻意這麼做），讓他們宣洩怒氣，可能是把他們堵住的情緒搖鬆所需的炸藥份量。一旦怒氣宣洩出來了，或許就有可能來個坦誠的討論，甚至重聚一堂——也許是在某個有限的基礎之上。

88 金牛座手足對繼承、遺囑等金錢議題的處理

金牛座手足想要得到理應屬於他們的東西，並且會為此奮戰。他們特別鍾愛有情感價值的事物，會想要留住父母或其他親戚家中這樣的物品，作為逝者與快樂童年記憶的永恆紀念物。金牛座很擅長借錢給手足，但堅持在合理的時間內要拿回來，這通常是因為他們自己也需要些資金。偶爾他們甚至會忘記要回來，但如果借錢的人記得還錢，他們會相當高興。

89 與金牛座手足的家族團聚和慶祝活動

如果金牛座手足與家人的關係良好，他們會想要在安排聚會時扮演重要角色。金牛座樂於以任何方式幫忙，不想錯過做重要決定的機會（也就

是說,照他們喜歡的方式把事情搞定),或者出席盛會。要是他們被排除在這種計畫之外,他們很可能會覺得被激怒,然後完全拒絕參加活動,或者心不甘情不願地出席。應該讓他們全權控制食物與場地設計的領域,這是他們的強項。在這種活動中,可以信賴金牛座手足會努力工作、盡心奉獻。

90 與金牛座手足一起度假

金牛座手足只為了一個理由去度假——享受美好時光。因此,任何干預這個目標、或者甚至只是有可能干預的事情,都會碰上強硬的抵抗。金牛座對於一趟美好假期的想法是好食物、舒適的睡覺地點(露營也包括在內)、有趣的附加行程、有挑戰性的活動、自然環境和好的伴侶。為了保證最後一項,金牛座通常會帶他們自己的朋友,這也提供了對抗常見家庭無聊情境的緩衝。通常在金牛座手足玩得很開心的時候,其他人也都會有個好時光。如果不是,就要小心了。

你的金牛座子女

金牛座子女可以相當嚴肅。身為死守字面意義的人,他們期待你守住承諾;倘若如果你沒有,他們通常會大鬧一場。這種認真甚至會滲透到他們的遊樂時間,因為他們參與遊戲與運動時,沒有一件事是漫不經心的。金牛座子女的行為與心情是一種古怪的混合——活躍與懶散、熱情與疏離、吱吱喳喳與沉默,通常難以預測。當然,他們堅持要有自己的玩具、遊戲,還有一個安全放鬆的家中地盤當作運作基地,而要是這些東西被剝奪了,他們會變得非常不快樂。金牛座子女只願意跟其他孩子分享到某個程度,而且是要根據他們的條件來分享。

91 金牛座子女的人格發展

某些金牛座子女似乎從不改變。他們在很小的時候就已經對自己很有自信,會從自己的經驗中學習,但不知怎的總是維持他們人格中的根本核心部分。對於這些總覺得應該待在原地比較自在、而不是進展到下一階段的穩定個體來說,經歷童年階段可能很困難。不該嘗試逼他們、甚至不要鼓勵他們超前自己的進度。任何小孩的人生都免不了會出現情緒困難,但如果受到父母誤解,金牛座孩子會特別傾向於叛逆與不快樂。請以耐心和理解穿越他們的風暴期。

強項
熱情
鎮定
堅持

弱點
無可預測
情緒不穩定
自私

互動風格
認真
專注奉獻
苛求

92 金牛座子女的嗜好、興趣和職涯規畫

金牛座子女是熱愛用雙手工作的實踐型生物。他們有看著別人做，然後透過模仿與原創的有趣混合跟著做的特殊能力。他們是那句老諺語的範例：「眼睛能看到的，雙手就能做。」因此，介紹他們認識範圍寬廣的嗜好與手工藝（包括音樂與舞蹈，這是金牛座的兩大專長），會很有幫助。因為他們很容易無聊，如果缺乏挑戰可能會變得懶散或毛躁不安。金牛座子女對他們的成就感到驕傲，但也需要他們的父母一路在身旁讚美，鼓勵他們更進一步。

93 對金牛座子女的管教

金牛座子女看似強悍，但在被責怪、批評和管教的時候，他們的情感是很脆弱的，尤其是在管教來得不公平時。在大多數情況下，他們會管控自己的行為，因為令人驚訝的是，他們通常在生命早期就發展出強烈的道德與倫理意識，並且能夠加以堅守。他們對自己的評價，通常比父母、師長或手足加諸他們的還要嚴厲得多。身為父母，只要有可能，應先克制住負面批評，並且開始察覺到金牛座子女怎樣評估自己的行動。你會做得很好。

94 與金牛座子女的親暱程度

非常奇怪的是，雖然許多金牛座子女是溫柔親切的，但要他們表現並接受親暱情感卻有困難，面對過度熱情的大人尤其不容易。與其對此大驚小怪——這只會讓金牛座子女很不自在——反而應試著提供普通的每日配給，一點小擁抱、微笑、溫柔的聲音語調，這樣他們就可以輕鬆地接受了。如果他們沒有被你弄得不知所措，你可以透過領會他們的觸碰或瞥視，鼓勵他們展現親暱情感。就像花朵一樣，金牛座孩子透過這樣的對待是會開花的。被情緒淹沒或被剝奪情緒的金牛座子女，可能會在心理上變得與人隔絕，極端難以交心。

95 處理金牛座子女與手足之間的互動

在許多方面，最好不要干涉金牛座子女。他們自己就會決定他們想要怎麼跟手足相處，會在這方面對父母與手足送出強烈的訊號。金牛座子女只準備做到一定程度；若嘗試把他們推到這些極限之外，會激發他們的頑固個性，到最後則會激起憤怒。父母永遠不該逼他們跟手足或朋友玩耍。金牛座子女會充分表達清楚，這種決定是由他們來做，而且也只能由他們來做。其他人會開始尊重他們，因為他們會誠實表達情緒，拒絕假裝。

96 與成年金牛座子女的互動

成年金牛座很有可能在許多方面都很像孩提時代的金牛座，顯得不變而持久。而且他們的良好特質通常會有所增進，不好的特質則會變得更加根深柢固。所以對金牛座能有什麼期待，父母和手足都不會有太多懷疑，

因為以前已經體驗過他們的反應太多次了。有不快樂童年的金牛座，通常會變成不能也不會合作的成年金牛座，因為他們無法釋放自己的怨恨與傷痛。擁有快樂童年的金牛座，通常會十分合作，甚至渴望幫忙解決困難。

雙子座

生日：5月22日至6月21日

雙子座是變動宮的風象星座,這指出了他們需要變化,而且有迅速地從一個活動跳到下一個活動、從一段關係跳到下一段關係的傾向。由水星主宰的雙子座是溝通者,偏愛與心靈有關的事務,包括謎題、遊戲、電腦和演繹推論。大多數雙子座處於持續而迅速的行動狀態,他們的心靈以光速移動,身體則是盡力跟上。事實證明要約束這些飄忽不定的人做出確定的承諾,是很值得的挑戰。

工作

雙子座
5月22日至6月21日

你的雙子座老闆

鮮少有雙子座對於日復一日號令或經營一個組織感到自在。相反地，他們享受成為團隊的一部分，平起平坐地分享經驗。因此，雖然他們很有能力承擔成為老闆的工作，但卻不是天生的領袖，反而偏愛退居後方，讓事情自己運作。雙子座老闆非常善於授權，仰賴幾位有能力的員工監督公司的活動。這樣的人通常會得到優渥的報酬，而且得到授權的責任範圍很廣。然而，雙子座老闆喜歡對所有重要的事情做最終決定。

1 要求雙子座老闆加薪

雖然雙子座老闆會直接讓你知道他們對你是什麼感覺，但建議你先做好完全的準備並且謹慎地接近他們。趁他們心情正對的時候逮住他們是必要的，而且最好走輕鬆隨性路線；不要排定約談時間，反而要找個合適的時機在走廊上突襲他們，問他們是否有一分鐘時間談談。（機靈的雙子座可能已經感覺到你在想什麼了。）為了讓他們放鬆，一開始先講另一件事，甚至是另外兩件事，然後再進行你的說服工作。簡潔清楚地陳述你為何應該得到加薪的理由。請做好談判的準備。

2 向雙子座老闆宣布壞消息

只要是跟壞消息有關，最好不要拐彎抹角。你一丟下炸彈，就要確保你手邊立刻就有個夠力的損害控制方案。概述這個計畫的落實方式。準備好面對雙子座老闆提出的各種反對意見，包括拒絕承認事情有你講的那麼糟。小心雙子座老闆藉著暗示你可能對資料詮釋錯誤，來逃避壞消息。雙子座老闆是硬凹大師，他們可以朝著對他們有利的方向扭曲事實，甚至在過程中說服了你。站穩你的立場，堅持要他們充分聽取意見，並且強調為何需要立刻採取行動以避免災難。

3 替雙子座老闆安排差旅和娛樂

短程旅行、國內航班、還有整體而言的樂趣，是雙子座日常的必需品。因此在合理範圍內，雙子座老闆會認可能夠有助於公司形象、導致打開新市場的差旅計畫。請挑選有額外好處與驚喜的不尋常旅館。雙子座老闆喜歡旅遊，不過如果不可能這樣做，他們就會派員工去，透過他們的故

強項
生氣蓬勃
樂於溝通
有趣

弱點
易分心
膚淺
緊張

互動風格
熱心
適應力強
有邏輯性

事間接享受旅程。他們熱愛辦公室派對，很享受在派對中成為眾人矚目的焦點、講有趣的故事。絕對別忘了他們的生日；他們總是很感激有驚喜派對。飲料要清淡（低酒精濃度），並且提供大量甜點和獨特的酥皮點心。規畫娛樂活動永遠是好主意。一旦娛樂氣氛夠嗨了，跳舞音樂就該逐漸導入。

❹ 雙子座老闆的決策風格

雙子座老闆喜歡分享，所以他們容許其他人做決定。他們鼓勵其他人表現獨立性，只要持續讓他們得知發生什麼事就好。他們不太喜歡長時間的正式會議，寧願用短小精簡的方式概述他們的計畫，也期待其他人效法。永遠別忘記雙子座老闆對於冗長或迂迴的簡報很不耐煩。他們通常會堅持以事實為基礎來做重要決定。因此，比起想像，過往的表現會讓他們留下最好的印象。當然了，雙子座老闆的所有決策都受制於變化，而且通常至少會變動一次。

❺ 打動雙子座老闆

打動雙子座老闆、或者激勵他們照著你的建議做事的最佳辦法，是讓他們好奇。只讓他們看到一點點你的打算，並且讓他們表達出興趣。蓋好你的底牌，只有在他們願意加碼的時候才讓他們看到你有什麼牌。請小心，雙子座老闆通常後來會把你出點子的功勞據為己有。（典型的場景是：員工呈上他／她的主意，雙子座老闆說：「哇，真高興我想到這個！」）讓雙子座老闆照你的話做，最聰明的作法是只偶爾提到某個主意，不露痕跡地把這個想法「種」到他們的腦海裡，隨後看著他們「發現」這是他們自己的主意。

❻ 提案並對雙子座老闆做簡報

對雙子座老闆來說，呈現某件事的方式可能就跟內容本身一樣重要。雙子座熱愛所有的高科技產品，以及能夠提供浮誇或華麗感的軟硬體設施。在你的簡報中保持輕快和樂觀的節奏，可以自在地從一個主題跳到另一個主題。要不計代價避免無聊或者陷入停頓。只提幾個重點，剩下的時間則以有趣的事實來潤飾這些重點，進而提升所有出席者的愉悅程度。請確保讓雙子座老闆不時插入幾句評論，而且在你重述這些評論的時候做出正向的詮釋。

你的雙子座員工

雙子座員工是真正的多工處理者，熱愛忙碌。他們的專長在於同時間替老闆做好幾件事，並且替舊計畫想出好幾個新點子或新方法。他們在工作時間表裡同時應付好幾件事的能力，還有他們的多才多藝，讓他們成為優秀的代打者，能夠臨危受命，取代其他人的位置。這甚至可能意味著他

們真的是在辦公室裡到處遊走，因為在所有的星座中，他們是最不可能被綁在辦公桌前的。這一切較為不利的一面是，雙子座員工很容易覺得無聊，而且可能沒有鬥志或持續力，日復一日地執行相同或相近的職務。他們的雙手特別靈活。

7 面試或雇用雙子座員工

雙子座求職者尋找的工作要包含夠有趣的任務，又能自由地認識其他人、並且探究未來的可能性。這個愛好社交的星座，並不喜歡被釘在公司裡的單一職位上。如果他們永久地被固定在一張辦公桌前，只會讓他們不快樂，到最後變成精神崩潰預備軍。話雖如此，雙子座求職者會很樂於聽到（至少剛到職的時候）他們的工作很輕鬆，而且有清楚的界定（只要保證將來的選擇範圍很廣就好）。薪水對他們而言，通常不像工作環境與學到東西那麼重要。

8 宣布壞消息或解雇雙子座員工

被開除可能是雙子座員工實際上很歡迎的事情，因為這表示他們可以去追求不同的新事物。然而，他們對批評或討論他們的工作表現不佳，反應並不是很好。給他們可以去哪裡找新工作的實際建議、恰當的推薦信、或許還有一點資遣費，通常會讓他們心平氣和些。對他們宣布壞消息應該不是大問題，反正他們往往會給自己大部分的工作成果正面的詮釋。

9 與雙子座員工一同差旅或娛樂

雙子座熱愛旅遊與派對，所以在這些範疇裡會發現他們的「雙子」元素。輕快如風的他們有著愛找樂子的個性，最享受的莫過於改變環境，或者在辦公室派對裡歡鬧。在這種情況下，他們談話與娛樂的需要，可以得到優先權。如果派一個雙子座員工代表公司去參加一場大型會議或董事會，請確定他們經過明確的指導，能傳達你想傳達的公司形象。雙子座是超強演員，在一個好導演的指導下，能夠駕馭幾乎任何必要的角色。他們的衣著應該維持在保守路線上，避免顯得俗麗或令人震驚。

10 分配任務給雙子座員工

雙子座天生就是解決問題的人。然而，讓雙子座員工展現出最佳表現的工作，是那些跳脫框架去思考的任務。永遠都是古怪、不尋常或意料之外的事物，引起這些人的好奇心，所以請確保不要讓他們的新任務太重複或無趣。給他們自由是好的，只要你像對待一個青少年一樣，把話講清楚：伴隨著這種獨立性而來的是為他們的行為與表現負責。請確保雙子座員工定期跟一位上司聯繫，且不只是在專案開始的時候，而是在整個專案期間都這麼做。他們可能很快就失控了，所以好好盯著他們，不過最好不要讓他們知道，免得箝制了他們的行事風格。

強項
多才多藝
適應性強
積極主動

弱點
輕浮古怪
愛諷刺挖苦
愛爭辯

互動風格
有趣
迅速
反諷

雙子座

工作

11 激勵或打動雙子座員工

訴諸思考能力，最能夠打動或激勵雙子座員工。如果你可以用直接又合乎邏輯的方式向他們解釋現狀是什麼，以及可以怎樣處理或導正，他們就會滿懷熱忱地往正確方向前進。然而，請記得，他們講理的需要，常常導致他們與人爭論；一個不小心，他們就會跟你辯論每一點到地老天荒。報酬很容易就能激勵雙子座員工，你對他們能力表現的興趣與信心也很能打動他們。因此，他們很容易相信一個新專案不會是一項負擔，反而是一個令人興奮的機會，讓他們可以享受其中並往前邁進。

12 管理、指導或指正雙子座員工

雙子座比任何其他星座都喜歡批評他人，卻對他人的批評很敏感。如果你可以指導他們，同時卻不批評他們的工作，你就會發現他們很有可塑性又很合作。在給予意見時，語氣保持樂觀積極。要特別注意，就像不乖的頭髮一樣，失控的雙子座可不是什麼好看的景象。必須盡可能讓這個星座保持在筆直的正道上，然而還是要給他們足夠的自由，照他們自己的方式做事。只要這個危險的平衡保持住了，雙子座員工就會繼續做出寶貴的貢獻。

你的雙子座同事

強項
- 令人愉快
- 手巧
- 有創造力

弱點
- 心神不寧
- 多嘴
- 缺乏自覺

互動風格
- 節奏快速
- 樂觀
- 有趣

對於所屬的任何團體，雙子座同事都可以加上一點不同滋味──只要雙子座的人數沒有太多就好。諺語裡的「一桶猴子」，很適合用來描述太多雙子座齊集一堂、很難搞定任何事的狀況。然而，可以找雙子座同事來臨時替補一位缺席的同僚，這樣能夠大大提高他們的價值，畢竟他們不只是活潑的娛樂大師而已。雙子座同事機智又健談，如果你放任他們，他們會講到你耳朵爛掉為止，這可能讓你沒辦法做太多事。

13 尋求雙子座同事的建議

找雙子座提供建議，他們高興都來不及，因為他們熱愛解決問題。在大部分情況下，他們會自告奮勇提供諮詢，而且還會一直如此。因為這項特質，你不常有這個必要主動去問。他們分析性且樂觀的態度，通常會讓你覺得愉快──就算他們的建議並不怎麼出色。他們會提起你可能沒想到的議題和方法，所以聽聽他們的說法可能有幫助，即便你不同意他們的假設或結論也一樣。最傷害他們的莫過於你拒絕聆聽，因為被突然打斷是有可能發生的最大侮辱。

14 向雙子座同事求助

雙子座同事通常有空幫忙，而且他們在兩個領域裡特別強：處理語言事務與執行實作的任務。唯一的問題是，他們常常必須照自己的方式做事，結果得到的可能是某種只有他們才懂得的東西，而他們達成這個結果

的方式可能讓人難以理解。因此要修正或逆轉他們努力的成果，或許很困難或者不可能。然而如果他們受到良好的指引，不疾不徐地做，就能夠產出正中紅心的優秀結果。「用腳思考」是他們的專長，結果好壞都有可能。

15 與雙子座同事一同差旅或娛樂

在為一場辦公室派對或下班後聚會安排娛樂活動時，雙子座通常更喜歡由自己來負責娛樂這一塊。在這個領域裡的雙子座很難控制，必須提醒他們，他們的工作是管理或安排，而不是成為注意力的焦點。對於組織性的問題與挑戰，他們相當能夠採取邏輯性、分析性的路線，在替娛樂活動訂位與做旅行安排時都是如此。他們善於處理細節，在調查並考察最划算的航班、旅館與食物時，表現很優秀。此外，他們是安排實際可行時間表的能手。他們熱愛旅遊。

16 與雙子座同事共事

雙子座同事一般來說在團體環境下運作良好。他們天生就是社交動物。讓別人感覺更好、看起來更好，是他們的強項。最重要的是，他們需要有人欣賞他們的作為。可不能期待這些人在幕後隱姓埋名地工作。他們有超直接的風格，要求別人承認他們在整部機器裡是重要、甚至是必要的齒輪。他們不是宰制或採取主控的類型，通常很樂於當團隊裡的一分子，並且讓所有參與者都有一趟愉快的旅程。他們閒聊的需求會惹惱某些人、逗樂其他人，但雙子座的機智問答和談笑本事，會讓每個人保持活躍和警覺。

17 打動或激勵雙子座同事

這些健談的靈魂最容易被其他人的談話技巧與快捷思維打動。當然，強硬、沉默的類型或者慢郎中則會讓他們覺得無聊。他們往往會對跟他們同類的才智煥發人格印象深刻，而跟這樣的人唇槍舌戰常常能激勵他們。他們努力在速度、效率、邏輯與機靈程度上勝過其他人，這可能是讓你敦促他們盡全力的一種辦法。他們有高度競爭性，可以達成希臘神話中大力士海克力士那般的豐功偉業，工作表現頂尖。然而，請小心避免讓他們浪費精力在毫無成果的掙扎與爭論上。

18 說服或指正雙子座同事

總是要訴諸雙子座同事的理性。如果你可以用你的論證邏輯說服他們，他們會聽的。弔詭的是，他們對於與心智相關的事物很情緒化，而且如果有人不了解他們，他們可能會大吼大叫。讓這種攻擊過去。這類事件總是很快就過了。他們可以忍受少量批評，但一直吹毛求疵則會激起他們的怒火。請記得，他們的心情可以像天氣那樣多變，所以如果你努力跟他們溝通卻不成功的時候，晚點再試就好；到時，你可能會面對相當不同的

人或狀況。雖然他們對輕蔑之舉有非常好的記性，卻不容易懷恨在心。

你的雙子座客戶

強項
注重現實
周密
清楚

弱點
愛爭論
挑剔
嘮叨

互動風格
超直接
苛求
愛挑錯

你的雙子座客戶很可能對細節和整體戰略計畫都很有興趣。他們很容易被惹惱、高度挑剔，可能非常苛求，一點都不好應付。一旦專案啟動以後，他們會期待一直得到最新情報，並為他們投入的金錢尋求可展現的成果與價值。對他們來說，特別重要的是扎實的成果，因為他們不會滿足於未來獲利的承諾，或用來解釋貧乏成果的迂迴硬凹。要是你提供他們一項服務，他們會特別注意其中的書面語言與內在邏輯；如果你是在製造或銷售他們的其中一項產品，他們會非常仔細地檢查有沒有缺點。雙子座是很難愚弄的客戶。

19 打動雙子座客戶

雙子座潛在客戶只會對過往的表現印象深刻。準備好詳細清單，以及每週、每月與年度銷售試算表是必要之舉，就算只是讓他們在你面前匆匆瞥一眼這些資料也好。這麼做，可以確認他們需要的東西就在這裡。隨後，他們很可能會仔細地爬梳一遍這些結果，所有不相干的事實會被過濾掉，誤導性的數字運算會無情地暴露出來，而糟糕的結果會被推回去給你看。因此，在你們的第二次會議裡，你必須準備好面對負面事實的總進攻。

20 向雙子座客戶推銷

一旦你吸引住並引起雙子座客戶的興趣，就必須讓他們相信你有能力迅速談定交易，並且符合他們大多數的要求。最好動作迅速地準備並簽訂合約，而不是花上好幾個星期解決複雜的法律與實踐議題（在替公共消費準備產品與服務時，方針也是一樣）。請記得，對雙子座客戶來說，速度是根本要素；對他們而言，這是你的生產能力的直接指標。以合乎邏輯又直接了當的方式把你的計畫賣給他們。施展魅力通常沒有幫助。

21 雙子座客戶重視的外表和舉措

請謹慎地穿上色調柔和的衣服，避開會讓人不安或分心的鮮豔顏色。同樣地，最好避免味道強烈的香水、古龍水或鬍後水。然而，雙子座客戶通常非常跟得上最新流行風格，而你絕對不會想要顯得太過保守或老派，這樣可能會讓他們有個印象：你的產品或服務過時到無可救藥了。他們的利眼會落在一點細微修飾或細節上——一只時尚的別針、手鐲、手錶或其他配件、剪裁有型的衣著，你的髮型也十分重要。雙子座的頭髮會自然地偏向於狂野些，所以這些客戶會對你控制自己髮型的任何嘗試給予肯定。

22 保持雙子座客戶的興趣

挑逗或直接的誘惑行為，可以讓雙子座客戶接下來幾個月保持興趣。雙子座可以非常善於挑逗，因此，他們也欣賞別人身上的這種技巧。雖然不建議實際跟這樣一位客戶接觸，但每次的會議、電話或電子郵件，都可以用細微的暗示來加料，就像在晚餐裡有節制地加點香料，會有提味的效果。玩遊戲是雙子座的強項，而且不像其他星座，會鼓勵他們的不必然是獲勝，而是玩本身的純粹樂趣。他們會立刻認出並承認有個可敬的對手，而這種尊重可能會直接反映在他們保持商業關係活絡的意圖上。

23 向雙子座客戶報告壞消息

雙子座客戶很可能以驚人的冷靜方式接受壞消息。他們甚至會同情你已經做盡一切來確保成功的主張（要是他們一直都認定你和你的公司已經做到最好了）。只要雙方的損失還可以掌控，雙子座客戶很擅於損害控制與勾消損失。他們甚至可能建議進一步合作，只是需改變策略。一般來說，建議你繼續跟這樣的客戶聯手。衷心的相互合作，還有從過往錯誤中學習的能力，可以導向未來的成功。

24 招待雙子座客戶需注意的「眉角」

雙子座客戶熱愛被寵溺。跟他們進行商業會議，在最初一、兩次坐在辦公室裡會談以後，最好轉移到酒吧或餐廳，趁著喝一杯或吃一頓的時候進行。挑個你熟悉、而且覺得特別適合他們個性的地點。這樣做的時候，事前盡可能多了解他們個人的好惡會是關鍵。帶一位素食主義者去牛排館，或者帶一個講究的酒客去啤酒館，顯然並不恰當，並且會帶來強烈的反效果。輕鬆地拿起帳單，並且確保他們看到你留下豐厚的小費，但只有在服務配得上的時候才這麼做。

你的雙子座合夥人

有些人認為雙子座合夥人是失控的自走砲。雖然雙子座卓越的分析技巧受到重視，但他們魯莽的行事作風和多話也常常受到懷疑。雙子座合夥人在這方面應該要受到管控，而且必須教會他們不要露出底牌。他們並不總是察覺得到誰可能傷害到他們的合夥關係，所以，他們的開放性與過度信賴的天性（或者就只是不在乎誰知道什麼事），容易讓另一個合夥人與他們經營的公司或團體受害而產生風險。作為雙胞胎星座，雙子座往往會如對待兄弟般地對待他們的合夥人，期待與他們分享，卻也期待毫無疑問的忠誠和支持。

25 與雙子座建立合夥關係

跟雙子座合作，最好在合夥關係開始從事任何商業交易以前先簽下合約。雙子座可以是很滑溜的客戶，同時也善變到極點。可能很難讓他們堅

強項

敏銳
活躍
分析性

弱點

多話
草率
疏於注意

互動風格

分享
開放
令人印象深刻

持原有的口頭協議。書面合約涵蓋的不應只有組織的結構與經營（包括占比與義務），對於如果事情出錯要怎麼處理，也要有極其詳細的描述。所以，合約的結構會持續存在於合夥關係的日常營運中，以便給雙子座合夥人嚴格的行為指導方針。

26 與雙子座合夥人之間的任務分配

一般來說，雙子座合夥人接受指導的表現比指導別人來得好。他們那一方的合夥關係，應該由另一位合夥人小心地規畫出來，當然了，這需經過雙子座的同意。在某些方面，活躍的雙子座就像一把槍或一條消防水龍帶：你只要把他們指向目標，然後扣下扳機或按鈕就行了。執行是他們的強項，雖然他們的規畫技巧也可以很敏銳，但同樣可能的是他們會走歪，然後導向混亂。跟雙子座共同經營生意的合夥人，通常在他們很保守小心、卻不怕偶爾在精明估算的基礎上賭一把時，最為成功。不推薦兩個雙子座一起合夥，因為這樣可能會導致無止盡的爭辯與討論。

27 與雙子座合夥人一同差旅或娛樂

非雙子座的合夥人，可能是那個替雙方制定旅行計畫的人，或者是訂飯店和機票的人，但通常雙子座合夥人最擅長出差和代表公司。普遍會出現的場景如下：非雙子座合夥人留守本壘看店，雙子座合夥人則跑遍全世界，或者至少是跑遍全市或全國，招攬新的生意，向外探索潛在客戶與商業機會。然後全部的訊息再傳回本壘的非雙子座合夥人那裡，他自己則小心翼翼、沉著冷靜地決定每個個別合約的價值。這種工作模式可以高度成功。

28 管理並指導雙子座合夥人

管理或指導雙子座合夥人的最佳方式是，容許他們隨心所欲，同時設下一些不至於箝制他們行事風格的限制。不快樂的雙子座無法發揮他們的最高效能；在極端的情況下，他們甚至完全無法運作。恭維他們的工作，鼓勵他們活躍的心靈——基本上就是對他們的作為表達欣賞之情——並且包括一些小甜頭，會讓他們很開心。在這方面，可以把雙子座當成小孩或青少年看待，並且鼓勵他們取悅你，同時嘉惠公司。任務導向的雙子座，忙碌的時候通常很滿足。

29 與雙子座合夥人長期的合作之道

只要你的雙子座合夥人覺得被重視，你就有可能掌握住這些容易變動的夥伴。時機不好的時候他們也會繼續工作，甚至把好幾個月都奉獻給並沒有財務回饋的專案——只要他們覺得工作有趣又刺激就行。另一方面，一旦雙子座覺得被低估或未受賞識，他們會像兔子一樣，很容易就跳、跳、跳走了。兔子般的雙子座很享受安全感，還有偶爾被摸摸拍拍（當然這是比喻）。在時機好的時候跟他們一起工作或相處，鮮少有別的合夥人

會比他們更有趣。在艱困時期，一定要向他們一再保證儘管有負面的結果，一切依然沒問題，未來還有希望。

30 與雙子座合夥人分道揚鑣

因為雙子座合夥人有安然度過逆境的彈性與傾向，解除合夥關係不必然會很困難，或者被看成是不好的事。事實上，通常是雙子座合夥人為了尋求變化而先開始這個過程。然而，這並不意味著分離過程不會很複雜。請記得，雙子座熱愛細節。雖然這些人可能很快同意你的提議，並且同意合約的要求，但他們會充滿熱忱地複查合約上的小字體內容，並且開聊其中的某些要點（而且通常是死纏著不放）。法律與半法律討論可能會因此延長。最好在這類細節上對雙子座讓步，把你的精力與注意力省下來，放在重要議題上。

你的雙子座競爭者

雙子座有高度競爭性。是出人頭地的挑戰與刺激感在驅策著他們。他們處於獲勝的喜悅時，並沒有虐待狂傾向，不覺得非得羞辱或摧毀他們的對手不可。然而以他們鋒芒的機智、反諷的意識、挖苦、心思敏捷與伶牙俐齒，如果必要的話，他們是很有能力這麼做的。不需要太多準備與預謀，雙子座就能即時準備好加入戰局。對任何公司來說，嚴密控制這些有高度競爭性的天性是最好的，因為在他們的雙子座代表激起對立與深刻的敵意時，這些天性可能會產生反效果。畢竟在顛倒混亂的商業世界裡，今天的敵人可能是明日的夥伴。

31 反擊雙子座競爭者

與其搶先單挑雙子座競爭者，最好觀望等待。就像拳擊界裡的反擊高手，在回應以前先讓雙子座競爭者攻擊，讓他們顯露出他們有什麼。雙子座競爭者在瘋狂晃動的時候，是最脆弱的。放輕鬆坐好，冷靜地接下亂拳，然後用精簡扼要的刺拳闡明你的論點。這可能會激怒你的對手，但也給了你機會揮出擊倒他的那一拳。請謹記，除了戰鬥的喜悅外，對雙子座競爭者來說鮮少有任何事會牽扯到個人。

32 智取雙子座競爭者

雙子座很善於計畫，在比較你們雙方的產品服務時，通常會做廣泛的研究，仔細鑽研公關和廣告，檢視每個範疇裡的銷售，以及整體性地分析你的每項優缺點。所以，你在這些領域中也必須有同等準備，如此方能迎接他們的挑戰，才有機會勝出。預期雙子座競爭者的策略。尤其要檢查你公司的弱點，並且邁出大步殲滅他們。雙子座競爭者的一項弱點是，他

強項
反諷
聰明
機智

弱點
傷人感情
激起怨恨
充滿敵意

互動風格
好鬥
有挑戰性
機警

們通常只能看見現在或剛過去不久的發展。所以,你可以靠著洞見整體局面、做長期計畫與拒絕放棄,屢次地擊敗你的雙子座對手。

33 當面讓雙子座競爭者刮目相看

在跟雙子座競爭者會面時,不論是一對一或在團體裡,最好用保守風格來對抗他們的浮華作風。建議穿顏色低調的奢華服裝。整體而言,要呈現出鎮靜、堅定不移的外表——梳理整齊的頭髮,燙得無懈可擊的衣服,還有昂貴的配件(手錶、手鐲、別針)。相對於會被這種外表擺平的雙子座客戶,你的雙子座競爭者可能會因此被激怒。讓他們為你鎮定的外表與舉止氣急敗壞,然後用自信的笑容打擊他們。

34 對雙子座競爭者削價競爭或高價搶標

一般而言,雙子座對手會設法提供客戶或一般大眾比你更多的價值與贈品。他們總是會設法靠這些額外好處的多樣性與份量來製造深刻印象。另一方面,你最好換個方向,不要玩他們的遊戲。集中精力在降低你的價錢,並且強調大量銷售、大眾市場等等。在權利或產品的出價戰裡,讓這些對手先露出他們的底牌,這時你要撐住,直到他們自己耗盡力氣退出,或者被迫報價過高為止。請記得,儘管雙子座精力非凡,最好還是靠頑強對抗來搏鬥。

35 與雙子座競爭者的公關戰爭

雙子座對手會用每一分浮華絢麗的光彩來抓住大眾目光。他們時尚到極點,而且正中大眾對創新永無饜足的慾望,起初會成功地大量銷售,然後通常會收攤,因為他們已經累積大筆利潤了。你的方法應該要強調過往的可靠性、穩定的銷售、起初少量的獲利率,然後最重要的是,有計畫地逐年建立信賴你產品可信度與可靠性的客戶群。保證是很重要的,就像明星與普通人的認可都一樣很重要。用你自己的廣告,在你的對手異想天開的承諾上戳洞,並且揭示他們如何缺乏任何可靠事實的背書。

36 向雙子座競爭者展現你的態度

雙子座競爭者在這方面可能有所缺乏。雖然他們伶牙俐齒又常常誇下海口,但卻可能無法徹底讓客戶與消費者相信。他們總是有些可疑之處。要反擊他們的許多提議,可以溫暖、友善、隨和的態度取而代之,而你的目標閱聽大眾會為之心動。說話要慢,並且完整涵蓋你的論據,以便跟他們高能量、連珠炮般的語調形成對比。設法建立與客戶之間的穩定信任,這種信任會激發他們對你的產品或服務的信心。提供更長期的保證可能也有益處。

愛情

雙子座
5月22日至6月21日

強項
令人興奮
有趣
有冒險性

弱點
缺乏自覺
自私
自我中心

互動風格
樂觀
話多
有說服力

與雙子座的第一次約會

幾乎任何事情，你的雙子座約會對象都很樂意嘗試一次。他們不容易被嚇到，這些多變的約會對象是真的對你想做的事情有興趣。跟他們在一起的時候，採取主動到某種程度是好的（過了那個程度以後，他們就不再覺得有趣了）。他們可以相當間接地享受經驗，特別是他們在（或者自認為在）給予樂趣的時候。因此，你樂在其中對他們來說可謂大大提升他們的自尊。興奮是他們的強項——這是他們最快樂的狀態。無聊是他們最大的敵人。

37 吸引雙子座的目光

雙子座對於被搭訕一點都不嫌棄，儘管事實是他們外向的本性通常導致他們先開始這麼做。他們左顧右盼的利眼會把你從人群中挑出來，而在你發現以前，他們已經讓你參與快速而有趣的對話了。「這麼迷人的人怎麼可能單身？」你心想。答案很簡單。雙子座永遠都單身，就算他們結婚了也一樣。如果你在尋求隨性的關係，或者只想找一夜情，這個人可能很適合你。

38 初次跟雙子座約會的建議

雙子座熱愛娛樂和被娛樂。有時候他們喜歡同時做兩件事，所以如果你安排好這一晚要看一、兩場電影，要是他們邊看邊發表連珠砲似的意見——或者至少是偶爾有機智的評論與笑聲——別覺得驚訝。出外跳舞、泡夜總會或看電影，可能很有趣。他們熱愛社交場合，以及新活動所帶來的興奮感。稍後如果你希望的話，會有很多時間做更親密的接觸。

39 初次跟雙子座約會的助興與敗興之舉

你的雙子座約會對象必須感覺受到欣賞。沒有任何事情比他們跟你說他們最愛的笑話時，你眼中流露的特殊光彩，或者聽到你讚美他們的外表，更讓他們興奮了。如果他們梳了很時髦的髮型、穿了很酷的衣服、或者足蹬一雙十分有流行感的鞋子，他們會想要得到你的注意和認可。反過來說，沒有別的事情比被人忽略更掃他們的興了。請注意，你不必拍他們馬屁或者拚命讚美他們，反正無論如何他們都會覺得這種行為很可疑。

40 對雙子座採取「攻勢」

在晚上的關鍵時刻，正當你盤算著是否要更靠近雙子座，或者誘使雙子座採取攻勢，你可能會發現你的約會對象已經投懷送抱了。雙子座對這種事情有第六感，他們不只是口語溝通大師，也是非口語溝通大師。所以，請記得，當一個念頭跑進你的收件匣時，常常一份副本就立刻轉寄到他們的收件匣了。第一次接觸通常很愉快，而且可能驚人地激情。冷靜的反應不該被當成是沒有興趣或拒絕的徵兆，只是客觀的抽樣或初次淺嘗。

41 打動雙子座的方法

知識與事實最讓雙子座刮目相看。請確保你用功鑽研過他們的專業、嗜好或特殊興趣，這些是你在約會前就該知道的。問出他們可以長篇大論回答的問題，會燃起他們的興趣。更好的是鼓勵他們帶你去他們最愛造訪的其中一個地方。他們雖然有鑑賞力，但在新的環境下卻可能會不太確定，然而在他們自己的地盤上（他們希望你不熟悉），他們可以扮演他們最愛的一種角色——連珠砲式的導遊。做好準備，並且假裝有在聽，不過你只需要捕捉到足以架構出下一個問題的訊息就行。

42 擺脫雙子座的方法

除非他們徹底為你神魂顛倒，擺脫掉雙子座這個初次約會對象，最容易的方式就是以忽略他們來傷害他們的自尊，拒絕為他們的機智評論發笑，發牢騷，講你自己，說你覺得不舒服，或者直接告訴他們你覺得很不開心。一般來說，約會對象對他們來說反正不是頂重要。他們甚至可能會跟別桌或下一排座位上更討他們喜歡的人看對眼，你一轉身，他們可能就已經不見了！然而要是他們執著於你，可能就會比捕蠅紙還黏。

你的雙子座戀人

擁有雙子座戀人，肯定會為你的生活增添滋味，也會帶來相當多的不確定性，因為想要預測他們的行為就算不是不可能，也十分困難。多變的情緒保證鮮少有無聊時刻，但卻可能束縛了你的計畫，或者損害到你們的關係結構。訂下約會可能會特別困難，因為他們雖然通常會準時抵達（在他們確實出現的時候），最大的危險卻在於他們會突然取消他們從沒想要履行的約定。讓人氣急敗壞卻魅力迷人，這些瞬息萬變的傢伙會讓你一路苦追。

43 與雙子座戀人進行討論

雙子座並不討厭談話，但他們可能並不是非常認真看待你說的話。雖然他們可能會點點頭或者說「嗯哼」表示收到，這卻不是他們有在聽的真實指標。要是你挑的話題，是他們不感興趣或者聽了不順耳的主題，他們會一直把話題轉換到他們覺得更有趣的事情上。要是你堅持繼續努力，他

們可能會狠狠瞪你一眼然後走開，或者巧妙地認出旁邊有一樣東西或一個人，突然很需要他們去注意。

44 與雙子座戀人發生爭論

面對雙子座，危險永遠在於討論會變得有爭議，然後變成吵架。這些人遣詞用字是這麼有技巧，在口頭機智問答時又這麼專心想贏，以至於被檢視的議題可能會在混亂中消失無蹤。讓他們說他們想說的，然後溫和地引導他們回到主要的論點上。讓你自己的評論保持簡單扼要，目標在於達成最大效果。當雙子座首先勉強承認你有任何一點說得對時（這可能得花上十分鐘到半小時不等），這是個正面的指標，指出他們有聽到你的話，而且事情正在往正確方向進行。

45 與雙子座戀人一起旅遊

雙子座喜歡裝備輕便、移動迅速的旅行，所以，你帶上的任何多餘行李保證會引起他們的批評與憤怒。準備好背或拉你自己的行李箱，因為他們可能乾脆拒絕幫忙，爭辯說你早該把大多數行李留在家裡。一旦上路（不管是靠汽車、飛機、巴士或火車），這些健談的靈魂就會設法在旅途中盡力娛樂你，以此滿足他們的需求──讓你讚賞他們的機智與才華、聆聽他們舌粲蓮花或隨口閒聊，從一個話題跳到另一個話題。在他們身旁睡著，或者甚至只是偶爾打個哈欠，是絕對不行的，因為這是覺得無聊最確切的跡象。

46 與雙子座戀人的性愛關係

雙子座喜歡多樣性。質通常比量更重要，所以他們期待你總是為他們維持最佳狀態。他們也會期待你知道他們什麼時候想做愛，並且給他們最有趣的獨特經驗，或者至少對他們實驗的需求保持開放。整體而言，他們很容易被撩起，所以也很容易滿足──至少比大多數其他星座容易。延遲滿足愉悅並不是他們的強項之一，所以他們的情緒智商偏低。他們在辦事前中後都想講話的傾向，可能會逼死你；但你如果跟一個雙子座在一起，你就必須忍受這一點。

47 雙子座戀人的親暱表現

雙子座不太會公然表達柔情或曬恩愛。他們通常會以特別不帶情緒、甚至不假思索的方式表達柔情，所以你必須動作很快才能接到。柔情可能採取的形式是匆促的微笑、猛然一瞥、背上一拍、甚至是挖苦或反諷的帶刺言論，雖然他們是一片好意。無論如何，他們的情感表達通常沒有把你的期待考慮在內。雙子座有他們自己做事的古怪方式，特別是在情緒層面上，要在這方面自我表達，他們通常會顯得很尷尬和笨拙。

強項
魅力迷人
嗆辣
才氣煥發

弱點
不可預測
魯莽唐突
有誤導性

互動風格
拐彎抹角
有說服力
愛挑逗

雙子座

愛情

48 雙子座戀人的幽默感

你的雙子座戀人熱愛大笑。不幸的是，他們經常性的幽默對象可能是你，一陣子以後這可能會變得讓人難以忍受。你這方提出抗議的任何嘗試，都免不了會碰上你缺乏幽默感的指控。他們的幽默不只是口頭上的，還可以延伸到各種偶爾甚至近乎虐待狂的惡作劇。看某人不自在以及導致別人尷尬，會讓他們滿心歡喜。雙子座也非常愛逗別人。他們可能會很快承認他們不是認真的，並因此拿你認真看待他們來尋開心，尤其是在你對他們有反應的時候。

你的雙子座配偶

強項
獨立
熱愛自由
令人興奮

弱點
不可靠
不可依賴
無道德感

互動風格
迅速
機智
不假思索

你的雙子座配偶可能因為他們的個體性與對自由的強烈需求，而威脅到你們的婚姻穩定與表現。而且這些雙子經常採用雙重標準，根據這些標準，他們有理由自己跑掉，但你卻不行。因為他們沒有道德感的態度，以致他們鮮少看到自己的行為哪裡有錯（如果他們真能看到的話）。不知怎的，到頭來你通常會在家裡等他們回來。對於這種態度，最好的處理辦法是維持你自己保持獨立的權利，拒絕替他們擦屁股──實際上與比喻上都是如此。

49 雙子座的婚禮和蜜月

跟高度社會化的雙子座結婚，通常會帶來很多樂趣。他們會讓自己很盡興，也花很大精力讓婚禮大獲成功。相對來說，事實可能證明蜜月有些令人失望，因為一對一的私人互動並不是他們最擅長的。雖然性愛可能很刺激又非常多樣化，但你可能很早就覺得他並沒有在更深的層次上對你敞開心胸。隨著時間過去，他們肯定能夠這樣做，所以最好不要一開始就對他們施加壓力。在這個早期階段就嘮叨著已婚人士的責任，是不受歡迎的。

50 雙子座的家庭和婚姻生活

堅守義務並不是雙子座的強項，所以他們可能會把正常的家庭任務看成是沒有意義的苦工。（猜猜看到頭來會是誰做了那些工作！）然而他們夠務實，所以會領悟到打掃、把東西歸位、還有一般而言有條理的規畫家庭空間，都是非做不可的事。最好列出清單、概述他們的責任，堅持他們應遵守規則並履行義務。他們通常在想出新計畫和問題的創新解決方案時，表現出眾。然而，你會發現自己必須督促他們保持在正軌上，並且看著他們有始有終實踐他們良好的意圖。

51 雙子座婚後的財務狀況

雙子座並不會揮霍無度，實際上事實證明，在持家方面的現金開支上，他們相當吝嗇。出於某種原因，他們不可能接受或掌握家庭預算必須

包括不刺激、不有趣的項目，像是清潔用具、修繕項目、隔音材料、修理屋頂、管線修繕之類的。訣竅在於讓他們對此產生個人興趣並親自參與，因為他們的雙手相當靈巧，而且對你讚賞他們的工作反應良好。雖然可以規定雙子座遵守緊繃的預算，然而你必須在這方面辛勤努力，因為他們有很強的衝動會買下預料之外又通常不實用的東西。旅行、娛樂、電腦用品，還有跑得快或外表浮誇的車子，對你的雙子座配偶來說有致命的吸引力。

52 雙子座的不忠與脫軌

因為雙子座是最有可能誤入歧途的星座之一，你最好容許雙子座縱容他們調情（有時甚至很過分）的自然需求。要是你對他們太嚴厲，禁止這樣的舉動，你所冒的風險便是逼他們反叛，沉浸於全套的出軌戀情中。最好給他們看不見的束縛，這樣他們會覺得自由，卻也知道他們只能做到某個程度，才不至於惹毛你。雙子座通常會在不被抓到的情況下，盡他們所能掩飾形跡，但他們的恐懼與罪惡感可能輕易就被撩起，所以他們會對自己的遊蕩癖性設下界線。

53 雙子座與子女的關係

自己就是小孩的雙子座，通常是好得驚人的父母——奉獻、投入，成長過程裡有他們是很有趣的。他們特別熱愛運動、遊戲、露營，以及大多數的度假娛樂活動。雖然通常他們能應付得來的就只有一、兩個孩子，某些雙子座卻很享受更多小孩的陪伴與崇拜，會把孩子們當成朋友、甚至是兄弟姊妹來對待。看著自己的孩子成長，並且體驗到預期之外的新事物，會長期維持他們的興趣。然而當孩子們夠大了，雙子座不僅不會抓著他們不放，反而會推他們離巢，敦促他們自由高飛。

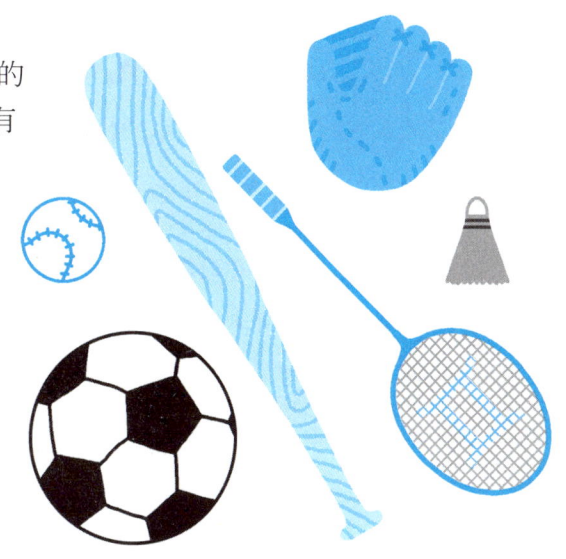

54 雙子座面對離婚的態度

要是你決定甩掉雙子座配偶——或許是在第Ｎ次原諒他們的越軌行為以後——你可能會發現，在釐清所有物、現金與法律義務的時候，他們講求實用、務求合理的那一面，驚人地容易應付。另一方面，雙子座在情緒領域裡可能很快就失去控制，所以他們在面對離婚這件事時並不覺得自在。被嫉妒、憤怒或暫時的恨意襲捲的時候，失控的雙子座好處理的程度大概就跟龍捲風差不多。你的雙子座配偶的感受很快就可以冷靜下來，而在情緒風暴自己吹完時，他們通常就有辦法進行一場有建設性的坦誠討論。

你的雙子座祕密情人

跟雙子座進行祕密戀情的時候，請期待一場稍縱即逝卻很熱烈的交會。不論好壞，這場戀情能不能成功，仰賴的是你想不想繼續。跟大多數人相比，雙子座祕密情人比較不可能是非常可靠或者要等上很久的那種人。而且既然雙子座需要把發生在他們身上的事情說出來，他們便不太可能願意或能夠讓事情保密。如果一項讓人尷尬的細節自動流入旁人的耳朵，然後變成像野火般在你社交圈裡散播開來的下流八卦，可別覺得驚訝。

強項
自由
有空相伴
熱烈

弱點
不值得信賴
不夠慎重
太愛講話

互動風格
直接
有回應
坦白直率

55 遇見雙子座祕密情人

你可以在最難以預料的地方，遇見或釣上雙子座祕密情人。起初的接觸很可能非常短，而且或許就只是一句話或眼神一瞥。大體來說，他們會在這之後直接跟你聯繫，或者透過共同的相識或朋友傳話，表示他們願意接受你的追求。他們的自我熱愛被奉承，所以你覺得他們很迷人、有趣、或在任何方面引人好奇的事實，就是大大的加分。像是酒吧、夜總會、約會網站或app這樣比較傳統的環境裡，會有很高比例的雙子座，所以你偶然遇到一個機會相當高。通常能透過他們活潑的個性、有技巧的溝通、還有讓別人印象深刻的需要，來認出這位祕密情人。

56 與雙子座幽會的地點

雙子座對親密時的環境條件並不特別要求。一般來說，他們比大多數其他星座更樂意在任何地方溫存，這甚至可能包括公共場合。他們外向的性格和最驚世駭俗的一面，容許牽手及親吻，甚至若想更進一步，可能還不會讓他們尷尬。在他們的住處待上一下午或一晚可能真的很有意思，這不只是因為牽涉其中的行動，也因為你得以看到他們迷人的收藏，包括各種物品、書籍、CD和DVD，還有他們最新的電腦軟體。若是在你家，這些好奇的靈魂很可能想要翻遍你的許多私人收藏，包括衣服、帽子和鞋子，以便從中認識更多的你。

57 與雙子座的祕密性愛

雙子座通常很容易被撩撥，也很容易滿足。他們可能有各種有點變態的興趣，熱愛實驗，對於千變萬化的性愛體驗很著迷，從印度愛經到SM都包括在內。我們可以把你的雙子座祕密情人想成進了糖果店的孩子，或者香蕉樹上的猴子。這一切對他們來說有什麼意義是很難定義的，但通常一切都是在幽默與疏離的狀態下做的，而不是真正深刻的投入。在某些方面，你可能覺得自己像個旁觀者，被邀來享受他們的表演。

58 長久保有雙子座祕密情人

就像諺語裡的兔子，只要被欣賞，雙子座就會留下；但如果不被欣

賞，他們就會跳、跳、跳走了。就在你已經習慣了他們，以及他們所有的奇怪習性、緊張的矯揉造作和需求時……他們就跑了。雙子座能夠像水一樣從你的指縫間溜走，而且沒有保證不敗的方法可以留住他們跟你同在。然而，你要是能在太不在乎與太過在乎之間找到一個好的平衡，他們就有可能留下來；如果此刻沒有引起他們興趣的其他地方好去，就更是如此。雙子座的忠誠，或者說是缺乏忠誠，通常是由他們最近的心情和行程表而定，這可能包括你，也可能不包括你。

59 與雙子座的祕密歡愉

雙子座熱愛跟你一起出現在公開場合，主要是想炫耀你的存在。他們期待你外表出色、談吐出色、舉止出色，而且整體而言，讓他們看起來出色。他們熱愛電影、夜總會、外出用餐、音樂會、以及幾乎任何有趣的活動，可謂是真正的行動派，而且通常不是那種渴望在家安靜度過一晚的類型。另一方面，當他們在家時，他們會著迷於大多數最新的媒體，特別是電腦軟體和範圍廣泛的音樂與電影。愛玩到了極點的他們也喜歡解謎和桌遊。偶爾讓他們贏可能很明智，否則他們可能會變得非常暴躁不安。

60 與雙子座祕密情人分手

這通常不是問題，除非雙子座祕密情人對你、還有你的性愛與浪漫重度上癮（在這種情況下，他們可能拒絕離開）。等到你反覆掙扎又仔細思索過甩了他們的重大決定後，你可能才一轉身便發現他們早就跑了。他們通常會偵測到被拒的跡象，所以寧願拒絕別人，也不要被拒絕。然而，他們覺得這種事情極端不愉快，為了避免衝突，他們可能會在你還沒察覺的時候就靜靜地溜走。他們會盡他們所能避免困難，尤其是情緒上的困境，寧願看你保持快樂，或者在你不快樂的狀況下就這樣結束。

你的雙子座前任

對於你的雙子座前任這種獨立又難以馴服的靈魂來說，一旦他們不再跟你有情愛或婚姻關係，他們可能會變得驚人地忠誠、信實、甚至可靠。看到他們身為朋友比身為戀人還更關心你，是種很奇怪的感覺；不過讓人震驚的是，常常都是這樣。或許對他們的要求不那麼多，他們就比較容易付出。如果在分手以後你不對他們施壓，而是等著看他們的善意是否會在沒有要求需索的情況下出現，事情通常會比較順利。

61 與雙子座前任成為朋友

跟你的雙子座前任建立友誼最容易的辦法，就是出席你這位前任也會現身的重要事件或活動——不管是專業上的還是社交性的。你們見到彼此的事實，就會給雙子座前任一個機會跟你保持親近，卻又不至於太親密。因此，這個接觸是不具威脅性的，而這就是一般雙子座最喜歡的狀況。要

強項
友善
關愛
付出

弱點
頑固
咄咄逼人
叛逆

互動風格
參與
投入
很有反應

是你想要建立一個成熟完滿的友誼，建議你慢慢來，避免送出太多混淆的訊息，整體而言保持坦承卻不牽涉到身體接觸（如果可能的話）。

62 與雙子座前任復合

跟你的雙子座前任復合——至少是以短期嘗試為基礎——總是有可能的，不過長期來說鮮少會成功。你甚至可能發現，分手一年後，你的雙子座前任又出現在你家門口，堅持要回到你身邊，還說人人都知道你們屬於彼此，若你堅持矯揉造作的分手就太扯了。在此刻和其他場合，當他們顯示出自己完全脫離現實又不尊重你的感受時，你必須立場堅定地拒絕回應。

63 與雙子座前任討論過去的問題

你可以跟雙子座前任在冷靜、沉著又鎮定的心境下，客觀地討論過往。然而要是他們變得反應過度或者很激動，最好在他們突然大肆責怪並反控以前，放下這個話題。然而要是這種情況真的發生了，通常也像夏季暴雨一樣來得快去得急，因此對話可以延遲到以後見面再說。畢竟雙子座是調查者，在解決一個謎題的意義上，他們很有興趣直搗事情的核心。找個氣氛愉快的公共環境讓你們談話，會有助於舒緩緊張。

64 對雙子座前任表達親暱感情的程度

小心不要讓你的雙子座前任會錯意。除非你們正式分手已經好幾個月以上，否則應避免直接表達感情。雙子座是動作很快的人，而且又有容易起反應的人格特質——容易激動又神經緊張——所以應盡可能讓狀況保持冷靜。親暱感情的表達可以不那麼身體性，而且最好透過溫和的聲調或溫柔的微笑來表現，而不是用擁抱、甚至碰手來表達。禮物應該避免，因為禮物對雙子座來說可能暗示有義務要回饋某些東西給你，所以會造成你設法要「買回」前任感情的印象。

65 界定與雙子座前任現有的關係

跟你的雙子座前任建立共同行為守則是絕佳的主意。應該公開討論什麼可行與不可行，並達成結論。在輕鬆的氣氛下見面兩次、甚至三次，好讓這個議題能夠充分而全面地討論，並且沒有當場判斷或立刻決定的壓力。總是要給雙子座機會把事情想清楚，因為他們往往會改變心意。如果他們起初反對你的想法，但後來有時間仔細思索、並且看出你論證的智慧何在之後，這番討論便可能成效良好。最好讓親友知道你們共同決定的最新狀況。

66 要求雙子座前任分擔照顧子女的責任

因為他們感受到的傷痛，你的雙子座前任有時會對共享孩子的監護權態度冷淡，把自己受傷的自尊擺在讓子女擁有父母的需求之前。此外，他

們可能很快就跟一個不特別想為小孩負責的單身人士，展開令人興奮的新關係。請保持耐心，因為隨著孩子長大、開始碰觸到他們的心弦，雙子座的行為會變得更有責任感。雙子座到頭來會發現，情愛關係來來去去，孩子卻總是在。

朋友與家人

雙子座
5月22日至6月21日

強項
有趣
愛玩
不認真

弱點
緊張
不可靠
愛擔心

互動風格
健談
感情外露
輕快

你的雙子座朋友

雖然雙子座並不是只能共享樂而不能共患難的朋友，不可諱言地，在一切順利的時候有他們在好玩多了。他們在面對緊急事件或長期問題時，易受驚嚇、緊張又愛擔心，因而降低了他們對你的用處。雙子座是十二星座中最愛玩的星座之一，這讓你的雙子座朋友成為你想玩樂時會帶上的人選。雙子座通常採取一種輕快、不認真的態度，能夠為幾乎任何活動帶來歡樂。他們連珠砲似的閒聊，會讓你知道他們自己也很樂在其中。

67 向雙子座朋友求助

當有人向他們求助的時候，雙子座朋友常常會很困惑。他們通常願意伸出援手，不過可能不知道該從哪裡著手，或者可能突然拉著你往錯誤的方向奔去。同情心或同理心不是他們的專長，他們較喜歡替問題想出合邏輯的解決方案，而不是提供情緒支持。雖然他們本身並不冷漠，卻可能因為這種明確的心理傾向而看似冷漠。他們的持續力並不高，因為他們可能很容易被別人的求救訊號或下一個出現的注意力分散物給拉走。

68 與雙子座朋友溝通和聯絡

溝通是雙子座的強項。如果這些朋友對你有興趣，跟他們溝通不會是問題——這是假設你可以跟得上雙子座朋友快捷敏銳的心思與喋喋不休。當他們正講個不停的時候會傾向於不聽，所以，你必須定期要求他們放慢他們的獨白，聆聽並理解你設法要傳達什麼。雙子座朋友並不是很擅長保持聯絡，如果他們長時間忙於其他活動，他們會假定你了解。當他們恢復聯絡的時候，毫無疑問會表現得像是沒有發生任何事一樣，繼續跟你照常往來。

69 向雙子座朋友借錢

雙子座相當擅長借出金錢，也擅長給你時間還錢。然而，他們能給予的金額可能不是太讓人印象深刻，因為他們手上鮮少有太多現金。等到他們記起來去銀行、甚至是檢查他們的帳戶時，你可能已經找到其他更可靠的人了。你要求要借錢，肯定不會傷到他們的感情或損害你和他們的關係，因為他們一點都不介意被人問。

70 向雙子座朋友徵求意見

雙子座朋友給的建議常常沒什麼幫助，因為他們的建議絕少是合乎常識、可用的那些類型。他們很可能想到種種非比尋常的建議，聽起來很迷人，卻永遠不可能奏效。他們奉獻越多時間去思考這種事情，就變得越脫離常軌，直到最後他們可能真的相信自己的妄想，也確信你應該相信。所以，從一開始要求雙子座朋友給建議就要小心──常常都不值得惹這種麻煩的。

71 拜訪雙子座朋友的時機

雙子座朋友通常很樂於見到你，不過他們可能也（湊巧）正要出門。計畫好再上門也沒有比較簡單，因為你可能在那裡敲門按電鈴，他們同時卻去別的地方享樂了，根本忘記你和他們有約。最好在出門前打電話給他們，確認你到的時候他們會在家。然而別讓他們等太久，因為你晚到的話可能會撲空，或者碰上一陣冷酷的沉默。

72 與雙子座朋友一起慶祝和娛樂

雙子座熱愛慶祝和娛樂。然而，不應該由他們來做所有的安排，因為他們可能很健忘又不可靠，雖然他們會努力克服他們天生的緊張與焦慮。最好邀他們出席活動，而不是讓他們來負責。通常可以指望他們靠口頭與肢體上的幽默來娛樂賓客，別人的讚賞對他們來說就像火上加油。可以指望他們熊熊燃燒的能量點亮一場聚會，尤其是與會者都乏味到極點時。

你的雙子座室友

喜歡嘉年華會嗎？最好習慣這樣，因為你的雙子座室友很可能在任何時刻把你們的生活空間改造成一個嘉年華會。他們不只是為了對你（還有其他朋友或室友）有益而安排好整件事，還很有可能邀來一整批配角來幫忙他們。如果這整件事開始聽起來像一部費里尼電影，那麼你就開始有整體概念了。只要你沒有一大堆正經工作要做，或者有任何別的事要求你專心，雙子座室友其實相當有趣。

73 與雙子座室友分擔財務責任

「責任」二字不必然會出現在雙子座室友的字典裡。履行責任，尤其是家務類的責任，並不是他們心目中的歡樂時光，而對他們來說，當然是歡樂時光優先。雙子座的金錢來得快也去得快，所以如果他們有錢，你最好迅速行動，在他們把錢花在他們最新的熱情所在以前，先取得租金、雜貨與日用品帳單所需的基金。的確，要他們事先付錢，可能是避免你們債台高築的唯一辦法。不同於許多占星學家所堅持的，並不是所有的雙子座都是小偷或騙子，但如果你放任他們，他們可能確實會忘記付錢。

強項
有娛樂性
有趣
有創造性

弱點
分心
渴望得到注意
令人惱火

互動風格
易變
兼容並蓄
精力旺盛

74 與雙子座室友分擔打掃責任

你的雙子座室友如果有心，就能夠徹底打掃。問題是，他們的心思通常放在別處。對細節很固執的雙子座肯定不會看不到有什麼地方需要清理，但不知怎的，他們在意識到這個事實的同時又立刻加以忽略。他們沒能力看到自己搞出的一團亂，已經蔚為傳奇。如果你跟他們對質，他們可能只會告訴你，他們收拾自己房間的方式是他們的事。進一步說，如果你堅持他們應該清理公共空間，他們可能會暗示或直接挑明，他們幾乎不在家（這有可能一部分是真的），所以髒亂是你造成的。猜猜看到頭來是誰做了收拾的工作？

75 當你的訪客遇到雙子座室友

問題在於通常上門的不是你的客人，而是雙子座室友的。他們可能以讓人畏懼的速度邀來新訪客，也很擅長建立一批你總是可以料到的固定常客。對雙子座來說，人生是持續不間斷的小酒館歌舞秀，所以，時時刻刻準備好大量食物、飲料和音樂吧！他們並不會抗議你邀請新面孔或熟面孔來家裡，因為這些人只會變成他們表演的潛在觀眾群而已。是的，跟雙子座室友在一起，你永遠不會是獨自一人，人類同伴他們永遠不嫌多。

76 與雙子座室友的社交生活

對雙子座來說，人生就是小酒館歌舞秀，舉辦派對的暗示可能就藏在背景裡。在替所有食物和飲料付錢的時候，可能會出現問題，但雙子座有錢的時候並不介意到處花錢；若非如此，他們就只會告訴別人「自帶酒食」，或者說這是個「一人一道菜」的聚會。正常來說，食物對他們反正沒那麼重要，因為他們的嘴巴最常用來說話而非進食。既然雙子座不需要很多睡眠，準備好讓派對持續到凌晨吧！

77 與雙子座室友的隱私問題

雙子座室友對你的隱私需求充滿了疑心。他們可能並不了解你對他們隱私的尊重；畢竟他們有什麼好隱藏的呢？大多數人會透過沉默或保密來遮掩私密的想法和感覺。換句話說，他們靠著不顯露事情來隱藏。有趣的是，雙子座用的是一種不同的隱藏策略——他們藉著表露一切來隱藏，而且是透過無盡的聲東擊西與變換主題為之，所以你永遠不會真正發現他們最深沉、最黑暗的祕密。畢竟，他們前幾天才跟你講過了，不是嗎？

78 與雙子座室友討論問題

討論是雙子座很享受的事情，不過可能很難讓他們停留在同一主題太久。他們維持注意力的時間很短，人生又這麼有趣，以至於他們通常會以極快的速度從一個主題跳到另一個主題。他們的分析技巧很高明，熱愛解開謎語、謎題與神祕事件，而如果你能鎖定雙子座室友，他們會盡全力對你的問題追根究柢。如果你跟他們有個問題，最好不要讓他們變成問題，

雙子座

反而要用抽象方式討論，然後讓他們自己隨後把整件事串起來。

你的雙子座父母

整體而言，雙子座是好父母，至少在他們真正對孩子有興趣的時候是這樣。他們有廣泛的興趣與豐富的情緒變化，而他們很享受自己身為家中團隊領袖的角色。然而，他們的心思通常會被肯定不包括孩子在內的其他事務給占據。在這些時候，他們的孩子必須能夠照顧自己，因為雙子座父母不會有空。經濟支援、生活費與教育等責任，在雙子座父母心目中可能有很重的份量，以致他們很容易受到擔憂與壓力所影響。

79 雙子座父母的教養風格

雙子座父母並不樂於管教自己的孩子，因此，他們要不是疏於管教，就是完全拒絕這個概念。雙子座父母的小孩很可能大部分時候都橫衝直撞，除非雙子座的配偶負責控制（通常就是這種狀況）。這可能建立起一種情境：孩子去尋求雙子座父母同情的聆聽和從輕發落，而讓另一位父母處於不自在又不受歡迎的地位。雙子座父母如果自己小時候受到嚴格管教，便很可能容許、甚至鼓勵自由。

80 雙子座父母與孩子的相處

雖然雙子座並不是過度情緒化的人，而且他們與子女的互動是很冷靜的，但他們是真心樂於有小孩，連他們朋友的小孩也包括在內。對他們來說，每天表達親暱情感是有可能的，但他們鮮少表現得過度熱情。他們的同情總是帶有一種超然的氣氛，就好像他們理性評估過情況，而不只是對此做反應。這點在孩子受傷或者有危險的時候，尤其如此。在這種情境下需要父母全部同情和理解的孩子，可能會對雙子座父母的反應感到失望又挫折。

81 雙子座父母給孩子的金錢觀

因為賺錢鮮少是雙子座的主要興趣，所以大多數雙子座父母時不時會面對財務問題，或者在某些情況下一直如此。他們通常堅持孩子不可以浪費金錢，而且在認識他們的人眼中，他們顯得很吝嗇。冰箱不太可能看似食物豐富的豐饒之角，他們也不太可能花太多現金在他們視為奢侈品的項目上。太常見的狀況是，雙子座父母會衝動地花掉家裡小心存起來的錢，揮霍在不切實際的項目或計畫上。

82 雙子座父母的危機處理

在陷入真正的危機時，雙子座父母非常有可能過度反應。事實證明，他們在公開場合失去冷靜，對他們的配偶與子女來說極端令人尷尬。他們高度緊繃的神經系統和快捷的雙手，經常讓他們得以挽救大局；不過要是

強項
有趣
多樣化
熱忱

弱點
愛擔心
緊張有壓力
缺席

互動風格
積極
參與
精力旺盛

他們往錯誤的方向前進——通常還是以曲速飛行的速度——災難也可能迅速現形。當他們花時間坐下來討論或思考恰當的反應時，他們可以有最佳的表現，能夠考量到事情的每一個面向。然而，他們缺乏深刻的情緒關懷這點，可能很令人困擾。

83 雙子座父母的假期安排和家族聚會

當雙子座父母設法自己做所有的準備工作時，免不了變得過度緊繃。所以最好避免這種情況，要不是完全把他們排除在準備工作之外，就是嚴格限制他們的參與度，而他們通常會鬆一口氣地接受這件事。雖然他們對自己的直系親屬很熱情，但延伸出去的大家族聚會則讓他們很冷漠，所以他們通常會設法躲掉這種聚會。鮮少有人像雙子座這麼享受假期（不論長或短），不過他們對於假期的好惡是極端特別的。別計畫驚喜，然後希望雙子座會以正確的方式接受。

84 照顧年邁的雙子座父母

雙子座有越老越不實際的傾向，因此對他們的能力也有越來越脫離現實的看法。他們通常只想讓自己盡興，特別是在社交互動中，對著有空聆聽的所有男女老少放送他們持續不斷的想法。要成為他們的朋友或寵兒，主要要求就是有一對隨時準備聽他們說話的耳朵。替他們安排種類廣泛的書籍、遊戲、謎題和互動活動，會長久維持他們的快樂。所以，雙向的人際互動對年邁的雙子座父母來說並不真的那麼重要。

你的雙子座手足

沒有多少事情想起來比雙子座獨生子女更可悲了。雙子座子女熱愛身邊有兄弟姊妹，如果沒有的話，他們很可能用朋友和小動物來填補這種空虛，於是朋友和小動物就成為了他們的替代手足。（如果更進一步孤立他們，他們就別無選擇，只能活在童話故事世界中，裡頭充滿了他們的填充玩具動物和幻想朋友。）作為家庭單位的一部分，可以仰賴雙子座手足帶來精力與探索家庭團體的衝勁。他們對語言的創造性使用通常能觸發他們，其他人則可能會發現這滿有感染力的。

85 與雙子座手足的競爭和親近

雖然雙子座有相當強烈的競爭性，但透過個人成就贏得遊戲的挑戰，對他們才是最重要的，打敗他們的對手則不是。他們玩測試個人技巧與智商的單人電腦遊戲時所表現的熱忱，可以展現出這一點。因此，他們傾向於跟手足聯手而非對抗，而且他們特別享受可以跟兄弟或姊妹在他們的隊伍中配對的團體運動。在此，他們真正的競爭精神就出現了，得以完整地表現出來，對抗他們傳統的對手。雙子座的成就高峰，會是在這樣的對抗賽中拿下贏球的跑壘、投籃或觸地得分。

86 過往的成長經驗對雙子座手足的影響

你的雙子座手足可以輕易地原諒並遺忘。很有可能持續困擾著你的無論什麼事，對他們來說從來就沒那麼重要。雙子座手足很容易被惹惱，不過他們的惱怒很快就過去了。這可能實際上就是問題的關鍵，尤其如果你就是忘不了某個不幸事件的人。被提醒到你的雙子座手足其實現在不在乎、過去也從未在乎這件事，可能令人特別惱怒。請設法理解，對他們來說毫無重要性的是那件事，而不是你。

87 與疏離的雙子座手足往來

疏離的雙子座手足通常會與他們從未特別親近的手足漸行漸遠，同時跟他們的最愛保持完好無缺的羈絆。要是他們被逼著打破緊密的連結，應該要記得，雙子座是雙生子的星座，而他們與一度親密的兄弟或姊妹恢復緊密關係的渴望，幾乎就跟生物性的衝動一樣強勁。因此，遲早他們會敞開心胸重建彼此的關係。在雙子座疏離手足的例子裡，能期望的最多是熱情友好與偶爾的電子郵件、電話或家庭團聚。

88 雙子座手足對繼承、遺囑等金錢議題的處理

大部分情況下，雙子座手足並不在意去世的父母所留下的錢。如果你推論說他們在父母還活著的時候就想碰那筆錢，他們肯定會覺得被冒犯。向雙子座手足借錢通常不是問題，因為他們很樂於跟家庭成員分享他們所擁有的。對大多數雙子座來說，錢不是用來囤積的東西，而是要讓它自由地流動。當雙子座手足似乎被某個需求太迫切的兄弟或姊妹占便宜的時候，或許會發生一些狀況；但事實上，雙子座可能根本不是那樣看事情的。

89 與雙子座手足的家族團聚和慶祝活動

雙子座手足很樂於慶祝過節的場合，只要他們所有的兄弟姊妹都參與就好。通常一、兩位最受喜愛的表親，在這樣的聚會中可以取代一位手足的位置，充當他們的副手。最糟的狀況是，一位雙子座被迫獨自面對慶祝活動。在這種情況下，他們往往會從大人的世界裡退縮，以他們所能做到的任何方式尋求逃避。他們太常撤退到他們自己不快樂的殼裡，拒絕出現。甚至別邀請他們——除非有個經歷過考驗的真誠玩伴出席。

90 與雙子座手足一起度假

在家庭懷抱中被呵護著的雙子座手足，通常會在家庭假期中享受一段絕佳的時光。在這種努力下，他們鮮少是領袖。能夠沉浸在陪伴的溫暖中，參與冒險、探索、競賽和一般的歡樂活動，他們就相當滿足了。持續玩樂是雙子座的食糧。他們在這種短程旅行中需要的睡眠很少，而且他們可能半個晚上都用他們的鬼把戲讓父母與手足保持清醒。請確保他們在白天有很多辛苦的體能運動，以保證所有人晚上能好好休息。

強項
好奇
精力旺盛
有創意

弱點
孤立
不切實際
退縮

互動風格
社交性
願意貢獻
多話

雙子座

朋友與家人

你的雙子座子女

強項
活潑
令人愉快
容易入迷

弱點
惱人
感情需求強
調皮搗蛋

互動風格
苛求
才氣煥發
全神貫注

雙子座子女需要父母的大量投入。雙子座子女幾乎對發生在他們身邊的每件事都有興趣，所以應該提供他們範圍廣泛的各種活動。雙子座小孩可以是小甜心或小魔頭，就看他們和你的心情而定。在你企圖專注於某件事的時候，沒有別的事情比他們持續的打斷更讓人抓狂。當你終於看到你的雙子座孩子專注於某種單槍匹馬的活動、或者在睡覺時，你會體驗到極大的釋放感。

91 雙子座子女的人格發展

如果你沒有提供難伺候的雙子座小孩口味廣泛的經驗與機會，再加上實行這些活動所需要投入的相應高度能量，他們就會受害。如果想徹底開發你的雙子座小孩，有技巧的引導以及良好的判斷是必要的。一定要給這樣的孩子充分的自由，但同時也要他們履行義務——當然，是公平的義務。義務中包括要求他們完成某些每日任務，打掃與整理他們的房間也在其中。寵壞他們可能跟忽視他們是同樣重大的錯誤。

92 雙子座子女的嗜好、興趣和職涯規畫

你的雙子座子女通常對語言有很大的興趣，也有天分。這表示可以鼓勵他們用母語發展他們的寫作與口語技巧，但也可能在外語方面。這樣的發展可能直接導向創意寫作、新聞寫作、編輯、出版、網路系統或軟體發展的職涯。而且雙子座子女也有音樂方面的天分。雙手與手指特別靈巧的他們，可能在種類廣泛的各式樂器上都表現優秀。音樂表演、教育、廣播、管理或作曲、編曲的職業生涯都有可能。通常一個雙子座子女的主要興趣，後來會開花結果變成職涯選擇。

93 對雙子座子女的管教

特別是對於雙子座子女，管教應該表示指引和安排，而不是懲罰。在這種意義上，雙子座小孩特別需要一位能理解他們的父母來管教，否則他們很可能會把精力浪費在膚淺地從事多種活動上。學習自律對雙子座來說最重要，這樣他們才能以最有生產力的方式引導他們的精力，最終不必有個父母或老師監督他們。許多雙子座是自學成才的，主要是用他們在人格成形期得到的自律技巧來自主學習。

94 與雙子座子女的親暱程度

不需要一直給雙子座小孩獎勵或表示親暱。只要知道你讚賞或認可他們在做的事，通常就夠了。持續的不認同，可能會傷害他們的情感，所以在否定性的事情上請慢慢來。點個頭、給個微笑或一些和藹的話，對他們已經足夠。對雙子座小孩的發展來說，同樣重要的是他們自己表達親暱感情的需要，不只是對父母和手足，還有對待他們的寵物。在許多方面，他

們表達感情的需求通常比他們接收感情的需求還明顯。

95 處理雙子座子女與手足之間的互動

應該放手讓雙子座子女用自己的辦法去搞定他們的手足問題。如果父母能夠不插手是最好的，尤其是不強迫雙子座小孩去感受他們沒有的感覺，或者以某種剝奪其權利的方式行動。比較小的雙子座孩子通常會飽受強勢的哥哥姊姊批評，甚至是被壓迫，雖然在某些狀況下，最小的雙子座孩子可能最被重視，當成家中有天分的閃亮寶石。年紀較長的雙子座小孩對宰制弟妹通常不感興趣，反而可能相當體諒，並且對弟妹的發展有建設性的貢獻。

96 與成年雙子座子女的互動

成年雙子座子女對於自己的教養成功或失敗，還有父母的整體行為，都有很嚴格的看法。有高度批判性的他們會很快指出父母的缺失，以及家庭裡手足結構可能發生的崩壞。這些人勇於討論與辯論，因此可以隨時尋求他們的意見，而且他們通常會提議參與團體討論。他們的方法最常是分析性的、超然的，而不是帶有情緒的，雖然他們可能一開始需要先宣洩一下怒氣。

巨蟹座

生日：6月22日至7月22日

在月亮的主宰下，這些基本宮水象星座對別人的感受高度敏感，對失望的感受也很深刻。因為月亮對海洋潮汐的影響，以及螃蟹隱遁的天性，巨蟹座被認為是經常需要躲避世界的情緒化人種。然而就像螃蟹，在被干擾時，他們會變得很有攻擊性，要得其所欲的時候也很有說服力，特別是在事關他們的居住空間、食物、以及他們心愛之人的時候。

工作

巨蟹座
6月22日至7月22日

你的巨蟹座老闆

否認或低估巨蟹座老闆的統御特質，可能是個錯誤。對於事情要怎麼做極度講究的巨蟹座老闆可能非常苛求，儘管方式低調。他們期待他們的員工了解、甚至能夠預測他們的期望。對巨蟹座老闆來說，最可靠的不是規則與命令，而是每個人都處於相同情緒波長的事實。巨蟹座老闆不喜歡麻煩，他們想要事情運作順利。基於這個事實，他們需要讓自己的支配權不受質疑，而不只是想要展現權力。

1 要求巨蟹座老闆加薪

說服巨蟹座老闆給你加薪是極端困難的。巨蟹座老闆通常對於你是否配得上加薪很有概念，雖然之前他們可能已經釋放出少量暗示，指出他們對這個議題的感受。最常見的情況是，他們已經預料到你會對他們提起這個議題，而你隱約覺得他們一直在等你提起。要是你選擇在正確的時機接近他們，尤其是你在這個部門的表現受到好評的時候，他們可能會出乎意料地輕易就給你加薪，甚至列出某些細節，說明你的新薪水、津貼或職位。

2 向巨蟹座老闆宣布壞消息

巨蟹座老闆有陰晴不定的傾向，這種時候，最重要的是你不要正好碰上他們心情差或心情過嗨。密切注意他們的行程表，並且跟他們的私人助理保持密切聯繫。挑一個他們最放鬆、情緒最中立平和的時間點。用這個主題的歷史面向概述來做開場白。鼓勵巨蟹座老闆發問，特別是關於現在能做什麼來控制已經造成的損失，或許還有怎樣把看似對公司不利的狀況變得有利。

3 替巨蟹座老闆安排差旅和娛樂

巨蟹座老闆實在太講究了，所以如果你能跟他們的私人助理先開個會，確定他們確切的偏好，就再好不過了。一旦知道了這些事，將來就可以仰賴這些資訊，因為巨蟹座是非常有習慣性的生物。巨蟹座老闆通常不贊成花大筆現金讓他們在路程中快樂和舒適。他們是從省錢而非奢華的角度來考量，只要不適程度不高就好。這點在跟他們的座位還有床鋪有關

強項
低調
輕鬆
和諧

弱點
過度苛求
有所期待
太講究

互動風格
有說服力
憑感覺
有同理心

時，尤其如此。對他們的性情來說，好食物可以造就奇蹟。

4 巨蟹座老闆的決策風格

就是在這個範疇裡，巨蟹座老闆支配性的面向浮現了。這些人是不會容許個人權威被質疑的決策者。然而，他們會花時間和心力，在做出最後決定前諮詢員工的意見，這通常會貢獻一整個會議的時間，對手邊的主題做有意義的討論。在這方面，他們認為他們的決定是團體感受與一般意見達成共識的最後總和。他們會非常小心地避免做出不受歡迎的決定，免得將來危及他們地位的優越性。

5 打動巨蟹座老闆

巨蟹座老闆有時候可能很倔強、動作慢又沒反應。最好試著激勵他們行動，但不需要讓他們過度印象深刻。你應該專注於設法說服他們，等了太久才實行一項每個人都已經同意的戰略會有些危險。如果還是沒有得到充分的同意，就讓他們在一星期內排定一個團體會議。一旦巨蟹座老闆的情緒被激起並投入以後，他們終究會開始領悟到這些計畫的重要性，並且開始果斷地往前邁進。

6 提案並對巨蟹座老闆做簡報

請把巨蟹座老闆的敏感性與可能的易怒放在心上，你應該極為小心地不要觸及他們的逆鱗。因此，你提案或做簡報的方式，在每一方面都跟你希望傳達的內容、論點或觀點一樣重要，有時候甚至還更重要。如果你開始意識到你走錯路線了，準備好一個靈活的備案，並且隨機應變地做個調整，以減低他們的惱怒。一旦你看出他們有反應了，就無懼地繼續講下去。

你的巨蟹座員工

巨蟹座員工特別擅長行政的工作，他們在辦公室裡有時間琢磨書面作業。最好不要打擾他們，他們便可以用一致且高品質的風格，穩定產出大量的文書。巨蟹座員工似乎奉獻給他們的工作，並且對公司有不容質疑的忠誠度。事實上，他們對於現狀如何有自己的想法，但他們通常會很有耐性地觀察和聆聽，並將想法留在自己心裡。如果鼓勵他們開口表達意見，他們才會說，但只有在溫和地反覆敦促以後才會這麼做。他們的觀察通常值得留意。

7 面試或雇用巨蟹座員工

巨蟹座求職者鮮少自吹自擂。他們的想法是，過往的紀錄會說話，所以他們不需要去打動你。他們不是一登場就口若懸河的那種人，通常會等你問他們具體的問題，而不是自己提供資訊，或者試著主導面試。他們可

能給人模糊的印象,很難確切形容,而且有時候或許還不完全人在心在,但事實上他們都在吸收所發生的每一件事。你的巨蟹座員工不會輕易讓你進入他們的私密世界。

8 宣布壞消息或解雇巨蟹座員工

巨蟹座員工對壞消息極為敏感,而且可能會把這個看成是針對個人。他們很可能有罪惡感,會立刻假定如果事情往不對的方向發展,至少有一部分是他們的錯。他們的情緒天線如此敏銳,以至於他們通常會立刻知道你要對他們宣布壞消息,或者開除他們,所以別浪費時間做漫長的前導,或者其他口頭上的準備。他們甚至可能一開始會對公司的觀點表達同情,但最常見的狀況則是長期深深懷恨在心。

9 與巨蟹座員工一同差旅或娛樂

巨蟹座在本壘工作最自在。雖然他們可以偶爾享受一趟旅程或派對,但最好還是把他們留在個人工作區完成他們的任務。巨蟹座的想像力活躍到身體可以不去任何地方,卻能夠體會到廣大世界的種種經驗。他們在計畫或建立專案時非常有用,而不僅僅是被挑來實現這些計畫的人選。他們有挑對人做恰當工作的特殊才能,所以,你可以信任並仰賴他們在大多數情況下所做的判斷。

10 分配任務給巨蟹座員工

總是盡忠職守的巨蟹座員工,會盡全力做好被指派的任務。然而,他們也對自己、自己的能耐與自己的興趣所知甚多。要是他們對自己完成某項指派工作的能力表示懷疑,你最好聽他們的,而不是把他們的反對意見擱置一旁,或者企圖說服他們相信不是這樣。就算你竟然成功地讓他們同意做某些他們不以為然的事情,通常事實會證明,長遠看來,他們起初的保留態度才是正確的。

11 激勵或打動巨蟹座員工

身為水象星座,巨蟹座很難推動。不容易知道要怎麼接近他們,以及到底應該在哪裡施加壓力而不至於碰上抗拒,或者毫無抗拒——這甚至更糟。不要把他們沒表示反對誤認為默許。你的努力要滲透進去需要時間,而就算時間過去了,事實可能也會證明你的努力並未成功。大多數時候,巨蟹座員工必須自己產生動機去把工作完成。一旦他們說服自己某種行動是正確的,他們就能夠貫徹到底。

12 管理、指導或指正巨蟹座員工

一般而言,當你嘗試給員工方向或者批評他們的表現時,處理巨蟹座員工一定得比處理大多數人來得更小心。他們的感情很容易受傷,必須特別注意你的陳述可能在他們身上產生的情緒反應。謹慎地以一種冷靜、溫

強項
觀察力強
奉獻
專注

弱點
讓人困惑
模稜兩可
沉默

互動風格
漠視
重隱私
隱遁

巨蟹座

工作

101

和的方式說話，並且避免談到可能被誤解的個人性質主題。如果你能夠傳達你的語意和意圖又不至於惹毛他們，你就有了一個好的開始。如果他們一開始心情就不好，先暫緩一下，等到其他時候再試。

你的巨蟹座同事

要像貓一樣輕手輕腳地接近巨蟹座同事。他們容易活在自己的世界裡，在沒有完全沉浸於工作之時，通常會深陷在自己的想像思維裡。一旦達到有革命情感、或者至少是有禮地彼此關注時，你就可以開始提出你的問題、觀察或要求了。突然間驚嚇巨蟹座同事，最有可能的結果是讓他們驚慌失衡，並且導致他們退縮到自己的殼裡。致力於任何工作專案時，無論是專業或非專業性質的，都可以仰賴他們以美好的感受感染周遭的人。

強項
有同情心
有想像力
謙遜

弱點
疏離
失衡
退縮

互動風格
低調
情緒化
輕聲細語

13 尋求巨蟹座同事的建議

一般來說，巨蟹座同事並不提供建議，除非你向他們提出要求。就算是這樣，要表達可能影響你行為的意見，他們可能會很克制，甚至害羞。他們的謙遜延伸到他們工作的幾乎每一個範圍，所以他們看起來不會受制來自於自尊心的考量。缺乏自負或蠻勇的他們經常走到另一個方向去，顯得缺乏信心。事實上，如果他們真心相信自己能幫忙的話，就會把你要求的建議給你。這最常發生在他們覺得自己特別拿手、直覺也很好的領域裡。

14 向巨蟹座同事求助

雖然有人找他們幫忙的時候，巨蟹座同事可能不會立刻挺身而出，但若是小規模或大規模專案需要他們的地方，卻可以仰賴他們親自現身提供協助。最好在真正需要他們之前的一小段時間去找他們，以便讓他們理解你的要求，然後給他們時間，以有可能最好的方式，做好提供幫助的準備。他們對於自己所相信的理念是強勁的支持者，會為了推進這種專案的實踐與執行而特別為你多做一些。在狀況變得困難的時候，他們不是會退縮的那種人。

15 與巨蟹座同事一同差旅或娛樂

巨蟹座同事並不是好應付的旅伴，因為他們極為講究吃什麼、睡哪裡，還有一般來說他們要怎麼做事。換句話說，他們有必須配合的要求與需要，且不只是在旅行的時候，在被招待或準備辦公室慶祝活動時都是如此。你的巨蟹座同事完全不是派對動物，但因為他們有退縮的傾向，在他們參加社交活動，可以忘記他們的內向並讓自己盡情放鬆的時候，他們會特別盡興。不幸的是，他們的反應是無法事先預料的。

16 與巨蟹座同事共事

身為如此重隱私的人,你的巨蟹座同事在跟團體有社交往來的時候,並不總是很投入其中或呼風喚雨。但在專業情境下,他們會盡力做好本分,做出不招搖的貢獻,默默地幫忙。他們與其他人合作的能力,仰賴好感與善意的出現,也仰賴對團隊的積極態度。一旦這些情緒需求得到滿足,無論任務有多難,巨蟹座都不會閃避他們的責任。在好的狀況下,他們甚至可能擔負起領袖的角色,並在他們的追隨者身上鼓舞出極大的忠誠。

17 打動或激勵巨蟹座同事

如同前面指出的,如果要求巨蟹座同事做的某件事,已超過他們對日常任務的尋常奉獻程度,那麼要引導他們便不是那麼容易了。然而,一旦觸動他們的心弦,他們可能同時受到激勵,也覺得深受感動。巨蟹座同事對痛苦並不陌生,他們對其他人的感受有很大的同理心,特別是那些真正需要他們的人。因此當一位同事極其沮喪、或只是經歷艱困時期的時候,他們可能被打動並且受到激發。通常可以發現他們置身於辦公室適應不良者或邊緣人身邊,因為他們能夠同情這些人的問題和處境。

18 說服或指正巨蟹座同事

巨蟹座同事若成為被攻擊或尖銳批評的對象,反應會是受創並退縮。他們被這種口頭攻擊或無禮的輕蔑刺痛以後,將來對你肯定會變得非常抗拒,並且會拒絕被說服,甚至在你的論證很健全的時候亦然。請記得,在頭腦(邏輯、思維、理性)和心靈(感受、同情、情緒)之間的任何衝突中,對巨蟹座同事來說,後者幾乎總是取得優勢。就算在他們自己訴諸邏輯與理性的時候,你仍可以感覺到他們的方法裡有這種強烈的情緒偏好。另一方面,他們對其他人可能會有尖銳的批判,而且拒絕放鬆他們的要求。

你的巨蟹座客戶

巨蟹座客戶很難取悅,這不是因為他們太蠻橫或者太苛求,而是因為他們實在太挑剔了。在某些日子裡,你呈上去的東西對他們來說好像都不對,就算可以展現出利潤和成長也一樣。不要期待靠著事實和數字來贏得他們的支持,反而要試著讀取他們的情緒狀態,以便看出他們有心情做什麼。換句話說,準備好在必要時立刻脫離你精心準備的簡報。如果你動作快又能接收到他們的感受,就比較有機會成功。

19 打動巨蟹座客戶

影響巨蟹座客戶的最佳方式是,仔細聆聽他們說什麼,並且對他們的抱怨抱持同理的態度。只有在你和他們接上頻率,雙方在同一個波長上,

強項

愉快友好
懂得讚賞
有想像力

弱點

古怪傻氣
奇特
不合邏輯

互動風格

模糊不清
挑剔
難搞

真正的溝通才有可能。號稱有客觀意義而合乎邏輯的冷靜態度，比較無法打動你的巨蟹座客戶，對於合作與妥協抱持開放態度反而比較有效。你也可以訴諸他們的想像力，提出可吸引他們發揮幻想能力的提案；通常這要透過公關部門做出大膽、色彩鮮豔又有表現力的視覺效果。

20 向巨蟹座客戶推銷

在提出一個不尋常的提案——一個應該很有活潑有魅力的提案——之後，應留下一點東西讓巨蟹座客戶發揮活躍的想像力。另一個開局策略是在他們心中種下一個想法的種子，接著在隨後的會議中讓他們聲稱是他們想到的——通常的表現形式是，以你原先的建議為基礎做出的新提案。解讀巨蟹座客戶的情緒，以便知道他/她是什麼感覺極為重要。把這種理解列入你的推銷考量中是很根本的，同時也要知道你的巨蟹座客戶在各種狀況下是怎麼想的。巨蟹座的推論過程可能不會完全合乎邏輯，不過仔細研究以後或許會變得能夠預測。

21 巨蟹座客戶重視的外表和舉措

巨蟹座客戶有狂野、怪異的一面，可能會使得他們的穿著風格不尋常。為了建立惺惺相惜的連結，你應該避免平淡無奇或過度保守的衣著，而且要梳不尋常的髮型、穿引人注目的鞋子、或者穿色彩鮮明的全套服裝。當你看到他們的微笑時，你會知道你成功了。你會因為拿你的外表碰運氣而非小心行事而賺到好處。建議你儀表整潔並精心打扮，不過所有的古龍水或其他香氛都應該低調，雖然還是要獨特。你的言談和動作應設法調整到跟他們同步，但不要凌駕或忽略他們。

22 保持巨蟹座客戶的興趣

巨蟹座客戶熱愛聽關於各種個人冒險行為的故事，與商業或個人性質有關的都可以。因此各種娛樂活動，從講笑話到直接調情，他們都會很欣賞。如果你可以迷住巨蟹座客戶，可能就贏得戰役的一半了。一旦他們被你有說服力的舉止或誘人的言談牽著走，就會對於你想表達的任何客觀事實有更開放的態度。在他們或你的辦公室裡便相當有可能達到這一點，所以不太需要請他們喝美酒、吃大餐。讓他們期待下一回充滿樂趣的會面吧！

23 向巨蟹座客戶報告壞消息

要記得，巨蟹座對負面事物、痛苦與不適並不陌生。這不是說他們追求這個，而是你不必為了表達負面結果而請求他們寬恕或原諒。一個問

題的複雜面向會引起他們的興趣，適合他們自身人格中細微的迂迴曲折之處。藉著要求他們加入你的行列，幫忙解決問題，不管問題有多大，你都會形成一個連結，能夠帶領你們以同組隊員的身分，一起經歷艱困時期。永遠別提議一個你會完全獨自處理的解決方案，也不要把整件事丟給巨蟹座去解決。合作就是關鍵。

24 招待巨蟹座客戶需注意的「眉角」

怪的是，巨蟹座客戶可能很樂於為你做某件事，而不是反過來。就算是你請客，請留下某些部分讓他們可以自由地做出貢獻，甚至偶爾讓他們帶頭。看到他們讓你開心，而不是你讓他們開心，會給他們更大的鼓舞。你能期望的最佳狀況是在一個晚上的時間裡，發掘並分享彼此的喜惡，導向一種愉快友好的氣氛，低調地感受到賓主盡歡。

你的巨蟹座合夥人

只要你能確保你們大多數時候意見一致，巨蟹座會是優秀的夥伴。巨蟹座有浮想聯翩的傾向，當某種有想像力的事物對他們有強烈吸引力的時候，他們相當能夠拋下他們比較務實的作法。從正面來看，這可能表示他們跳脫框架思考的能力，會以驚人的方式帶著你的團體向前邁進；從負面來看，這可能導致同等劇烈的災難。訣竅在於由你小心評估他們想到的每個新計畫。巨蟹座合夥人守護本壘的本事絕佳，他們很擅長照料內部工作，像是計畫、研究、分析與發展，你則是負責對外的銷售，以及創造你們的產品或從事服務的工作。

25 與巨蟹座建立合夥關係

巨蟹座傾向於訂定合約，他們會欣然同意保證你們雙方的權利，並且確保同樣考量到風險與利潤的條款。最好從法律觀點小心地建立合夥關係，當然也要預測可能出現的任何困難。建議讓合約走保守路線，所以可能有必要緩和你未來的巨蟹座夥伴任何不尋常或狂野的主意。另一方面，你應該敏銳地感覺到他們的偏好，並且對他們的要求有回應。正常來說，可以信賴你的巨蟹座合夥人會說話算話。

26 與巨蟹座合夥人之間的任務分配

聽聽他們對於分配任務的想法，然後對他們的強項與弱點做你自己的評估。巨蟹座對他們的能力並不是很客觀，雖然他們對於自己的好惡有很清楚的概念。請確保別讓他們在他們很樂於從事、卻並不適合的領域裡扮演要角。完成這項任務意味著不要冒犯或侮辱到他們，長期來說這樣會替你省下麻煩。重要的是你要花時間去解釋。請有耐性，並確保他們完全理解你在說什麼，也完全同意。

巨蟹座

強項
想像力
原創性
保護性

弱點
脫離現實
不切實際
容易發生災難

互動風格
關懷
奉獻
可靠

工作

27 與巨蟹座合夥人一同差旅或娛樂

只要你對他們的需求與偏好有回應，巨蟹座合夥人就會得到撫慰。設法不要給他們一套嚴格苛刻的時間表，並且要確保有留下暫歇與休息的時間，因為他們在壓力下會很容易累。放慢做生意的步調，可保證他們最徹底的參與程度。巨蟹座熱愛在安靜、親密的環境下盡情享受。非常重要的是，你不要太常丟下他們跑掉。不時把你的全副注意力放在他們身上，事實會證明這麼做讓人極度安心，提供了他們所需的安全感。

28 管理並指導巨蟹座合夥人

一旦巨蟹座合夥人知道他們該做什麼，就可以讓他們自己來，特別是在熟悉的環境下進行的本壘工作任務。讓巨蟹座合夥人盡可能自由自在地布置好他們的本壘，讓這裡在某些方面成為真正的居家避風港。他們會在這方面守護他們的權利，所以應設法不要干預他們的作法——即使採用最保守的說法，這些作法也可能有點不太正統。只有在你發現他們的內規在財務上不健全時，你才應該介入，並且以重建這些方法為目標。在這種情況下，建議你修正他們的想法，而不是以全盤推翻為目的。

29 與巨蟹座合夥人長期的合作之道

通常巨蟹座合夥人加入就是要長期參與的。就算很沉悶乏味，你仍可以信賴他們年復一年的穩定投入。巨蟹座不是太過喜愛變化，他們特別擅長以極其可靠的方式執行同樣的任務。在出現惱火與困難的時候，建議你採取撫慰人心、同情而理解的態度。巨蟹座合夥人有時候可能讓你很煩，所以在這方面，你的耐性會受到考驗。通常離開他們一陣子去出差，或者為某個外部專案工作，會解決這個問題。

30 與巨蟹座合夥人分道揚鑣

只要能夠在感覺良好、或者至少沒有強烈負面感受的狀況下達成，你就做得不錯了。問題通常是巨蟹座合夥人把一切都當成很針對個人，以至於他們很可能覺得受傷、大惑不解、被拒絕，到最後則是憤怒或沮喪。有助於避免這種狀況的作法是，一旦你領悟到這是不可避免的，請確定不要突然跟他們決裂，而是要花些時間小心翼翼地讓他們對你的離開做好準備。讓一切盡可能保持客觀，不過只要你能夠做到，就對他們的感受加以回應並同理，以此尊重他們的情緒狀態。

你的巨蟹座競爭者

巨蟹座競爭者是推託之詞的藝術大師，而且可能相當難以解讀。藉著保留大量資訊、拋出假線索，他們設法偽裝了自己真正的意圖。用「偷偷摸摸」這個詞彙來形容他們可能很嚴苛，不過一個巨蟹座競爭者迂迴曲折的能耐，幾乎沒有什麼限度。他們也有種誘人並且有說服力的特質，可以

迷惑他們的對手，並且至少暫時性癱瘓他們抵抗的意志。雖然你的巨蟹座競爭者可能看似很放鬆，甚至很被動，但他們在受到直接挑戰時，可能會很有攻擊性地猛烈進攻。

31 反擊巨蟹座競爭者

你應該引出巨蟹座競爭者，而不是設法直接對抗他們。讓他們盡可能完整地展露他們的底牌，就算這可能有誤導性又充滿假線索。至少以這種方式，你很有機會研究他們的欺騙方法。當然，不要對他們提出的內容照單全收，反而要看看後面有什麼，以便發現潛伏在陰影中的真相。此外，他們的肢體語言、面部表情和語調，通常會比他們試圖傳達的事實產出更多的資訊。花些時間有效地計畫你的反擊。

32 智取巨蟹座競爭者

讓你的巨蟹座競爭者認為你相信他們告訴你的話。甚至給他們這種想法：你的反應是以那個事實為根據的。在此同時，你可以像他們一樣祕密行事又詭計多端，這樣最能夠做出勝過巨蟹座競爭者的計畫。在無所作為與猶豫不決的虛假掩護背後，你應該積極運作，計畫你的宣傳活動。當你出擊的時候，應重擊他們最脆弱的地方。繼續重砲出擊，直到他們終於被迫撤退或讓步為止。一旦你在他們的防禦上打出一個結實的洞，他們的行為就會開始比較老實而合理。

33 當面讓巨蟹座競爭者刮目相看

保持你的回應簡短並切中要點。因為巨蟹座競爭者在心理學上的精明，會讓他們想要你盡可能多說話，這樣將來他們就可以用你說的話來對付你。不給他們這個機會，你就可以在拒絕反應的同時利用他們的困惑。要是他們發動魅力攻勢，你可以照樣回敬，並且玩他們的誘惑遊戲，同時小心不要落入他們迂迴的陰謀裡。藉著扮演強壯沉默的角色，你抗拒與忍耐的能力會讓他們留下深刻印象。

34 對巨蟹座競爭者削價競爭或高價搶標

在巨蟹座競爭者外在的自信與魅力底下，是一層厚厚的不安全感與懷疑。要削價對付你的巨蟹座敵手，最佳方式是讓他們懷疑自己的方法，藉此激起他們的不安全感。一旦他們的方法在你身上缺乏效果時，便會讓他們特別受挫。利用反諷、機智與委婉的冷嘲熱諷，你會喚醒他們對自己、他們的產品或服務的懷疑。一旦你設法達成這個任務，你就可以繼續隨心所欲地刺激他們，就像個撲克牌高手一樣，在唬人與叫牌的時候脫穎而出。

35 與巨蟹座競爭者的公關戰爭

要反擊巨蟹座競爭者充滿想像力的公關活動，最佳辦法是專心在他們

強項
有說服力
誘人
迷人

弱點
偷偷摸摸
有誤導性
負面

互動風格
挑戰
控制
癱瘓

巨蟹座

工作

的大架構上戳洞。比起搬出反駁主張，支持你產品的優越性勝過他們，並且繼續出擊，展現他們對於自身商品品質缺乏實際的思維。藉著展現出他們的主張有誤，損害他們的產品信用，你會讓他們覺得無助。直到那時，你才應該開始對你自己的商品建立公關上的主張，這會對大眾與客戶產生同樣明顯有效的衝擊。

36 向巨蟹座競爭者展現你的態度

巨蟹座競爭者是訴諸個人路線的大師，所以最好把這招留給他們，並且專注於經驗性與客觀性的事物上。去除你的陳述中任何太情緒化的語調，盡可能多多仰賴資料與數字。讓事實為自己說話，而不要企圖給事實一個合乎實際的詮釋。慫恿你的巨蟹座競爭者顯露出情緒性的反應，讓他們為了對抗自己在周遭攪動出的混亂感受，而把自己弄得筋疲力竭。有把握與自信地進行下去，滌除你言談中的所有懷疑。

愛情

巨蟹座
6月22日至7月22日

與巨蟹座的第一次約會

身為感受深刻的生物，巨蟹座不會輕忽看待關係與情緒方面的事。話雖如此，巨蟹座卻能假裝很盡興，也能夠沒有任何深刻感受地到處鬼混。但當他們陷進去的時候，就會陷得很深。如果你的巨蟹座初次約會對象表達了對你的感覺，請把這當成該珍惜的恭維來接受，絕對不要小看。巨蟹座初次約會對象對於他們是否想再見到你，不會留下太多懷疑空間。如果他們真的喜歡你，你就可能難以擺脫他們。

37 吸引巨蟹座的目光

巨蟹座熱愛被追求，如果他們喜歡你的話，就更是如此。他們鮮少帶頭，而是會讓你來跟他們搭訕或邀他們出去。問題在於他們對於自己的好惡太過挑剔，以至於你很難解讀你在任何一刻到底做得怎麼樣。通常他們在一段關係的早期階段不太確定他們的感覺，需要時間把你看清楚，慢慢理解現狀。你的巨蟹座約會對象很容易失望和困惑，對自己並不是非常確定，雖然他們強烈的口味與偏好在指引他們。

38 初次跟巨蟹座約會的建議

如果你能事先找到他們喜歡的演奏會、夜總會、餐廳或節目，那就這麼做吧！不要帶他們去參加你喜歡的活動。要是你無論如何還是決定帶他們去你最愛的地點之一，請做好他們可能一點都不喜歡、可能整個晚上都搞砸的準備。不管你們去哪裡，別把所有時間都花在告訴他們某樣東西有多了不起，因為如果他們就是不喜歡，要讓他們信服是不可能的。如果有疑慮，就邀請他們到你家，烹煮一頓美味的晚餐給他們享用，接著安靜地共處一個晚上。

39 初次跟巨蟹座約會的助興與敗興之舉

巨蟹座約會對象的好惡各有不同，但在所有的例子裡，他們對兩者都感覺強烈。跟你的巨蟹座約會對象建立連結很簡單：找出他們喜歡什麼，然後給他們。如果你注意到他們不喜歡的事物，或者他們告訴你他們不喜歡什麼，你就要像躲避瘟疫一樣，避免這些活動、地點或嗜好。不要跟他們討論這些事，或者設法改變他們的心意。一旦他們開始信賴你，也知道

強項
感情流露
感受性
充滿愛意

弱點
占有慾
緊抓不放
假裝

互動風格
委婉
警惕
評估價值

你尊重他們的判斷，你就可以思考與他們邁入下一個階段了。

40 對巨蟹座採取「攻勢」

在大多數情況下，最好避免先採取行動。這些人是真的很熱衷於探索情感裡委婉細膩的差別。他們對於你的意圖會伸出觸角，而且通常在你有所動作以前就知道你打算做什麼。他們可以在你沒有察覺的情況下，強烈地影響你的感受。仔細注視他們、聆聽他們，尋找你表現得如何的線索。通常到第二次或第三次約會，你就會知道他們容許你跟他們發展到哪裡。

41 打動巨蟹座的方法

你對於巨蟹座的同理心，以及你對他們願望的敏銳度，最能夠打動他們。如果你試圖炫耀你的知識、外表、個性或人際關係，便可能是在自掘墳墓。巨蟹座喜歡在你沒有告知的狀況下，自己發現關於你的事情。要是你誤解了他們的意思，或者弄巧成拙，他們也很可能對某些主題提出不請自來的意見。既然巨蟹座約會對象對於你的行為極端挑剔，若你嚴重失言的話，便可能就沒有下一次機會了。

42 擺脫巨蟹座的方法

除非你的巨蟹座初次約會對象為你神魂顛倒，否則可能很容易就靠糟糕的外表、嚴厲的評語或粗魯的對待來擺脫他們，因為他們對於其他人的感受實在太敏銳了。如果他們喜歡你，你要迅速擺脫他們會很難或者不可能。他們會忽視所有的警告跡象，甚至以正面方式來詮釋你的負面行動。一旦你把他們約出來，而且他們看中了你，他們設下的溫柔陷阱與編織出來抓住你的天羅地網是變化無窮的，而且可能變得相當令人愉快。

你的巨蟹座戀人

巨蟹座很享受處於穩定關係中。他們十足是習慣的動物——習慣讓伴侶聽命於他們。因此，從性愛到財務援助在內的一切，他們都會仰賴伴侶。這些人喜歡事情往好處發展，只要他們能為所欲為，就會很深情和藹。在願望被拒絕的時候，他們會變得非常愛抱怨又易怒，通常會退縮到他們的殼裡，並且宣洩出憤怒與怨恨。就像他們的象徵物螃蟹，他們高度自我保護，但對於痛苦也不陌生。

43 與巨蟹座戀人進行討論

巨蟹座不介意談他們的感覺，但他們比較擅長表達而非分析。既然跟巨蟹座戀人之間免不了會出現一些情緒問題，最好的作法通常是讓他們明白說出來——雖然他們常常會隱藏情緒問題，深埋在心裡。之所以會由你來找出進行有意義討論的正確時間和地點，是因為你的巨蟹座戀人不會帶頭做這種事情。這會很困難，但請設法讓事情保持客觀，否則他們可能會

暴怒並失控。

44 與巨蟹座戀人發生爭論

跟巨蟹座爭論，往往會沒完沒了。就算有個暫時的停戰或協議，也別期待你已經看到你們之間的某個爭議話題告終。就像叼了骨頭的狗一樣，你的巨蟹座戀人無法輕易放手。爭執會變成採取無止盡的拌嘴與低調衝突的形式，只有偶爾才會累積到一個大高潮。這樣的背景噪音肯定會把你累倒，讓彼此的關係永遠承受壓力。最好避免針鋒相對，就讓他們做最後定論吧！

45 與巨蟹座戀人一起旅遊

跟巨蟹座一起旅行一陣子可能很享受，但不要常常這麼做。遲早他們會渴望回歸家園的舒適與安全。在旅行幾天以後，他們會很容易累，容易變得筋疲力竭又不開心。然而，他們能夠忍耐很多事，而且在緊急狀況下，可以仰賴他們和你站在同一陣線。在旅途中，這種奉獻面向可以帶著你們兩人熬過某些艱困時刻。在計畫你的旅程時，設法將舒適的休息地點包括進去，好讓他們能在那裡恢復平靜。

46 與巨蟹座戀人的性愛關係

與巨蟹座戀人的性愛可以很享受。只要他們能夠公平地得到他們真正喜歡的部分，他們通常願意取悅你，並且對你的需求有回應。他們在這個領域裡也有自我犧牲的傾向，不過要注意不要讓自我犧牲發展成自憐和憎惡，因為到最後會讓你自作自受。在極端的狀況下，巨蟹座可能讓自己非常不快樂，而且他們並不會充分察覺到這個狀況。如果他們從一開始就把他們的伴侶或這個關係理想化，就更是如此了。

47 巨蟹座戀人的親暱表現

一般來說，要巨蟹座表現柔情比性愛來得容易。他們對戀愛關係有非常撫慰人心的效果，可持續地設法避免災難。這種想要忽略問題、避免麻煩的特質，有時可能導致他們變得令人畏懼地柔情萬千又殷勤體貼。這點在他們害怕他們的伴侶可能爆出一陣批評、或者直接訴諸暴力的時候，尤其如此。因此，柔情的表現可能變成一種操縱工具，或者想要否認或避免關係真相曝光的確切徵兆。

48 巨蟹座戀人的幽默感

巨蟹座可以享受笑聲，特別是他們自己的，但這並不是他們很開心的信號。通常這是緊張的笑聲，表示他們正試圖遮掩附近某種困擾他們的東西。他們真正享受的一種幽默，是分享不為人知的一句妙語、惡作劇、做鬼臉、以及其他只有你倆才能分享的反應。這種局內人笑話或私房笑話，對他們來說很讓人安心，但卻常常惹惱了陪伴他們的其他朋友和家人。

強項
深情
仁慈
付出

弱點
容易惱怒
自私
退縮

互動風格
自我保護
接納
依賴

你的巨蟹座配偶

巨蟹座配偶一心一意要建立安全的家庭基地。他們對居住地的幾乎每件事都有興趣，會努力讓事情成為他們想要的樣子。他們知道自己會盡可能多花時間待在家裡，所以會很明智地打從一開始就從效率與樂趣著眼來規畫他們的住所，把每個細節都打理好。當他們對抗空間或地點的固定限制時，可能因為不能改變這些事情而變得非常挫折。巨蟹座配偶必須能自由花錢來持續改善居家環境以及維護的工作。

強項
有計畫
有效率
居家

弱點
受挫
偏狹
愛控制

互動風格
保護性
維持
有信心

49 巨蟹座的婚禮和蜜月

你的巨蟹座配偶必須感受到蜜月就像在家裡那麼自在，若要在不熟悉的環境中度過冗長的蜜月，他們不太可能有好的反應。所以，計畫在一個他們認識的地點度蜜月通常是好主意，那裡或許是他們這些年來偶爾會造訪的地方。在大多數情況下，浪漫對他們來說，還不如採取行動時的環境來得重要。對於你們將回歸的那個生活空間，你的巨蟹座配偶可能已經下定決心，也有計畫要整修它，讓它合乎他們想要的樣子。

50 巨蟹座的家庭和婚姻生活

一旦巨蟹座配偶在他們的巢安頓下來以後，他們就會相當快樂和滿足。這種快樂會直接反映在他們對婚姻伴侶的態度上，但反過來說，他們感受到的任何不快樂也會同樣反映出來。就像月亮，這些「月球生物」會把他們的感受反映到別人身上，所以最好讓他們保持好心情。請確定預算有很大一部分——除了房租或房貸、以及水電瓦斯費以外——可以讓他們每個星期做新的採購。巨蟹座熱愛食物，也是很優秀的廚師，所以你會從中受益。

51 巨蟹座婚後的財務狀況

巨蟹座並不樂於為他們花的每一分錢做說明，或者要求你的許可，他們必須能自由地（在合理範圍內）獨自處理財務，而沒有持續受到批評或質問的威脅。另一方面，他們自己可能對於配偶拿家裡的錢做什麼非常挑剔。最好盡可能把家務事交給你的巨蟹座配偶來定奪，不過要讓他們同意定一筆預算，特別是花在各種活動上的百分比。巨蟹座能夠限制自己的花費，一旦他們掌握訣竅，甚至能夠積聚錢財。

52 巨蟹座的不忠與脫軌

巨蟹座很可能在大多數時候都在你的身邊支持你，但如果他們自己去了別處，他們不會想被質問。要是他們真的棄你而去，這可能仍然會是個

祕密，甚至長年都籠罩在迷霧中。「他們有沒有出軌？」會是你永遠不可能得到答案的大哉問。要是你直接質疑他們是否有任何不檢點或徹底不忠之處，巨蟹座配偶可能會拒絕回答，甚至在你表現出懷疑與不信任的時候威脅要離開。

53 巨蟹座與子女的關係

巨蟹座在關愛、奉獻與同理這些領域裡，可以是優秀的父母。然而，巨蟹座也可能把他們的孩子悶到窒息，不讓孩子得到他們急切渴望的自由。他們用鐵箍把孩子拴在自己身上，經常阻礙孩子長成真正的大人，以便緊緊抓住他們。對巨蟹座來說，與其說這是為了控制，不如說是他們拒絕放手，並且在某些狀況下是沒有能力放手。巨蟹座父母太常有這種感覺：毫無疑問地，他們應該替自己的孩子做所有重要的決定。

54 巨蟹座面對離婚的態度

跟巨蟹座配偶分手可能是極端痛苦的過程。因為他們的感受如此深刻，又與他們的伴侶創造出強烈的情感連結，以致巨蟹座通常需要在離婚後跟他們的配偶保持有效且可行的關係。普遍來說，他會爭取屋子裡任何一樣他們自認為有權擁有的東西，這當然包括房子本身。無論如何，既然他們已經投入這麼多的時間和精力在家庭事務上，他們很可能會要求擁有絕大多數物品。如果可能，最好把家和孩子留給他們，你則設法搬到更好的地方去。

你的巨蟹座祕密情人

巨蟹座相當擅於隱藏的藝術，而且會被祕密關係吸引。你的巨蟹座祕密情人非常能夠堅持他們這一方的協議，因為他們的謹慎，通常會讓這種關係有可能成立又令人心滿意足。一般來說，巨蟹座祕密情人看不出在愛情中付出他們的一切，事後毫無愧疚地回到伴侶或配偶身邊有什麼不對。通常他們跟你一起達到的情感表現，會正面地影響他們的主要關係，長期而言則是增進那段關係的品質。巨蟹座的風流韻事可能延續好幾個星期，甚至好幾年。

55 遇見巨蟹座祕密情人

最好有個特殊場所，你可以在那裡定期會見你的巨蟹座祕密情人。這個地點需不受干擾，而且極度隱密。巨蟹座必須在那裡感到舒適，而不覺得有任何廉價或低俗之處。大多數巨蟹座本來就很世故，而隨著世故而來的是對品質的要求。而且他們喜歡跟你擁有高品質的獨處時間，而不是被催促或者塞進一個指定好的空檔裡。對他們來說，這不只是關乎性，最重要的是誠實表達情感。緩慢的表達與情感的滋長，或許比突然間爆發的熱情更重要。

強項
謹慎
手腕圓滑
清楚

弱點
善於欺騙
有所隱藏
支吾其詞

互動風格
自信
不模稜兩可
憑感覺

56 與巨蟹座幽會的地點

一般來說，巨蟹座在他們家或你家一樣覺得不自在。他們對於在哪裡以及怎樣表達他們的愛極為挑剔，通常寧願在一個沒有強烈過往關聯的中立環境相會。這樣的地方對他們來說可能不盡然會變成一個新家園，卻是個他們可以放鬆、從周遭繁忙世界中隱遁起來的逃避之所。如果由你提供這種地點，好讓他們不必煩惱這類事情，效果最好。

57 與巨蟹座的祕密性愛

巨蟹座在祕密戀情中是極端重視肢體表達的生物，他們可能漸漸變得非常情緒化又熱情。然而，他們的強項在於感官性，而不是性慾。對他們來說，觸碰另一個人身體的行為，在感官之樂中是最高的，而容許另一個人碰觸他們則是信任與深刻親密的表現。巨蟹座的專長是時間拉長的親吻與擁抱，但也會隨著時間而發展出相當複雜且糾纏的例行動作。相對於單方面而言，他們偏愛相互間的表達。巨蟹座很享受盡可能仔細地逐漸了解他們的情人，以全面、微妙而詳細的方式追求親密感。

58 長久保有巨蟹座祕密情人

如果巨蟹座祕密情人真心愛著他們的伴侶，想掌握住他們不會有任何困難，反倒是他們會做任何力所能及的事來把握住你。因為他們強大的同理能力，他們會立刻感覺到你真正有反應的時候，以及你在假裝或是在情緒上從他們身邊抽離的時候。要是他們覺得自己快要失去你了，他們就會拉緊造成羈絆的束縛，而且通常會讓你很難、甚至不可能逃離。巨蟹座祕密情人會無所不用其極地緊抓著他們所愛的人。他們缺乏羞恥心，對他們的感受表達很坦白。

59 與巨蟹座的祕密歡愉

在大多數情況下，沒有一種娛樂是必要的。巨蟹座祕密情人熱衷在你周遭編織他們的魔咒，全面地魅惑並引誘你。除此之外，其他一切都是次要的，因為愛通常是他們的最高理想。他們對你的所有期待就是回應他們，並且完全把你自己獻給這段祕密戀情。嘮叨閒聊通常被放在次要地位，及不上親密的眼神、愛撫、甜言蜜語和愉悅的嘆息。在此主要要求是欣賞此時此刻的他們。穩定的眼神接觸尤其讓他們興奮。

60 與巨蟹座祕密情人分手

巨蟹座祕密情人必須完全確信他們的戀愛關係已經徹底結束，才會放棄這段感情。如果他們還是愛著你，對你來說，單方面結束這段關係會極為困難。另一方面，如果你還是愛著他們，而戀情的刺激對他們來說已化為烏有，他們可能會相當無情地拋下你，就像丟開燙手山芋一樣。因此，分手的時機與方式通常取決於巨蟹座祕密情人，而不是他們的伴侶。

你的巨蟹座前任

很重要的是要知道是誰甩了誰，或者分手是不是雙方在沒有敵意下的共同協議。如果是後者，就不會造成實際的問題。如果巨蟹座前任是甩人的那個，跟他們交涉可能會非常容易，因為他們並不覺得自己被拒絕，甚至還可能從這個經驗中獲得力量。然而如果他們是被甩的那一方，那麼各式各樣的攻擊、負面感受和傷害性的傾向都可能會浮上檯面。怨恨在此可能扮演要角，尤其是在他們覺得自己沒犯錯卻被拒絕的時候。他們受到不公平對待的感覺，可能造就出延續多年的憤懣。

61 與巨蟹座前任成為朋友

分手後可能至少要過個一、兩年，你的巨蟹座前任才會準備好當你的朋友。一旦巨蟹座前任對一段關係關上大門，門就會一直緊閉著，必須要另外開一扇全新的門。巨蟹座對於第二回合極端謹慎，想著要把任何東西給同一個人第二次，他們總是會非常小心。當然，如果對於巨蟹座前任曾經感受到的可怕痛苦做適度補償，建立友誼會比較容易。最好承認你的錯處，還有你對他們的責任。

62 與巨蟹座前任復合

這會極為困難，除非你是受傷的一方，而巨蟹座前任實際上沒什麼過失，情緒上也完好無傷。在這種情況裡，你一開始可以逐漸放下你的痛苦與怨恨（或者只靜靜表達幾次），讓雙方變成朋友，然後從那裡繼續發展。如果你的巨蟹座前任仍舊愛你，和解是有機會的，只要你不會不公平地利用他們的感情。建議作法是讓一切保持低調，甚至隨性，而不是評論或討論正在發生的事。就讓新局面的奇蹟征服你們兩個。讓事情自己發生，不要急。

63 與巨蟹座前任討論過去的問題

如果你不向巨蟹座前任提起過去的問題，會是最好的。過去對巨蟹座來說是非常棘手又敏感的領域，他們並不會輕易忘記或原諒。如果巨蟹座前任開始追憶，或者懷舊地長篇大論談及過往，這是非常好的跡象，但別操之過急。請用一個深情的眼神或微笑來表達深有同感，這樣對他們來說已是足夠的鼓勵。當他們確實提起過去的問題時，請讓他們完整表達自己的見解，而不要變得冷漠或改變話題。在某個主題上被質疑的時候，盡你所能冷靜誠實地回答。

64 對巨蟹座前任表達親暱感情的程度

只有在你能夠做得極端圓融又委婉的時候，才當第一個表達感情的人，否則就讓他們先示好吧！巨蟹座的感情太細膩，以至於他們會感受到你表現出的一點點柔情或溫暖，所以沒有必要做過頭，這樣反而極有可能

強項
自信
有力量
付出

弱點
充滿怨恨
被拒絕
負面

互動風格
謹慎
安靜
細心

立刻引發負面反應。只要傾聽他們，並且對他們的感情表示同理，這樣做本身就會被視為情感的表達。持續保持留意的狀態，這樣你才不會錯過從他們這方發出的第一個親暱表示。錯過這個可能是嚴重的失誤。

65 界定與巨蟹座前任現有的關係

對大多數巨蟹座前任來說，鮮明的定義是不可能的。因為他們如水一般的特質，使得他們最常在抗拒以邏輯方式論定的感受之海中泅泳。對你的巨蟹座前任來說，就算他們有所有最良善的意圖，做他們可以堅持的決定仍可能非常困難。處理這個問題的最佳辦法就是走一步算一步，讓現有的關係一次邁進一步。不事先計畫，過一天算一天，你會向他們證明，可以把他們的情緒與感受託付給你。

66 要求巨蟹座前任分擔照顧子女的責任

如果巨蟹座前任確信你是好人，有把孩子的最佳利益放在心上，就不會有太多問題。然而如果他們基於你過往的表現而懷疑你的品格，在這個議題上，他們會很難搞。藉著展現某種正面的一致性，慢慢建立你的信用，並且在新的連結成形時，容許過往的傷害癒合。要是孩子跟你的前任同住，要對法庭訂下的規則或者巨蟹座前任對你做出的要求有回應。如果孩子跟你住，仍應讓巨蟹座前任在孩子的生活中扮演重要的角色，但要防備他們有操縱或控制的行為。

朋友與家人

牡羊座
6月22日至7月22日

你的巨蟹座朋友

雖然巨蟹座可以是絕佳的朋友，但他們很可能想要把你完全據為己有，並且不願意跟共同朋友分享你。巨蟹座朋友非得知道他們不只是你的好友，還是你「最要好」的朋友。你在外閒晃的時候，他們會有耐性地等你回到他們身邊。你打一通講很久的電話給他們是可行的，但他們更喜歡在他們住處舒適的氣氛下，讓你透露你最近的惡作劇。不要期待他們這麼輕易就分享他們自己的經驗，因為他們傾向把個人的事留給自己。然而在需求急切時，他們可能相當仰賴你的支持。

67 向巨蟹座朋友求助

巨蟹座朋友覺得他們是生來助人的。巨蟹座會慷慨地對你的需要付出時間與注意力，可說是最有包容力與同理心的朋友。然而在談到起而行動的時候，他們往往會有所保留、小心翼翼。因此，他們的支持通常是比較情緒性的，而非動力上的。他們特別善於替你布置出一個私密空間，讓你可以藏在這裡舔你的傷口。他們很有保護性，在這樣的處境下，會做他們能做的任何事情來保護你免受傷害。他們的同情與理解通常是可靠的。

68 與巨蟹座朋友溝通和聯絡

由於巨蟹座經常很被動的傾向，一般來說會由你來採取必要的步驟，確保跟巨蟹座朋友的定期溝通與聯絡。他們會很感激能聽到你的消息，就算你們上次講話到現在已經過了很久。從他們的觀點來看，溝通並不是很必要的，因為把你放在他們心上，對他們似乎就足夠了，而他們通常缺乏急切地要對你表達他們感受的需求。偶爾傳個簡訊或電子郵件給他們，他們會很喜歡。同樣地，如果你去旅行，寄張明信片，表達一些親切的想法，你的巨蟹座朋友也會投以讚許的目光。

69 向巨蟹座朋友借錢

巨蟹座朋友借錢可能非常慷慨。然而，他們確實覺得把錢要回來非常尷尬，所以請確保你有根據最初的協議償還他們金錢，免得傷害到他們的感情或者錢包。如果你沒依約償還，他們很可能會陷入安靜的沮喪中，讓你毫無疑問地知道有事情不對勁。這樣的場合可能導致疏離、甚至是關係

強項
有興趣
有耐性
奉獻

弱點
多管閒事
黏人
隱遁

互動風格
接納性
個人性
好奇

巨蟹座

朋友與家人

117

的結束，這不盡然是為了錢，而是因為你侮辱了他們。請記得，在大多數巨蟹座心目中，遲鈍是排行前幾名的罪惡，在與他們的密友有關時尤其如此。

70 向巨蟹座朋友徵求意見

巨蟹座朋友很樂於給建議，而且通常不需請求，他們就會毫無保留地傾囊相授。在他們看到你的行為不妥或者會傷害到自己時，他們就會很快建議你改弦易轍。他們不會把這種建議看得很隨性，或者愛聽不聽隨你。他們會堅持到你終於遵循他們的建議，或者加以拒絕為止──如果是拒絕，在這個領域裡，他們可能不會那麼快再幫你一次。一般來說，他們的建議很有幫助，但你必須小心他們不要只是談到他們自己，而非提出客觀建議。

71 拜訪巨蟹座朋友的時機

對巨蟹座朋友來說，拜訪是非常重要的，尤其會面地點是在他們家的時候。只有在他們自己的空間裡，他們最溫暖、最包容的那一面才會找到表達方式。安全感對巨蟹座朋友來說很重要，而跟其他人分享這種感覺，可能對所有相關人等來說都很讓人滿足。他們無疑會很樂於餵食你，以及分享所有最近的新聞與八卦。普遍而言，你離開巨蟹座朋友時的感覺，會比你進屋前來得好，除非你刻意惹毛他們，在這種狀況下，你應該替自己徹底省去拜訪的麻煩。

72 與巨蟹座朋友一起慶祝和娛樂

在巨蟹座朋友決定要出遊的時候，他們會想要享受真正的好時光。然而，不要試圖拉著他們去他們百分百「不會」樂在其中的慶祝活動。你會發現，他們若不是在最後一分鐘告訴你他們不去（毫無疑問地，理由是身體不適），不然就是垮著臉出席聚會，讓人毫不懷疑他們覺得很糟。巨蟹座熱愛舉辦慶祝活動和派對，但他們會很想做所有的烹飪工作，而且一定要自己做準備。他們相當能夠做到這一切，但他們也可能在派對辦完以後大崩潰，或者接下來幾天都失聯。

你的巨蟹座室友

因為巨蟹座對家以及所有居家事務的依戀，他們很可能對你們的共同生活空間有熱切的興趣，會設法讓它成為對抗世界的避風港。他們熱愛舒適的一面以及對食物的熱情，會給床鋪、寢具、沙發、飲食、餐點內容、暖氣和熱水特別優先地位。巨蟹座的家是巢穴、是藏身處、也是私人聖殿，所以讓你成為他們的室友，是巨蟹座能夠提供的最大恭維之一。侵犯他們的隱私（他們就是必須有自己的房間，但可以分享共同生活空間），是他們不會容忍的事，但可期望他們會把同樣的隱私權延伸到適用於你。

73 與巨蟹座室友分擔財務責任

　　巨蟹座可能相當擅長管錢。賦予他們收取你這份錢之後，支付房租和水電瓦斯帳單的責任，是認可他們的能耐，通常對他們會是合適的安排。另一方面，你可能必須為食物與其他家庭開支建立嚴格的預算，因為巨蟹座室友精緻的品味可能輕易就失去了控制。只要告訴他們你每個月準備付多少錢，甚至把你要出的那一份放進一個現金罐裡，讓他們加上自己那一份以後，想怎麼花就怎麼花。

74 與巨蟹座室友分擔打掃責任

　　一旦巨蟹座室友開始動手了，他們就是優秀的清潔專家。唯一的問題是讓他們有動機開始，因為他們在這方面是惡名昭彰的拖延者。他們相當能夠在混亂中生活，甚至接近這一團亂後，依然對此視而不見。安排派對或拜訪的日期，會喚醒他們看到清潔的必要性。他們的工作通常很有效率，而一旦他們投入心力，他們就有鬥志與集中力堅持下去，完成事情。另一個讓他們對清潔日做好準備的方式，是對必要的清潔用品表現一些興趣，並且確保這些東西被增添到購物清單上。隨後，你可以把那些用品放在看得到的明顯地方。

75 當你的訪客遇到巨蟹座室友

　　如果巨蟹座室友的平靜與隱私一直被打擾，他們可能會被惹惱。他們對這個議題的緊張，可能讓他們變得太敏感易怒，以至於變得難以同住。你必須對賓客來訪的頻率、還有你的賓客對巨蟹座室友產生什麼影響，特別留意。維持在合理範圍內，事實可以證明這樣的拜訪對所有相關人等都很愉快，因為巨蟹座室友對於展示居住空間並得到其他人的讚賞，很引以為傲。巨蟹座熱愛歡樂氣氛，所以偶爾有來晚餐、飲酒並且放鬆一晚的客人，可能會帶來很不錯的享受。

76 與巨蟹座室友的社交生活

　　不知怎的，巨蟹座室友總是深度投入於派對與慶祝活動中。他們的烹飪和組織技巧在此得到凸顯。購物、裝飾、清潔、送出邀請函、以及烹飪，皆可為特別的節目增添全新的氛圍。不要試圖阻止他們承擔他們擔起的任何一個責任，因為如果你做得太多，他們只會覺得失望，甚至覺得被忽略。社交對巨蟹座來說並不總是很容易，而辦一場派對可能是徹底放縱他們社交面向的機會。如果順利的話，他們會在隨後幾天不斷談論這件事，而且樂意將來再重複一次。

77 與巨蟹座室友的隱私問題

　　不能也不該侵擾極端注重隱私的巨蟹座。一旦巨蟹座的螃蟹們進了他們的巢穴，就很難被挖出來。應該有幾小時、幾天、偶爾甚至要有一星期的時間，讓巨蟹座室友獨處，不受到你或任何人的干擾。一旦你顯示出你

強項
居家
投入
支持

弱點
退縮
充滿恐懼
孤立

互動風格
有保護性
呵護
願意幫忙

巨蟹座

朋友與家人

同理他們的需要，他們就會給予溫暖的回應，並且在你覺得很需要別人的時候，展現幫忙的意願。不要抗議他們鎖門的習慣，並且要了解，有時候光是敲門便可能被視為一種重大侵擾。

78 與巨蟹座室友討論問題

巨蟹座水象的一面，通常讓人很難逮住他們以便討論特定議題。在他們最初幾次回絕隨機提起的問題討論以後，你可能覺得需要刻意為這個目的訂下時間，充分地開個會。就算他們可能會在最後一刻躲掉這種集會，請不屈不撓地堅持下去，直到他們終於坐下來跟你談為止。列出討論主題清單，甚至在這樣的會議中做筆記，會很有成效，也能反制某些巨蟹座異想天開的舉動與缺乏專注力。一旦巨蟹座承認有需要以行動解決某些問題，就可以信賴他們會做他們該做的必要工作。

你的巨蟹座父母

強項
撫育
愛
關懷

弱點
過度保護
愛控制
讓人窒息

互動風格
支持
貢獻
有興趣

巨蟹座可說是最有愛、最關心孩子的父母。深情又有保護性，使得他們很容易滿足於孩子被撫育與被保護的需求。然而，他們也有可能過度保護，並且可能因此挫折或阻礙子女成為獨立自我的需求。巨蟹座父母必須學習「放手」這門艱難的功課，容許他們的孩子有理所當然該有的自由。因為他們充滿愛的支持是個如此溫柔的陷阱，以致他們的孩子經常屈服於此，變得過度依賴他們的巨蟹座父母。

79 巨蟹座父母的教養風格

理想狀況下，因為巨蟹座父母對子女寬廣的同理心，讓他們需要、甚至必須施加的管教並不多。正常而言下，對於一次輕率或打破規定的行為，他們會跟子女有一段交心的談話，事情就可以和平落幕。然而要是被逼急了，巨蟹座父母可能對孩子施加相當嚴厲的懲罰，通常的形式是禁足。巨蟹座父母喜歡把他們的規則想成是眾所周知的，所以只有故意如此才算違反，但這種狀況應該很罕見。他們對於聆聽解釋與接受藉口抱持開放的態度，至少在一項規定第一次被打破時是如此。

80 巨蟹座父母與孩子的相處

作為通則，巨蟹座父母是非常有感情的。對他們而言，對子女表達感情是相當自然又容易的事。他們的子女很快就會學到，父母沒表達親暱感情的時候，就是有什麼事情不對了，而就像小孩子常做的那樣，子女通常會因此責怪自己。巨蟹座父母可能必須向孩子解釋，他們的距離感與缺乏情緒表達，跟孩子沒有關係，而是因為他們生活中的其他問題使然。巨蟹座父母不只能夠表達親暱感情，也熱愛接收以擁抱、親吻與微笑這些形式表達的深刻情感。

81 巨蟹座父母給孩子的金錢觀

巨蟹座父母通常會給孩子每週零用錢，但會堅持他們維持這個數目，不要經常要求更多現金。然而，只要他們在財務上負擔得起，他們就會回應某個孩子需要某種特定衣物、社團費用、或某種極其特殊的娛樂活動需求。巨蟹座父母如此樂於給予又有同情心，以至於他們通常會在孩子自己提出要求以前，就提供額外的現金了。

82 巨蟹座父母的危機處理

巨蟹座父母會盡他們所能在危機發生以前先斬草除根。他們對子女的同理心，會讓他們知道事情不對勁，然後以行動解決問題，或至少做到損害控制。雖然巨蟹座可以很放鬆、很撫慰人心又可靠，在緊急情況下，巨蟹座的行動也能夠相當迅速，所以在急迫時刻可以仰賴他們。然而因為他們過度保護的態度，他們也可能變得很緊張，最後在急著救援子女的狂熱中反應過度。面對危機時保持冷靜，是他們必須努力的方向。

83 巨蟹座父母的假期安排和家族聚會

巨蟹座父母並不把人生看成持續的家庭假日。有的是要做的雜事、該完成的功課，還有必須照應的個人外表。話雖如此，他們養兒育女的嚴肅方式在碰上假日與家庭聚會的時候就會放鬆，在這些場合裡，他們真的可以放鬆自己，容許孩子享受美好時光。然而這並不包括讓他們滿地撒野，因為他們的保護本能會浮上檯面，讓孩子安全地免於遇險。在家庭慶祝活動或假期裡，沉浸在美好的感受中，肯定能療癒巨蟹座的暴躁不安或沮喪。

84 照顧年邁的巨蟹座父母

因為在他們還是年輕父母時，關愛子女是他們人生中極其重要的一部分，所以年邁的巨蟹座很能體會被好好照顧的必要性。但由於他們知道花費大量時間和精力是必要的，所以他們不常要求子女照顧他們。正常來說，他們會試著自己過日子，而且肯定是在他們自己家裡，或者被說服搬進比較小、距離家庭成員近些的公寓。年邁的巨蟹座父母對於要他們搬進老人院的建議，鮮少反應良好。巨蟹座年紀越大，越覺得很難跟別人分享空間。

你的巨蟹座手足

除非巨蟹座排行最長，在這種情況下，他們具主導性與攻擊性的那一面很可能會浮現，但通常他們能夠優雅輕鬆地融入有好幾個手足的家庭裡。巨蟹座手足容易被比較活躍的哥哥姊姊寵壞，以致他們會滿足於扮演次要角色，安靜而不受打擾地做自己的事。他們很可能有個最喜歡的手足，他們會依附那名手足，幾乎變成對方的影子。巨蟹座手足跟其他孩子

強項
敏感
親暱
熱愛摟抱

弱點
依賴
黏人
依戀

互動風格
充滿感情
疏離
只顧自己

不同的地方在於，他們強烈地需要父母，尤其是在他們有慢性的生理、心理或情緒症狀時。

85 與巨蟹座手足的競爭和親近

一般來說，巨蟹座並不是手足競爭專家，他們對於自己擁有的事物和自己的身分感到很滿足。如果被逼迫，巨蟹座會競爭，而且通常會勝出，但蓄意的攻擊通常不是他們的風格，除非受到嚴重的挑撥。巨蟹座傾向跟會分享彼此感受的手足親近，不論共享的是快樂還是痛苦。若巨蟹座手足是排行最大的，他們會建立自己的優勢地位，但不會培養競爭性，並且會對弟弟妹妹發揮強烈的保護能量，特別是讓他們避開學校裡年長學生的恫嚇與不公平的挑戰。

86 過往的成長經驗對巨蟹座手足的影響

巨蟹座手足的記性很好，對過往議題心懷怨恨的時候，尤其如此。時間通常不怎麼能夠沖淡這種不愉快的記憶，所以如果他們的手足希望清理掉這種事，他們通常必須先挑起問題來討論。十之八九，你的巨蟹座手足會逃避這種努力、直接拒絕回答、或否認這種議題對他們的重要性，以致讓事情變得更複雜。然而在幾乎每個巨蟹座的情緒生活中，都有過往議題必須討論或解決，以免阻礙成年後的發展。

87 與疏離的巨蟹座手足往來

這很難處理。當你的巨蟹座手足變得疏離時，就像真正的螃蟹，會傾向退縮到自己的殼裡。一旦他們處於防衛姿態，就極難把他們引誘出來。只有靠著與他們長期建立信賴關係，他們的手足才能指望打動他們，並且把他們帶回家庭的懷抱中。讓事情更複雜的是，通常這種行為不只有一個起因，要為之負責的是一整個慢性長期情緒混亂的複雜網絡。建議秉持著堅持、耐性與理解來進行，一一解開這些困難。

88 巨蟹座手足對繼承、遺囑等金錢議題的處理

在財產繼承方面，巨蟹座手足通常會要求理應屬於他們的東西，但不會再多。尤其如果他們在情感上與逝者很親近，他們甚至可能會照著逝者設想中或者明白提過的心願來花錢。至於找巨蟹座手足要錢，他們的兄弟姊妹可能會發現他們有點吝嗇，而且不願意輕易跟辛苦賺來的錢分離。在緊急事件或者牽涉到父母的花費分擔時，可以信賴巨蟹座手足會付他們那份帳單，但可能必須開口要，而不是他們自動付。

89 與巨蟹座手足的家族團聚和慶祝活動

如果巨蟹座手足與家庭裡的其他人關係友好，他們會動手協助這些節日活動；在他們有心情慶祝的時候，尤其如此。如果他們暴躁不安或退縮，就必須稍微推動他們一下。然而，最近或長年以來跟某位手足不合，

可能讓巨蟹座完全避免出席或參與。這個問題最好事先處理，而不要放爛到大日子要來臨的時候。一旦巨蟹座可以把這個衝突放下，就能夠把他們的正能量奉獻到極致。

90 與巨蟹座手足一起度假

只要你對巨蟹座手足的需求，尤其是他們強烈的好惡有敏銳度，事情就可能進行得非常順利。巨蟹座很享受家庭假期，不過在他們需要退縮到自己的空間時（應該要準備好這種場所），必須讓他們這麼做。他們特別喜愛各種類型的游泳或沐浴。眾所周知，這個水象星座有在靠近海洋、湖泊或河流的地方度假的傾向。巨蟹座可以跟別人一樣享受陽光，但他們也很享受在樹蔭下的清涼草地上發懶。

你的巨蟹座子女

巨蟹座孩子可能變得過度依賴父母。因為對安全感的強烈需求，巨蟹座孩子需要父母大量的支持、引導與保護。巨蟹座孩子頻繁地覺得，需要仰仗一個並不了解他們或尊重他們感情的敵意世界對他們高抬貴手。對這種孩子充滿體諒的父母，必須設法把他們的孩子引入這個世界，並且教導他們應付這個世界必要的社交技巧。發展巨蟹座孩子真正的獨立性，是最大的挑戰。因此要把依賴降到最低、把負責任的獨立自主拉到最高，父母的參與是必要的。

91 巨蟹座子女的人格發展

巨蟹座子女是不尋常的，而且要不是因為他們顯現在父母、手足或其他家庭成員身上的強烈依賴性，他們是有能力發展成自己作主的人。在家庭懷抱中受到呵護的巨蟹座子女，會體驗到的問題並不多。為了讓他們的人格得以開展，所有社交活動，像是學校、社團、運動、文化與網路接觸都應該被強調。這會抵銷他們獨處的自然天性，也會對他們不受羈絆、孤立於世界之外而茁壯的幻想生活做出一些限制。

92 巨蟹座子女的嗜好、興趣和職涯規畫

應該明顯鼓勵會帶著巨蟹座孩子接觸其他同儕的嗜好，而不是那些會讓他們孤立於世界之外的嗜好。應該注意並遵循他們自然的興趣。舉例來說，如果他們喜愛音樂，還有比賽的天分，與其讓他們開始練習像鋼琴這樣的獨奏樂器，最好嘗試讓他們可以跟其他孩子在管弦樂團裡合奏的弦樂器、銅管樂器或木管樂器，或者是跟搖滾樂團合奏的鼓與電吉他。巨蟹座可以是絕佳的編輯，而且通常會在出版業找到滿意的職涯。他們也對身體挑戰有反應，需要冒險來抵銷他們的幻想傾向。

強項
挑戰
沉浸在個人思緒中
尋求自由

弱點
過度保護
感情需求強烈
反社會

互動風格
依賴
有原創性
夢幻

朋友與家人

93 對巨蟹座子女的管教

與其有個規定什麼可以做、什麼不可以做的賞罰分明系統,對巨蟹座子女的管教,意味著建立他們可以照著運作的架構與指導方針。巨蟹座孩子傾向於飄蕩神遊,若他們的精力可以被刺激並導向積極的方向,他們的反應會是正面的。藉著創造出讓他們配合的標準與需求,巨蟹座孩子的父母可以輕推(絕對不能強迫)他們去參與工作成果會讓所有人看到的生產性活動。成就感帶來的驕傲,可以變成未來的強烈驅動力。

94 與巨蟹座子女的親暱程度

巨蟹座子女對情感表現的需求很高。然而,他們對於情緒上與身體上被接近的方式太挑剔了,以至於或許只有最敏銳又有觀察力的大人,才能得到他們的接納。對巨蟹座子女來說,最掃興的事情就是別人用錯誤的方式對他們說話或碰他們。真正能跟巨蟹座子女同步的父母會知道這一點,也能夠一致地採取正確的途徑。因此,知道怎麼對巨蟹座孩子表達親暱感情,就跟感情本身一樣重要。

95 處理巨蟹座子女與手足之間的互動

在有手足或朋友在場時,對巨蟹座子女說話永遠不要疾言厲色或語帶批判。成人應該知道正確的作法是把他們拉到一旁去,直接、一對一且和藹地對他們說話。儘管父母應該注意他們的巨蟹座孩子與其他小孩的互動,尤其是跟他們的手足,但父母卻不該一直干預以糾正狀況,反而應該學著退一步,讓他們的巨蟹座孩子盡可能多處理自己的事情。這種態度提振了父母與巨蟹座子女之間的信賴。

96 與成年巨蟹座子女的互動

巨蟹座往往太過於活在過去,所以,他們在精神上會帶有童年未癒合的傷疤。如果是家庭成員與成年巨蟹座子女之間的互動,光是這位父母、手足或其他家庭成員的出現,就可能觸發舊有互動劇本與感受。基於這個理由,有時候可能透過電子郵件或電話來聯絡巨蟹座子女,把負面刺激降到最低,效果會比較好。當傷口隨著逐漸增加的信任與愛而得到療癒時,可以花更多時間親自跟他們互動。

獅子座

生日：7月23日至8月23日

以光芒四射的熾熱太陽為象徵，固定宮的獅子座把自己創造性的溫暖，散播到其影響範圍內的所有一切之上。獅子座引以為傲的是讓他們的火焰維持在控制下，以及在能夠裨益他人時做出困難的判斷。生於此星座的人，情緒上很熱烈，不容他人拒絕他們的要求，也準備好在必要時為之奮戰。獅子座要求其他人的尊重，而且會貫徹他們的承諾，證明他們很可靠。

工作

獅子座
7月23日至8月23日

強項
公平
驕傲
苛求

弱點
自我本位
對權力飢渴
自我中心

互動風格
友善
開放
慷慨

你的獅子座老闆

身為天生的領袖，獅子座在得到任何公司的頂尖位置時都會欣喜若狂。然而，所有權對他們來說並不是最重要的事——只要他們是執行長或董事，他們也會樂於當員工。獅子座老闆會設法做到公平無私，只要他們的權威沒有受到質疑、或者工作沒有受到威脅，他們就能成功辦到。就他們看來，他們只是代表他們之下的每個人，設法替他們爭取到有可能最好的薪水、工作條件、晉升機會與津貼。獅子座對他們的工作很引以為傲，所以在股東、董事會或公司所有人祝賀公司的成功時，他們很樂意代表所有人接受。

1 要求獅子座老闆加薪

在獅子座老闆心目中，你若不是準備好要加薪了，就是還沒。獅子座老闆會詳細研究你過往的表現，以此反駁你加薪的要求。如果你配得上加薪，他們會盡可能辛勤工作，來確保你的薪水在他們的預算與計畫範圍之內。最常見的狀況是，如果他們無法立刻答應加薪，他們至少會讓你有個概念，知道加薪是否可能、什麼時候可能、還有你需要做什麼來得到加薪。要是你指出你比較不配加薪的同事已經加薪了，他們會小心翼翼地指出客觀來說為什麼是這樣。

2 向獅子座老闆宣布壞消息

如果這種消息不會讓獅子座老闆往自己身上想，而是當成在反映他們的工作或領導，你就可以用非常客觀的詞彙陳述，並且讓他們處理。然而如果獅子座老闆覺得要為這個困境負責的員工讓他感到失望，或者他們把失敗的責任攬在自己身上，那麼你最好帶他們去一個燈光美氣氛佳的地方喝一杯或吃一頓，以減輕這個打擊。獅子座老闆甚至可能在這種氛圍下，讓你訝異地一笑置之，或者坦承他們暗自高興這場災難發生了，或者這個專案終於結束了。

3 替獅子座老闆安排差旅和娛樂

獅子座待在廉價或低俗的環境裡會覺得羞恥或尷尬。他們的王者天性要求某種高級、配得上他們貴族氣質的東西。頭等艙座位和四星級旅館是

必要的。所以最好排定較少的旅程，花比較多錢在奢華的膳宿上，而不是安排便宜的多趟行程。換句話說，當獅子座在做某件事的時候，他們相信應該要把事情做對。通常他們會為了這些特別的旅程，用個人的花費添購幾件新衣著，包括鞋子、帽子和商務西裝。

④ 獅子座老闆的決策風格

獅子座會自己做所有重要的決定，但卻聰明地讓你認為你也參與其中。只要你們兩人意見相同，就沒有問題──他們很樂於跟你分享這個決定。然而請做好準備，如果先前是你想到關鍵性的建議或者達成協議，你的獅子座老闆可能會說：「嘿，我真高興我想到這一點。」說到底，為什麼他們不該居功，反正最後是他們代表你和所有其他員工？英語中王室的自稱「we」（就像國王與王后會說「吾等不悅」〔We are not pleased〕），一定是獅子座發明的。

⑤ 打動獅子座老闆

最好間接激勵獅子座老闆。比起貿然提出一個建議，或在一段時間內反覆催促他們，最好還是不著痕跡地順便把這個想法種到他們心裡，然後讓想法在那裡發芽一會兒。反覆地做這件事會打動他們，還會給出額外的好處：他們可以為了發展這個想法、還有（在某些狀況下）自行發現這個想法而居功。獅子座老闆可能開始仰賴你這方提出這樣的小貢獻，也感覺到他們在為重大會議做準備的時候，有需要把你留在身邊。

⑥ 提案並對獅子座老闆做簡報

在向獅子座老闆正式提案或者做重要簡報的時候，應設法排除所有停頓之處，並且創造出某種宏大計畫。單純陳述你的案由並不足夠。利用風格、活力、浮誇的展示、以及充滿希望的信念，以便說服他們支持你的理念。請記得，你的獅子座老闆會判斷你呈現的每樣事物的品質。如果你帶著畏怯、隨便或者草率的資料出現，不管你的想法多有說服力、多麼能夠服人，都不重要了。拼錯字或者模糊不清的螢幕，在獅子座老闆眼中都會減損你的可信度。

你的獅子座員工

可以指望忠實到極點的獅子座員工會投注大量時間和精力在他們的工作上，並且對他們參與的團體或公司保持忠誠。他們相當能夠堅守一項工作或任務，通常會發現他們在某個專業裡待了一輩子。這不只是忠誠的問題，也指出他們抗拒改變，還有他們習慣以他們的專業獲得肯定，也深受信賴，因此可以靠他們產出實質的成果。野心通常會敦促他們尋求回報，財務以及職位升遷兩方面都要。對大多數獅子座來說，在專業上唯一可能的方向就是往上爬。

強項
有野心
忠實
堅定

弱點
不敏感
霸道
沒有彈性

互動風格
坦誠
精力十足
積極正面

7 面試或雇用獅子座員工

正常來說，獅子座求職者會呈現他們最好的一面，並且設法強調他們過去的經驗與成就。雖然他們可能看似低調，但他們平靜話語背後的力量卻是很顯著的。他們也能夠偶爾出現戲劇化的爆發，揭露一點潛藏在他們底下的火山能量。重要的是要告訴他們，在新職位上，他們要處理的障礙或面對的負面條件。雖然他們可能會忽略這些事，卻永遠不能說他們沒事先得到警告。

8 宣布壞消息或解雇獅子座員工

獅子座傾向於強烈認同他們的專業，以及他們共同工作的團體，所以被開除或者收到壞消息，對他們可能造成相當大的打擊。獅子座員工對事情往往會採取正面態度，以至於遮蔽了他們認為負面的事情。所以，定期給他們暗示，指出他們的專業抱負即將受到打擊，可能只會被他們忽略。這通常讓他們的老闆必須做出相當直白的陳述——這麼做可能很殘忍，但至少他們能夠理解。

9 與獅子座員工一同差旅或娛樂

獅子座員工一般來說很感激能旅行，但太大量的出差會迅速磨損他們。他們不需要很多娛樂，因為他們是天生的探索者，喜歡找到自己的方式。如果他們自己出去了，留下你自行打發時間，可別覺得驚訝。只要他們能自由做自己的事，便還是有機會跟你或團體同樂。不要用限制他們選擇的過分要求來拘束他們。

10 分配任務給獅子座員工

對於擅長完成指定任務的獅子座而言，清楚指示他們需要的做法，還有對他們的整體期待是什麼，對他們通常是幫助而非阻礙。若事情感覺有點模稜兩可，可能導致他們的方法要不是變得攻擊性過高，就是太個人主義，再不然就是對自己不確定、沒信心。這些選項沒有一個會讓你手上有個快樂的獅子座。一旦你給他們明確的指示，你就不需要定期查核他們的工作，因為你可以信賴他們交出你想要的結果。

11 激勵或打動獅子座員工

大多數獅子座員工並不需要激勵。他們充滿熱忱的精力，會帶領他們穿越最嚴苛的奮鬥。你也不需試圖讓他們印象深刻，因為獅子座通常只會被自己的努力與成功徹底打動。激勵與打動獅子座，這兩種作法都牴觸了獅子座時時刻刻主導並站在頂端的基本原則。要是你發現獅子座員工仰慕你的作為，你可以把這當成一種高得不尋常的恭維。然而從那以後，他們

可能會把你的驚人壯舉視為理所當然。另一方面，獅子座員工需要你對他們刮目相看。

⑫ 管理、指導或指正獅子座員工

不建議持續管理或指導獅子座員工的做事方式。若你總是拿著各種解釋與「有幫助」的建議逼近他們，他們可能會把這當成嚴重的侮辱，暗示他們笨到沒辦法第一次就聽懂。同樣地，一句批評通常就夠了。長篇大論的譴責可能導致他們裝聾作啞、擺臭臉，因為他們覺得自己被羞辱了；一旦激怒他們，這樣可能會挺可怕的。建議作法是，給他們一個簡短的備忘錄，不要口頭上或面對面衝突。獅子座員工自豪於不必提醒就能夠理解上司的期望。

你的獅子座同事

雖然獅子座並不是過度熱愛社交，不過他們可以擔任任何運作組織的重要角色，特別是在指揮鏈上較高端的位置。他們並不滿足於在低階職位上待得太久，會設法在組織內晉升，而且可能因此激起同事的憎惡。要是拒絕晉升他們，他們可能會投效另一家更賞識他們能力的公司，以致更進一步激起嫉妒。因此，他們的雄心壯志通常會阻礙他們符合忠實員工與可親同事的典型形象。

⑬ 尋求獅子座同事的建議

獅子座同事可能令人驚訝地具有同情心，而且通常會盡全力提供有幫助的建議。然而，他們會對自己的時間設下嚴格的限制，因為他們唯恐拖延到他們的工作。接近他們的最佳方式，是在相對私密的地點設下一個午餐約會，防止隔牆有耳。你可以在這裡盡情傾訴，而一旦他們有時間想點子以後，如有必要，就定下第二個約會，更周密地討論他們有助益的想法。

⑭ 向獅子座同事求助

找獅子座同事幫忙的時候，如果這種幫助在任何方面與他們在團體中的位置有所衝突，他們可能會對介入很謹慎，不然的話他們就會幫忙。然而請謹記，獅子座同事永遠不會參與可能削弱他們地位、或減少他們未來晉升機會的行動。他們通常不會暗算或誤導別人，鮮少會提供虛假的建議來搞砸你的努力。他們可能也相當誠實，在一開始就直說他們不是你該找的對象，而且可能建議另外一個可以帶來更大幫助的同事。

⑮ 與獅子座同事一同差旅或娛樂

請記得，獅子座非常具有支配性，而且覺得很難跟其他人一起坐在後座太久，尤其是當那個人是同事的時候。一旦認清他們需要把自己擺在第

強項
有自信
有能力
有野心

弱點
被憎惡
不討人喜歡
被排除

互動風格
強勁
有驅力
引人注目

一位，在跟他們出差或同樂的時候，會讓事情變得容易一點。如果你打從一開始就無法駕馭他們充滿雄心壯志的人格特質，那麼最好避免跟獅子座同事困在這種情境中。話雖如此，在制定旅遊計畫或準備派對的時候，他們總是會做他們份內該做的工作，不過肯定會用他們自己的方式做，同時假定你也很享受成果。

16 與獅子座同事共事

　　獅子座同事不是工作團體裡最合作的個體，除非老闆特別命令他們追求一條已經清楚界定好的路線。有高度競爭性的他們，通常會設法以負責團隊成功的閃亮明星之姿，從團隊裡脫穎而出。要是專案失敗了，他們鮮少會擔起責任，反而會聲稱是其他人的無能損害到他們的努力。如果提供肯定或某種紅利作為潛在回饋，傾向於追求報酬的他們，就可以被徵召來當團隊成員。在良好的指導下，事實通常會證明，他們過人的精力對團隊很有價值。

17 打動或激勵獅子座同事

　　受到挑戰所吸引的獅子座同事，考驗他們的能力最能夠激勵他們。事前直陳這個專案的困難、甚至不可能之處，會激起他們的鬥志。表明無法期待任何人完成這項考驗，本身就會激勵他們拿出所有能耐，努力完成此事。同樣地，最能夠打動獅子座的是其他人的出色壯舉，也同樣使他們受到挑戰要在將來追平或超越這樣的努力。說他們不如另一位同事，甚至會更進一步刺激他們。

18 說服或指正獅子座同事

　　如果你能夠提供獅子座同事喜歡的某些東西作為回報，就能最有效地批評或說服他們。他們特別難以招架加薪、或者升遷到公司中較高位置的提議，甚或暗示說這樣的晉升可能會降臨在他們身上。所以可以藉此輕易說服他們接受批評，或者遵循某個會達成這種目標的既定行動。事實可能證明做出這樣的改變對他們相當困難，但採用利誘策略，提供地位晉升或特權的希望，通常會驅動他們盡最大的努力。

你的獅子座客戶

　　獅子座客戶確切知道他們要什麼，所以你最好有心情去聽，而且如果可能的話，遵循他們的引導。他們很直接，通常會坦白地問你能不能保證他們尋求的結果；如果可以的話，他們要怎麼確定你可以交出成果。獅子座客戶非常以結果為重，而且只要你的方法不會弄巧成拙害到他們，他們並不那麼在乎你怎樣達成結果。除非狗急跳牆，否則他們不太可能冒險。他們可能已經對你做過一些研究，否則他們根本不會跟你接洽。

19 打動獅子座客戶

你有多擅長聆聽他們說話，還有你迅速反應的能力，最能打動獅子座客戶。如果你可以即時想出實際的辦法來實踐他們的要求、符合他們的需要，他們很可能會給你進行的許可。而且如果他們對你的能力有足夠強烈的信心，他們會給你大筆可用預算來充分實踐你的計畫。獅子座通常會當場作決定，所以如果他們說需要時間考慮某些事，那麼你的服務、產品或能力可能已經賣不掉了。

20 向獅子座客戶推銷

獅子座客戶景仰好的銷售技能，通常認為如果你可以賣給他們，那麼你也能夠賣給所有消費者。他們很可能扮演魔鬼代言人的角色，會提出反對意見，只為了看看你怎麼應付，這樣做通常會產生很有價值的新主意和方法。不管他們是否決定跟你做生意，他們會把你的建議拿來自用、甚至將來自己居功，而不會有任何的良心不安。獅子座客戶通常期待你在代表他們的時候，以同樣投機的方式，把其他人的精力與想法導向一個積極正面的結論。

21 獅子座客戶重視的外表和舉措

風采最好不要壓過你的獅子座客戶，所以讓你的外表保持低調溫和。他們會默默地認可你恭維他們的服裝或配件，或者表示讚美地迅速一瞥以及恭敬的態度。要是他們變得有攻擊性，你最好沉默下來，改變話題或走開，不要讓衝突層級逐漸升高。然而要是他們繼續如此，甚至到了侮辱人或虐待人的地步，你就應該非常明確地畫下界線，並且警告他們不要再繼續下去。

22 保持獅子座客戶的興趣

通常獅子座客戶會著迷於你的口語能力與掌握時機的能力。精挑細選的幾個字，勝過長篇大論。注入一點反諷、幽默或嘲諷，偶爾加上一點讓人忍不住想多問幾句的謎樣評論，也有助於維持他們的興趣。要是他們甚至要求某一句話的解釋，你就會知道你釣到他們了。這樣的策略即使反覆使用，效果依然不減。就像好的表演者面對觀眾一樣，會讓獅子座客戶想要看到更多。

23 向獅子座客戶報告壞消息

先給獅子座客戶好消息，不管它可能有多微不足道。把壞消息拆解開來，然後一一呈現，而不要一開始就用一句負面陳述講出來。給每一個部分一個正面詮釋，但不要試著掩蓋事實或直接撒謊。深入細節可能有助於喚醒這些客戶對損害控制的創新想法。如果他們信任你、也相信你的方法，他們可能會給你另一個機會來導正第一次不成功的事情。

強項
自信
堅持
結果導向

弱點
無道德感
自私
自命不凡

互動風格
有說服力
機會主義
自信

獅子座

工作

24 招待獅子座客戶需注意的「眉角」

獅子座客戶熱愛被寵溺,所以請給他們陪伴、大餐或直接送出隆重華麗的禮物。百般體貼會讓他們有回應,但要準備好在他們一顯露出嫌煩的跡象時就退開。在所有表演或放映節目中,前排座位或者任何可以讓人看見他們、欣賞他們的位置都是比較好的。必須給他們你的全副注意力,這包括為他們的笑話發笑(而且或許也對其中一則補上一句評論,顯示出你聽得懂),很多穩定的眼神接觸,並且以禮貌的姿態預料他們的行動。分享對於其他人的侮辱性評論,通常能充當有趣的機智妙語。

你的獅子座合夥人

強項
值得信賴
可靠
忠誠

弱點
想法古怪
分心
不注意

互動風格
個人主義
合作
精力充沛

獅子座可以說是最值得信賴、最可靠的合夥人。然而,他們很可能不時走自己的路,自認是為了你們兩人而行動,實際上卻是忘了你想要的是什麼。他們甚至可能從這樣的突襲行動中回來,很驕傲地讓你看他們的成果,並且確定你會很高興。這種時刻,可能讓你和獅子座的合夥關係陷入嚴重危機。在沒有被這種「發作」拉得偏離方向時,他們能夠很能幹又充滿活力地執行他們的日常任務。因為獅子座合夥人有時候很難傾聽別人,請確保他們了解你打算傳達什麼——不是寫下來,就是要他們概述一遍。

25 與獅子座建立合夥關係

獅子座通常需要被說服這樣的結盟是有利的。他們對獨立行動充滿自信,不會很快就看出為什麼有必要合夥。然而一旦他們做出承諾,你就會發現他們對於創造組織架構很合作,雖然也很苛求。建議你們採取嚴謹的法律限制與條件,因為你的獅子座合夥人有獨立行事的傾向。合夥的前一、兩年會是最困難的,因為就像對待一匹精神抖擻的馬,必須讓獅子座習慣把公司這輛馬車往正確的方向拉。

26 與獅子座合夥人之間的任務分配

在合夥關係中,應讓獅子座合夥人在挑選自己的任務時有盡可能多的轉圜空間。請盡可能讓他們獨立運作。可以期望他們會投桃報李,給你同樣的自由,但獅子座也有可能非常苛求又愛控制。因此建立一個雙重標準的環境,可能對他們有利,對你卻有害。分派任務最困難的部分是每天或每星期的會議,因為獅子座對於必須定期解釋或證明他們行動的合理性感到不自在。

27 與獅子座合夥人一同差旅或娛樂

跟獅子座合夥人一同旅遊很有趣。他們的熱情、幽默與一般來說給人的好感度,可對許多商業努力增添正面的推進力。然而,他們並不怎麼能夠應付負面狀況,而如果事情進展不妙,他們可能會變得不爽或沮喪。在這種狀態下要振奮他們,會很困難或不可能。所以在順利的時候,最好放

任他們自己來並表示欣賞；而在狀況變得艱困時，如果可能，就讓他們獨處。整體來說，獅子座不需要娛樂。當他們需要自己出去透透氣、做點自己的事情時，你必須體諒。

28 管理並指導獅子座合夥人

大半情況下，管理並指導獅子座合夥人幾乎是不可能的。他們可能傳達出這種印象：他們同意你對於他們的工作所做的提議，但接著就跑到相反的軌道上了。稍後如果你當面質疑他們的行動，他們會指出，他們沒有完全搞懂你的意思，或者覺得有必要為了公司好而改變方向。因此，把你對獅子座的管理限制在同意分工與進行工作的大範圍，像是銷售、公關、行銷等等，同時接受他們會用自己的方式來履行職責。

29 與獅子座合夥人長期的合作之道

如果你可以接受他們對獨立的需要，你與獅子座的合夥關係便可以延續好幾年。不過如果從一開始就持續有摩擦，身為獅子座合夥人的你能撐過一年、最多兩年，就算幸運了。如果一切順利，公司生意興隆，你可能撞上的唯一問題就是他們惱人的習慣：把成功的功勞都算在自己身上，卻忽略你的貢獻、甚至你的存在。這點在處理客戶和員工的時候都一樣。你可能不願意擔任沉默合夥人或者「另外那個人」的角色，但事實上你或許得被迫接受這種角色以避免衝突。

30 與獅子座合夥人分道揚鑣

跟獅子座合夥人分道揚鑣可能讓人如釋重負，尤其是在他們傲慢的天性與拒絕被管理造成多年來的高強度困難之後。請有心理準備面對他們顯得不太關心或毫不關心你未來的福祉。然而，平分利潤並建立公司的基礎架構，可能驚人地簡單，因為他們急著要繼續進行他們的下一份工作，很有可能早已經安排好了。因此，他們看似樂意給予的態度不能歸功於他們的慷慨，或者對公平的需要，而要歸功於他們急著往前進。

你的獅子座競爭者

獅子座競爭者是可畏的對手。這些熟悉獲勝滋味的鬥士，習慣得到他們要的結果。他們成功的意志，只有他們撐下去、不計代價拖垮對手的膽量與鬥志才匹配得上。所以如果你能夠擊退他們持續的攻擊，堅守你的陣地對抗他們，你便可以為此而自豪。為了獲勝，你的努力也必須有高度創造性與同樣的堅持。獅子座競爭者當然可能想要財務上的斬獲，但他們主要的動機是在爭鬥中勝出。他們重視他們的驕傲與戰鬥魂勝過一切。

31 反擊獅子座競爭者

一種著手處理這種狀況的方式是，把你自己變成固定不動的物體，以

強項
沉著
堅持
有勇氣

弱點
過度自信
缺乏自覺
重複性

互動風格
好鬥
有挑戰性
對抗性

對抗獅子座的不可抗力。然而，這樣的直接對抗可能會拖垮你，而獅子座的堅持則可能隨著時間侵蝕你的防禦。通常最好尋求更委婉的手段來反制他們持續的攻擊。研究他們的路線，學習他們的方法（這些方法傾向於重複），並且嘗試多種反擊技巧，直到你找到有哪些技巧能有效拖慢他們的速度。一旦他們動作夠慢，讓你終於能擊中他們的要害時，把你所有的一切灌注到最後一擊上——但願這就是獲勝的致命一擊。

32 智取獅子座競爭者

獅子座競爭者在被激怒和煩躁的時候，可能可以成功地操弄他們瘋狂轉向，藉此卸下他們的防衛。通常可以靠著反覆刺激他們，來達成找出他們弱點的成就。當他們忙著揮開像蚊子一樣嗡嗡叫的你時，你可以趁此機會包抄他們，理想狀態下並不會被注意到。這樣的突襲最好保持低調，因為他們反制攻擊的能力無疑是超凡的。如果你能找到他們的某位員工會受到你的殷勤所影響，滲透他們的組織永遠都是一種可能性。透過間諜行動，對於他們的計畫得到預警，可能導致成功。

33 當面讓獅子座競爭者刮目相看

最好完全不要讓獅子座競爭者對你印象深刻，反而要讓他們認為你是個不怎麼優秀的對手——一顆軟柿子。藉著扮演白癡或混蛋的角色，說服他們相信你的無能，如此，你可能會耍得他們以為你不值得他們付出最大努力，而他們可能變得過度自信。在戰火正熾的時候，精明地從不值得你花時間的交火中撤退，可以傳達你的懦弱，進一步鼓勵他們低估你未來的能力。面對面衝突的時候，你這方最好保持低調。

34 對獅子座競爭者削價競爭或高價搶標

與其設法在有價值的資產上出價高過獅子座，通常最好對看似價值很低或根本沒價值的東西表現出很大的興趣，藉此混淆你的獅子座競爭者。當他們在嘲笑你這種愚蠢的選擇時，你可以施展你的魔法，把全新產品變出來，更進一步混淆他們。既然獅子座痛恨承認他們犯了錯，低估了你，他們就不會犯兩次同樣的錯誤。所以最能成功破壞他們行情的作法，可能就是首先推出的那些，所以應盡全力在最初的那些嘗試上。

35 與獅子座競爭者的公關戰爭

獅子座往往會過度沉溺於氣派的公關姿態裡。與其直接用你自己的大規模宣傳戰來對抗他們，最好鼓勵他們進一步過度花費，耗盡他們的資金，藉此拖垮他們。最能夠達成這個目標的作法，是用你自己聰明的公關出擊與影射，損害他們的產品或服務，還有他們的促銷路線。對於他們產品真正的效力提出懷疑，可能會刺激他們，並且引起如潮水般湧來的否認，清楚地把他們逼到採取守勢，而他們在防守這方面並不是很強。繼續不停地引誘他們，求取最佳結果。

獅子座

36 向獅子座競爭者展現你的態度

獅子座對奉承非常招架不住。討好他們，然後看著他們驕傲地自我膨脹，你通常可以成功破壞他們的防線。他們可能會發現他們欣賞你，甚至考慮把你從你的公司或團隊拐去為他們工作，或者變成他們的合夥人。直白的引誘路線對獅子座來說可以有很好的效果，因為這樣的序曲容易喚醒他們龐大的自我。一旦你讓他們被你的頭腦、外表或能力釣上鉤，你就可以操縱獅子座競爭者，而且出人意料地輕鬆。然而不要刻意讓你自己置身於他們的爪子下，因為在發現你口是心非以後，他們的怒火將毫無寬恕的可能，而且深具毀滅性。

愛情

獅子座
7月23日至8月23日

強項
有差別待遇
不表態
精明

弱點
愛下判斷
愛拒絕
冷淡

互動風格
警戒
有耐性
有觀察力

與獅子座的第一次約會

要是你在初次約會時點燃獅子座的火焰，隨後你可能面對的唯一問題是想要滅火。傳統上，態度冷淡的獅子座在初次約會時，通常會採取一種很務實的態度：讓我來看看你是什麼樣的人。所以與獅子座的初次約會就變成一種選拔賽，你在其中被衡量與判斷。如果可以接受，進一步的發展就有可能；如果你沒通過測試，你就出局了。請記得，通常是由獅子座來拒絕，而不是你。要是你打破這個規則，請小心被摒棄的獅子座約會對象肯定會往你身上倒的種種後果。

37 吸引獅子座的目光

如果你有興趣跟獅子座約會對象成功發展，你看起來最好處於最佳狀態，在跟他們搭訕和求愛的時候都是。也要小心你說什麼，還有你怎麼說。閒聊漫談不太可能讓你有任何進展，雖然獅子座約會對象可能會用這個當成戰略，以不引人注意的方式摸清你的底細。雖然獅子座對讚美總是保持開放態度，他們也會懷疑你打動他們的企圖；而如果他們認為你口不應心，他們就會走開。他們熟知所有奉承與誘惑的伎倆，而且精明到足以辨識得出來。

38 初次跟獅子座約會的建議

你的獅子座約會對象喜歡出門享樂。在家度過寧靜的一晚，並不是他們初次展開接觸的速度。對於第一次約會，獅子座喜歡能夠自由移動並且做選擇，而且通常會拒絕被困在跟你獨處的狀態中。去參加派對是很理想的，因為他們會有機會成為眾人矚目的焦點。克制住任何嫉妒的表達，因為這樣會立刻破壞他們的心情，讓他們覺得緊繃、受到限制。當他們在表現的時候，你只需滿足於變成另一個欣賞的觀眾就好。

39 初次跟獅子座約會的助興與敗興之舉

在你們初次約會時，大多數獅子座會希望你看起來很棒。和他們在一起的對象必須讓他們引以為傲，而不是引以為恥。你的衣服、髮型、鞋子與皮膚不該看起來邋遢或破爛。如果他們為了前面提到的任何項目讚美你，你便可以肯定你已經跨過通往他們那顆心的第一道跨欄。你的口語能

力也會讓他們心動，尤其是在你能夠讓一位老闆娘、侍者或共同朋友印象深刻時。如果你讓別人一開始就留下壞印象，別期待你的獅子座初次約會對象會替你解圍。

40 對獅子座採取「攻勢」

獅子座約會對象會給你夠多的信號，把他們的願望告訴你。他們的綠燈會透過聲調、特別的一瞥或者手勢，來發出他們準備好讓你親近的信號。一般來說，如果沒得到這種邀請，最好別嘗試對他們太逾矩，但要保持敏銳的觀察力。因為在大多數獅子座的字典裡並沒有「拒絕」這個詞彙，如果他們覺得你失去興趣了，他們就會相當迅速地自己拉開距離。要是他們提到要再見你，他們就會期待你在當時或下次約會時發動攻勢。

41 打動獅子座的方法

獅子座約會對象在大多數情況下，會被溫暖、陽光、開放的性格打動。這些人並不著迷於痛楚與受苦，無論其他人可能覺得初次約會對象身上有這些特質多有趣、多引人入勝。基本上，他們想要享受快樂，而如果你可以跟他們同樂，程度越高越好。永遠別澆熄他們豐富的熱忱，要是你這麼做，肯定會碰上石頭般的沉默。獅子座約會對象不喜歡藉口、辯解、或者在衝突之前退卻。他們期待你百分之百在場投入，而且在共同活動裡全力以赴。

42 擺脫獅子座的方法

在你們兩人都很享受的初次約會之後，獅子座通常會有耐性地花一、兩個星期等你再度跟他們聯絡。然而如果你在這個時間內沒打給他們，他們有兩種選擇：接受你的沉默就是拒絕，或者他們自己先起頭。一旦他們接受你拒絕了他們，他們的驕傲鮮少會容許他們進一步繼續。要是他們決定跟你聯絡，只要你這方有一點不感興趣的暗示、或者提出彆腳的藉口，通常就足以永遠擺脫他們了。

你的獅子座戀人

獅子座很投入、願意承諾、熱忱，而且整體而言支持你和他們的關係到某個限度。他們不僅在週末才可靠，偶爾在週間也是，只要你不干涉他們充滿野心的職涯規畫。避免讓他們必須選擇把時間奉獻給你還是他們的工作，因為如果他們選擇你，可能是因為他們覺得有壓力要這麼做。請記得，雖然獅子座可能痛恨失去你，但他們總是對自己找到替代品的能力充滿信心。

43 與獅子座戀人進行討論

你的獅子座戀人不介意在他們選擇的時間與地點，討論他們認可的話

強項
有信心
熱忱
願意支持

弱點
職涯為重
有野心
自我本位

互動風格
驕傲
苛求
霸道

題。不過度多話的獅子座，寧願奉獻他們的全副精力來享樂或表達他們的浪漫感受。因為他們通常處於持續而迅速的移動狀態，以致很難把他們固定住夠長時間，來討論你想了好一陣子的重要事情。他們傾向於迴避，會透過各種手段極力避免他們不想討論的主題，從改變話題到直接拒絕說話都有可能。

44 與獅子座戀人發生爭論

如果被充分激怒了，獅子座會吵架，但他們寧願不這樣做。要是你堅持爭吵一番，你從這些火象人身上得到的可能會比你要的還多。出乎意料地擅長簡潔用字的獅子座，知道怎樣傷害他們的對手；而且如果他們受到嚴重威脅，可能會強烈爆發出來。對他們來說，這種戰役是毫無保留的。正常而言，他們認為尋釁吵架等而下之，這也指出了他們在大多數情況下的優越感。要是你逼他們決定要跟你討論還是跟你大戰，請有心理準備他們會選擇後者，以避免前者。

45 與獅子座戀人一起旅遊

獅子座如果能以你為傲——不只是你的外表，也包括你的仁慈，還有對他們的關注與慷慨——才會真正享受與你一同旅行。對他們來說，最尷尬的莫過於你反覆地計算你有多少錢，卻退縮不去花一筆頗為可觀的費用。任何廉價的暗示都會讓他們覺得掃興，尤其是在旅行度假的時候。他們覺得他們奉獻很多，你也應該如此。出遊時，千萬不要一身邋遢或衣冠不整地現身，因為他們認為你的外表直接反映了他們的外表。

46 與獅子座戀人的性愛關係

如果你跟得上，這是可以讓人極為心滿意足的領域。獅子座有重視性愛的傾向，所以他們通常期待有高品質的頻繁性愛，也會把他們特殊的需要和想望考慮進去。你不需太懷疑自己是否有取悅到他們，因為他們不論身體還是口頭都會積極地激勵這個過程。在這種事情上，獅子座一點都不害羞，他們想要就要。

47 獅子座戀人的親暱表現

獅子座通常是熱情而非感官派的，喜愛對鍾情對象採取直接的性表達。他們喜歡在公開場合維持冷靜的假面，所以他們會迴避擁抱、依偎、深情的眼神，還有其他太過深情的姿態。這可能也會繼續存在於你和他們獨處的時候。對獅子座來說，太過親暱不僅是不必要，甚至還可能惹惱他們，讓他們完全倒胃口。如果他們不樂意合作，你必須教育他們你在這方面的特殊需求。準備好遭遇某些抵抗吧！

48 獅子座戀人的幽默感

雖然獅子座戀人喜歡讓自己玩得開心，但他們通常生來沒有特別好的

幽默感。他們常常聽不懂笑話，得有人解釋給他們聽。他們太常把某些議題看得過於嚴肅，以至於任何不認真看待他們的嘗試，都會碰上石頭般的沉默，甚或憤怒。嘲弄他們，當然是徹底撈過界的行為，因為最驕傲的獅子座很難嘲笑自己。這真的可能阻礙他們欣賞機智的應答，因為他們很容易把事情視為針對個人。

你的獅子座配偶

獅子座配偶傾向於忠誠，而且會持續多年。然而，忠誠並不必然意味著忠貞，而只要他們的配偶一表現出不感興趣的第一個跡象，獅子座守貞的日子可能就屈指可數了。獅子座需要得到帝王式、皇家式的禮遇，被供奉在高台上讓人崇拜，就像國王或王后（他們就是）一樣。獅子座是絕佳的演員，可以為了他們的孩子、他們的社會地位或事業繼續這樣的婚姻，但他們的心靈與思想可能已在別處了。對你的獅子座配偶好──而且是非常好──你的努力就會得到回饋，回到你身上的獎賞會是好幾倍。

49 獅子座的婚禮和蜜月

你的獅子座配偶會把蜜月當成一輩子一次的經驗，並且期待你盡全力讓此事成功。如果你有任何保留，沒有投入你全部的注意力、參與度、以及財務承諾，或者沒有完全奉獻給他們（而且只奉獻給他們），就是不可接受的。不要玩遊戲，試圖透過調情激起他們的嫉妒，否則你會發現一頭獅子衝到你面前，這可不是個愉快的景象。獅子座喜歡事情進展順利，沒有因你而造成的錯誤或失望。婚禮應該順暢地接軌到蜜月，然後進一步建立一個家。

50 獅子座的家庭和婚姻生活

獅子座喜歡能夠自由選擇你們兩人要住在哪裡，不只是住哪個城市和社區，也包括住處本身。擁有一棟房子通常對獅子座很有吸引力，但他們一般會滿足於一間公寓，直到孩子與一些多餘的現金出現為止。然而，孩子和現金最好在幾年內實現，好讓他們快樂。如果你納悶你在這一切之中的位置是什麼，那麼你應該要覺得光榮──你被選擇成為他們得到滿足的工具，你將會分享獅子座所有物品所帶來的喜悅。

51 獅子座婚後的財務狀況

獅子座熱愛花錢，事情就這麼簡單。無論那是你的錢還是他們的錢，對他們都不重要，雖然他們確實熱愛你寵溺他們。如果你們有個共同銀

強項
忠誠
體貼
努力工作

弱點
苛求
自我中心
不忠貞

互動風格
直接
有承諾
寬大

行帳戶，請做好準備，他們會任意鑽入這些寶庫，而且通常是心血來潮就去取用。身為衝動派的個體，深陷在對某項物體或活動的慾望之中的獅子座，會攫取手邊方便取得的任何現金。這個事實可能促使你保有一個你名下的分離帳戶，只為了付帳單，還有給你一點自己的錢。

52 獅子座的不忠與脫軌

雖然可能會受到一張新臉孔的強烈誘惑，但只要獅子座是快樂的，通常就會保持忠貞。必須原諒他們偶爾的行為失檢，他們肯定不會張揚此事，但如果被發現，可能只會一笑置之。如果你能夠忽視他們偶爾跟其他人的性愛狂歡，這樣更好。要是你對這些胡鬧大驚小怪，或者威脅要離開他們（或者自己也享受這種自由），就準備好承受獅子座的全部怒火吧！獅子座要求理解——這等於要你睜隻眼閉隻眼，或者在極端的狀況下是指完全原諒他們。

53 獅子座與子女的關係

大多數獅子座認為沒有小孩的家是不完整的。不這麼認為、而且決定自己不要小孩的獅子座，通常會有幾個姪兒、姪女或外甥、外甥女，甚至是寵物，可以讓他們揮霍他們的親暱感情。要是你決定家裡要有孩子，獅子座喜歡孩子是他們自己的；但如果那不可能或不可求，他們便會當養子女或繼子女盡心盡力的父母。他們不會容忍違抗他們管教或規矩的行為，而且他們會期待你在處理這種事的時候跟他們團結一致。一般來說，他們寧願自己寵溺或懲罰小孩，而不要你介入。

54 獅子座面對離婚的態度

因為獅子座通常不接受被拒絕，對於你不快樂、缺乏溝通、或者「這段關係就是不行了」的暗示，他們可能的反應是帶頭開始離婚的動作。與其等錘子往下錘，他們更有可能到頭來自己揮動大錘。所以如果你想把握一個獅子座配偶，請確定你看起來快樂又滿足。當然這並不能保證你的配偶也這麼覺得，但正常來說，獅子座可以在要求得到配合（他們會讓這些要求極其清楚）的狀況下，感到滿意。

你的獅子座祕密情人

獅子座祕密情人是欺騙藝術的大師，他們會認真地讓你和他們的情愛關係避開第三方的窺探之眼，不管那些人可能是誰。而且你要是散播關於他們的話，他們會非常不滿，甚至會為了這種顧慮而跟你一刀兩斷。在浪漫事務上很熱情的獅子座，在愛情方面會以戲劇化的花俏來付出他們的全部，想用深摯的承諾來打動你。與獅子座祕密情人的一場難忘戀情，很可能讓你一輩子魂牽夢縈。

55 遇見獅子座祕密情人

你的獅子座祕密情人愛冒險，而地下戀情的興奮就像磁鐵般吸引他們。然而，他們會小心翼翼安排跟你的會面，以避免他們現有的關係瓦解，傷害到所有相關人等。他們一貫的態度是，他們做什麼是他們的事，與別人不相干。他們有自己私密的價值觀，通常跟社會價值觀不符，所以可能被其他人貼上不道德的標籤。他們會選擇一個較私密性質的會面地點，只要有可能，就會避免被人看到在公開場合與你在一起。

56 與獅子座幽會的地點

一般來說，獅子座較喜歡在你家或一個跟他們沒有強烈連結的中立地點會面。雖然慢慢來對他們很重要，他們偶爾也會接受迅速的幽會，發現這樣總比完全沒有來得好。雖然獅子座是行動派，卻認為這樣的地點極為重要：這個地點要讓他們自在到可以跟你討論事情，不只是談私人事務，還有其他讓他們感興趣的主題。不該催促或壓迫他們去面對物質上的現實，因為他們遵循的是自己的自然節奏。

57 與獅子座的祕密性愛

雖然獅子座在性愛方面很熱情，但浪漫對你的獅子座祕密情人來說也同樣重要。在任何一種情況下，性雖然不是必要條件，表達浪漫感受肯定是。獅子座的態度是，性是非常自然的事情，在伴侶雙方都有心情的時候就會沉浸其中。他們可能會對你在性方面被忽略的任何埋怨或憤怒，感到大惑不解。他們相當能把你想要的給你，自己卻不真正有太多感覺。他們不把這看成偽裝，反而只是盡他們所能應付現實，並且避免麻煩。

58 長久保有獅子座祕密情人

在關乎愛情的時候，獅子座祕密情人並沒有太多嚴格的要求，他們大多數時候都相當令人愉快。與獅子座的祕密戀情可以維持多年，他們會持續適應新情況與其他同步發生的關係中的改變。通常在性方面很有自信的獅子座，沒什麼要讓別人印象深刻的需要，但在此同時，他們會敏銳地察覺到你是不是很享受。因此把握住獅子座祕密情人的最佳方式之一，就是別在你心中留下懷疑——你想要他們、需要他們，也徹底欣賞他們。

59 與獅子座的祕密歡愉

只要獅子座祕密情人發現環境舒適，又不至於扯上任何低俗聯想，除了你的出現以外，他們就不太需要別的娛樂了。然而，他們會期待你處於最佳狀態，展現出耀眼的個性與令人愉快的風度。雖然獅子座常常會傾心於憂鬱又高度複雜的那種類型，一般來說這樣的關係卻讓他們不快樂，到頭來他們會靠著意志力斷開這種關係。他們很欣賞並享受禮物與分享歡樂的活動，但你可以光靠大笑和微笑這樣的助興，就讓獅子座祕密情人保持歡愉。

強項
外向
感情外露
願意付出

弱點
善於欺騙
難搞
不原諒

互動風格
熱情
私密
謹慎

獅子座

愛情

60 與獅子座祕密情人分手

獅子座祕密情人在彼此的關係結束時會想要知道，而且寧願是在雙方同意之下做此決定。他們的驕傲並不容許他們明顯感到自己被甩，所以他們通常會在既成事實之後想出一套合理的說詞，讓他們能平靜以對。他們大大偏好在分手時避免不快，但如果被前任逼得太急，他們肯定能夠一報還一報。考量到獅子座其實性烈如火，大多數獅子座對分手的態度驚人地和平又不懷恨意，而如果你對他們也是這樣，他們會相當樂於祝你一切順利。

你的獅子座前任

強項
慷慨
和藹可親
關心

弱點
冷酷
沒同情心
令人生氣

互動風格
體貼
公平
有禮貌

如果獅子座前任覺得得到你的善待，他們很可能表現得慷慨大方又友善。如果不是這樣，在尊重你的地位這件事上，他們會表現出明顯的冷漠與不關心。在這種情況下，雖然缺乏同情心，獅子座卻鮮少變得有攻擊性或懷恨在心，除非他們被嚴重傷害了。讓一個緊張的獅子座冷靜下來的最佳辦法，是先客觀地保證你的正面意圖，然後在個人層級上舉止有禮，避免對他們冷嘲熱諷或侮辱。通常你的獅子座前任會想要快點進展到下一個伴侶。當你的前任明顯展現出對某個人的熱情時，你不該讓這件事刺激到你。

61 與獅子座前任成為朋友

除非你對你的獅子座前任懷恨在心，否則建立友誼應該不會有什麼問題。大多數獅子座前任對往前邁進的態度很開放，鮮少對舊問題念念不忘，或者緊抓著怨恨不放。他們最常採取的是「且走且看」的態度，他們會在這種狀況下觀察你的態度，然後調整適應或者加以反抗。要是你走中庸路線，你的獅子座前任通常會跨出建立友誼的第一步，在鬥個你死我活的階段之後，這樣可能還頗令人愉快。你立刻接受和平協議，可以為將來的善意建立正面基調。

62 與獅子座前任復合

就算只為了考慮復合，你的獅子座前任都需要積極的保證，或許甚至還要書面或錄成影片，講明你不會再犯同樣的錯誤。財務承諾對他們來說會有影響，不過你要是做任何以金錢換取感情的嘗試，他們會覺得被冒犯。在這種事情上高度理想化的獅子座，通常需要感覺到浪漫火花的回饋，而不只是走輕鬆的路，接受吸引人的交易。如果你的獅子座前任欲擒故縱，你表現出的堅持與理解可以化解他們的抵抗，並且當成你的意圖很認真的證明。

63 與獅子座前任討論過去的問題

最好不要跟獅子座前任做這種討論，因為他們通常渴望避免被舊有的

劇本困住。偶爾提到過去,他們會容忍,但要是你決定再挖深一點,不免會碰到頑強抵抗,或者激起迅速的制止。要觸及這種你認為應該處理的問題,最好的方法是讓他們為了過去你們都覺得有點尷尬、或覺得不知所措的狀況微笑或大笑。事實證明這可以變成進一步檢視此事的敲門磚,只要不變得太過嚴肅就好。

64 對獅子座前任表達親暱感情的程度

獅子座對於回應正面的對待,肯定有溫暖和親暱的那一面。然而在你往那個方向採取任何行動以前,最好先建立一些信任。一般來說,獅子座的傷口必須花長時間來撫平,所以至少在第一年,最好不要嘗試在情緒上太親近他們。任何過早的親暱暗示都可能導致挫敗,讓這段療傷期變得更長。然而如果你能撐住等下去,你的耐性最後會得到回報。

65 界定與獅子座前任現有的關係

既然大多數獅子座相信承諾就是要被打破,最好不要設下太多規定和守則。另一方面,獅子座通常會努力試著遵守他們那一方的協議,一旦他們認真同意要這麼做以後,就可以信賴他們會履行他們的義務。小心任何閒聊或意圖的表達,因為獅子座的慷慨可能比較像是一時充滿希望的表示,而不是一個可靠的保證。獅子座的善意光輝可能會在一夜之間蒸發,被某種沒那麼美妙的東西取代。

66 要求獅子座前任分擔照顧子女的責任

獅子座對他們的孩子很有占有慾,也非常保護。大部分情況下,他們贏得單獨監護權後會很振奮,只會同意你在週末見到孩子、甚至更少。要是你成功地爭取到讓孩子跟你同住,你的獅子座前任會極力爭取盡可能多見到他們,而且絕對不會放棄他們的最終目標:平等分享監護權,甚或逆轉法庭的決定。在這個領域裡,要控制住獅子座衝動與堅持的能量,可能必須讓他們同意嚴格的規定和守則。

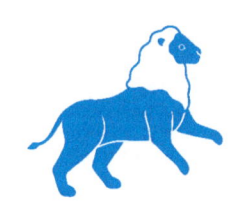

朋友與家人

獅子座
7月23日至8月23日

強項
忠誠
奉獻
支持

弱點
分心
健忘
判斷力差

互動風格
會騰出時間
心胸開放
樂天

你的獅子座朋友

獅子座就是傳說中那種超級上道的朋友。他們的忠誠、奉獻與支持可以非常突出，而且他們也以不論時機好壞都支持他們最親近的朋友聞名。他們被需要的需求並不是太過顯著，所以如果你寧願獨處一陣子，他們也會樂於讓你長期這樣做，卻不會因此傷害到彼此的友誼。另一方面，他們很享受跟他們的摯友每天問候或互動，也熱愛分享最近的新聞與八卦。他們偏好實際見面勝過虛擬聚會，不過既然你的行程表可能很滿，在你們能再度相見之前，偶爾傳簡訊或打電話便已足夠。

67 向獅子座朋友求助

「嘿，朋友就是這樣啊！」當你向獅子座朋友道謝時，這是他們明講或暗示的典型回應。既然跟獅子座朋友的溝通管道是暢通的，你通常只要開口問就可以接受他們的幫助了。精力充沛的獅子座通常很忙碌，所以最好盡可能提早提醒他們。而且你應該小心不要利用他們良善的天性，理由有好幾個。首先，你可能變得太依賴他們。其次，你正在阻止自己發展成有能力又獨立思考的人。在這方面，事實可能證明對你太好的獅子座朋友會損害到你自己的能力。

68 與獅子座朋友溝通和聯絡

除非雙方真的都很想聯絡，否則獅子座寧願不要有交流。由此可知，他們並不覺得有必要保持聯絡。要是你偶爾需要獨處，他們會很體諒，並且期待你也是一樣。然而，他們會期待你通知他們重要的事情，或者他們已經投資時間或建議的事情。混雜的訊息、從第三方聽到真相、或者完全被隔離在外，也可能會惹毛他們。作為真正坦率正直的人，他們想要直接聽你說沒有扭曲或複雜闡述的版本。

69 向獅子座朋友借錢

生性慷慨的獅子座會盡他們所能地常常幫忙。然而，他們會期待收回借款，所以若你沒還錢，可能表示一段美麗的友誼開始告終了。如果是小額借款，通常不會有問題，雖然這絕對不該惡化成每天的施捨。在大額借款的狀況下，你最好寫下借據或正式的協議，在投資的情況下更是需要。

在有需要的時候，你的獅子座朋友提供的不只是他們的現金，也包括他們豐富的精力。

70 向獅子座朋友徵求意見

對大多數獅子座來說，有人為了重要事務而徵詢他們的建議，是很讓人心滿意足的事。然而，你在此可能碰上的困難是，獅子座的建議並不總是最好的，因為有時候他們希望為真、卻不真正屬實的事情，可能會蒙蔽他們的判斷。而且雖然他們設法要幫忙，結果卻可能沒有反映出他們的良善意圖。在這樣的情況發生之後，如果你在將來忽視獅子座朋友的建議，或者在任何情況下退縮不前，他們可能會覺得被輕視了。為了這個理由，你在請求獅子座建議的時候應該小心，除非你完全準備好要遵循這番意見。

71 拜訪獅子座朋友的時機

通常獅子座較喜歡去你的住處拜訪你，或者在咖啡廳見面喝杯咖啡。這可能反映他們需要離開房子透透氣，或者在工作過後需要休息，又或者他們不願意在你面前暴露他們疏忽家務。如果他們遲到，別覺得訝異；獅子座鮮少準時。你在等候的時候應設法放輕鬆，因為等他們抵達的時候，他們可能會有點煩躁，可以用得上你的冷靜作為一種安撫心情的情緒緩衝。一星期跟一位獅子座朋友見幾次面是相當有可能的，而且可以讓雙方都覺得很值回票價。

72 與獅子座朋友一起慶祝和娛樂

一般來說，獅子座很享受各種派對。然而，他們通常偏愛跟朋友一起慶祝並且認識新面孔，勝過傳統的無聊家庭聚會。找他們幫忙安排派對活動，並不總是最佳作法，因為就算他們滿懷善意，可能還是不會把幫忙安排事情的慷慨建議貫徹始終。常常「心有旁騖」的獅子座，甚至可能到了最後一刻才想起來他們答應過要參加，因此可能就在派對進行到一半的時候堂堂進場。如果你真的要仰賴他們的幫助，最好的作法是順路去接他們，帶他們跟你同行。

你的獅子座室友

獅子座的宰制性可能常常引起問題。不管獅子座住在哪裡——宿舍、分租公寓或一般的房屋——他們通常會把自己看成「他們的」地盤上的國王或女王。只要你理解他們有相信自己具備皇族地位的需要，就不會有什麼問題。事實上，他們會捲起袖子在需要完成的任何計畫中埋頭苦幹，從一疊髒碗盤到一堆待洗衣物都包括在內。不要挑戰他們的權威或者參與無用的競爭，除非你只想惹麻煩。獅子座憂慮重重的時候就會表現不好，所

強項
很陽光
樂於助人
樂觀主義

弱點
容易擔憂
霸道
愛爭論

互動風格
宰制性
帝王似的氣派
壓倒性的強勢

以只要有可能，就設法保護他們免於負面想法，讓他們流露陽光的那一面。

73 與獅子座室友分擔財務責任

問題不在於獅子座室友會不會付錢，而是在於何時付錢。不幸的是，在你需要收錢的時候，他們的房租和水電瓦斯費可能已經花得差不多了。（順便一提，應該由你來收錢，因為獅子座可能會忽略或忘記這件事。）如果可能的話，最好他們的薪水一到就跟他們要錢。要對獅子座提起未付帳單這個話題總是很困難，在這種不愉快的話題出現時，他們要不是答應明天付，就是迅速開溜。請想出一個聰明的辦法來叫他們及時付錢，並且訓練他們定期對購物與其他家庭開銷做出貢獻。

74 與獅子座室友分擔打掃責任

在獅子座的優先事項清單裡，打掃通常排名不高。你的獅子座室友能夠製造出極大的混亂，這不是因為他們太不體貼，他們通常只是渾然不覺。所以從客觀的角度來看，獅子座可以生活在看似戰區的地方，而他們自己甚至不知道。問題在於，他們就是習慣睡在沒鋪好的床上、或者被自己的毛巾絆倒。話雖如此，他們通常夠小心翼翼，能夠繞過散置在地上的東西而不是踩上去，藉此創造出可供通行的通道。然而要他們把東西收拾好，可能必須留待偶爾空出來的週六下午，到那個時候，你才終於能夠跟他們談這個話題。

75 當你的訪客遇到獅子座室友

獅子座室友通常急切地想向他們的同事、家人或朋友炫耀「他們的家」。如果你在這種導覽時刻缺席是最好的，反正即使你在場，也會變得完全置身事外。要是你需要在那裡，那麼最好在房間裡閉門不出，讓你完全在導覽中消失。就盡可能忽略你聽到的「我的」這個、「我的」那個吧！獅子座就是需要讓別人印象深刻。反過來說，獅子座在你朋友們的聚會中會極端不自在，他們可能會提到有某個重要約會，然後便離席。

76 與獅子座室友的社交生活

必須擬好賓客清單，好讓這份清單對每個室友都有同樣的代表性。所以如果只有你們兩個，那麼一半的邀請函應該給你的賓客，另外一半則是獅子座的賓客。就算結果是一群人擠在這一區、另一群人擠在那一區，也比看到敵對、偏袒與衝突（不管多麼有禮貌）發生來得好。有時候最好讓獅子座室友和他們的朋友接管整個派對，下一次你和你的朋友也這麼做，以避免大家全混在一起所衍生的問題。

77 與獅子座室友的隱私問題

只要你行為得體，你的獅子座室友並不介意有你在旁邊。另一方面，

若你限制自己待在房間裡可能會更好。不幸的是，獅子座的隱私觀念其實等同於宰制這個空間、把這裡變成他們「私人的」領域。在某些時候，你可能開始納悶，既然獅子座室友似乎得到絕大多數的好處，你到底為什麼還要平均分擔費用？可是啊，你現在跟這麼棒的人住在一起是你運氣好，不是嗎？

78 與獅子座室友討論問題

大多數獅子座無法處理他們心目中來自其他人的負面反應，而很不幸地，提出問題通常會被視為在製造麻煩，這樣可能讓人極難談論某件發展錯得離譜的事情。獅子座忽略這種棘手議題的能耐，有時候似乎是沒有極限的。設法逐漸導向這樣的事務，或者一次只討論一個小重點，然後想辦法在幾週（如果不是幾個月）的時間之內，涵蓋整個議題。你在這個領域裡最大的成功，會是克服拖拖拉拉的漫長過程，所以請想辦法避免失去耐性、把你的挫折一古腦兒發洩出來，然後激發出一次極端重大、通常持續不斷的爭執。

你的獅子座父母

就像一個獅群裡的獅子與幼仔，獅子座父母對他們的子女極度保護。因為獅子座總是認為他們比較懂，而他們在日常生活裡壓倒性的存在感，可能會讓他們的孩子覺得窒息。雖然獅子座父母鮮少隨機決定任何事，但他們可能並不總是有空，因為他們的職業生涯與業餘活動對他們來說實在太重要了。這表示現代獅子座父母會把他們的小孩交給幼稚園、學校或保母照顧，甚至會把一位（外）祖父母或其他家庭成員帶進家裡，幫忙照顧孩子。在這種情況下，獅子座父母可以有效監督孩子的福祉，卻不用親自花很多時間照顧他們。

79 獅子座父母的教養風格

獅子座父母太常讓他們的孩子到處亂跑，這若不是因為他們不在場，就是因為他們相信應該讓小孩子自由表達自我。當然，他們有一定不能逾越的鐵則規範，通常是關於安全事項——從確定門窗有鎖好，到過馬路時左右兩邊都要看。通常這被當成是他們雇來照顧孩子的幫手要遵守的規定，不過獅子座父母也會把這些規定灌輸到子女心裡。在談到懲罰的時候，慈愛的獅子座可能顯得很嚴厲，但事實上卻完全寬宏大量。獅子座的管教鮮少動手，但他們會用銳利的眼神或簡短的警告來傳達他們的不悅。

80 獅子座父母與孩子的相處

大多數獅子座父母對他們的孩子極度親暱。親吻、擁抱和溫柔的說話聲調是常規。獅子座顯少會把收回親暱表現當成武器，主要是因為他們有表達親暱之情的強烈需求。獅子座真心喜愛跟他們的孩子一起參與閒暇活

獅子座

強項
有保護性
關心
負責

弱點
讓人窒息
無所不知
不在場

互動風格
挑戰
宰制
權威

朋友與家人

動，會很樂意去遊樂園、露營、游泳，以及探索自然環境所提供的許多挑戰。獅子座熱愛沉浸在自家子女的親暱情感之中，所以經常可以看見他們的小孩用力抓著他們的手，甚或在他們身上爬來爬去。對於獅子座父母的小孩來說，他們的媽媽或爸爸真的屬於他們。

81 獅子座父母給孩子的金錢觀

鮮少有父母像獅子座這樣，對小孩這麼慷慨。這點不但可以在他們對高等教育與婚禮的付出態度上觀察到，也能夠在直截了當的樂趣追求上看到。從某方面來說，這種態度並不像表面上看到的那麼無私，但他們從自己的慷慨中得到極大的樂趣，所以很值回票價。此外，他們從鄰居、朋友與家人那裡得到的附加樂趣也帶來極大的滿足。對獅子座來說，看到他們的慷慨得到感謝、沒有被忽略，是很重要的。

82 獅子座父母的危機處理

危機通常是在獅子座父母不在場的狀況下出現的，因為他們有太多時間出門在外。被通知有緊急狀況的時候，獅子座父母會丟下一切，衝去救援他們受傷的孩子。然而如果問題不嚴重，他們通常能保持從容鎮定，等到適當時機再開口對照顧者（老師、保母、家人）或小孩說話；如果有必要，有時候會在雙方面前，同時對雙方說話。獅子座父母憑直覺就知道保持放鬆很重要，而且過度反應可能會誇大問題。

83 獅子座父母的假期安排和家族聚會

可以偶爾仰賴獅子座父母幫忙計畫家庭聚會，但不要太常這麼做。這不只是因為他們的時間表很滿，也是因為他們不喜歡在超過他們控制範圍的團體活動裡扮演小角色。獅子座的哲學是以老大的身分完全掌控一切，否則就完全不要做。然而，他們會致力於計畫並執行假日活動，並且也徹底享受這些活動。鮮少有其他星座的父母比獅子座更享受跟子女與朋友共享假期了。野炊、踏青、還有以大海沙灘為特色的溫暖景點，是他們的最愛。

84 照顧年邁的獅子座父母

年邁的獅子座父母會很享受被照顧，但也會——甚至在古稀之年——想要照顧孫子女或其他家庭成員。透過這樣的活動，他們在某種程度上保持年輕。獅子座比別人更不喜歡覺得自己老而無用；他們需要別人想要他們、需要他們。所以，有趣的是，照顧年邁的獅子座父母可能意味著要讓他們照顧別人。經常出現的主要問題是，年邁的獅子座父母可能高估了自己的能耐，因而讓自己感受到壓力，並且導致健康問題，在某些狀況下甚至危及他們照顧的對象。他們總是拒絕承認這些事實，還會抗拒任何為他們解除任務的嘗試。

獅子座

你的獅子座手足

你的獅子座手足會奮力維持、或者增進他們在家庭中的地位，方法通常是跟哥哥姊姊爭鬥。獅子座手足不會滿足於只保有屬於他們的東西，他們傾向於奪取領袖角色，讓其他人都感受到他們的存在。他們也有想要得到父母認可的強烈渴望，並且讓其他人承認並回報他們對家庭的重要貢獻。獅子座手足也很樂於充當非正式的家庭代表，因此要求其他家庭尊敬他們自己的家庭。

85 與獅子座手足的競爭和親近

與獅子座手足的敵對關係可以持續很多年。獅子座不是會從鬥爭中退卻的那種人，他們會堅持頑抗他們的手足競爭者。照他們的看法，只有一個派可以分，而他們會確保自己得到最大的一片。在比較大的家庭裡，通常有一、兩個手足比較安靜，對於吸引他人注意或尋求回饋根本沒興趣。獅子座就傾向於跟這些謙遜的手足形成最緊密的連結，通常會充當他們的保護者與捍衛者。

86 過往的成長經驗對獅子座手足的影響

大多數的獅子座手足很難原諒並遺忘。他們很可能被家庭戲劇裡，他們受到糟糕對待的老劇本控制住。他們成年後最大的挑戰之一，就是讓自己從這些思維模式中得到釋放，雖不必然要遺忘，但肯定要原諒。他們的記憶會固著在單一事件上——這通常牽涉到某位特定手足——這件事黏在他們身上，甩都甩不掉。這樣的事件可能變成一種藉口，讓獅子座每次面對嚴重的失敗需要有個解釋時，就扯出來用。在這方面，你的獅子座手足可能深陷在過去，除非他們去處理這種議題，否則他們會發現很難在自己的人生道路上往前邁進。

87 與疏離的獅子座手足往來

可以勸誘疏離的獅子座手足回到家庭的懷抱。在大多數情況下，最佳辦法是承認他們（而且只有他們）可以幫助全家度過一個難關。一旦他們相信他們被需要，而且能夠提供獨特的協助，獅子座通常會決定出手幫忙。在這麼做的過程裡，舊有的衝突與同情免不了會浮上檯面，在他們內心製造衝突。這有可能導致他們結束疏離狀態，但也有可能把新的衝突與鬥爭帶進家庭裡。

88 獅子座手足對繼承、遺囑等金錢議題的處理

有高度競爭性與鬥爭性的獅子座在談到繼承問題時，會要求得到屬於他們的東西。他們甚至會試著接手整個法律程序，並且因為他們代表手足做了這些工作而要求得到更多。要是你需要跟你的獅子座手足借錢，請確保你可以中肯地表達你找他們的理由，以及你這麼做的需要。獅子座手足

強項
愛下命令
得到回報
受人尊重

弱點
過度苛求
說話刺耳
自私

互動風格
好鬥
咄咄逼人
不屈不撓

通常會慷慨到成了毛病的地步，可以不想太多關於還錢的事就把錢借給你；如果你是他們成長過程中親近的兄弟姊妹，尤其如此。然而，建議作法是盡可能快點還錢，以避免將來被指責。

89 與獅子座手足的家族團聚和慶祝活動

獅子座手足通常是家庭聚會背後的推手。雖然他們並不過度熱愛舉辦、甚或出席一再重複的無聊生日派對，但他們可能對特殊事件感到很興奮，特別是為了某個蒙在鼓裡的父母或手足舉辦的驚喜派對。此外，他們自己也喜歡得到驚喜，在其他人準備好祕密慶祝會、而且設法讓他們大吃一驚時，他們會相當高興。雖然獅子座熱愛得到實質的禮物，但他們會把派對當成大禮來接受，由此產生的美好感受，可以讓獅子座連續好幾個星期、好幾個月都精神振奮。

90 與獅子座手足一起度假

度假是獅子座的專長。熱愛旅行的獅子座手足，會提早樂呵呵地期待並積極計畫這種活動。他們的興奮可能難以自制，但他們會很小心地不要顯得失去冷靜，所以會假裝很實事求是地看待各種事務。白沙海灘、乾淨的海水與藍天，還有最重要的溫暖天氣，就像磁鐵般吸引他們，而你通常一開始就會知道他們的偏好是什麼。要是他們被逼著參觀一個地點，或者參與他們並不完全享受其中的活動，請準備好面對一隻臭臉獅子吧，因為在度假時，你的獅子座手足並不會太過自我犧牲。

你的獅子座子女

一般的獅子座子女會期待擁有所有其他孩子有的東西，而且還要再多一些。獅子座子女察覺到他們自己特殊的精力，他們會採取的態度是：父母、師長和其他權威人士擁有他們是幸運的。強壯、有自信又有把握的獅子座孩子，目標是在他們參與的任何活動中出類拔萃。雖然他們不必然有學術傾向，但他們在學校的表現可能相當不錯，不只是在運動方面，也在校內政治上，他們通常會在這方面表現出領導能力。他們也可能在他們的社交團體裡占據一個顯著的位置，在這裡可能會發現他們完全表達出比較浮誇的一面。

91 獅子座子女的人格發展

就算是順從的獅子座孩子，在他們的發展中都會到達一個臨界點，他們會在此時迸發出他們這個星座明顯的精力與活潑風格。這樣的孩子總是會有個能夠躲起來的安靜面向，不過一旦重新充電過，他們就會再度加入戰局。你經常可以在一群幼童之中找出獅子座孩子，他們是最有精力又最有獲勝意志的小孩。獅子座子女若自己獨處，過得並不好，他們特別需要社交互動來造就出平衡良好的人格。他們領導他人、讓他人印象深刻、與

他人互動的需求，就像一塊磨刀石，讓他們可以在這上面磨利他們的才智。在過度保護的環境或相對孤立的狀況下，讓獅子座孩子遠離其他小孩，對他們來說是極端殘酷的對待。

92 獅子座子女的嗜好、興趣和職涯規畫

身為超級成就導向的人，你的獅子座子女在挑戰下茁壯，體力性質的挑戰尤其如此，不過牽涉到其他生活領域的挑戰亦然。因為他們的領導傾向，他們會在不只能擔當領袖，還能成為團體代表的職涯與活動中表現良好。他們往上發展的流動性，頻繁地導致他們在領導的團體裡有相對應的提升。然而既然他們常常成為傲慢（過度自傲）的犧牲者，他們也可能要為團體的失敗負責。他們最大的挑戰之一，就是理解並承認他們的侷限。

93 對獅子座子女的管教

雖然獅子座子女比大多數孩子更討厭被管教，而且經常反抗施加在他們與他們所愛之人身上的管教，一旦他們長大了，他們就會承認自己的童年歲月需要有個架構。獅子座狂野的能量就是吶喊著要求方向指引，這樣，這股能量才不會在叛逆與無用或沒生產性的活動裡消散掉。有個父母或老師節制他們，引導他們採取比較有建設性的行為，對獅子座孩子來說可能很有必要。在此，心智訓練是關鍵，因為你的獅子座子女經常不先思考就採取行動。

94 與獅子座子女的親暱程度

雖然獅子座子女可能推開過度親熱的父母，也強烈否認他們需要這種感覺，但他們也會偷偷地渴望親暱，不過只限於他們能夠接受的形式。此外，他們對親暱感情的需求，通常是表現在他們對寵物、較小的朋友或手足的態度上，一般來說是針對那些缺乏自衛能力的對象。獅子座子女是有需求者的典型保護人，他們可以對比他們弱小的生物表達親暱之情（同時也從他們身上接收）。他們特別熱愛非身體形式的親暱表現，在得到一個微笑、溫柔的觸碰、或表達認可的眼神接觸時，會相當高興。

95 處理獅子座子女與手足之間的互動

獅子座子女通常能夠變成他們其中一個或許多個手足的小小父母。只要這樣的行為一直都有正面的影響，那麼他們實際上的父母不干預這樣的行為會是最好的，不過父母仍應該注意狀況。這樣的童年經驗可以是獅子座孩子磨練為人父母技巧的機會，最後會讓他們長大以後成為自家孩子的好父母。在跟他們的手足處於競爭關係的狀況下，為了保護雙方，獅子座活力充沛的力量可能必須被削弱。攻擊性過強的獅子座孩子，遲早有必要學會跟手足交涉的其他手段，而不只是一味地打倒他們。

強項
外向
自信
受歡迎

弱點
自我中心
吵鬧
不被喜愛

互動風格
自信
能得到認可
不會弄錯

獅子座

朋友與家人

96 與成年獅子座子女的互動

　　如果獅子座子女長成真正的獅子座大人，在最佳狀況下，互動會是可以預測而有成效的。不過如果獅子座大人是個從未長大的孩子，孩提時困擾他們的問題，同樣會投射到他們成年的接觸之中。交友與維持友誼的困難，是這些問題中最先出現的，此外還有無法忍受老闆或其他權威人物制定規定與守則的叛逆傾向。但願在獅子座子女變成大人的時候，他們會採納比較不自私、不自我中心、不本位主義的角色，認可接納、同理與分享的價值。

處女座

生日：8月24日至9月22日

就像雙子座,處女座是受到迅速的行星水星主宰的變動宮星座,不過它的元素是土象。在最佳狀態下根基穩固的處女座,是講究實際的思考者,能夠把組織帶進周遭之人的生活裡。然而一旦被自己敏感的神經與消化系統圍攻的時候,處女座可能變成自己最糟糕的敵人。處女座是絕佳的組織者,受到他們所屬任何團體所賞識,但他們的私生活是他們自己的事,而且他們可能對此非常保密。

工作

處女座
8月24日至9月22日

強項
務實
實際
實事求是

弱點
反應遲鈍
缺乏同情心
冷酷

互動風格
一板一眼
精簡
節約

你的處女座老闆

處女座老闆是高度務實的，一般來說是實際派，因此，你行動背後的意圖或理想，對他們來說不如結果來得重要。事實與數字在他們的思維中扮演重大角色，所以請確定你被召喚到他們辦公室的時候，手上就有這些資料。只有符合邏輯與受到證據支持的藉口，你的處女座老闆才會接受。不要設法激起處女座老闆的同情或理解，並且讓你們的互動盡可能不涉及情緒。處女座老闆極度重視他們的時間以及你的時間，所以應試著不要在閒扯中虛擲光陰。

❶ 要求處女座老闆加薪

盡可能多帶能顯示出你對工作很有貢獻的支持證據，以及你造就出的正面成果。如果你的處女座老闆手上已經有這些資料了，不要覺得訝異，因為探究調查是處女座的專長。而且要有能耐顯示你在更高薪的職位上能夠更有效地行動、對公司更有價值。無疑地，你的處女座老闆會問你幾個問題，探探你的底細。請確保回答簡單扼要，直取重點。避免岔題、打哈哈、或突然轉換話題。

❷ 向處女座老闆宣布壞消息

雖然處女座老闆鮮少變得情緒化，但若突然間給他們看壞消息，可能會讓他們失去平衡，立刻激起他們的憤怒。他們會問的第一個問題通常是：「這是怎麼發生的？」第二個則是：「誰該為此負責？」對處女座老闆來說，確定該怪誰這件事極為重要，而一旦他們確信某個人要為此負責，他們便會用如雷射光似的強烈程度瞄準那個人。正常情況下，冷靜的處女座老闆提出的批評，在其他人看來可能像是瘋狂鞭笞，攻擊是以讓人眼花的速度發動的。只有在受害者能夠以同樣的靈活度擋開每一個打擊時，他們才有機會在專業上存活下來。

❸ 替處女座老闆安排差旅和娛樂

在旅行事務方面，處女座絕對堅持讓這些事情以有秩序的方式安排好。他們鮮少會接受你設法替一次的疏忽找藉口。既然出錯無論如何只會激起一陣暴風雨般的痛罵，最好就直說你很抱歉，然後盡可能無縫接軌到

備用計畫上。處女座的娛樂需求通常很匱乏又容易達成，也就是說，一等到你很清楚他們喜歡與不喜歡什麼以後就容易了。處女座極端挑剔，所以請確定你有事先做好他們的偏好核對清單，然後一絲不苟地照做。

4 處女座老闆的決策風格

處女座老闆很樂見你做決定，只要這些決定有扎實的經驗基礎就好。他們不希望看到你在表達或執行這些決定時胡扯一通或含糊不清，寧願你對就對、錯就錯，而不要設法面面俱到。書面而非口頭決定對處女座來說最具份量，這包括決定做成的日期、涉及哪些員工與資料、預算方面的事實和數字，以及所有其他相關細節。雖然他們在你面前可能只會迅速地瞄一眼你的計畫，你可以確定的是，他們會私下用放大鏡檢視一遍。

5 打動處女座老闆

許多處女座老闆對事實印象深刻——而且只對事實印象深刻。他們很愛清單、試算表、日程表、以及讓你的事實更有力又容易理解的所有結構性輔助。在口頭上呈現事實的時候，請讓你的簡報簡潔有力，絕對不要以糖衣包裝。請記得，處女座喜歡自己決定對事物的看法，不需要你去告訴他們你的計畫有多棒。打動處女座老闆，會激勵他們為你多做一點。

6 提案並對處女座老闆做簡報

先以簡短概觀的形式，從陳述你的提案意圖與範圍的導論開始。從那裡再進行到最重要的論點，同時確定能夠以連貫的順序列舉這些論點。循著每一個論點，請準備好回答無疑會處理到小細節的針對性問題。最後，呈現你落實提案的預算、人事及時間要求概述。對於這種事情，你的處女座老闆傾向於相當小氣，總是寧願儉省節約勝過大方慷慨，所以請預期他們會同時縮減你的需求與可用資源到勉強過得去的最低限度。

你的處女座員工

處女座員工認真看待他們的工作，而且通常以很高的專業水準交出品質良好的成果。即使他們可能有點悶，卻是可以仰賴又值得信任的員工。因為處女座是最重隱私的人，他們的工作通常會是重要的社交宣洩途徑。因此對處女座來說，工作代表一個他們能夠拿錢、又有機會每天跟其他同事互動的職務。他們最要好的朋友常常就在同事之中。午餐時間的討論、飲水機或咖啡機旁的交流，還有下班後喝一杯，是處女座重要的社交機會。

7 面試或雇用處女座員工

通常很容易決定未來的處女座員工能做與不能做什麼，這點從他們的履歷和第一次面試就能夠判斷。處女座鮮少只為了得到工作，就把自己表

強項

認真
專業
值得信賴

弱點

沉悶
需求強烈
無趣

互動風格

有責任感
樂意幫忙
盡忠職守

現成不是他們原本的樣子。他們首先是個務實派，知道雇主和員工雙方一定要有清楚的概念，了解在某個潛在工作情境裡共處會面對什麼狀況。通常他們的問題相當一針見血，不過也極端露骨地表現出他們的優先選項。最重要的是，處女座想要確定公司會給他們某種適當程度的安全感。

8 宣布壞消息或解雇處女座員工

處女座員工經常有種隱藏的自卑情結，在面對失敗以壞消息或開除危機的形式出現時，可能會把他們擊倒。對他們來說，陷入困境、甚至到達情緒崩潰的地步，其實不算不常見。因此，謹慎的老闆或主管在向處女座員工宣布壞消息時會格外小心，以避免任何直接的責怪。你的最佳作法是，純粹處理顯示出不可能繼續走相同路線的事實與數字。如果從這個方向著手，處女座便相當能夠修正他們的作法，並且在未來繼續為組織效命。

9 與處女座員工一同差旅或娛樂

雖然處女座員工很挑剔，但他們對於公司預算內可能與不可能做的事情卻很有意識。生性節儉的他們，花費鮮少超出他們的需求，就算在有錢可花的時候亦然。娛樂在處女座員工的優先事項清單裡排名不高，他們很容易就滿足於某些有趣的對話，還有放鬆喝一杯。他們的強項是組織與計畫，所以不論只是為他們自己或者為了整個團體，他們都相當有能力安排整趟旅程。對於他們繁重的辦公室工作來說，旅行是他們期待的某種回饋。

10 分配任務給處女座員工

如果任務有經過詳細的說明和解釋，處女座員工便完全能夠執行。身為一板一眼的人，他們會嚴格遵守指示。所以最好不要把太多事情留給他們去想像，而要完整交代一切，通常最好以遵循一連串的步驟來表達。他們偶爾會有疑問，所以當有問題產生的時候，應該讓他們能自在地徵詢上司的意見。他們獨立作業的能力比在團體中工作來得好，應該給他們會受益於全面性方法、又需要個別關心照料的工作。

11 激勵或打動處女座員工

處女座大體來說是以思考為重的。所有關乎智慧、心智靈活度、謎團與問題等等可以被釐清解決的事務，對他們特別有吸引力。因此，存在高度邏輯性的專案，還有知道怎麼利用他們的腦袋來增進公司利益的老闆，最能夠激勵他們。處女座無法忍受跟遲鈍愚蠢的人一起工作，總是會想要與聰明人並肩工作。需要解決的問題越困難，你的處女座員工越有動力去處理。

12 管理、指導或指正處女座員工

如果建設性批評是以正確的本意提出的，處女座員工可以接受並從中獲益。自己就非常嚴苛的處女座，知道在任何人的工作裡挖出錯誤、並且說明能夠怎麼糾正，是很有價值的。只要老闆在管理與指導處女座員工時保持客觀，並且避免表現出憤怒或直接指控，他們會發現處女座願意成為上對下命令的實踐工具。回饋導向的處女座，對於自己做得好的工作能夠得到幾句感謝或稱讚，通常就很滿足了，但若有升遷或紅利那就更棒了。

你的處女座同事

處女座可能在任何組織裡跟他們的同事變得非常親近，不只是身為專業人士，也會成為朋友和熟人。雖然處女座同事可能較喜歡單獨工作，他們卻以自己身為團隊成員所達到的成就為傲。在這樣的團體裡，他們就算願意，也極少主動尋求領導者的角色，只在常態下滿足於扮演謙遜的角色。勤奮工作的他們，鮮少讓他們的同事失望，或者把自己不想處理的工作推到同事身上。雖然處女座在大多數事情上很有禮貌、圓融又體貼，他們卻可能在企圖堅守事實與字面原意的時候，對情緒上的細微變化變得很不敏感。

強項
樂於幫忙
誠實
有禮貌

弱點
不敏感
沒感覺
沒同情心

互動風格
謙遜
不做作
工作勤奮

13 尋求處女座同事的建議

最好向處女座同事尋求專業建議，而非個人建議。處女座並不是人類心理學專家，他們可能會完全誤解一個情況，結果提供了若你照做不誤，會被證明造成災難的建言。處女座同事在牽涉到行程表、複雜指示與技術細節的專業事務上特別敏銳，他們通常會花時間幫你釐清難以理解或執行的命令。他們如剃刀般銳利的心靈，有辦法切開含混的參照資料，找出會產生實際結果的可行方法。如果他們講話或思考速度對你來說太快了，只需要求他們放慢速度，用簡單的方式花時間解釋事情即可。

14 向處女座同事求助

通常處女座不是立刻行動的那種人，他們需要深思一下你的要求，特別是考慮這種行動對於他們的專業立場可能有什麼影響。如果他們認為幫助你對他們無傷，他們可能會答應。援手可能來得很慢，但大半狀況下，他們對自己的承諾會貫徹到底。然而要有心理準備，他們會隨時限制他們參與的範圍或時間長度，因為他們有時候會為了某些理由，需要縮減協助的規模。

15 與處女座同事一同差旅或娛樂

在跟處女座同事一起旅行時，你會發現他們很享受有你陪伴的樂趣，程度就跟享受任何為他們計畫的特別娛樂活動一樣高。如果你們兩人很合得來，他們會享受跟你共享一般的日常活動。習慣退居次要角色的處女座

同事，會很樂於在大多數事務上聽你的，而且會在做決定時讓你主導。對處女座同事展現仁慈與體貼，他們就永遠都會多做一點來幫忙你。要是他們突然間變得退縮又情緒化，不要試著詢問他們，而是要讓他們自己走出來。

16 與處女座同事共事

處女座同事只要沒有被忽略或被視為理所當然，在跟其他人共事時是極其合作的。雖然他們得到獎賞和回饋的需求不算過高，但他們仍會從所屬團體提供的稱讚中得到滿足。鮮少表現叛逆的處女座同事，只有在遭受明顯不公平或不誠實的對待後才會開口抗議。他們對被打破的承諾特別敏感，因為他們把講出來的話當成了法律約束。抱怨對於他們的精神健康來說是必要的，所以應設法忽略他們的小挫折與惱怒。

17 打動或激勵處女座同事

處女座如果置身在一個人人盡力而為、辛勤工作的團體中，會最有動力貢獻全副心力。閃避責任與不勞而獲者會惹惱處女座同事；想搭順風車的有魅力或膚淺之人，以及利用操縱手段避免做份內之事的人，也特別容易激怒他們。要是這樣的「廢柴」在團體裡出現了，處女座顯然是能夠勇於開口要這些人回歸正軌的正確人選。你的處女座同事如果不堅持就什麼都不是了，而他們直到團隊以最高效率工作以前，是不會罷手的。

18 說服或指正處女座同事

處女座同事只能用常識與邏輯論證來說服。訴諸於他們的情感通常會失敗。要是你希望針對處女座同事提出批評，最好把他們拉到一旁，有耐性地用建設性的方式，逐一列出論點來指正他們所使用的方法。然而，這些批評出現的頻率絕對要維持在最低程度，因為頻繁的吹毛求疵會讓你的處女座同事緊張，還會耗損他們。要說服處女座同事你的方向才是正確的，最好限制在一段時間內的數次簡短解釋。處女座不是很容易一次就被說服，在他們準備好接受你的方法以前，他們需要先看出這樣做有效。

你的處女座客戶

處女座客戶可能非常講究而挑剔。跟他們共事會需要大量的專注力，因為他們會希望你鉅細靡遺地遵循他們的指示。他們會期待你一絲不苟地照顧到每個細節，因為他們會拿放大鏡仔細查看你的報告。你應該溫和地敦促他們往大處著眼，並且去感受你在遵循的基本方法或哲學，但在這方面對他們不要有太多期待。他們鮮少會稱讚你的工作表現，不過光是他們繼續當你的客戶這個事實本身，就應該當成是一種感謝的表示來加以接受。

19 打動處女座客戶

處女座客戶會要求你採用他們使用的同一種分析性、全面性方法。因此，取得他們前一個已經發展好的專案概要，對你可能很有用，這樣你就可以看出他們的方法學。一旦你能夠掌握這個部分，也準備好開始你的專案，處女座便會對你盡力涵括他們指示中提到的每一點感到印象深刻。他們通常會期待定期更新進度，以便對你的進展有個概念。在任何一刻，他們都可能吹哨叫停，要你糾正並重新導引你努力的方向，所以做好準備吧！

20 向處女座客戶推銷

一旦你向處女座客戶證明了自己的能力，賣出新專案或產品鮮少會成為問題。然而，一定要先建立你在他們心目中的可信度，所以請確定你最初的專案是成功的。最重要的是，你在向他們推銷時應該合乎邏輯，並且沒有顯露出矛盾或不一致之處。要樂觀積極，不過在此同時不要粉飾或忽略潛在的困難，像是壓低成本或是趕上截止期限。你過去跟其他客戶的紀錄會是重要的賣點，要是你過往曾經協助改善他們某位競爭者的名聲，就更是如此。

21 處女座客戶重視的外表和舉措

最好不要穿太花俏或風格太突出的衣服，這樣可能會讓處女座客戶無法專注在你的簡報內容。強烈的古龍水或香水、性感的風格、或者時髦的髮型，可能都有不良後果。建議你展現出自己是一個準備好要聆聽的可靠之人。準備聆聽這個特徵，可以用記下完整筆記和問出聰明問題來加以支持。處女座通常會被他們聽眾的不耐煩、注意力散漫、還有無法理解主要重點（這個最重要）給惹惱。他們痛恨重複說明自己的意思，所以應想辦法第一次就弄清楚他們說什麼。

22 保持處女座客戶的興趣

處女座客戶相當執著於自己的做事方式，所以表現出對這個領域的好奇心，並且請他們提出建議，談談他們會怎麼處理事情，會有助於保持他們的興趣。避免試圖用趣聞或笑話來替你們的會議增色，而且最重要的是，不要離題或者持續改變話題。處女座易受到複雜性與難以理解之事所吸引，所以可以用挑戰他們的心智來抓住他們的興趣。複雜性是某種讓他們著迷的東西，而你處理問題領域的心智靈活度，具有抓住他們注意力的作用。

23 向處女座客戶報告壞消息

只要你有一份理由清單，以合乎邏輯的方式解釋為什麼會導致失敗，你的處女座客戶就可以接受壞消息。一一呈現這些理由，並且證明將來能夠怎麼避免（或者至少降到最低限度），你就可以說服你的處女座客戶給

強項
細節導向
專注
周密

弱點
挑剔
講究
不知感激

互動風格
重視事實
觀察力強
分析性

你第二次機會。對於舊有問題的新解決方法，處女座可能會漸漸變得相當熱衷，尤其是只用來稍微改一下他們自己的方法（而不是全部改掉）的便宜方案。所以，採納方向上的些微改變，同時維持他們原本的意圖，對他們來說會有最好的結果。

24 招待處女座客戶需注意的「眉角」

一旦你把處女座客戶從專業環境與商業話題中帶開，他們便相當有可能放鬆下來，不再那麼拘謹，並且讓自己可以徹底享樂。他們想要維持個人與專業生活之間嚴謹的區隔，不過他們就是不知道該怎麼做。容許他們暫時忘記自己的職涯，徹底沉浸於享樂主義的追求，你便是幫了他們一個大忙——他們不會輕易忘記這點。一旦處女座客戶對你的娛樂風格上癮了，他們可能會繼續跟你做生意，同時總是期待你爲他們準備好的額外娛樂時間。

你的處女座合夥人

一般來說，處女座是很好的生意夥伴。儘管如此，處女座更多變的那一面，會在他們成爲合夥人的面向上到處展現。令人難以預測的他們，可能會做出讓人料想不到的徹底改變，使得他們的合夥人不時覺得一頭霧水。這並不必然是因爲他們算計的態度，反而跟順應衝動行事比較有關，而且經常連他們自己都驚呆了。所以對處女座合夥人能期待什麼，通常很難完全確定。既然處女座生性注重隱私，又有很多事情留在自己心裡，因此可能很難知道他們在想什麼。

25 與處女座建立合夥關係

處女座喜歡事先知道對他們的期待是什麼，所以在與他們建立的任何合夥關係裡，勞務分工應該徹底討論、計畫，然後寫下來。處女座鮮少會同意接受他們不確定是否能夠駕馭的任務。他們尋求的是履行承諾，因此他們明顯是結果導向的。他們也很有可能對他們的合夥人（們）有相同、甚至更多的期待。然而弔詭的是，對他們來說，最好的合夥人是跟他們相反的：強項在於理論、想像與直覺的人。

26 與處女座合夥人之間的任務分配

盡可能讓你的處女座合夥人自己工作。而且要是有必要組織一群專業幕僚來幫助他們、並且實現他們的想法，那麼最好也把助理的選擇權交給他們。處女座對於他們能夠共事與不能共事的對象，有很好的直覺。要是你需要你的處女座合夥人協助你自己的某個專案，他／她會準備好伸出援手。然而，你必須盡可能避免打斷他們的工作；他們的專注力一旦被破壞了，就很難迅速恢復專心。

強項
忠誠
冷靜
謹慎

弱點
衝動
難以預測
令人困惑

互動風格
重隱私
低調
令人驚訝

27 與處女座合夥人一同差旅或娛樂

你與你的處女座合夥人之間的革命情感，可以在一起旅行的過程中增長。這種情誼本身是建議雙方一年進行一、兩次商務旅行的好理由。雖然處女座合夥人有強烈的偏好，但大多數會委託你選擇旅館、餐廳或旅行方式。萬一你在這方面顯得不感興趣或難以決定，他們也能夠指引方向。對大多數處女座合夥人來說，並不需要每天晚上都有餘興節目；最常見的狀況是，旅程中有單單一場傑出的節目或其他表演就夠了。

28 管理並指導處女座合夥人

在某些方面，處女座可能很難管理；但在其他方面，他們卻驚人地好說話。當然，有很多事情要看他們個人的性格，不過當你看到他們顯示出抗拒被指導，你就應該立刻收手，尋求比較不直接、不正面衝突的方式。同樣地，你不應該利用他們看似願意服從命令的那一面，因為他們可能會覺得憎惡，並且直到很久以後才表現出來。與其直接要求處女座：「你介意做這個嗎？」你反而應該試著在沒問問題以前就感受到答案。你對處女座的想望與需求表現出的敏銳度，他們會很感激，而且通常對他們的不滿有安撫效果。

29 與處女座合夥人長期的合作之道

通常只有在時間拉長以後，跟處女座合夥人才會出現問題。因此，你可能覺得合夥關係的發展一切順利，然後有一天卻被處女座特別針對你而爆發的怒氣嚇到。為了避免這種時刻，請溫和地鼓勵處女座合夥人偶爾表達他們的負面感受，然後認真看待他們說的話。這個方法唯一的問題是，處女座很愛抱怨，你在這方面鼓勵他們，可能會惹出麻煩。

30 與處女座合夥人分道揚鑣

處女座可能很依戀他們的合夥關係與合夥人。然而在狀況就是不好的時候，他們也能夠務實地接受。如果你是不開心的一方，同時他們卻相當滿意，或許你能試著明確提出對你們有較好改變的建議。要是你的處女座合夥人不同意，或者無法達到這種要求，這可能會成為他們能夠理解並接受分家的理由。如果他們是不開心的一方，他們可能忍受了好幾個月或好幾年，卻什麼都沒有說，然後有一天就無預警地宣布他們受夠了。

你的處女座競爭者

處女座競爭者可能極為機靈，在心智層次上很可能是個可畏的對手。他們喜愛跟對手較量機智程度，會用他們需要使用的任何策略，撒下混亂的種子，製造困惑、不知所措與氣急敗壞。通常這些事會做得很委婉，同時他們則在自己那一邊保持冷靜、鎮定、泰然自若。一旦他們的武器生效，他們就會用一種顯得天真無辜的方式，繼續進行原本替他們的產品或

強項

機靈
令人畏懼
委婉

弱點

過度自信
有誤導性
不可信賴

互動風格

不坦率
祕密行事
鬼鬼祟祟

服務安排好的計畫，就好像根本沒有發生任何事一樣。

31 反擊處女座競爭者

要反擊處女座競爭者鬼鬼祟祟的伎倆，最佳之道是毫不留情地以其人之道還治其人之身。一看到他們有介入你的公關與行銷活動的跡象，你就應該靜悄悄地全面宣戰並發動攻擊，沿用他們用來顛覆你計畫的方式，設法破壞他們的計畫。在此同時，你應該做好自家的損害控制，強力地對抗他們的攻擊性行為，並且很快地補起他們在你網子上戳出的洞。你的迅速反應會讓他們氣餒，使他們變得脆弱。

32 智取處女座競爭者

處女座最大的長才在於他們的計畫，所以最好不要嘗試在這個領域裡直接反擊他們。最好等到他們的計畫結構變得清楚以後，再找方法在每一點上直接對抗他們。通常如果你能夠在某一、兩個領域裡，在他們的盔甲上擊破一個洞，就可以導致他們懷疑自己整體計畫的有效性。一旦達成這一點，他們就肯定會開始改變，而你就掌握了你們互動的節奏。從這以後，他們的行動就可能限制在對你的戰略做回應。當這些競爭者處於守勢的時候，通常會導致混亂。

33 當面讓處女座競爭者刮目相看

因為處女座的風格很隱密，你應該把目標放在相反的方法上。保持輕鬆與開放，通常會惹惱你的處女座競爭者，讓他們冷不防失去平衡。在他們很驚訝（可能還在竊笑你如此愚蠢，竟然是個什麼都講的大嘴巴）的同時，你可以利用他們的失衡狀態。隨你高興多丟一點假線索和矛盾的說詞，破壞他們的冷靜；在他們開始反應的時候，便可能會揭露他們的許多隱藏意圖。

34 對處女座競爭者削價競爭或高價搶標

通常處女座競爭者致力於在幕後做他們真正的生意，有時甚至非正式地讓其他人代表他們公司的利益。在這方面直接反擊他們，最好的作法是做一點研究（還有間諜工作）來破壞他們的策略。在全面的競標戰中，最好用虛張聲勢來對抗處女座競爭者，因為他們很可能從表面上理解你的行動。一旦你讓自己喊出高價的時候，你通常可以成功地拉高他們的競標，直到你終於退出為止，留下他們成為一場過度膨脹競標戰的可疑贏家——反正你本來就沒有興趣要贏。

35 與處女座競爭者的公關戰爭

處女座競爭者通常夠聰明，足以分析你的方法，然後逐點加以反擊。挫敗他們的一個辦法是採用相同的路數，並且把你的公關與行銷保留到最後一秒為止。通常你會贏得這種神經戰，並且逼他們表明立場或攤開底

牌。他們會設法用針對你公司的虛假或誤導性陳述，刺激你的情緒，讓你做出反應。站到制高點，然後拒絕對這種嘲弄恫嚇做出任何回應。也要拒絕採取下三濫的路數，不要批評他們的產品，反而要設法宣傳你的產品。

36 向處女座競爭者展現你的態度

大多數處女座競爭者會設法保持客觀。他們通常在個人事務上非常有保護性而且保密。就連拐彎抹角地講到他們私生活中的某件事，都可能讓他們大為光火。因此在停火與和平時期，應努力避免這種話題。然而在跟這種對手之間的全面戰爭中，你滿有可能把這種訴諸個人的路線當成武器來使用。處女座生氣的時候表現最糟，而且他們會讓自己招致更進一步的攻擊，也會暴露他們的敏感之處，並且讓他們脆弱的神經系統受制於極度的壓力之中。

愛情

處女座
8月24日至9月22日

強項
有品味
有辨別力
吸引人

弱點
封閉
不表露感情
靜默

互動風格
冷靜
不被打動
處變不驚

與處女座的第一次約會

處女座在初次約會時可能格外不表態又顯得冷淡。極度挑剔又謹慎的他們，通常會保留自己的感受，鮮少洩露他們到底喜不喜歡你。最好不要闖入他們的空間。不要逼他們說出他們是不是覺得很愉快。處女座約會對象會想要以他們的外表來讓你印象深刻，所以請確保你說了他們看起來有多棒這樣的話。他們會期待你沉浸於機智、反諷、文字遊戲與對話之中，以有趣的主題與充滿洞見的評論為特色，用這些話來讓他們覺得很有趣。在他們陷入沉默的時候，並不必然暗示你有什麼不好的地方，所以就繼續高談闊論吧！

37 吸引處女座的目光

雖然大多數處女座對於被邀出去初次約會持開放態度，但他們可能會挑明，你們第一次會面的時刻不是談話的最佳時機。幾天後安排一場電話對談，在其中可以計畫你們第一次的長時間會面。通常最好只跟他們散個步，或者放鬆地喝杯咖啡或飲料，而不要安排有晚餐和餘興節目的精緻約會。這樣會讓有辨別力的處女座有很好的機會仔細觀察你，並且決定是否要進一步交往。

38 初次跟處女座約會的建議

在經歷了最初相遇、在電話上講過話、去散步或喝一杯以後，你們現在準備好進入第一次成熟的約會了。在此，你應該全力以赴，不嫌麻煩，不吝花費，讓你的處女座約會對象印象深刻，並且確保你們都很愉快。找出處女座約會對象喜歡哪種音樂、食物或其他活動，因為最糟的就是你做了差勁的選擇，導致他們全程不表贊同或者不樂在其中。處女座是很會抱怨的，所以你會馬上知道你的現狀，或許還能夠及時改變方向。

39 初次跟處女座約會的助興與敗興之舉

敗興之舉比較容易討論。處女座約會對象太有選擇性又挑剔，實際上任何事情都可能讓他們覺得掃興。舉例來說，他們可能喜歡你提議的某件事，但可能時機不對或地點不對。既然他們的拒絕是這麼難以預料的事情——就算對他們自己也是——你就有必要直接冒個險。真正會讓他們興

奮的是你有能力解讀他們現在的狀態與心境，以及能夠當場就立刻急中生智，想出某種取悅他們的事情。

④ 對處女座採取「攻勢」

在對處女座採取行動以前，能洞察時機（知道在正確的時候做某件事）是關鍵。只有在一切剛好都對的時候，處女座約會對象才會充分回應；覺得現在時機不對的任何感受，免不了會導致你被推開──身體上和情緒上都是。鼓勵他們採取行動通常不是一個可行的選擇，因為他們鮮少會這麼早就表達立場。在他們似乎對你的行動採取開放態度時，他們並不會有所克制。因此，你必須當那個遲早要冒著被拒的風險採取行動的人。

④ 打動處女座的方法

周密的準備通常會讓處女座印象深刻。如果你準備周全，就越過第一道門檻了。這樣的準備包括的不僅是先訂位、買票、安排舒適的交通與保證擁有一定程度的隱私，還要看起來好到足以陪他們出去一晚。處女座就是期待事情順利，而在事情不順利的時候，他們可能顯得缺乏同情與理解。盡你所能還不夠，一切必須是完美的。如此苛求的態度可能會激發某些人達到更高的成就，卻讓某些人完全倒胃口。

④ 擺脫處女座的方法

在許多情況下，處女座約會對象不在意被拒絕。你們兩人一起出去的第一個晚上結束時（而且通常還更早），你們都會知道彼此是不是合得來。身為真正的務實派，處女座約會對象鮮少想要繼續跟某個顯然不適合他們的人來往，反之亦然。你不必然要想出華麗的藉口，向這些思慮清楚、合乎邏輯的人說明為何沒再聯絡。在這種情況下，說實話一點都不會讓他們心煩。

你的處女座戀人

處女座戀人的附帶好處，在計畫旅遊、安排預約和計畫未來的時候，會變得很明顯。處女座在他們精明的盤算以及安排好上述事情的需要之下，不會留下太多錯誤的空間。有時候你會希望他們不需要這麼精確地敲定每件事，可以留下一點轉圜空間給最後一刻的變化；但大半時候，他們會替你省下很多時間和麻煩。一般來說，處女座對這段關係所貢獻的好處勝過對他們的伴侶，並且會努力保持關係的健全和它的限度。

④ 與處女座戀人進行討論

你的處女座戀人會要你履行你所做的承諾，並且逼著你維持原來的計畫。因此，任何涉及你這方改變心意的討論，都會被嚴肅地處理。處女座寧願討論特定論點，而不只是漫無重點地談下去，雖然他們確實有喜歡有

強項
結構清楚
井然有序
有所準備

弱點
有強迫性
緊繃
不讓步

互動風格
經過算計
精確
井然有序

趣八卦的弱點。你與處女座戀人最享受其中的討論，會是讓他們微笑和大笑的那些，因為在這種時候，他們會拋下比較嚴肅苛刻的態度，真正放鬆下來。

44 與處女座戀人發生爭論

忘了跟處女座吵架吵贏這種事吧！他們不只會用邏輯在你的論證上打出具有毀滅性效果的洞，還會阻礙你這方反抗他們意志或逃避責任的努力。在此有個悖論存在：雖然他們的論證合乎邏輯，但他們的行為可能一點都不理性。在被逼著理性的情況下，他們只會說「不」，拒絕聽從任何合乎常識的論證。這種理性與不理性的奇異組合，讓他們成為令人望而生畏的對手。他們也傾向於不輕易原諒或遺忘。

45 與處女座戀人一起旅遊

坐在車裡、飛機上或火車上，而且知道你的處女座戀人從票到點心飲料都已經幫你打點好了，是多麼愉快的事。處女座討厭應變不及，因此準備是他們的強項。雖然嚴重的判斷錯誤是不尋常的，處女座也只會把失算當成不幸的意外一笑置之，不希望自己因而承受責備。雖然他們欣賞有趣的對話，閒聊卻可能讓處女座覺得疲累，讓他們非常緊張又壞脾氣。請用機智的文字遊戲、解謎和玩遊戲來維持他們的好心情。

46 與處女座戀人的性愛關係

就連最嚴謹的處女座（而且通常就是最緊繃保守的那些），都會在私底下自由奔放。他們甚至會冒險進入有點變態而奇怪的性愛領域裡，而在跟你獨處且通常是在他們自己的地盤上時，可能讓人訝異地積極或有反應。在臥室（或者任何其他房間）被似乎很端莊、甚至過度拘謹的處女座「攻擊」的經驗，可能是相當令人難忘的。在他們選擇的時間和地點揭露私底下的自己，是處女座的專長。之後請不要提到這件事，或者企圖拿他們的行為來嘲弄他們，因為處女座的幽默感有嚴格的限度。

47 處女座戀人的親暱表現

大多數處女座不喜歡公開展現親暱。處女座的熱情勝過感官性，不愛經常被觸碰或擁抱，而且可能也會在你企圖親吻他們的時候閃避，就算只是親親臉頰也一樣。雖然他們有冷漠的名聲，大多數處女座在有這個心情的時候，會因為針對他們的微笑或和藹的話語而感到愉快。當你能夠解讀表示「保持距離」或者「別碰我」的紅色警告燈在閃爍時，你和你的處女座戀人相處會最順利。

48 處女座戀人的幽默感

有些人堅持處女座沒有幽默感，因而替他們貼上極端愛批評、挑剔、敏感又愛責備的標籤。有些人甚至完全拒絕說處女座的任何好話，堅持他

們的負面特質最後會毀滅任何戀愛關係裡的浪漫。雖然這樣說是過頭了，但不可否認的是，嚴苛認真的態度，確實常常讓處女座無法充分放鬆並讓自己享受樂趣。但知道怎麼讓處女座戀人笑的人，通常對他們沒什麼好抱怨的。

你的處女座配偶

就連最獨立的處女座，都能夠相當自然地進入婚姻領域，成為絕佳的家務管理者與供養者。雖然他們對秩序的堅持可能會把他們的伴侶逼瘋，在整理自己的私人工作與生活空間時，卻是馬虎到讓人難以理解。這樣的區域可能看似邋遢雜亂，事實上卻是根據某種奇特的處女座邏輯安排的，而且只有他們自己看得出來。雖然你的處女座配偶很努力工作，但他們卻未必喜歡這樣。他們寧願做必要的最低限度工作，然後放鬆下來自得其樂。他們在緊急狀況下表現耀眼，而且在被需要的時候會在場。

49 處女座的婚禮和蜜月

雖然處女座配偶喜歡他們的婚禮與蜜月事事安排得宜，他們卻寧願讓別人來掌管這些事。他們一點都不討厭做計畫、或者說出他們的要求與願望，但在談到落實的時候，他們喜歡讓別人來執行，好讓他們人生中難得一次能夠站到後方，或者更精確地說，坐下來或者躺下來放鬆。當他們跟新婚配偶獨處的時候，他們也期望在任何領域都可不受到壓迫——他們在享受的，可能是長期以來第一次擁有的真正假期。

50 處女座的家庭和婚姻生活

處女座對於他們的要求非常堅持，因此最好盡可能少反對他們，並且要確定他們至少暫時對你的行為感到滿意。其他選擇並不令人愉快。當你沒有達到處女座的要求時，最好做好準備面對如洪水般湧來的批評、抱怨、謾罵、或者只有北極寒風能夠相比的冷酷態度。處女座難以取悅是惡名昭彰的，所以只要有可能，最好不要質疑他們，設法遵循他們訂下的規則就對了。

51 處女座婚後的財務狀況

你的處女座配偶可能非常擅長走捷徑、撿便宜、存到驚人的巨額存款，以及在沒錢的狀況下做事。他們在花錢方面往往顯得小氣，並且要求他們的伴侶也抓緊家中錢財，而非花掉它。處女座在配偶不必要地花錢時會生氣，甚至到達不跟他們說話、或者迴避身體接觸的地步。對大多數處女座來說，編列預算並加以遵循（而且當然堅持你也要這麼做）都是自然不過的事。

強項
可靠
辛勤工作
居家

弱點
有強迫性
霸道
草率

互動風格
堅持
愛批評
有洞察力

處女座

愛情

52 處女座的不忠與脫軌

像處女座這樣超級頑固又遵守規則的人，對不忠的態度卻是令人驚訝地無涉道德。在他們確定配偶的忠誠與愛時，他們相當能夠忽略偶爾的脫軌。然而，他們鮮少會忘記這種不忠的任何細節，可能會在以後用來當成對付配偶的武器。他們也看不出自己偶爾調情或一時放縱有什麼不對，只要所有私事都保密就好。事實上，處女座並不把性看成婚姻中最重要的事，所以不值得對此大動肝火。

53 處女座與子女的關係

處女座極其擅長照顧子女的日常需求。特別重視細節的他們，會想要檢視子女精神上與身體上的每個領域，以確保他們一切都好。他們也會注意孩子們的衣著、功課與飲食習慣。他們很擅長為子女做好上學的準備，並且確保他們還年幼的時候不會落單。隨著孩子年歲漸長，處女座父母會願意讓他們獨立，而且會為了不必這麼勤勉地照顧他們而鬆一口氣。然而，處女座父母通常會敏銳地注意有沒有麻煩發生。

54 處女座面對離婚的態度

處女座配偶在離婚事務上特別不能寬恕。他們通常會設法留住孩子、房子、銀行帳戶，以及他們能夠抓住的東西。他們的態度是，他們最辛勤工作，所以應該得到積聚下來的大多數東西（債務與帳單除外）。通常伴隨這種態度而來的是對配偶需求的無知，但除此之外，他們在正常狀態下並不會設法破壞或施加情緒傷害。他們確實造成情緒傷害的事實，在大多數情況下並不是因為他們有意傷人，而是因為他們的不敏感或冷漠。

你的處女座祕密情人

你的處女座祕密情人很容易不高興，以致在浪漫關係中無法信賴他們能維持穩定性。經常為了抓住伴侶而緊張兮兮的處女座，其行為會揭露出他們懷疑與批判的天性在運作，因而損害了他們的感情，也藉此傳達出他們的不安全感。最常見的狀況是，這種負面思緒除了導向他們自己，但也有可能分別指向他們伴侶的態度，或者這段關係的本質。在對事態有正面感覺的時候，處女座祕密情人天生的美麗就會煥發出來，強調並補足了他們的才智、能耐、以及負責的本性。

55 遇見處女座祕密情人

你之所以會認識潛在可能成為祕密情人的處女座，經常是透過共同朋

友或家庭成員——他們覺得他／她很有趣，認為你們兩人應該見見面。處女座對你的興趣，也可能以同樣的方式被撩起。在初次會面以前，雙方可能都建立起一種期待感，有助於增強實際接觸時的強烈程度。而且你們兩人對於你們的介紹人的感受，不只是有助於充當見面的藉口或理由，也提供把關係鞏固在一起的水泥，這在早期階段尤其如此。

56 與處女座幽會的地點

處女座必須花很多時間待在自己的地方，在那裡，他們才會真正覺得自在。起初若他們邀你去他們家，可能是最好的，這個作法本身就是高度讚美，也是他們感興趣程度的指標。就連處女座在你敲門後邀請你進去，都是一種信任的表現，但這也顯示他們有興趣讓你更進一步認識他們。要極度尊重他們的空間，而如果你真的會這麼做，也要盡可能少在他們不在或離開房間的時候，碰觸物品或翻動他們的書籍、文件或冰箱。

57 與處女座的祕密性愛

只要發生的一切留在你們兩人之間，絕對不向任何人複述，處女座是很可以享受性愛的。要是關於他們性愛風格的資訊傳回他們耳裡，不管話說得多好聽，他們都可能極端氣惱。同樣地，對於他們說的話要守口如瓶，尤其是分享的祕密。你的處女座祕密情人通常會同等回報，一樣尊重你的隱私。整體而言，祕密情事對處女座來說極其有吸引力，這些隱密的冒險讓他們性慾亢奮。徹底享受他們，但要小心，如果你以任何方式背叛處女座，你應該要預期會迎來極端的嫉妒，以及充滿攻擊性的迅速報復。

58 長久保有處女座祕密情人

如果你繼續跟處女座祕密情人來往，一旦你深陷其中並詳盡地熟知他們的愛與不愛，你通常可以把握住他們。與處女座祕密情人分手的理由，通常純粹跟感情強度隨著時間而削弱有關。然而在你遇見處女座祕密情人的時候，他們經常是已婚或者在穩定的關係中，一旦他們放縱一下的需要過去了，你就要準備好面對他們回到原來的伴侶身邊，並且在這過程中拋下你。事後看來，他們尋求並且需要的可能不是你這個人，而是祕密戀情本身。

59 與處女座的祕密歡愉

在你們共處的時候，處女座祕密情人喜歡得到你的全副注意力，但他們也很享受玩遊戲、猜謎、解決問題，還有討論各種話題。有趣的各種性愛變化與心智活動，對他們特別有吸引力。絕對別試圖直接穿透他們的謎團面紗，反而要以委婉、間接的方式表達興趣，向他們表示這種面紗讓你陶醉。這樣的興趣，通常是你們獨處時，你的處女座祕密情人需要的唯一娛樂。當你們一起公開外出時，請記得他們對於用餐、觀賞表演的座位、以及交通工具等品質的偏好。

強項
吸引人
體貼
能幹

弱點
不安全感
懷疑
不穩定

互動風格
謙遜保守
重隱私
愛批評

60 與處女座祕密情人分手

跟處女座祕密情人分手，最常見的狀況是在關係長到失去效用以後，由他們開口提出。這可能聽起來很冷血，但與處女座祕密情人的戀情經常是奠基於務實考量，因為處女座既誠實又實際。要是你決定跟處女座分手，他們很可能毫不掙扎就接受這樣的決定，心裡知道另一個戀人可能就在下個街角等待他們。現實面的分手最好直接了當地面對面解決，避免欺騙或玩心理遊戲。

你的處女座前任

強項
思慮清楚
有決心
不模稜兩可

弱點
愛譴責
缺乏熱忱
怨恨

互動風格
冷靜
實事求是
超然

處女座通常不是非常熱衷於要繼續跟前任伴侶維持關係。太常見的狀況是，他們滿懷負面的感覺，寧願就只是跟過去斷個乾淨。他們擅長應付律師及法律事務，會循每一個管道來確保自己得到恰當的補償，在取得子女監護權這方面也會顧到。他們寧可不在前任面前表露情緒，讓事態保持冷靜且實事求是。雖然他們可能很容易心煩和惱怒，特別是覺得自己被冤枉或者承受不公平對待的時候。

61 與處女座前任成為朋友

不要期待跟你的處女座前任太親近。你設法建立新的情感羈絆，通常打從一開始就注定失敗。處女座對這種事情的態度，遵循的是這句老話：「一朝被蛇咬，十年怕草繩。」通常你能期待達到的最佳狀態是，客觀地理解另一個人的立場、相互尊重，並且沒有（或者停止）怨恨與敵意。所有身體接觸都應該刻意地避免。如果你試圖誘惑他們，或者在情緒上觸動他們，你的處女座前任在態度上可能會變得特別惡劣。攪動舊有的情感，通常只會陷自己入罪、招來憎惡。

62 與處女座前任復合

就算只是一種可能性，這個議題都要在長期重建尊重與信任之後，才有可能考慮。如果在讓你靠近他們或者開始討論復合事宜以前，你的處女座前任要求你提出口頭和書面保證，說你會公平對待他們，不要覺得訝異。你必須準備好把你的自傲放到一邊，也要坦白承認過去的失敗，還有你有意改變。然而除非你能夠以實際行動來背書，否則就算給他們全世界的承諾，他們都不會相信。

63 與處女座前任討論過去的問題

只有在你準備好分析、聆聽、接受，還有最重要的，從你的處女座前任的觀點來看事情，你們才能討論過往的議題。一旦你有展現出任何憤怒或其他強烈情緒的跡象，就應該準備好面對你的處女座前任轉身走掉。有時候最好根本不要去談往事，因為一旦處女座跟你踏上這條路，直到這個主題完完全全（而且通常很痛苦地）耗竭以前，他們不太可能會停下來。

就像咬著骨頭的狗，你的處女座前任不會輕易放過這樣的議題，會連著好幾天、好幾週、甚至好幾個月談下去。

64 對處女座前任表達親暱感情的程度

如果真要這麼做，你也該盡可能少在這樣的行為裡採取主動。雖然你到頭來可能得等上好幾年，但最好還是讓處女座先行動。即使是最輕微的微笑、流連的眼神接觸、或者輕輕地碰手，都要心存感激，而且最重要的是，對於這些序曲不要反應過度。事實上，你最好徹底忽略這些事情。你的最佳途徑，可能是開始透過書寫來表達感情，這樣你的肉體存在感才不會那麼強烈。

65 界定與處女座前任現有的關係

你的處女座前任是界定這種關係的大師，所以替行為與言論建立基本規定這件事，應該留給他們去做。能夠嚴格遵守這些警告，對你來說會是證明你一片善意的最佳辦法。在關鍵時刻，你甚至可以指出你在這個領域的成就，當成例子說明你要讓事情行得通的善意與想望。絕對別做出你並不準備遵守的承諾。對處女座來說，你的話就是你的約定。

66 要求處女座前任分擔照顧子女的責任

對所有處女座來說，安排都來得很自然。在固定的探訪或分享模式牢牢建立的時候，他們會覺得最自在。彈性處理通常不可能，就算子女在某個特別場合之前做出要求也不行。此外，處女座通常會斬釘截鐵地堅持要你遵守關於子女的法律約束協議。你若展現情緒，很可能會讓他們封閉起來，所以應努力避免表現你的感受，從訴諸同理關懷到直接的狂喜狂怒都不行。正面與負面情緒都可能同樣受到譴責。

朋友與家人

處女座
8月24日至9月22日

強項
- 樂於支持
- 樂於幫助
- 恆久不變

弱點
- 需求強烈
- 難相處
- 愛批評

互動風格
- 關愛
- 愛評論
- 投入

你的處女座朋友

處女座朋友可以極為支持又很有幫助。他們似乎知道你真正需要他們的時候，而就算他們跟你失聯了好一陣子，他們通常會在正確的時機冒出來。雖然一般來說，處女座的感情需求可能很強烈，你的處女座朋友卻覺得很難直接向別人要求幫助。對於這樣的求助，他們一般會拖很久才說，所以當這些要求終於來了的時候，你應該認真看待。跟處女座朋友的聯絡不需要很頻繁，而是每隔幾週或幾個月一次，給他們打個電話或寄封電子郵件，讓他們知道你現在的情況就可以了。

67 向處女座朋友求助

只有某些時候才能得到處女座朋友的幫助，亦即他們人生中的一切都到齊了，而他們也樂意付出的時候。然而，因為他們太常埋在自己的問題裡，情緒狀態總是不夠穩定，甚至不見得幫得了他們自己。因為這麼敏感的神經與消化系統，處女座常常處於受苦、或者至少是輕微不安的狀態裡。所以必須在請求他們的幫助以前，確定他們的身體、心理與情緒狀態。要是他們夠好，就不必遲疑，開口要求吧！

68 與處女座朋友溝通和聯絡

處女座的溝通特色是直接講重點，不過在表面之下，可能潛藏著其他議題。與處女座的對話，通常可以同時在好幾個不同層次上發生。經過這樣的意見交換以後，你會想要在心裡再過濾一次對話，然後尋找其中的言外之意。溝通頻率對大多數處女座來說並不重要，但恆常不變就很重要。要是出現了一個每週或每月接觸的日程表，處女座會期待你保持這個狀態。事實證明一起休閒一晚，或者延續一段時間的電話對談，就足夠維持好一陣了。

69 向處女座朋友借錢

許多處女座朋友有一條不成文法則，內容如下：「如果我不向你借錢，你也別向我借錢。」對於過去從未向你借過錢的處女座朋友，你若找他們借錢，可能會碰一鼻子灰。他們在任何特定時刻，荷包滿滿或者一貧如洗的事實，並不是讓他們付出金錢的壓倒性因素。他們想知道那筆錢要

拿去做什麼用、讓你花這筆錢是不是好主意，還有你打算以什麼方式、在何時還錢。有這些因素和其他條件加諸借款上的時候，你可能反倒希望往別處去借錢。

70 向處女座朋友徵求意見

處女座朋友可以給出非常有幫助的建議，因為他們的思考合乎邏輯，而且能夠預料到遵循某種行動路線可能產生的問題。然而，他們肯定會在稍後問你是否照著他們寶貴的建議做了；如果你沒有，他們可能會選擇下次不再幫你。處女座往往既愛下判斷又很苛刻，在從他們那裡得到建議以後，你或許不希望讓你的行為被仔細地檢視。在要求或者接受他們的建議以前要仔細想過，因為這可能讓一段美好的友誼開始走向終點。

71 拜訪處女座朋友的時機

拜訪處女座朋友，應該在他們選擇的時間與地點進行，只要這樣的決定對你來說不會有很高的重要性就好。幾乎對每件事都很挑剔的處女座，如果不確定他們是否想要以某種方式做某件事，可能很快就會變得緊張不安。所以，最好不要說服他們做任何他們顯然有抗拒感的安排。壓迫他們只會讓狀況變得更糟，甚至可能突然導致一場雙方都要花很長時間才能恢復的災難。

72 與處女座朋友一起慶祝和娛樂

雖然處女座朋友是優秀的計畫者與組織者，卻無法總是可以信賴他們在事件來臨時會有好心情。他們經常在準備節目的時候扮演重要角色，結果卻因為嚴重頭痛或神經質的胃痛，導致他們根本無法出席。說實話，他們通常寧願如此。社交聚會並不是他們的強項，而他們寧願跟人一對一見面，或者頂多一次見幾個人。然而，要是你需要他們陪伴或提供保護，他們會把這個角色做到淋漓盡致。

你的處女座室友

處女座室友並不會試圖在日常生活情境中扮演宰制者的角色，然而他們的最低要求，通常嚴格到足以讓人強烈感覺到他們的存在。處女座肯定不會自謙，他們相信他們是來這裡幫忙，並且維持家務的穩定。他們鮮少會帶來不確定、混亂、或明顯的反叛，但如果他們屢次被惹毛或被忽略，他們一定會堅持立場，拒絕讓步。他們可能極其不能原諒室友的錯誤，而就算有，也極少忽視別人的輕蔑，不論那種輕蔑看起來可能有多麼微不足道。

73 與處女座室友分擔財務責任

處女座並不是以他們的慷慨出名的，所以，他們會準備好履行他們的

強項
穩定
誠實謹慎
有秩序

弱點
不寬恕
嚴格
有報復心

互動風格
目的清楚
合乎邏輯
負責

義務，但很有可能拒絕比事先同意的多付出一點。他們很可能對無法履行協議的室友很嚴厲，甚至激動地責怪與謾罵。因為他們對財務責任嚴格又不退讓的態度，讓他們至少確保了房租、水電瓦斯和電話帳單都會即時付清。然而在食物及其他額外物品方面，他們可能堅持室友們必須遵循節約路線，不要過度花費。

74 與處女座室友分擔打掃責任

實際上，儘管處女座有「打掃狂」的名聲，但他們可能跟別人一樣亂糟糟。可是他們會打掃，而且通常很迅速。然而這並不表示他們也會清理你造成的混亂。通常嚴謹的地理分隔線，會明白顯示他們在哪裡收手。他們並不喜歡嘮叨別人去打掃，反而經常以簡短且沒那麼好聽的措辭，發出打掃命令。處女座室友在打掃方面真正的強項是，他們每樣東西都有位置可放，也相信每樣東西在不用的時候都應該盡可能各歸其位。

75 當你的訪客遇到處女座室友

通常處女座對於你請來的賓客會抱持戒心，把他們看成潛在的麻煩製造者，而自己必須在事後清潔善後。另一方面，處女座對於來待幾天的自家親友可能非常奉獻又體貼。對大多數處女座來說，待太久真的讓人無法接受，因為他們在來客太過享受的時候會變得很緊張。財務上來說，在一次拜訪拉長的時候，他們一點都不羞於要求或暗示其他人幫忙貢獻食物、甚至是水電瓦斯費。

76 與處女座室友的社交生活

處女座室友偶爾很享受讓自己放鬆一下。他們肯定能像派對上的其他人一樣狂野、喧鬧、炫耀性感，而且常常有過之而無不及。然而在喧囂沉寂下來，他們開始整理收拾、並且客氣地送賓客到門口時，他們的組織與秩序感幾乎是立刻恢復了過來。通常處女座室友會自己擔負起派對的所有責任，並成功執行，而且不期待任何感謝。然而這只是在其他人沒能幫忙的時候，因為在有人伸出援手時，他們會非常感激的。

77 與處女座室友的隱私問題

處女座是極端注重隱私又祕密行事的人。他們會要求自己的空間是不可侵犯的，但他們對客廳、浴室和廚房這樣的共享空間則相當開放。在任何還不到火災的狀況下，都絕對不能進入他們的房間，而他們也期待你能口頭呼叫他們或者敲他們的房門（但拜託，不要太頻繁）。當他們使用網路，或者在公用電腦或電話上講話時，他們不希望你在背後看或在旁邊聽。清早、深夜，當然還有這兩個時段之間，都應該給他們最大程度的隱私。

78 與處女座室友討論問題

只要對話保持冷靜理性，堅持主要重點，處女座室友對於解決問題有很大的信心。他們偏愛跟你討論任何特定話題，只要你事先想過，而且認真考慮過他們的觀點。與其設法碰巧逮住他們，當場來個即興對話，他們較喜歡跟你約個時間，這樣他們可以全神貫注在這個議題上，而且最重要的是整理好想法，準備來場溫和的辯論。他們對於幾乎任何問題都能靠邏輯與常識解決的信仰，是無可動搖的。

你的處女座父母

處女座父母熱愛制定規範與守則，會設法保護並捍衛他們的子女。他們很可能替子女生活的每個面向建立結構，努力替孩子省下力氣，保護他們不受傷害。一旦他們的子女長大了，想試圖更獨立的時候，並不總是會感激父母這種控制狂的態度。處女座父母太常拒絕認可這種對自由的要求，堅持他們的孩子成年之前要完全順從，結果可能造成孩子的叛逆。明智的孩子不會直接反對處女座父母，但只要有可能，就會把他們自己的願望與行動埋藏在心裡。

79 處女座父母的教養風格

因為處女座父母對於禁止某些活動的嚴格態度，使他們被迫為了規則被打破的狀況，預留某些管教方法與懲罰形式。正常來說，禁足就是足夠的懲罰了。然而，處女座父母聰明到也會獎賞他們的孩子遵守規則，尤其是在子女有注意他們的建議、或者遵循他們的指示，並且產生正面成果的時候。他們通常會設法跟孩子創造出一種團結感，和子女分享他們自豪的家庭態度。處女座父母在子女也把他們視為朋友的時候，是最快樂的。

80 處女座父母與孩子的相處

處女座父母可能不會過度誇張地炫耀親暱感情，通常是在小地方顯現。跟處女座父母同調的子女，很容易就可看出這樣的跡象，而且很珍惜。就算是最嚴格的處女座父母，也有不時自動展露的柔軟面向。在子女對他們表達親暱之情的時候，處女座父母可能顯得淡漠，甚至制止這種情感表達，但之後他們獨處時則會欣賞這些表現。諷刺的是，身為這麼務實的個體，處女座父母卻可能更容易無緣無故就偶爾表達親愛之情，而不是把這當成獎賞。

81 處女座父母給孩子的金錢觀

處女座父母對於給子女現金非常嚴格，不只是因為他們很節儉，也因為他們想要把好習慣灌輸給孩子。正常狀況下，他們會給小額零用錢；然而，他們也會注意那些錢是怎麼花的。如果一個孩子希望買某樣特殊物品，處女座父母會堅持他／她為此存錢，用自己的錢去買，通常會要他們

強項
保護
捍衛
關懷

弱點
過度嚴厲
死板
無法妥協

互動風格
權威式
有決心
固守儀式

去當保母、送報紙、或者割草坪。如果是非常昂貴的品項，處女座父母通常會幫忙，方法是付錢要孩子去做某件需要有人做的事。

82 處女座父母的危機處理

因為處女座父母有非常敏銳的神經系統，以致他們可能對某個情境過度反應，讓危機無中生有。理智的子女不會讓他們的處女座父母暴露在這種不安的狀況中，反而會自己處理這個情況。然而在真正緊急的事件中，處女座父母通常會保持冷靜，有效率地糾正事態。身為愛操心的人，他們可能覺得很難放下對子女安全的恐懼，因此有時反而在不知不覺中引起小災難，而不是避免這些災難。處女座父母必須學到，被壓抑的恐懼可能有其心理作用，會把他們設法保護孩子避免的那種危險吸引過來。

83 處女座父母的假期安排和家族聚會

處女座父母知道怎麼為任何假日或家庭聚會做周密的準備。雖然他們的孩子會很感激自己不用做太多事，但同時他們也很渴望能夠體驗衝動行事的自發性喜悅，而且可能會開始覺得過度計畫讓事情變得乏味而可以預測。不幸的是，處女座父母傾向於每次都用同樣的方式做事，這種高度可預測的方式，過一陣子就會變得無聊了。身為傳統與儀式的愛好者，處女座父母傾向把家庭看成支持他們比較保守的一面。

84 照顧年邁的處女座父母

處女座父母隨著年齡增長，會變得很挑剔。所以可能很難一邊照顧他們，一邊顧及他們的好惡。愛抱怨的年邁處女座父母需要表達他們的偏好、擔憂與關心之事，而不是憋著不說、變得鬱鬱寡歡——照顧者面對這種事也不愉快。最好把協議寫成書面文件，這樣可以提醒處女座父母他們本來同意什麼，尤其是在年邁處女座父母的記憶受損時。影響年邁處女座父母的最佳方式，就是應用良好的古老常識。

你的處女座手足

不要把處女座手足的安靜當成軟弱。通常處女座手足相當確定他們自己的力量，不會在不必要的狀況下設法讓別人直接注意到他們。他們滿足於獨自工作，除非真的有需要，否則鮮少會要求任何一種幫助。處女座手足可以對他們在手足中的排行位置調適良好：身為老大，他們會比較堅定自信；排行中間的話，他們會比較能適應情勢；而身為老么，他們會很令人愉快，常常都是高高興興的。他們對家庭的忠誠度很高，不論順境或逆境都會支持他們的手足。

85 與處女座手足的競爭和親近

處女座手足通常滿足於他們在家中的地位。他們不需要參與沒完沒了

的手足競爭來建立自身地位，或者對此感到有自信。他們會把精力放在家庭結構內來工作，不抱怨，也不需要被肯定。他們的回饋通常來自服務本身，而在這個領域裡，他們可以相當無私。然而，回饋對他們也很重要，他們會要求他們的努力得到公平的回報。雖然處女座覺得跟自己的手足很親近，但他們通常會第一個離巢，並且建立自己的家。

86 過往的成長經驗對處女座手足的影響

當處女座手足覺得被冤枉的時候，可能相當無法寬容。而且他們愛做判斷與批判的態度，很可能以嚇人的力道落到他們的手足身上，並且讓全家人的心情都潑了很大一桶冷水。直到這樣的議題被處理並解決以前，這一家人都會繼續走在困難重重的道路上。除了其他事情以外，最重要的是處女座代表正義，就他們看來，正義是某種對每個人都算數的東西，而當不義抬頭的時候，他們便會出手解決。他們對錯誤行為給予的懲罰，通常意味著冷酷以對、沉默、忽視犯錯的人，但他們也可能動手。

87 與疏離的處女座手足往來

大多數疏離的處女座手足是難以接近的。一旦他們對其他人下了判斷，他們就會採取一種很難（如果不是不可能）突破的刀槍不入的淡漠態度。因此要在一段時間內接近他們，會需要很多耐性。然而，你是有可能一點一點滲透的，在幾個月、甚至幾年時間裡，謹慎且敏銳地施加壓力。向他們道歉通常有幫助，但遞出橄欖枝，並且敦促所有相關人等出手結束家庭的不和，也可能同樣有效。一旦他們重回家庭，他們就可以很徹底地做到，毫無保留。

88 處女座手足對繼承、遺囑等金錢議題的處理

處女座手足對於金錢事務相當嚴謹，尤其是在跟繼承有關的事情上。他們不只是堅持每個人都要被公平對待，並且肯定會起身接受他們理應得到的那一份。要是他們被列為家族產業的信託管理人或保管人，他們也會想要得到適當的報酬。處女座並不熱愛把錢借進借出，但他們為了重要事務（通常牽涉到他們的核心家庭）而需要這麼做的時候，並不會猶豫開口要求，甚至會尋求法律手段來打破一份遺囑。

89 與處女座手足的家族團聚和慶祝活動

眾所周知，處女座手足很盡責，而且在準備家庭聚會的時候，可以仰賴他們做他們份內的工作。當家庭成員彼此許久不見的時候，他們特別熱愛團聚。在這種時候，他們的組織技巧真的很出色，而且通常會把自己的住處當成主要聚會地點，甚至能夠奇蹟般地找出人人都能就寢並且放行李的地方。對於比較年長的家人，像是父母、阿姨姑姑和姨丈叔伯等等，他們甚至會放棄自己的床，打地鋪一、兩晚。

強項
適應性強
支持
貢獻

弱點
靜默
被動
易怒

互動風格
樂意幫忙
友善
含蓄

朋友與家人

90 與處女座手足一起度假

在跟度假有關的時候,處女座手足並不樂於隨機決定任何事。他們充分察覺到某些家庭成員的煩人偏好對他們來說特別討厭,而從一開始他們就會講明白,如果採取這種不討喜的態度,他們就不希望參與其中。因此,到頭來他們拒絕其他人的任何作法,堅持要照他們的方式來做事。雖然他們的惱怒指數很高,他們的個人要求在正常狀況下卻很合理,而且本質上相當保守。基本上,他們只是不想暴露在可能毀掉假期的不確定性、或任何瘋狂或令人困擾的行為之下。

你的處女座子女

強項
盡責
合作
順從

弱點
固執
不贊同
拒絕

互動風格
含蓄
警戒
小心

處女座的孩子很盡責,可能成為家庭的中流砥柱,年復一年毫不抱怨地付出。然而如果他們覺得不被感激、被視為理所當然、或者根本被忽略,遲早他們的怨恨會累積到難以忍受的程度,最後終於爆發。因此最好注意他們,並且給他們的幫忙一點獎勵。雖然處女座小孩可能是良好行為的模範,但當與父母有關的時候,他們也有高度挑剔與愛下判斷的一面。一板一眼的處女座子女會堅持父母要說話算話。這些小孩的父母很快就會學到不能輕易許下承諾。

91 處女座子女的人格發展

處女座子女長大的時候似乎沒有改變很多或很快。他們的人格核心會保持原樣,雖然理所當然地,他們的興趣與活動改變相當多。他們的外表也可能經歷極端的變化,因為他們不怕做出劇烈的改變。處女座子女有小小年紀就建立起來的信念,那是他們無論如何都不會放棄的信念。處女座孩子對於道德的態度很強烈,鮮少有小孩能像處女座那樣,在別人沉浸於他們眼中不符倫理的行為時,表現得那麼不贊同。看到父母對其他手足、寵物和朋友的不公平待遇,處女座子女就是不會光忍耐而不強烈抗議。

92 處女座子女的嗜好、興趣和職涯規畫

處女座子女所追求的職涯通常會涉及服務,像是健康照護、社會工作、教學、還有出版。他們也擅長積聚大筆金錢,也知道怎麼投資金錢,所以他們是優秀的銀行家、股票經紀人和生意人。成長過程中,他們的嗜好對他們來說極為重要。不管是電玩、運動、流行或電影的收藏家或狂熱愛好者,他們對這些追求所付出的精力,通常超過學校的課業。話雖如此,處女座通常是好學生,他們的組織性技巧確保他們會過關,而且成績優秀。

93 對處女座子女的管教

一般而言,管教對處女座子女來說不是必要的,他們對於什麼可以做、什麼不准,非常有意識。他們鮮少在直接違規的時候抗辯說自己不知

情,或者找藉口。處女座子女在打破規矩的時候,完全知道他們涉及了什麼狀況,而且連後果都知道。如果紀律必須被貫徹,他們通常會接受,不會抱怨。然而要是管教行爲不公平或不必要,他們會用盡全力保護受到不當對待的手足或朋友。

94 與處女座子女的親暱程度

雖然親暱之情對處女座子女來說不是最重要的事,但他們對此卻非常有反應。用擁抱或和藹的話向親愛的家庭成員表達,眞的會觸動處女座子女的心。他們極度熱愛寵物和其他小生物,就連正常狀態下不表露柔情的處女座孩子,都會把親暱感情揮霍在這些生物身上,每天毫無保留地表現出他們的感受。通常處女座子女有偏愛的手足或父母,他們可以跟這些人分享他們的親暱感情,但這樣的偏愛可能導致家庭中的嫉妒,在某些狀況下甚至很極端。

95 處理處女座子女與手足之間的互動

如果父母和手足給處女座子女公平待遇,他們就不會造成問題。在受到不公平對待的狀況下,處女座子女就是不會接受,而問題會持續發生,直到所有錯誤都被糾正爲止。處女座子女不必被逼迫或提醒他們應負責任或義務;通常他們就是提醒的那個人,方式還滿像大人的。處女座子女特別擅長記得假日、生日和各種特殊場合,他們會帶頭把每個人召集起來慶祝。在懶散或抗拒的家人之間點燃火焰,讓他們參與活動,是處女座的特長。

96 與成年處女座子女的互動

有時候處女座子女在態度上是如此成熟,以至於他們似乎小小年紀就已經長大了。在這些狀況下,處女座孩子與成人版的他們並沒什麼差別。在檢視之後,我們可能會說,成年的處女座子女只是稍微更大人一點點。處女座子女常常更成熟些的一個理由,與他們的嚴肅有關,這種性質會持續,而通常在他們的成人生活裡還會變本加厲。對成年的處女座子女來說,享受樂趣、偶爾眞正放鬆一下之所以非常重要,其中一個理由就在於此。成年的處女座子女高度重視朋友與家人,他們跟這些人在一起時,總是能夠以輕鬆的方式讓自己開心。

天秤座

生日：9月23日至10月22日

跟金牛座一樣，天秤座是受到金星主宰的愛美人士。在社交上極有天分的天秤座，對於怎樣交朋友以及處理人性的複雜面，所知甚多。但這並沒有把他們變成社交花蝴蝶，因為他們當中許多人仍較喜歡獨處，不過命運卻似乎帶領他們去從事能用上他們待人天賦的專業。天秤座在人生中的重大挑戰是保持平衡，這可由他們的象徵符號——天秤，作為代表。

工作

天秤座
9月23日至10月22日

你的天秤座老闆

除了被員工喜愛以外，天秤座老闆只會更重視另一件事，那就是被員工大大擁戴。這種受歡迎的強烈需求通常會出賣他們，甚至可能損害他們的努力。他們沒有專注於辦正事、努力追求正面的結果上，反而太常把興趣放在自我滿足之上。有時候，他們對仰慕之情的需求似乎是無邊無際的；知道這一點的人，就能夠透過讚美的給予及保留來操縱他們。天秤座老闆創建成功公司的掙扎，通常在於要對抗最難搞的敵人——他們自己。

1 要求天秤座老闆加薪

對於要在天秤座老闆的公司裡力爭上游的人來說，別企圖讓自己的鋒芒蓋過老闆是很重要的。只要天秤座老闆不覺得被野心更大的員工威脅，他們通常會同意給員工加薪或升職。天秤座老闆的聰明員工，很快就會理解到他們真正該效忠的對象不是公司，而是公司的主事者。天秤座老闆期待旗下員工展現不容質疑的個人忠誠——一種只會隨著歲月而增強的堅定支持。

2 向天秤座老闆宣布壞消息

對天秤座老闆來說，良好的感受常常比良好的結果更重要。反之，天秤座老闆可以接受壞消息，只要所有相關人等都共同分擔相同的感受就好。因此，天秤座老闆可以從一起為壞消息哭泣之中，得到等同於一起慶祝好消息的情緒滿足。在壞消息呈上以後，天秤座老闆絕對不想一個人獨處。分享是天秤座精神構造的關鍵，少了這一點，幾乎每件事都變得毫無意義。天秤座老闆鮮少說「我」；他們更常說的是「我們」。

3 替天秤座老闆安排差旅和娛樂

天秤座在團體中運作良好，而這會影響到他們對於跟別人一同出差、旅行與慶祝的看法。在坐下來吃飯的場合，應該特別留意坐在天秤座老闆那一桌以及其鄰近位置的人。同樣地，雖然天秤座老闆在旅程中會自己占用飯店的一個房間（至少在他們抵達的那天下午會如此），陪伴他們出差的其他人卻不該選擇其他樓層的房間，反而應該選擇靠近老闆的房間。所有能夠增加分享與私人互動的社交考量，都應該有最高的優先性。

強項
受歡迎
有個人魅力
討人喜歡

弱點
自負
感情需求強烈
自我挫敗

互動風格
令人愉快
有魅力
磁鐵般的吸引力

4 天秤座老闆的決策風格

許多天秤座老闆會確保政策會議裡列席的不只有高層顧問,也要有某些低階員工。這顯示出民主對天秤座老闆來說,比展現出專制的一面重要得多。天秤座老闆不會把自己看成主掌大權的人,反而當成一個團體裡的核心人物,這個團體是努力工作也努力玩、運作時永遠互相依賴又充滿善意的組織。當然,天秤座老闆要做最終決定時並不會退縮,但在規畫這種決定時,員工的完整參與是必要的。

5 打動天秤座老闆

對工作團體的共同益處有所貢獻的無私行為,最能夠打動天秤座老闆。自私或自我膨脹的行為,或者踩著別人追求更上一層樓的老派行徑,都會讓他們不悅。同樣地,你能激勵天秤座老闆行動的最佳作法是,向他們保證在同樣造福管理階層與勞工的議題上,他們會得到團體的支持。同心協力這個想法,對你的天秤座老闆來說有最強烈的吸引力,通常導致每個人都為彼此更加盡心盡力,而不只是為了讓自己多賺一點而加班。

6 提案並對天秤座老闆做簡報

天秤座對所呈現的表象會留下深刻的印象,這表示簡報必須很吸引人、很有創造性,還要以漂亮的風貌呈現出來。在做簡報的時候,每個元素都應該事先小心翼翼地仔細檢查,因為任何一個項目的外觀或執行顯得粗劣,都可能是整體提案品質低落的指標。文字資料應該清晰而沒有錯誤;視聽媒材應該色彩鮮豔而清晰,如果可能的話就要聰明地加以數位化並程式化。最後,你的外表應該一絲不苟地打理好。還要記得,天秤座老闆會說出公司的顧慮,但也會想知道團體任務要怎麼分配與落實。

你的天秤座員工

天秤座員工不必然會過度熱愛社交。雖然他們明顯有待人處事方面的天分,卻通常寧願獨自工作;他們發現他們的專注力,有很大程度仰賴過濾掉讓他們分心之事。你的天秤座員工通常是完美主義者,鮮少容許個人要求與他人沒完沒了的胡扯破壞了他們的高標準。但不可否認的是,無論他們多努力試圖去否定,他們在工作上的命運,似乎就是跟其他人密切相關。他們對人性的了解,通常會受到同事與老闆一致的高度讚賞。

7 面試或雇用天秤座員工

天秤座求職者喜歡讓他們的才智與經驗得到認可。一旦確定如此,他們就會期待相應的薪資與適合他們能力的位置。有時候,後者對他們來說比金錢更重要,因為他們想要得到在職涯上發光發熱的機會,也想在公司裡達到一定地位。第一次面試時,他們通常會小心地問起他們未來的工作條件,以及他們每天會接觸到的人。能夠感覺到自己是團隊的一員,對天

秤座員工而言很重要。

8 宣布壞消息或解雇天秤座員工

大多數天秤座員工對於自己的專業能力有很高的評價，所以拿他們的缺點或明確的失敗跟他們對質，對他們來說並不容易忍受。然而如果他們是被調到另一個部門，或者是面對減薪的消息，這番宣言可能根本不會被當成壞消息；如果這樣表示壓力變少、工作條件更舒適，就更是如此。大多數天秤座員工並不是過度努力的勞工。他們很享受執行比較簡單的任務，這樣不僅讓他們的壓力比較小，又容許放鬆，同時可與同事維持友善關係。

9 與天秤座員工一同差旅或娛樂

雖然不是所有天秤座員工都是派對魔人，他們對於社交場合和娛樂卻跟別人一樣很享受，甚至常常比大多數人更樂在其中。所有天秤座都熱愛找樂子，並且認為差旅和娛樂是他們所做工作的回報。說真的，這樣的活動對天秤座來說是必要的，而且在專業角度上被視為他們工作的重要益處。天秤座員工喜歡保持輕盈，這包括輕裝旅行，以及用機智和幽默來點亮社交場合。可以仰賴天秤座員工有能力讓整個過程對每個相關人等來說都更愉快。

10 分配任務給天秤座員工

避免指派份量過重或太有挑戰性的工作給一般的天秤座員工。在工作上，無可否認地，天秤座有慢慢來的傾向，而且他們如果被迫日復一日不能鬆懈地完成大量工作，會變得極不快樂。他們最喜歡的狀況有兩個層次——要不是給他們不至於造成太多壓力的可駕馭或輕鬆的工作，就是給他們有趣的任務，讓他們受到挑戰而更辛勤工作，接著讓他們的工作步調有一段休息或放慢速度的時期。

11 激勵或打動天秤座員工

天秤座員工珍惜他們的度假時間，而且熱愛享受放假與不用值班的日子。所以，保證他們會有更多休息或延長他們的度假時間，可以是很強烈的激勵因素。比起那些就只是埋頭苦幹、光憑決心與辛苦工作得到成果的人，輕鬆又亮眼地完成自身任務的老闆和同事，最能夠讓天秤座欽佩。天秤座員工也對令人愉快、充滿良好幽默感的同事印象很好；對任何人都鮮少微笑或好言好語，個性又太過嚴肅的陰沉之人，則會讓他們覺得掃興。

12 管理、指導或指正天秤座員工

只要讓你的指示簡短有力，放手讓天秤座員工自己去做，不要嘮叨他們（除非你是用一種歡快輕鬆的方式叨念），管理和指導天秤座員工便可以輕易達成。大多數天秤座員工都很難接受批評，因為他們完美主義的態

強項
理解體諒
聰明
完美主義

弱點
拒絕
傷人感情
不切實際

互動風格
精力充沛
爭強好勝
放鬆

度，讓多餘的要求變得不必要——至少他們心裡是這麼想的。在天秤座員工顯得判斷力很糟的時候（這可能很常見），可能必須告訴他們一個徹底改變的方法，因為他們不時會朝著完全錯誤的方向出發。

你的天秤座同事

強項
令人愉快
歡樂
和善

弱點
不知所措
方向錯誤
有誤導性

互動風格
有趣
幽默
社交能手

通常可以仰賴天秤座同事來點亮每個人的一天。在帶著微笑或機智的評論裡，常可以明顯看出他們的好性情。雖然天秤座同事很享受其他人的陪伴，然而在只剩下他們的時候，他們還是能夠產出高品質的工作成果。處於團體中的時候，他們社交性的一面會浮現，尤其是跟三、四位同事共同參與活動時。天秤座不只享受社交上的交流，也知道該怎樣發揮身為團隊一員的功能。然而當他們確實判斷錯誤的時候，因為他們的魅力、以及如磁鐵般的性格影響力，很可能會拖著所有人跟他們一起脫軌。

13 尋求天秤座同事的建議

絕對不能總是從字面意義上接受天秤座的建議，因為他們給出這些建議的時候，通常別有涵義。天秤座的智慧，有時在經驗上或現實中並沒有良好基礎。當然，在他們不特別喜愛的同事前來詢問時，天秤座有能耐給出誤導性的建議，可能因此讓他們可憐的同事急匆匆地往錯誤的方向衝去。熱愛惡作劇、鬧劇式幽默與諷刺性指涉的天秤座，給出的勸告絕對不能從表面上照單全收。因此，他們在幾乎所有狀況下注入幽默的能力，只有在出於正面意圖時才會得到感激。

14 向天秤座同事求助

天秤座同事通常不是你第一個想要求助的對象。他們總是太過沉浸在自己的世界中，沒時間跳出來幫別人的忙，或者保證他們會做到某些個人承諾。不過，要是他們特別適合幫忙——是能夠提供某個專業或技術的唯一人選——可以在有限制的情況下找他們。天秤座同事鮮少會請求同等回報，要求別人幫忙以作為回饋，他們通常覺得這樣做有失身分，不利於他們的專業形象或社會地位。

15 與天秤座同事一同差旅或娛樂

在共享美好時光的時候，天秤座同事超級有趣。他們不僅能夠自得其樂，也很擅長讓別人享受到樂趣。相對來說，在狀況變得很嚴苛或嚴肅的時候，或者在他們就是玩得不愉快時，待在他們身邊就沒那麼開心了。就像受到霜害的花朵，他們會凋萎皺縮，好心情幾乎立刻就消散一空。一旦經驗過他們的這種行為，同事通常都會承受到壓力，必須確保他們的天秤座同事繼續保持愉快的心情。

16 與天秤座同事共事

雖然是社交能手，許多天秤座同事實在太爭強好勝，以至於跟他們合作不只是難，還讓人討厭。天秤座肯定有瘋狂的一面，導致他們切入問題的方式和每個人都不一樣。他們也往往會讓問題無中生有，以及努力修正其他人覺得運作良好的事物。說實話，推動他們的通常是一股讓事情運作得更好的渴望。當一切都運作順暢的時候，他們可以是任何團隊成就中珍貴的一部分，只要別把他們怪異的觀點看得太認真就好。

17 打動或激勵天秤座同事

用回饋的誘惑來激勵天秤座同事，效果很好。在常態下，他們尋求的回饋是讓他們以悠閒步調進行、並且給他們時間休息，而不是承諾給他們金錢上的回報。天秤座同事在事情運作順利、其他人不干涉他們的時候，最為快樂。然而，他們確實喜歡能夠自由地插入他們的觀點和講笑話。對於能夠理解並欣賞他們幽默感的同事，天秤座會留下最好的印象。對天秤座同事來說，沒有什麼比共享美好時光更重要的了。

18 說服或指正天秤座同事

有時候，天秤座同事會讓自己在勸誘、甚至逼迫之下遵循命令一陣子，以避免進一步的衝突。然而，你可以確定的是，他們會盡可能迅速恢復自己極端獨特的路線。天秤座相當能夠自嘲，所以如果批評是以輕鬆、甚至好笑的方式為之，他們可能會接納。但也常會有的情況是，損及他們的評語很容易就讓他們氣惱難消，隨著時間過去而累積成經久不消的怨恨。日後他們可能終於找到機會報復，然後突然間對冒犯者發動一連串帶刺的攻擊。

你的天秤座客戶

為天秤座客戶工作是很愉快的經驗。一般而言，很有禮貌、令人愉快又興高采烈的他們，會擺出一張和善的臉孔，而且看不出來有揭露或討論任何他們個人問題的需要。同樣地，他們通常不會深入生意上的困境，但會讓你看到一個清楚的畫面：他們想要做什麼，以及怎麼做。你應該採用同樣樂觀的態度面對工作，因為天秤座對熱情的態度反應良好，特別是跟他們自己不尋常的計畫有關時。你採取不合慣例的態度非但不會惹惱他們，還常常有助於讓他們更正面地評估你的能力。

19 打動天秤座客戶

讓天秤座客戶印象最深刻的是，認真看待他們、並且被他們激發出仰慕之情的人。你的天秤座客戶很吃奉承討好這一套，對他們來說，你能給予的最大恭維，或許是你覺得他們很迷人、他們的想法很有趣。雖然他們所有的想法不一定都行得通，但若在第一次會談時修正或批評這些想法，

強項
熱忱
有禮貌
令人愉快

弱點
有幻想傾向
沒人情味
膚淺

互動風格
誘人
吸引人
積極正面

可能會讓他們整個冷掉，以至於中斷與你的談話。所以請保持樂觀，把修正留待你們一起工作的稍後階段，特別是在事情進展順利的時候。

20 向天秤座客戶推銷

天秤座客戶不容易被說服，除非你們的商業基礎前提是一樣的。正常狀況下，根本不必向天秤座客戶推銷，因為如果你們對基本事項有共識，他們就會很開放地接受你的提案。要是他們真的喜歡你走的路線，他們也會準備好為另外一層投資釋出資金。避免嘗試向他們推銷大筆生意，不只是因為沒必要這麼做，也因為這樣的作法只會讓他們退避三舍，事實證明會有反效果。

21 天秤座客戶重視的外表和舉措

天秤座客戶對自己的外表感到自豪，所以你在這方面的風采最好不要壓過他們。你應該看起來很好，但不要「太」好。正常狀況下，他們永遠不會評論你的外表，但你可以確定他們已經把每個細節都看進眼裡了。回到公司時，他們會回答同事和主管問到你的問題，並附上簡單的陳述，描述你看來如何、聽來如何。保持協調、反應積極、整潔與整體感，避免過度浮誇或撩人的服裝。請確定你的服裝上沒有皺褶、斑點或水印，髮型應保持整潔美觀。

22 保持天秤座客戶的興趣

要保持天秤座的興趣，最佳的達成方式是把你的興趣牢牢地鎖定在他們身上。你要做的就只有仔細地聆聽他們，保持敏銳且有反應。讓他們提起一個話題，然後準備好朝正確方向跟著飛翔。藉著總是讓他們帶頭，你會表現出你有能力理解他們、遵循他們的指示。如果你想在某個特定主題上深入細節，就丟出一句妙語，甚或直接問他們，在這個領域裡多做闡述是否可能引起他們的興趣。如果他們真的想多知道一點，才繼續往下說；否則你可能是挖了個大坑給自己跳，最終很難爬出來。

23 向天秤座客戶報告壞消息

報告壞消息的時候不要找藉口，但也不要用會讓人心生警戒的方式說。保持冷靜和良好的協調，採用這樣的態度：「我們雙方都是有經驗的生意人，可以應付像這樣的挫折。」要是他們起了戒心，手邊請準備好另一組數字，可以讓發生的事看起來比較正面。此外，顯示出一次的失敗，事實上可能是因禍得福的契機，會引起這些客戶夠多的好奇心，讓你足以從一不小心就很難處理的狀況下脫身。正常情況下，你的天秤座客戶對冗長的事後檢討或哪裡出錯的解釋，並不感興趣。

24 招待天秤座客戶需注意的「眉角」

天秤座客戶熱愛被請喝酒、吃飯，而且一般而言喜歡以許多方式被寵

天秤座

溺，視他們個人偏好而定。唯一的問題是，他們可能在這一晚結束以前，就開始把你看成主要的娛樂活動。雖然在跟有魅力的天秤座客戶交涉時，相互引誘的價值是無可磨滅的，但在個人往來與生意往來之間作出嚴格的區分，會乾淨俐落得多，在專業上也有益處。早點畫下界線而不是稍後再說──或許丟下一個相當廣義的暗示──會有助於保持恰當的平衡。

你的天秤座合夥人

跟天秤座合夥人共事可能很美妙，但他們也對自己、以及專業上跟他們很接近的人極為苛刻。身為極度苛求的完美主義者，天秤座就算可能很有魅力又隨和，卻也能夠用他們的要求把你逼瘋。雖然在任何合夥關係中，天秤座會維持他們的支持，卻會喚起許多矛盾的感受，導致他們有時變成你心目中愛恨交織的對象。天秤座合夥人最難搞的特徵之一是他們無止盡的猶豫不決，通常這是因為他們總是想考慮事情的另一面。

25 與天秤座建立合夥關係

大多數天秤座合夥人非常多才多藝，能夠在短時間內代理職務，甚至是在他們正常專業範圍之外的領域。所以，你把自己努力的目標放在專精的領域中，然後給天秤座盡可能大的空間來展現他們的諸多才藝，會讓合夥關係進行得很順利。在需要雙方共同投入的專案上，當另一個人是團結與可靠的磐石時，天秤座合夥人也會做得很好。天秤座的精力可能很快就耗損，而他們傾向以突然爆發的方式表達自己的意見，而不是在長時間裡定期釋放。

26 與天秤座合夥人之間的任務分配

因為天秤座強大的社交技巧與對人類性格的知識，最好把牽涉到與他人聯絡的工作留給他們，尤其是代表合夥關係進行的外部專案。你的任務應該要比較偏向在內部工作，處理涉及到維護、計畫與行銷的客觀活動，同時把公關、廣告、簡報和銷售留給天秤座合夥人。與其跟天秤座合夥人分擔一樣的工作，更好的作法是透過共同協議，維持嚴格區別，分派工作讓你們各自完成。然而在必要的時候，天秤座也會知道怎麼分擔與幫忙。

27 與天秤座合夥人一同差旅或娛樂

差旅和娛樂對於天秤座合夥人來說，肯定是加分的。鮮少有其他星座比心情正對的天秤座更有趣了。以揮霍無度而聲名狼藉的他們，現金和信用卡支出是受到控制的，除非他們花的是公司的錢而非他們自己的錢。因為他們引人注意的天分與社交需求，你們兩人不太可能獨處太久。你必須理解他們霸占聚光燈的需求，也要了解他們帶著最新交上的朋友突然失蹤的偏好。

強項
神奇
有魅力
隨和

弱點
苛求
猶豫不決
拖延

互動風格
公平
平衡
友善

工作

28 管理並指導天秤座合夥人

雖然天秤座合夥人會傾聽你有什麼話要說，想管理和指導他們卻很困難。既然他們這麼活躍，在你能夠抓著他們制定共同計畫以前，他們可能已經採取行動了。然而，他們深思熟慮的那一面，以及做長期決策的困難，會給你機會討論特定議題，並且對他們未來的行動提出建議。讓他們放慢腳步的最佳辦法，是讓他們去考量相反的觀點。因此，從「另一方面來說……」開始來回應他們的斷言，通常是讓他們回歸現實、刺激他們思考的最有效方法。

29 與天秤座合夥人長期的合作之道

天秤座合夥人只要覺得有得到賞識與公平的對待，就能夠承諾並長期投入。真正的問題可能是他們不間斷的批評，還有他們連最好放任不管的事情也要插手修正的偏好。天生就是思考家的天秤座有讓人抓狂的傾向，總是創造出種種未完成的專案，而正當你以為事情終於徹底完結的時候，他們又一直回去處理。對他們的這個面向要有耐性，因為他們不太可能改變這點。最好由你毅然決然推進到進程表的下一個項目，然後讓他們在辦得到的時候跟上你的腳步。

30 與天秤座合夥人分道揚鑣

跟天秤座合夥人分開，通常會激起令人困惑的感受，你很可能同時覺得既後悔又如釋重負。分道揚鑣通常看似對天秤座合夥人比較有利，因為他們總是對自己的感受保護得很好，還有一套在事後合理化狀況的奇特辦法——就像《伊索寓言》裡的那隻狐狸，吃不到葡萄，就說反正葡萄可能是酸的。你的感受則是另一碼子事，而你的天秤座合夥人對你的關切，很可能幾乎不存在。在分家事宜上採取現實主義路線的天秤座，看到的是這種分家對彼此的好處，而且對於所有權與利潤的分配會很公平；但對債務就比較不是這樣了，他們可能會留給你去還清。

你的天秤座競爭者

天秤座競爭者以取勝為目標。然而，他們可能會很奇怪地損害到自己的立場，甚至背叛一度對他們來說很重要的理想。他們可能變成自己最糟糕的敵人。天秤座競爭者有時顯得自信滿滿，同時心中又暗藏著嚴重的懷疑與不安全感。最常見的狀況是，這些懷疑不是關於他們的產品或服務——這些東西常常都有最高品質——而是對於他們自己，而且是很深層的。大多數天秤座通常沒有察覺到他們的不安全感，對自己也缺乏自覺，不過他們會繼續快快樂樂地照他們的路線走，不多想這種事。

31 反擊天秤座競爭者

天秤座競爭者走的是飄忽不定的路線。他們傾向於背離原有路線、遵

循假線索、並且誤導自己的努力，所以光是看著他們犯錯而不作任何評論、甚至不反對他們，常常就可以反擊他們了。在天秤座連連獲勝的時候，必須直接反擊他們，不然他們會以他們走運的努力徹底壓倒你。做到這一點的最佳方法之一，是送出關於你的計畫的假線索，同時把你真正的計畫藏起來。這會鼓勵你的天秤座競爭者為了努力阻止你進犯而徹底走錯路。

32 智取天秤座競爭者

天秤座競爭者非常受制於習慣，他們往往會用相同的方式做事，特別是利用過去經得起考驗的好辦法。所以，勝過他們一籌的最佳之道，是研究他們過去的活動，並且特別注意確保他們獲得最大成功的特定方法。接著激起他們內在的不安全感——主要是針對他們最愛的計畫的效果，散播懷疑——你就能讓他們覺得孤獨無助。難以決定是天秤座最大的敵人，而如果你可以趁他們正設法下定決心、沒有防備時出手，通常就可以果斷地突破他們的防線。

33 當面讓天秤座競爭者刮目相看

最好不要試圖讓天秤座競爭者對你刮目相看，反而要徹底拒絕讓他們留下深刻印象。用唐突或漫不經心的方式對待他們，最能夠打亂他們看似四平八穩的沉著態度。一旦天秤座競爭者激起你的反應，他們就會扼住你的死穴；而要避免讓他們激起你的情緒反應，你必須培養出一套他們無法輕易操縱的全新反應模式。面對天秤座競爭者，特別是面對面時，絕對別失去你的冷靜，不管他們沉浸於什麼樣的狂妄宣言或鬼扯，你都要保持自制和鎮定。他們的挫折會很明顯，你就可以安全地看著他們作繭自縛。

34 對天秤座競爭者削價競爭或高價搶標

在競標戰中要跟天秤座競爭者削價競爭，最佳辦法是刺激他們的自我懷疑。就像個好的撲克牌玩家一樣，只要你能，就應該盡量唬人，讓他們覺得他們手上拿的牌不夠好，不足以對抗你手中的牌。絕對別讓他們看出你保留了什麼，但要確實警告他們，你有某些相當厲害的東西。同樣地，可以常常在出價方面高過他們，辦法是逼他們出價高到他們終於自行退出，而這通常在很早期的階段就要做到。要是他們過度反應，繼續出高價，你應該在最後一分鐘退出，把爛攤子留給他們。

35 與天秤座競爭者的公關戰爭

既然天秤座競爭者可能是公關與廣告專家，你很可能會輸掉跟他們的全面戰爭。有時候最好讓他們主導戰場，並且過度投資到多半是小題大作的宣傳戰裡，從財務上耗損他們。在這個時候，你可以把你的錢放到行銷與銷售上，說服批發商買下並推銷你的產品，而不是設法透過昂貴的廣告戰來贏得整體大眾。不要強調天秤座競爭者的產品有哪些缺點，反而要強

強項
讓人信服
迷人
令人分心

弱點
受到誤導
不安全感
缺乏自覺

互動風格
強悍
不屈服
有決心

調你自己產品的優點。

36 向天秤座競爭者展現你的態度

知道關於天秤座競爭者私人生活的實際情況，可能讓你得到強有力的武器。在直接衝突時，惹惱天秤座競爭者的最佳辦法，是在維持客觀冷靜一段時間以後，突然對他們的私生活領域做出一個間接指涉——一個會讓他們特別不快的指涉。如果他們咬了這個餌，就會變得非常激動，或者就只是生悶氣，而你可以立刻道歉，然後解釋說這樣的指涉不是故意的。這麼做只為了進一步激怒他們，並且損害他們在商業辯論中努力達到的任何客觀性。他們甚至可能必須要求休會，好讓自己恢復平靜。

愛情

天秤座
9月23日至10月22日

與天秤座的第一次約會

天秤座是十二星座中最有魅力的戀人。如果他們喜歡你，他們不會浪費時間去做他們的指定功課，而是馬上就把你迷得昏頭轉向。請準備好目眩神迷，還有接受挑戰，因為你很難不去碰這些擁有高度吸引力的人。初次與天秤座約會時，你可能覺得自己是世界上最幸運的人。他們極大的吸引力中，有一部分在於天秤座讓你覺得跟他們在一起很好，甚至很榮幸。然而你那種「我好幸運」的感覺，在接下來的約會裡可能很快就變成「可憐的我」。第一次跟天秤座約會時，最好設法保持某種客觀性，以避免徹底被迷昏頭。

37 吸引天秤座的目光

你可能認為你是在向天秤座約會對象搭訕，然而事實上可能反過來說才是真的。在天秤座亮起綠燈的時候，要抗拒不跟他們搭話可能會難如登天。向他們求愛可能是個複雜的過程，身在其中，你會在他們的包圍網裡越纏越緊。與天秤座的所有初次接觸都環繞著一種陰謀性質，他們的態度隱含著某種共謀意味，暗示著只有你是重要的，還有你們已經很親密了，然而實際上你們並沒有任何肢體接觸。籠罩在他們的魔咒之中時，現實常常隨風四散。

38 初次跟天秤座約會的建議

你可能會非常享受與天秤座約會對象共處，以至於忘記所有像是訂位之類的平凡瑣事。雖然你可能較喜歡讓約會保持簡單，沉溺於對話並慶幸自己的好運氣，但你的天秤座約會對象卻可能漸漸覺得跟你在一起很無聊。所以，很重要的是你也要注意實際的事情，尤其是提供適當的娛樂，回饋你所得到的樂趣。一場音樂會、愉快的一頓飯、到某個最愛的景點旅行，你的天秤座約會對象都會很欣賞。

39 初次跟天秤座約會的助興與敗興之舉

天秤座約會對象會要求你心醉神迷。光只是欣賞他們是不夠的，他們需要看到你眼中的火花，還有迷醉到神魂蕩漾的仰慕之情，表明了你完整的興趣與投入。只要不到這個程度，就會讓他們掃興到自覺花時間在你身

強項
極其吸引人
誘人
有魅力

弱點
有誤導性
暗中損害
虛偽

互動風格
耀眼
愛下判斷
磁鐵般的吸引力

上只是浪費。他們是否會被你吸引，要仰賴好幾個因素：你看起來如何、談吐如何、舉止如何，甚至是聞起來如何。如果你專注於這些個人因素，而不是設法用金錢讓他們印象深刻，你應該能夠吸引他們。

40 對天秤座採取「攻勢」

對天秤座約會對象先採取攻勢，然後當下被他們拒絕，可能是常見情形之一。這清楚地向天秤座顯示出你對他們有興趣，但也讓他們有了主導權。請持續努力，因為這也在他們的期待之中。到最後，他們可能會容許某些接觸，但他們總是會讓你懸在半空，渴望更多。要極其小心地別弄髒了他們的妝容或弄亂他們的頭髮，因為他們朝鏡子裡看一眼，就可能讓你被貼上「肇事者」的標籤。打翻水或酒在他們身上的任何地方，都會讓你的努力和這個晚上迅速告終。

41 打動天秤座的方法

地位能夠讓天秤座印象深刻。所以，你認識誰，可能比你知道什麼更重要。安排「巧遇」某位有名氣的熟人，可能變成天秤座約會對象心目中最精采的事情。另一種加分作法，可能是某間很潮的飯店經理或主廚，在你進門時直接叫出你的名字並打招呼。安排一幕場景，一個「粉絲」來到你桌前向你要簽名或者只是打招呼。如果這件事自動發生會很好，但如果明顯是設計過的，就只會激起懷疑，很有可能產生反效果。

42 擺脫天秤座的方法

對你的天秤座約會對象表現冷淡，通常就足以擺脫他們了。當你對他們失去興趣的時候，天秤座約會對象會「自動」對你失去興趣。相對來說，以某種方式告訴他們，你不覺得他們有性吸引力（就算表達說你依然仰慕他們具備的其他特質），可能會傷害到他們的自尊，刺激他們為了洩憤而引誘你。這種扳回一城的伎倆是大多數天秤座的明確特徵，因為他們喜歡當能做選擇並拒絕的那一方。

你的天秤座戀人

如果你要成為天秤座的戀人，最好談吐、行為和外表都令人滿意。天秤座對於跟他們一起公開亮相的對象很挑剔；他們也期待受到善待，並且期待你帶他們度過一段美好時光。你可以期待來自天秤座的回饋，不過很清楚的是，他們期待你能夠一直表達讚賞，卻不去想要得到任何回饋。話雖如此，天秤座在關係中很能付出，而能擁有他們的愛與完整關注的人確實很有福。在天秤座變得不快樂的時候會出現問題，而你不該忽略這些難題，並且要在事情失控以前，盡可能迅速處理。

43 與天秤座戀人進行討論

天秤座試著要公平，雖然並不總是能成功。在力求公正的同時，他們通常會進行冗長的對話，去解釋或證明他們行為的合理性。他們完全期待你有同樣的行為，而且在你有過失或者明顯犯錯的時候，他們會想知道你所有的動機、意圖和目的。在你為你的狀況做辯護以後，他們會當法官，而你應該預期到做錯事不但會有判決，判決還會被執行。天秤座不是那種只做口頭威脅卻不打算貫徹到底的人。

44 與天秤座戀人發生爭論

天秤座很擅長遣詞用字。而且由於他們愛下判斷的心靈通常會看到事情的兩面，所以不合理、自私或偏頗的觀點不太可能影響他們。一般來說，天秤座會尋求一個雙方都樂於接受的公正解答。如果你和你的天秤座戀人陷入爭執，一會兒之後你可能會出現這個念頭：他們已經做得很好，涵蓋到每個面向、考慮過每個角度了，以致你的在場真是顯得有些多餘。天秤座喜歡解決爭論，不留下任何懸而未決的部分。

45 與天秤座戀人一起旅遊

跟天秤座一同旅遊的時候，他們會期待你保持警覺和關注。要是你飄進自己的夢幻島，或者讓你的注意力偏離到一個新興趣上面，你可能會突然被一記肘擊或用力一招帶回現實。雖然天秤座可以對別人表示興趣、邀請第三方加入你們的兩人世界，但你卻不行。這只是因為在事關他人的時候，他們的判斷被認為是無懈可擊的，然而他們的伴侶卻被評價為不怎麼完美。交新朋友是天秤座的特長，在旅行時尤其如此，所以你最好習慣。

46 與天秤座戀人的性愛關係

天秤座是非常性感的生物，所以他們不只喜歡做愛，還喜歡談論性愛。他們不避諱評價他們的伴侶，並且會討論他們過去的戰績、做比較，然後讓你知道你表現得如何，甚至在動作中就講開了。天秤座戀人會檢視並分析前戲與性交的每一個面向。他們對於實驗抱持開放態度，在所有性愛相關事項上都很有創造力，但通常認為教你怎麼做是他們的責任。他們的精力是赫赫有名的，所以在跟你的天秤座戀人共度夜晚的時候，別期待在做愛與說話之間能有多少睡眠。

47 天秤座戀人的親暱表現

天秤座並不盡然很愛摟摟抱抱，不過這也不必然意味著他們很冷漠。他們展現出一種很有趣、並不總是會立刻被看出來的柔情。他們可能會用反諷、機智與嘲諷來表現他們對你的在乎，而且當然了，你可能不是那麼欣賞他們表達親近或良好感受的方式。有其他人作伴時，他們會展現出可能被詮釋為侮辱的親暱感情，但事實上他們所做的就只是在玩鬧或開玩笑而已。接受他們的起手式並同等回敬，一般來說他們會開開心心地接受。

強項
付出
親暱
充滿了愛

弱點
不快樂
感情需求強烈
自私

互動風格
有選擇性
期待
親暱

天秤座

愛情

48 天秤座戀人的幽默感

天秤座最重要的就是想要享受美好時光。既然他們大部分都是熱愛尋歡的生物，你會預期你的天秤座戀人有發展良好的幽默感。然而他們講的笑話和開的玩笑，通常都會讓其他人付出代價。天秤座特別享受看其他人不自在或冷不防失去平衡。（雖然他們不真的是虐待狂，但他們確實很喜歡惡作劇。）說實話，當現場所有人都加入同樂時，天秤座最快樂。

你的天秤座配偶

強項
社交能手
監督
令人愉快

弱點
過度愛控制
受挫
怪異

互動風格
指導性
投入
處變不驚

天秤座配偶特別擅長安排一家人的社交生活。計畫晚餐、安排跟親友的聚會、排定長短假期的慶祝活動，還有監督子女的人際關係，全都是天秤座的專長。然而普遍來說，天秤座配偶對於自己的核心家庭，其關心程度更高過對父母和手足的家庭。在他們家裡，他們傾向於當老大，所以也是抱怨與問題的最高法院。取悅配偶對他們來說是非常重要的，而如果他們無法做到這一點，他們可能會體驗到極大的挫折感，通常會導致憂鬱。

49 天秤座的婚禮和蜜月

婚禮與蜜月的每個面向都可引起你的天秤座配偶的興趣，如果事情沒有做對，他們可能立刻就覺得不滿意。然而，他們常常很快就能同時調整自己與配偶的行為，然後繼續處理下一個問題。天秤座很容易惱怒和心煩，所以其他人應該努力不要擾亂他們高度活躍的神經系統，盡可能自己處理事情，而不要用問題轟炸他們。在親密和社交的情境下，你的天秤座配偶都熱愛放鬆，最後則會讓自己玩個痛快。

50 天秤座的家庭和婚姻生活

雖然你的天秤座配偶並不特別擅長或有興趣打掃，他們還是期待自己的家看起來很美麗。所以如同你能夠想像的，維持家的美觀是他們伴侶的責任。天秤座配偶覺得他們在美學與財務上都做出了足夠的貢獻，所以自己不需要再承擔所有冒出來的維修小任務。他們非常善於指揮他們的配偶，會一直找出新的任務讓他們去執行，同時讓自己忙於更重要的事務。

51 天秤座婚後的財務狀況

天秤座配偶確信他們很擅長理財。因為這種信念，他們通常自命為銀行家、財務顧問與商業智囊，這讓他們的配偶感到相當驚愕。沒有別的領域比財務領域更有可能讓你的天秤座配偶失去控制，朝著錯誤的方向猛衝。然而他們拒絕承認這個事實，而他們既是揮霍無度者又是有缺陷的經濟學家，同時又無憂無慮地忽略或否認自身行為的後果，這種獨特的組合可能會把家庭帶往毀滅邊緣。

52 天秤座的不忠與脫軌

對於大多數天秤座配偶來說，偷偷享受點小樂趣不算不忠。要是你對他們的怪異行為極其生氣，或者威脅要分手，他們很可能只會一笑置之，認為這沒什麼要緊，而且溫和地斥責你竟然這麼認真看待他們的行為。天秤座配偶並不特別擅長掩飾他們的行徑，而他們談到此事時，可能坦白公開到令人痛心。正常情況下，天秤座並不需要他們的配偶嚴守忠誠，只要他們沒發現這些調情就好。

53 天秤座與子女的關係

天秤座很享受屋子裡有一堆小孩，而且最好是他們自己的，雖然他們孩子的朋友通常也會在場，並且受到歡迎。天秤座父母極為擅長處理所有社交情境，他們實際上很享受載著他們的孩子到處跑，並且確保孩子參與大批課後活動時能玩得開心。然而他們並不總是會出席這些場合，因為他們忙碌、通常很瘋狂的時間表，讓他們必須有大批的保母和奶媽，而且最重要的是要有個合作、順從、關愛又能分擔的婚姻伴侶。

54 天秤座面對離婚的態度

只要監護權事宜徹底討論過、財務議題解決了、共同的資產公平公正地分配了，天秤座配偶就可以很享受離婚的過程（一旦他們的情緒問題得到控制）。他們對待離婚的方式，通常跟處理婚姻相同，也就是說，他們會鉅細靡遺地監控整件事。然而在他們主導的時候要留意他們，因為他們的熱心和偶爾古怪的點子，可能會讓事情變得混亂而複雜，特別是在他們的法務代表也分享他們扭曲的觀點時。

你的天秤座祕密情人

你的天秤座祕密情人特別容易苦於愛上「愛情」的致命後果。他們在這種事情上極其不切實際，把愛的世界體驗成一座教堂，讓他們在其中對最神聖的事物致敬。因此，他們把心愛的人看成被崇拜與景仰的神祇。可以把天秤座想成是這個宗教的男女大祭司，史上所有關於羅曼史的流行歌曲都可以視為他們的聖經。被這樣的情人選中，帶來的是份量驚人的責任，但也伴隨著大量的樂趣，可以視為相當愉快的自我激勵。

55 遇見天秤座祕密情人

見面的實際地點或環境其實不重要。這種相會會承擔起兩人生命中某個神奇時刻的重要性，是一個不會被遺忘、熱情奔放的頓悟。這種相遇發生的方式通常就是一見鍾情，雙方都心蕩神迷。然而，天秤座祕密情人幾乎立刻就逮住機會主導一切，畢竟這方面的事務他們比較專業。天秤座祕密情人對於怎麼繼續沒什麼疑慮，而且很樂於在這趟浪漫與愛的探索中擔任導遊。

強項

浪漫
感官性
狂喜

弱點

不切實際
有幻想傾向
受苦

互動風格

令人信服
提出要求
勢不可擋

56 與天秤座幽會的地點

既然天秤座是一對情人中比較浪漫的那一位，他們喜愛被帶到你的房間去，他們在那裡可以更加被迷惑住。就算你的住處很凌亂，他們還是會視之如宮殿；儘管如此，最好至少空出幾分鐘或幾小時時間，讓那裡比較能見人一點。所以建議你延遲你們的第一次會面，直到你有稍微多一點時間打掃，並且讓你的住所更吸引人為止。天秤座祕密情人也會帶你回家，不過那熟知一切的氣氛，很可能會讓人聯想到他們過往的斬獲。

57 與天秤座的祕密性愛

雖然你的天秤座祕密情人非常能夠等待，但他們天生熱切的愛好是直取重點。通常某些清純無邪的前戲，或者至少是親暱表現，會在回家路上開始，而到你們兩人抵達的時候，激情通常已來到了引燃點。脫掉另一個人的衣服是常見的情景，雖然狂熱的感受可能讓你們兩人在往臥房的路上自己脫掉衣服，然後在後面留下一道衣物散落的小徑。天秤座祕密情人不必然會要求用床，但遲早你們會抵達那裡，而且能夠在這個經驗持續的過程裡，在更舒適的狀況下放鬆。

58 長久保有天秤座祕密情人

如何把握這些愛昏頭的生物，這個問題很容易回答。只要天秤座祕密情人仍然愛你，他們就不太可能離開這段關係。然而一旦他們對你冷下來，你就不可能把握這些人太久了。要是他們對你的感情漸漸消退時，碰上人生中的新愛人（在這種狀況下通常是免不了的），他們可能會相當粗魯地甩掉你。你可以大惑不解地問：「我做錯了什麼？」但答案通常是千篇一律的：「沒什麼。」

59 與天秤座的祕密歡愉

對天秤座祕密情人來說，愛通常就是充足的娛樂了。然而這種社會性生物，終究想要讓人看見他們跟你在一起，所以整個關係可能為了這種需求而被犧牲，因為這麼一來，必然會打破低調隱密的模式與謹慎的行事。一旦你們兩人公開出現，最好讓你們的關係看起來像是一段友誼，以避免同時傷害到伴侶和家人。公開秀恩愛應該要避免，雖然不管怎樣，神祕的微笑和從容的感官刺激，可能還是會讓整件事曝光。做好別人開始說閒話的心理準備吧！

60 與天秤座祕密情人分手

這種事可能發生得相當快，因為在一連串看似無窮無盡的戀人大遊行裡，你不太可能是第一位或是最後一位。如果是你決意你已經受夠了，那麼你應該預期到啜泣、眼淚、抗議、懇求，還有最後展現的狂暴憤怒，或許還耗盡了你儲備的玻璃器皿與瓷器，因而讓戀情「破」局有了一層全新的意義。天秤座祕密情人就是無法相信或接受任何人會有意摒棄他們的感

情,所以他們可能會替你這樣的作為找藉口。你的一個慰藉來源,可能是你有能力諷刺地說道:「是我運氣夠好,能成為許多滿足的靈魂之一——不管為時多麼短暫。」

你的天秤座前任

天秤座前任很可能讓他們的伴侶感到有點困惑和混亂。而且天秤座捕捉住他們伴侶與戀人的網羅如此細膩而強大,以至於這些伴侶很難放手不再著迷於天秤座的魅力,毫髮無傷地逃脫。因此,天秤座前任在分手許久以後,還得以繼續對他們離開或直接拒絕的人行使權力。要是天秤座是被拒的一方,他們通常有更先進得多的復原能力,有時還能乾脆把過往的關係,當成不過是忙碌愛情生活中的一個小挫折。

61 與天秤座前任成為朋友

天秤座前任並不排斥跟過去的配偶和戀人建立友誼。他們寧願讓前任們成為朋友而非敵人,而且他們知道怎樣撫平怒氣、處理問題,好讓事情對所有相關人等都沒那麼尷尬。天秤座的外交手腕可以很高超,足以權衡所有運作中複雜的社會與個人力量。雖然他們的態度可能極端自私,但他們也能夠同理其他人,並且懂得他們的苦處。不管他們看似如何地缺乏同情心或冷漠,天秤座絕對不可能被指控成不理解發生了什麼事。

62 與天秤座前任復合

被困在天秤座的網羅中(或許很受傷又令人困惑),受到他們斷然拒絕的人,可能會很渴望復合。最常見的情況是,這種渴望既不切實際又不令人嚮往,而天秤座前任身為這個領域的專家,肯定知道這一點。除非他們有心情玩弄前任的感情,否則天秤座會阻止任何和解的嘗試,而且會終結整件事。不過這種玩弄的傾向,在某些天秤座身上相當明顯,他們樂於讓前任陷入愛與渴望的危險流沙裡。

63 與天秤座前任討論過去的問題

天秤座總是樂於談論過去,但他們的談論帶有一種明確的評斷氛圍,往往會評價他們前任配偶與戀人的行為,並且加以譴責。在經過一、兩回合這樣的討論後,他們的對手通常受夠了,或許還很後悔一開始提起過去的問題。此外,這些討論所激起的憤怒與挫折重擊,可能還會留在他們身上——這些負面感受沒那麼快消失。所以,跟天秤座最好只專注於正面的回憶,只回想好時光。

64 對天秤座前任表達親暱感情的程度

在一段關係結束以後,天秤座前任並不反對分享親暱感情、甚至是性愛。在這麼做的時候,他們經常忽視另一個人的感受,使得另一方自然而

強項
自信
自足
心照不宣

弱點
傷人
令人混亂
讓人困惑

互動風格
令人陶醉
神奇
令人嚮往

然把天秤座的情感表達，看成是他們對復合保持開放態度的指標，或者是表達這段關係還在繼續。天秤座古怪的地方是，他們可以關上門、真正結束一段關係，卻又讓另一個人覺得這段關係還活著。這種雙重標準經常讓他們陷入水深火熱之中，而且可能讓天秤座前任變成令人厭惡、憤怒、甚至憎恨的對象。

65 界定與天秤座前任現有的關係

這個提議通常很困難。有時候天秤座很清楚他們的感受，有時候則否。他們最常覺得很難下定決心。要處理這樣的模稜兩可並不怎麼讓人愉快，因為你從未真正知道你站在什麼立場。你的天秤座前任也不知道，而這個事實肯定讓人有點不舒服。困惑、誤解與欺騙很可能凌駕一切，導致不確定性與混亂。可以採取的最佳態度是自己先站穩立場，不隨著你的天秤座前任的每個新立場而轉變或重新調整。

66 要求天秤座前任分擔照顧子女的責任

大多數天秤座前任會在監護權事宜上尋求公平。他們看得出孩子擁有雙親的真正價值，以及與前任配偶培養友誼而非敵意的益處。外交手腕圓融到極點的天秤座前任會很願意妥協，但在這種乍看合作與迷人的氣氛之下，埋藏的是他們照自己意思做的頑固決心。此外，你的天秤座前任是很聰明的策略家，知道什麼時候該進逼、什麼時候可以退讓。他們也不吝於使用他們的誘惑魅力，來促成他們的要求。

朋友與家人

天秤座
9月23日至10月22日

你的天秤座朋友

「我們的友誼會維持到盡頭……但這裡就是盡頭了。」對於天秤座朋友如何行動，這個評價是不是很真確呢？嗯，無可否認的是，天秤座的友誼通常長度有限，可能很快又無可預期地走到了盡頭。不管天秤座是否總是要為此負責，這都不是重點，但他們確實有種傾向——一頭栽進熱烈的關係中，然後在某一刻開始退出，卻沒有通知另一方他們的打算。大多數天秤座覺得他們的行為很公平，而且做出對所有相關人等都很實際的判斷。然而對於他們的朋友來說，這樣並沒有讓事情更容易，他們可能覺得自己遭受嚴峻的評估，然後唐突地被拋棄了。

67 向天秤座朋友求助

天秤座朋友可能讓人難以置信地樂於付出。此外，他們的慷慨似乎是無條件的，直到他們想要回曾經給你或借你的東西為止。他們可能突如其來地要回借款和出借物。問你做了什麼是沒有用的，因為這種行為鮮少跟你的行動有任何關係，反而跟你的天秤座朋友心情如何比較有關。天秤座通常會慷慨地付出他們的技能、時間與精力，但可惜啊，他們完美主義的傾向，通常會吸引他們花時間改善已經運作得很好的事情。

68 與天秤座朋友溝通和聯絡

天秤座傾向生活在自己的世界裡，而周遭都是他們的朋友與熟人。所以跟他們保持聯絡的方式之一，是透過他們創造的這個人際網絡。就像蜘蛛網一樣，拉一下其中一股絲線，就會引發所有相關者的回應，尤其是位於網絡中央的天秤座。話傳得極快，所以天秤座一定會聯絡你，毫無閃失，而且不會有太多耽擱。忘了私下通訊這回事吧，因為天秤座朋友有種辦法，會把消息散播給聽得到的所有人。

69 向天秤座朋友借錢

天秤座如果有錢，別人開口問的時候就會借。有時候他們看出了你的需求程度，你甚至不必開口就提議要借錢給你。他們常常根本不把這看成是借款；他們就只是給錢，沒有進一步的定義、條件或要求。他們把錢給其他人的時候，也不會有建立共同信用額度，以便將來自己也可以利用的

強項
熱切
投入
評估

弱點
拒絕
嚴厲
退縮

互動風格
迅速
無法預測
令人驚訝

想法。正常情況下,他們得到的回饋就是幫上忙的簡單滿足感,此外也有他們救了別人以後在朋友圈裡得到的聲望。天秤座朋友痛恨看到親近他們的人看起來窮困潦倒,因為這樣會讓他們自己的社會地位跟著蒙塵。

70 向天秤座朋友徵求意見

在給予建議方面幫忙到了極點的天秤座朋友,經常提供非常寶貴的諮商,而從後見之明來看,可以說他們挽救了大局。天秤座是天生的法官與評估者,能夠同時看到事情的兩面,隨後作出客觀的評估,甚至對最磨人的事情亦是如此。天秤座通常被選為調停者,而許多人信任他們到足以服從他們的仲裁,知道他們有約束力的決定,是在冷靜公平、沒有偏見的狀況下達成的。天秤座朋友鮮少會尋求你的建議,因為要接受(他們心目中)不像他們那樣小心權衡過的意見,他們會抱著警戒的態度。

71 拜訪天秤座朋友的時機

天秤座朋友會非常驕傲地炫耀他們所擁有的東西,當然了,這包括他們居住與工作空間的顏色和整體設計。但他們鮮少正式邀請人來訪。這比較不是出於獨處的需要,而是因為他們想要有很多時間充分準備一次重大的展示。除非處於最佳狀態,否則天秤座痛恨被看到,畢竟他們對批評特別敏感。天秤座朋友更有可能辦一場盛大派對,一鼓作氣地炫耀他們的才藝、成就與風格,而不是發出定期性的邀請。對他們來說,最大的回饋是聽到每個人都在說,他們度過了多棒的時光。

72 與天秤座朋友一起慶祝和娛樂

儘管朋友經常順道拜訪,許多天秤座寧願外出,不是在公共場合就是去拜訪他們的許多熟人。這也給了他們機會炫耀他們的新衣、珠寶、古龍水或香水,還有最新的車子或3C產品。在派對邀請名單裡被略過,或者在社交聚會裡被忽視,是天秤座朋友可能碰到最糟的命運,至少在聚會這個領域裡是如此。天秤座需要迷惑、引誘並以魅力吸引他們遇到的人——本質上來說,就是要成為派對上的靈魂人物。他們鮮少有別的時刻,比站在一圈仰慕者中央的時候更快樂。

你的天秤座室友

除了覺得很難做完事情、或者很難享受片刻安寧以外,有個天秤座室友的經驗其實很有樂趣,鮮少會有無聊的時刻。天秤座不會遠離朋友太久,這表示他們不會獨自來去任何地方。聆聽這個群體在樓梯上如行軍般的腳步聲,可能很快就變得惱人,不過你能做的不多,只能接受這一點,並且祈禱鄰居會抗議。在朋友沒陪著他們的少數時刻,天秤座室友會把時間花在講他們自己和他們的最新經驗上。你的天秤座室友若不是讓你變成更有社交性的人,就是到頭來你會躲在自己房間裡,把音響開大聲些。

73 與天秤座室友分擔財務責任

天秤座在荷包滿滿的時候會分擔財務責任，但當支票帳戶見底、信用卡刷爆的時候，就會變得很緊急。通常他們會要你罩一下他們那份房租和水電瓦斯費，同時答應下個月補足。說實話，他們通常會設法做到這一點。然而每個月付帳單的日子快到時，你可能會為之一縮：他們若沒主動說要付錢，你一想到要問這件事就緊張。一旦你習慣他們需求的規律節奏之後，事情看起來就沒那麼緊急了。但他們確實會讓你一直有壓力，覺得手邊得要有可以活用的錢才行。

74 與天秤座室友分擔打掃責任

多數情況下，天秤座相當整潔，就算這只是出於他們的美感與維持外表的慾望帶來的要求。天秤座室友會動手做，也會協助需要動員兩、三個人的打掃計畫。不過如果照他們的偏好來，他們寧願只做自己份內的打掃工作。最常見的狀況是，他們保持自己房間的整齊，但不會極端整齊。天秤座室友是最有可能把塵土掃到地毯底下的那種人（粉飾太平。他們告訴自己，「只是暫時如此」）。身為拖延大王，天秤座室友習慣延宕打掃計畫好幾天、甚至好幾週。

75 當你的訪客遇到天秤座室友

因為天秤座有找朋友來玩的嗜好，所以你通常會有很清楚的概念，知道家中會一直出現訪客。因此，在一次拜訪與拉長的短期居住之間，有一條微妙的界線存在。要是你委婉地暗示或許你的天秤座室友要替食宿和水電瓦斯多付點錢，你可能會發現自己面臨指控，被說成是反社會的掃興鬼。天秤座確信他們實際上替你省了錢，一直提供你持續的免費娛樂。過了一陣子以後，玩得這麼開心的緊張感可能變得很累人，讓你渴望得到一些平靜與安寧。

76 與天秤座室友的社交生活

天秤座室友鮮少需要辦派對，反正通常已經有一個在進行了。可以預期的是，在天秤座的團體進場之後不久，會有人叫某人（或許就是你？）出門去買啤酒、葡萄酒或披薩。雖然這讓你可以不必煮飯，卻可能會有體重增加與睡眠不足的劇烈後果。你可能就這樣溜出去赴你自己的約會，不過被迫夜復一夜這麼做之後，會讓你懷疑自己到底是不是真的住在那裡。你唯一的希望可能繫於讓你的天秤座室友坐下來談談，然後建立一份每週行事曆，把你的活動也包括進去。

77 與天秤座室友的隱私問題

你的隱私可能不存在，他們的隱私則是不必要的。關上你的房門並上鎖，變成了孤立而非隱私，而社交性超強的天秤座室友與朋友，甚至可能把這詮釋成有敵意的行為。你可能必須在別處尋求隱私，就這樣接受你住

強項
- 有娛樂性
- 令人愉快
- 社交性

弱點
- 麻煩
- 惱人
- 讓人分心

互動風格
- 投入
- 參與
- 管理性

天秤座

朋友與家人

在火車站或巴士總站的事實。當然,你可能會發現你也很樂在其中,只要你一星期能獨處一、兩晚就好(在你的天秤座室友和他的同伴們離開時就有希望)。天秤座室友常常讓你自問:「他們從來不想獨自一人嗎?」答案永遠是一樣的:不想。

78 與天秤座室友討論問題

天秤座室友熱愛談話,但逮住他們討論事情可能會很困難,特別是當主題是你的抱怨時。他們可能會把事情倒過來看,所以這場討論的重心,變成他們眼中屬於你一輩子的問題,而不是他們造成的問題。對天秤座室友而言,他們的行為很正常,只不過表現出了人類的社交衝動。你則是怪胎——愛抱怨、緊繃嚴肅、容易惱怒,而且無可救藥地跟其他人疏離。一陣子以後,你會領悟到這樣的討論只是在浪費時間。為了保全自我與生存,你必須站穩腳跟,堅持你的立場,忽視所有侮辱與帶刺的言論,照著你的需求來整頓事情的秩序。

你的天秤座父母

天秤座父母對於他們的社會地位極為敏感。他們想要子女看起來很棒,而且跟「對的」那種小孩交朋友。天秤座父母非常投入於規畫子女的職涯,所以他們對於子女的教育有強烈的興趣,小心翼翼地監控成績和其他學業指標。在子女表現成功時,天秤座以他們為傲,毫不猶豫地把孩子的成就歸功於自己。他們會以各種方式犧牲他們的時間與金錢,只為確保子女能夠領先群倫,其中包括加強成就的課外活動。

79 天秤座父母的教養風格

天秤座父母是子女行為的嚴峻法官,但只在於他們真正重視的那些事情上。回家作業必須要做,成績必須要好。然而在玩耍和享受歡樂時光這方面,他們也給子女很大的自由。他們鮮少嚴重懲罰子女太晚回家,或者花太多時間上網、看電視或玩電玩。對社會地位顯然很敏感的他們,如果子女嚴重逾越正常社會行為,或者以其他方式讓家庭名聲蒙羞,他們會毫不猶豫地罰小孩禁足。

80 天秤座父母與孩子的相處

天秤座父母在孩子還小的時候,熱愛擁抱他們。雖然這種親暱程度隨著孩子年齡的增長而遞減,不過他們通常會和藹地對子女說話或者微笑,至少在一切順利時如此。天秤座父母會有意識地把不表現親暱當成懲罰,他們的親暱程度通常跟子女的合作程度直接成正比。經常取悅天秤座父母的孩子,通常可以指望父母相應地表達良好的感受。天秤座父母一般很享受跟他們的孩子一起對寵物和其他小生物,表達相互的親暱之情。

強項
目標導向
有野心
支持

弱點
霸道
充滿壓力
苛求

互動風格
堅持
投入
評估

81 天秤座父母給孩子的金錢觀

一般的天秤座父母會看出有需要給每個小孩每週零用錢。這會是除了午餐錢、交通費、常常還有服裝預算以外的錢。雖然他們的子女可以照自己的意思花零用錢，天秤座父母很有可能會注意新買的東西和支出，以便評估這些花費的正面或負面影響。天秤座父母相當能夠減少或砍掉定期的現金花費，他們會極其清楚地講明，金錢不該被浪擲在無用或根本有害的追求上。

82 天秤座父母的危機處理

因為容易興奮又感情外露的人格特質，使得天秤座父母經常反應過度，把小事化大。極端戲劇化的他們，可能輕易地便在公共場合展現他們的情緒，像是在擁擠的購物中心或大街上，導致他們的子女十分尷尬。他們的孩子很快就學會把最令人不安的事情藏在心裡，而不是跟天秤座父母分享，因為他們肯定會反應過度。因為這個理由，天秤座父母的子女通常會發展成獨立自主又能幹的人，不常要求外援。

83 天秤座父母的假期安排和家族聚會

舉凡跟社交活動有關的時候，天秤座父母總是如魚得水。天秤座父母特別擅長計畫，所以可以仰賴他們把事情鉅細靡遺地安排好，並且確保所有出席者——特別是他們的子女——都會有一段愉快的時光。天秤座父母能夠用別人的立場來思考，並且發現什麼可讓其他人得到最大樂趣，以及什麼會讓他們倒胃口。因此，家庭成員會期待像是生日、旅行、野餐或野炊等特別活動，而天秤座父母會在其中扮演要角。

84 照顧年邁的天秤座父母

只要你確保你的天秤座父母有一、兩個好友在附近，你就可以降低相當多的憂慮。雖然是可以放著天秤座父母獨處一陣子，但若能讓他們每天跟同年齡層的朋友接觸，會讓他們明顯比較開心，甚至增進健康。天秤座父母在退休人士社群裡過得很好，他們可以在其中擁有自己的家，但也有機會在他們希望的時候進行社交往來。年長的天秤座父母很享受跟他們的同儕分享經驗，而且特別喜歡參與特殊的社交活動並做出貢獻。

你的天秤座手足

天秤座手足不只要求得到父母的注意，也要求其他手足的注意。他們爭取注意的作法，通常是透過他們熱情洋溢的活動與光彩奪目的舉止來達成。要是他們缺乏他人的注目，通常會變得更加浮誇。如果這不管用，他們可能會生悶氣，而且變得有點抑鬱。但他們還是留意著家中其他成員，通常會成功地引起注意，最後被欣賞。天秤座熱愛對團體做出貢獻，而且著迷於跟兄弟姊妹一起進行的特殊家庭活動。

朋友與家人

強項
浮誇
才氣煥發
樂於貢獻

弱點
尋求注目
哀傷
生悶氣

互動風格
機靈
活躍
興高采烈

85 與天秤座手足的競爭和親近

天秤座通常會參與手足間的競爭。雖然他們很享受跟兄弟姊妹爭鬥，正常情況下，他們是以好玩的心態這麼做的。一旦他們得到父母的注意，他們就感到快樂滿足了。天秤座並不是要宰制手足的那種類型，他們只是喜歡被注意到，然後平等地參與大多數活動。大部分時候他們並不是領袖或霸道的人（雖然他們總是會讓別人聽到他們的意見），尤其是在跟計畫活動和做決定有關的時候。天秤座熱愛身為大家庭的一分子，通常會公開對他們的手足表現親暱之情。

86 過往的成長經驗對天秤座手足的影響

天秤座相當擅長原諒與忘卻。一旦他們以自己的方式處理了這件事——反擊或懲罰犯錯的人，下了判決，找到折衷方案——他們就能夠自由自在地繼續過日子，不至於心懷怨恨。天秤座手足相當活在當下，而且沒有時間或性格傾向要一心想著過去的問題，或者被這些問題牽制。然而，他們可能跟懷恨著過去的兄弟姊妹有相處上的問題，而他們輕鬆自在的態度，或許會被比較嚴肅的家庭成員誤解或譴責。

87 與疏離的天秤座手足往來

天秤座手足通常不會跟其他家庭成員疏遠，除非他們被團體放逐。所以如果要把疏離的天秤座手足帶回家庭裡，讓他們覺得自己再度受到歡迎，是兄弟姊妹的責任。天秤座手足鮮少試圖拒絕其他家人，而在難解的問題能被擺平、衝突結束的時候，他們的反應會是鬆了一口氣。正常情況下，應該由本來帶頭疏遠他們的兄弟或姊妹，先來跟疏離的天秤座手足接觸，而一旦成功，事態就可以平順地朝正常化前進。

88 天秤座手足對繼承、遺囑等金錢議題的處理

天秤座是天生的法官與調停者，總是尋求讓所有相關人等得到權利上的公正和平衡。他們會在與父母死亡有關的繼承權和其他事宜上帶頭，想要看到這些棘手問題獲得確定，和平的結果勝出。通常其他手足會認可他們的天秤座手足有這些能力，在這種事情上扮演重要的角色，或者至少給意見、當顧問。在向天秤座手足借錢的時候，他們會對此抱持開放態度；但如果有個雙方都同意的償還時程表，他們會覺得更自在。

89 與天秤座手足的家族團聚和慶祝活動

天秤座手足熱愛參與這些活動，並且經常帶頭安排諸事。他們年紀漸長以後，會特別熱愛聚會活動，因為他們真心想念住在遠方的兄弟姊妹，而且很樂於偶爾看到他們，了解彼此的近況並回憶往日時光。一起共度假期是特別享受的事，而這樣的時刻通常意味著他們自己的子女與堂表親都會有段愉快的時光。慶祝活動會發掘出天秤座手足真正的社交元素，他們會沉醉於遊戲、聚餐和活潑的對話中。

天秤座

90 與天秤座手足一起度假

天秤座手足非常熱愛偶爾跟他們的兄弟姊妹去度假。他們一連好幾個月期待著這樣的活動——夢想、計畫，然後在日子接近的時候幫忙。然而要是父母因為經濟問題而擱置原本的計畫、或者縮減規模，他們很容易對此感到失望。儘管如此，他們有足夠的創意，能在這種狀況下奮發起來，幫忙想出其他可行的選擇。年紀大些以後，天秤座手足是絕佳的組織規畫者，能夠協調好可行的度假日期、旅行計畫與假期中的租賃事宜等等，然後召集遠地的親族到同一地點相聚。

你的天秤座子女

天秤座子女雖是順從的，卻也很苛求。天秤座子女有個不變的要求，就是他們要當注意力的中心。身為人生舞台上的表演者，天秤座子女想要被欣賞、承認、認可，並且得到父母愛與親暱的回饋。他們可以提供很多的回報——持續不停的娛樂，只是天秤座子女的許多好處之一。無論是唱歌、跳舞、畫畫、寫作或設計新遊戲、發明新穎的活動，只要天秤座子女在旁邊的時候，就鮮少有沉悶的時刻。他們的創造天賦特別突出，不過必須讓他們維持在控制之下，免得他們變得太野。

91 天秤座子女的人格發展

天秤座子女需要父母的引導與智慧，才能適當發展。他們有種顯著的狂野與行為失控的傾向，父母若給他們為所欲為的行動自由，反而對他們有害。以耐心與理解的監督對待他們，天秤座子女可以在引導之下通過特別有挑戰性的成長階段，最後勝出，證據就是他們平衡良好的成人人格角色。另一種狀況可能很有災難性：一個經常在混亂行為邊緣蹣跚前行的孩子，在挑戰社會權威時，失序到了極點。

92 天秤座子女的嗜好、興趣和職涯規畫

無論你的天秤座子女看起來多內向或孤立，你可以確定的是，他們的命運最終會連結到其他人。雖然這說到底對我們所有人都為真，但天秤座孩子在社交處境下卻有種特殊天賦，所以，他們尤其擅長擔任團隊領導者、老師及各種類型的社工人員，包括心理學家與顧問。他們年紀還小的時候，其他孩子自然而然就會找上他們，尋求幫助與建議。能夠以這種方式幫助他們的玩伴、學校好友和熟人，給了天秤座孩子很大的滿足感。

朋友與家人

強項
有娛樂性
有創意
有發明才能

弱點
感情需求強烈
無可控制
自我中心

互動風格
好玩
輕鬆
樂於分享

93 對天秤座子女的管教

雖然寫做「管教」，實際上用「指引」更佳。你的天秤座子女對於懲罰的反應並不健康，而且可能會苦於深刻的精神創傷。父母絕對不能走捷徑，吼他們或者打他們；反而要用平靜、有耐性、堅定卻理解的方式，設法抑制天秤座子女那種反覆無常的能量。一位父母能給天秤座孩子的最大禮物，就是教導他們自律的價值。一旦他們掌握到這個概念：把秩序加諸己身，可以讓他們在世界上走得更遠，他們就會堅守個人成長與生涯成功的道路。

94 與天秤座子女的親暱程度

就像花朵會轉向太陽尋求光照，天秤座子女會轉向他們的父母尋求親暱情感。經常讓他們得不到親暱情感，可能導致他們變得退縮，並且在情緒上受到傷害。同樣地，天秤座子女也要能夠對父母表達親暱之情。愛——給予和接受兩方面都是——在天秤座子女的日常生活裡扮演重大角色（更勝於大多數其他孩子）。父母應該小心地使用抑制親暱感情這個作法來懲罰天秤座子女，還要小心別在身體與心靈接觸兩方面，不恰當地利用他們的力量與受到偏愛的地位。

95 處理天秤座子女與手足之間的互動

這是個很困難的問題，因為天秤座子女通常沉浸於激烈的手足競爭之中，藉此爭奪父母的感情。從實際的角度來說，處理這個問題最簡單的方式，就是讓父母之一先注意天秤座子女，一旦他們明顯滿意了，再轉向他們的手足。既然天秤座子女確實會尋求父母明確的偏愛——而且他們通常在得其所欲以前不會停止——他們的父母一定要找到辦法付出注意力，卻不至於激起其他子女的敵意。當然，只要有可能，所有小孩都應該得到同等的對待。

96 與成年天秤座子女的互動

在可能的最佳狀況下，天秤座子女會長成一個平衡、負責又有愛心的成人。然而，運氣不夠好，沒有認真謹慎的父母引導的那些人，很可能大多數時候都到處撒野和處於失控狀態。這樣的天秤座可能會發現自己成年後，受到飄忽不定的行為、以及生活缺乏穩定的傷害。跟這些成年天秤座子女互動，要有很大的耐心和體諒。最好讓他們來找你尋求指引與幫助，而不是設法替他們經營生活，因為這麼做免不了會激起他們的不安全感，最後甚至引起怨恨。

天蠍座

生日：10月23日至11月21日

天蠍座是固定宮水象星座，受到黑暗行星冥王星與好鬥的火星共同支配。就像他們的同名生物，天蠍座最好放任其自理，因為他們施加痛苦的能力是很顯著的。天蠍座可以非常有魅力卻又好鬥，他們對於性愛領域的興趣和能力是眾所周知的。就像處女座，天蠍座過著隱遁的生活，通常會在他們周圍營造出一種神祕氛圍。受到金錢與權力的致命吸引，天蠍座必須學會對他人溫柔和善這門功課。

工作

天蠍座
10月23日至11月21日

強項
目標精準
有保護性
強大有力

弱點
沒有彈性
不寬恕
嚴厲

互動風格
嚴肅
咄咄逼人
有支配性

你的天蠍座老闆

天蠍座老闆是嚴肅的人——進取心強卻容易咄咄逼人,並且專心致力於讓公司成功。因此,他們對旗下員工設下極高的標準,期待他們每天都做到最好。天蠍座不接受交出粗劣或馬虎工作的藉口,寧願你坦白承認失誤,而不要企圖解釋成沒這回事。強大有力又有支配性的天蠍座老闆隨時都握著方向盤,不容許他們的同僚質疑或損害其權威。在向他們的上司或企業主報告時,他們會設法保護自己的員工免於不合理的要求,並且堅持為他們的員工所付出的努力,取得適當而通常很豐厚的回饋。

1 要求天蠍座老闆加薪

最好等著天蠍座老闆自己提起這個話題,因為他們會注意到員工努力的成果而給予應得的獎賞。有時候,這點可能是在正常對話裡間接做到的,當時對話中正好出現辛勤工作與回饋的主題。絕對不要直接要求天蠍座老闆為你加薪——一旦提過了這件事,就要讓他們仔細考慮一陣子。正常狀況下,天蠍座老闆會在兩週到一個月內回應你。在這個時間間隔之後,你可以考慮做個簡短的提醒,因為他們心裡通常想著許多事情。

2 向天蠍座老闆宣布壞消息

最好如實說明,真真切切,不要試著包裹糖衣。雖然天蠍座老闆有著惡名昭彰的壞脾氣,甚至很暴烈,但如果你想給事情一個沒根據的正面詮釋,他們會更生氣。到最後,不管是誰的錯,大多數天蠍座老闆終究會為發生的事情扛起責任,而在回報他們的更上級時,通常會把受譴責的責任從員工身上轉移到自己肩頭。說真的,他們確實覺得好像所有重大失敗到頭來都必須由他們負責。

3 替天蠍座老闆安排差旅和娛樂

天蠍座老闆喜歡享用美食,以及舒適、甚至奢華的住所。只要其他事情都順利到合理程度,這些事物能夠讓他們在整個商務旅行中都維持好心情。天蠍座老闆約會遲到是惡名昭彰的,他們可能讓你先去招待客戶或潛在生意夥伴好一段時間,才終於姍姍來遲。天蠍座常常採用一種沒那麼委婉的方式,來展現他們控制情況的能力,有時就像是在發表宣言。不消

說，在這樣的旅行中，身為他們的助理或同伴，你絕對不該設法讓自己的光芒壓過主人。

4 天蠍座老闆的決策風格

天蠍座的決定裡沒有什麼模稜兩可的部分，但通常要花點時間才會出現。天蠍座老闆並不會很快確定他們的心意，而是喜歡有很長一段時間好好考慮，並且做出思考周全的決定。絕對不要在這個過程裡催促他們，因為這樣除了不管用，更可能激起他們的惱怒與攻擊性。一旦他們下定決心，表明了他們的決定，就極不可能改變或收回自己的話。然而古怪的是，他們可能會替自己留下一個祕密漏洞或出路。保留第二（甚或第三）方案是典型的天蠍座特徵，就算那些備案鮮少執行。

5 打動天蠍座老闆

不是為了追求紅利或其他回饋的想望，就只是因為工作要求而付出努力的員工，天蠍座老闆會特別欣賞。規律地多做一些的人，很可能讓天蠍座老闆印象最深刻。反過來說，天蠍座老闆對設法霸占公眾注意、炫耀才華的浮誇之輩敬謝不敏。通常是安靜謙虛的員工，透過他們不倦怠、不自私且忠誠的態度，成功地讓天蠍座老闆留下好印象。

6 提案並對天蠍座老闆做簡報

天蠍座老闆對大多數事項通常已有定見，所以，你的簡報要不是強化他們已知或相信的事情，就是會有所牴觸。如果是後者，請準備好進行寸土不讓的持續戰鬥；若是前者，你的天蠍座老闆可能會同意你所做的努力，卻不會認真加以認可。通常是透過與天蠍座老闆的歧見，而非與他們意見一致──透過強烈且知性的論辯，以及有來有往的機智對答──真正有效解決問題的主意與方法才會浮現。前面所說的一切都會敦促你做好周全準備，但也要準備好強力為你的觀點辯護。

你的天蠍座員工

讓天蠍座員工獨自工作，他們就會把事情辦好。他們有自己的做事方式，同儕不見得能夠共享或理解這套方法。天蠍座員工很可能顯得行事隱密，他們不是具有社交性、或急於揭露太多自身的方法或私生活的那種人。忠於公司的天蠍座員工，總是會盡全力做到超越正常責任需求的範圍。他們只有在受到過度或不公平攻擊或批評的時候，才會變得好鬥。這種時候，他們就會變成可畏的敵手。

7 面試或雇用天蠍座員工

天蠍座求職者不是會自吹自擂的人。事實上，除了他們的履歷表或簡歷上列出的內容之外，面試官可能必須套出他們的個人資訊。天蠍座求職

強項
忠誠
奉獻
慎重

弱點
隱遁
孤立
好鬥

互動風格
自給自足
祕密行事
含蓄

者對於工作條件並不是太過好奇，但通常他們對工作條件會有幾項必須符合的標準。一旦他們對工作的可靠性與安全性感到滿意，他們就會敞開心胸表現出更高的意願，但還是會有所保留。天蠍座求職者鮮少會虛偽地陳述自己，或高估自己的能力。

8 宣布壞消息或解雇天蠍座員工

被指控做錯事、或者受到開除的威脅時，天蠍座員工可能會變得相當好鬥；在他們每天付出一切來履行職責的狀況下，尤其如此。他們能夠接受壞消息，所以雇主和同事不該兜圈子，反而要直接講出來。天蠍座通常夠誠實，足以接受他們要負責到什麼程度，但他們經常會保持安靜，而非參與激烈的爭論。天蠍座能夠用寥寥數語說出他們要傳達的事，覺得沒有很大的需求要為自己行為的合理性辯護。被開除的威脅，通常不會驚嚇或威嚇到他們。

9 與天蠍座員工一同差旅或娛樂

因為天蠍座熱愛隱私，所以最偏愛的是獨自旅行。如果他們必須跟同伴同行，那麼另一個人絕對不該碎嘴，或者以其他方式打擾天蠍座內省、安靜的舉止。天蠍座員工和其他人一同旅行時很容易被惹惱，而且可能一如平常地變得沉默且情緒不穩。在招待天蠍座員工的時候，最好事先詢問他們的偏好，或許甚至要針對這個主題做點研究。他們最親近的同僚，應該能夠提供關於天蠍座員工好惡的資訊。

10 分配任務給天蠍座員工

天蠍座員工是把特定任務執行得非常好的專家。他們並不喜愛多樣化或者扮演多工處理者的角色，所以最好檢視他們的工作史並直接詢問他們，弄清楚他們是不是這項任務的正確人選。花時間做這種研究很值得，因為在大多數例子裡，天蠍座員工一旦被放在正確的位置，就會有高水準的表現。反之，如果給了他們不對的工作，你可以預期到會有不怎麼優秀的表現，還會有一陣陣的氣餒、甚至沮喪。一般而言，最好不要讓他們成為大團體裡的一部分，只要有可能，就讓他們自己去完成任務。

11 激勵或打動天蠍座員工

激勵天蠍座員工的最佳辦法，是讓他們在自己的能力範圍內做有可行性的工作。在從事自知能夠駕馭的工作時，天蠍座員工喜歡那種內在的安全感，而不喜歡被過度挑戰或壓迫。不要犯下這種錯誤：替他們加薪，然後要他們完成他們不特別有興趣去做的工作。如果你了解他們的需求，因此即便受到頂頭上司的壓迫，也拒絕逼他們去做不適合他們的工作，你的天蠍座員工會對此深感欽佩。如果你保護他們的利益，他們就會為你多盡一分力。

12 管理、指導或指正天蠍座員工

一旦被指導過，就可以讓天蠍座員工自己去做他們的工作。他們對於你一直打探進度的反應非常感冒，因為他們不需要持續受到檢視，就能產出高品質的工作——一直檢視只會讓他們緊張，對他們的表現反而有負面影響。如果以正確的方式、用恰當的立場提供批評，天蠍座員工是可以接受的。絕對不該以直接的方式，威脅、哄騙或責怪情緒高度敏感的天蠍座。跟他們交涉的時候，最好盡可能保持客觀。就算如此，你仍必須小心不要冒犯他們，所以請字斟句酌，避免擾亂他們的感受，引起憤怒或好鬥的反應。

你的天蠍座同事

天蠍座同事會被吸引去協助最困難、最有挑戰性的任務。對痛苦並不陌生的天蠍座，知道變成環境犧牲品、最糟的是還受制於自己的恐懼與焦慮，是多麼嚴重的事情。與其設法安慰有需要的同事，天蠍座寧可直接跳進去，捲起袖子幹活。天蠍座同事不會輕易害怕，也不會被看似無法征服的目標與複雜的任務嚇倒。向不可能的任務挑戰，比從事輕鬆規律的專案更能激起他們的興趣。

強項
樂於助人
起身對抗
精力旺盛

弱點
專橫
內心糾結
受苦

互動風格
樂於支持
有同情心
喜愛挑戰

13 尋求天蠍座同事的建議

你的天蠍座同事能夠幾句話就給予建議。正常情況下，他們會花時間考慮你的話，然後用他們思考過的意見來回覆你。在這個過程中不該催促或壓迫他們。通常他們的建議是奠基於他們自己、還有公司同事的經驗。天蠍座記得很久以前的事，會牢記其他人可能多年後已經忘記的重要細節，因此他們能夠得到非常適用的資訊。然而，口語能力並不是他們的強項，所以請仔細聆聽，以便理解他們想告訴你的事。

14 向天蠍座同事求助

如果天蠍座同事確信你正處於受苦之中，而且他們有能力減輕痛苦，他們就會盡全力來幫助你。這種幫助不會只是空口說白話。如果他們相信你的理想，不管要求身體力行還是財務援助，他們都會準備好明確辦到。天蠍座是理想派與實用派、改革鬥士與經驗主義者的奇異結合，可以提供一針見血的分析，同時還能規畫出攻擊與解決問題的作戰計畫。一旦致力於幫助你，天蠍座同事在你再度恢復最佳狀態以前是不會停手的。

15 與天蠍座同事一同差旅或娛樂

建議你跟那些你已經很親近的天蠍座一起旅行。跟也是朋友的天蠍座同事一同旅行，能夠帶來許多樂趣；但如果是你根本不認識的人，要調適並配合他們苛求的個人偏好與品味，事實可能證明那並不是個愉快的經驗。要是你選擇掌控你並不熟識的天蠍座，你一定會碰上抵抗，而且他們

通常會拒絕遵從你的命令,甚至完全沉默或心情惡劣。要是由天蠍座同事主導,你可能會發現自己無法享受他們在食物、住宿與交通上的偏好,因而被困在無可逃脫的艱難處境中。

16 與天蠍座同事共事

天蠍座同事並不是以樂於合作出名的。有強烈主見的他們,對於事情應該怎麼做總是有自己的想法。無論多少勸誘或威脅,都不可能讓他們退讓任何一丁點。話雖如此,他們可以跟其他人順利地合作,但只有在他們真正相信被選中的方法有效果又合理的時候才行。如果被人問起,天蠍座同事絕對不會克制說出他們的意見,但他們也絕不會輕易揭露內心真正的想法。天蠍座身為任何團體裡的寶貴成員,在要求他們為團隊合作出力之前,應該先諮詢他們,而且應該認真考量他們的意見。

17 打動或激勵天蠍座同事

激勵天蠍座同事非常困難。最常見的狀況是,嘗試這樣做反而適得其反。這些強大的人必須自己產生動力,過程中的最佳助力是如實接受他們本來的樣子,並且客觀評估他們的貢獻是否能夠適當地應用到手邊的任務上。此外,天蠍座同事並不會輕易被打動或說服;他們一般採取的態度是,認為他們的方法可以更有效地達成任務。天蠍座同事也不會常常自誇或過度逞能;他們通常會對自己的能力做出實際的評估,並且知道他們是否能取得成果。

18 說服或指正天蠍座同事

因為天蠍座同事很難應付,以致你的批評通常只會反彈出去。然而在碰觸到天蠍座同事的敏感痛處時,他們有能耐憤怒地回擊,讓批判他們的人因此吃不完兜著走。要是天蠍座同事起初反對你的觀點,隨著時間過去,在耐心與堅持之下,有可能說服他們同意你的理由。改變對大多數天蠍座來說並不容易,但因為他們有私下仔細考慮事情的傾向,他們會好好思考你的意見與態度。無論他們是否回應你建設性的評論或說服的嘗試,你可以確定的是,他們不會忽略或忘記你的指正。

你的天蠍座客戶

天蠍座客戶確切知道他們想要什麼,而且堅持要從你那裡得到。如果你想要一直接他們的生意,你最好能夠滿足他們對每一個細節的要求。一個通盤計畫和檢查表是不可或缺的。只要你提供他們定期進度報告,天蠍座客戶就不會對你緊迫盯人。他們也不會太匆忙。一般來說,他們寧願你做得很周全,慢慢執行他們的要求。然而,誰是老大是無庸置疑的,你的天蠍座客戶會期待你精確地遵循他們的要求與命令。

19 打動天蠍座客戶

天蠍座客戶對你個人還有你們公司過往的整體表現，印象最深刻。在他們投資辛苦賺來的錢到你的其中一項產品或服務以前，他們會想要仔細檢視你的過往紀錄。若他們沒先做過研究來核實你給出的數字，就不一定會接受你所提出的數據。此外，他們會親自跟以前曾與你共事過的人談話，驗證你的可靠性。沒有強有力的成功紀錄，你不太可能讓天蠍座客戶刮目相看，或者獲得他們的生意。

20 向天蠍座客戶推銷

一旦你的商業背景通過測試，你會面對的工作，就是說服天蠍座客戶相信你的產品或服務是最好的。極度重視品質的天蠍座客戶，對於你的資產或在證券交易所的股價，印象沒那麼深刻，反而比較在意你能提供他們的東西。天蠍座客戶並不會特別追求較便宜的價格，如果你可以同時保證品質或表現，他們會願意額外多投資一些錢。天蠍座客戶有追求安全的傾向，在關於生產與趕上截止期限這方面不太可能甘冒風險或者碰運氣。

21 天蠍座客戶重視的外表和舉措

天蠍座客戶想要從你那裡得到可靠與可信任的感覺，所以你的外表應該保守謹慎且令人安心，不要有任何可能惹惱他們的古怪或不尋常修飾。相當有可能的是，雖然他們很重視品質，但他們的外表卻可能極為傳統和保守。要是你能夠在這些方面與他們相稱，你就已經建立了雙方之間的共通性與信任的橋樑。「我們」這個概念越快取代「我和你」的對立性，一切就會越好。一旦這種團結一體的感覺建立起來，也採納了一條共同的路線，事情就可能進行得更順利。

22 保持天蠍座客戶的興趣

只要你繼續製造出可觀的成果，並且保持未來預測的可信度，天蠍座客戶就會繼續把他們的生意交給你。他們大概就只能做到這個地步，因為他們鮮少會對你或你在做的事表示興趣。信任是第一要務。一旦你贏得信任，他們就不會一直表現出好奇心，用問你問題、或者做研究檢視你的進度來煩你。所以在天蠍座客戶顯得冷淡的時候，你應該覺得鬆一口氣——把這當成恭維來接受，不要試圖吸引他們的注意力。

23 向天蠍座客戶報告壞消息

本身是現實主義者的天蠍座客戶，應付得了壞消息。如果你已經跟他們建立起團結感與信任度，你們可以一起以相互合作的精神處理負面發展，立刻透過共同努力來改善事態。這種「我們」需要找到解答、還有「我們」可以處理此事的感覺，比起天蠍座客戶下一道尖銳苛刻的命令或威脅你自己把事情搞定，要更可取得多了。然而要是事情發展至此，天蠍座可以很無情、甚至很愛報復，不惜威脅採取法律行動與其他報復行動。

強項
目標精準
有目的性
樂於助人

弱點
壓力大
苛求
挑剔

互動風格
直接
不模稜兩可
愛下命令

在你們的商業關係早期就努力建立共同信任與尊重，對於避免衝突來說是很必要的。

24 招待天蠍座客戶需注意的「眉角」

最好的食物、最好的娛樂活動，總的來說還有你負擔得起的最高品質事物，最能夠讓天蠍座客戶留下良好印象。然而這並不表示需要到處撒錢，因為如果你把某種實際上差強人意的東西當成高級品拿出來，你可能會被判定是個傻瓜。在餐廳或俱樂部謹慎地花錢，會被當成一種指標，指出你和你的天蠍座客戶在做商業交易時有多精打細算。如果他們度過一段愉快時光，天蠍座客戶可能會有非常慷慨的回報——下次你們在社交場合見面時，他們會想要投桃報李，替你付帳單。

你的天蠍座合夥人

強項
有責任感
有經驗
目標明確

弱點
難搞
不敏感
獨裁

互動風格
支配
愛下命令
自以為是

天蠍座合夥人很擅長擔起責任，但你必須小心別讓他們全盤接管。他們的能力通常很強，對於主導全局的興趣也同樣很高。天蠍座合夥人常常可以壓過你接管指揮權，端視你人格的強度與耐力而定。這種狀況本身不是壞事，尤其在你生性比較被動的時候。不過，個性更積極的人可能會發現自己跟天蠍座合夥人起了衝突，因而浪費大量可以用來裨益合夥關係的時間與精力。

25 與天蠍座建立合夥關係

與其說天蠍座多疑，不如說是謹慎。他們通常覺得起草一份能預見問題、在事情出錯時能夠處理發生狀況的詳細合約，對你們雙方都有利。這個協議應該既無所不包又清楚明白。如果你對於你的天蠍座合夥人支配性的態度有疑慮，你在合夥關係裡的利益與積極參與的程度，就應該要在這樣的協議裡得到保證。一旦這樣的合約由一位法律代表起草，並由雙方共同簽字公證，可能就永遠沒有必要再用到它了。

26 與天蠍座合夥人之間的任務分配

在每個專案開始之前，你們雙方所扮演的角色應該仔細地規畫好。你們的強項與弱點應該被檢視過，做出明智的分工，以便保證合作能夠成功。一旦任務分配好，雙方合夥人都應該勤勉地守護自己的範圍，不讓另一方的活動重疊到自己的。每天回報通常不必要，但每隔一週左右應該開一次會，藉此掌握專案的進展，並且評估是否需要改變。天蠍座合夥人可能在某些重要領域裡拖延，同時耗費不必要的精力在其他事情上，所以最好多加留意他們。

27 與天蠍座合夥人一同差旅或娛樂

對你們雙方最好的辦法，是在各種會議裡輪流代表公司，藉此強調你

們自己的專長領域。跟你的天蠍座合夥人一起差旅，在大多數狀況下並不建議，而且不必要。你們其中一方留在本壘或者獨立進行其他專案，通常會有比較大的進展。天蠍座最好自己找樂子並且獨自旅行，因為他們的品味與偏好太強烈而顯著，對於這種冒險的合作精神又太有限。事實可能會證明，日復一日在路上擔任天蠍座合夥人恭順的副手，是個相當大的考驗。

28 管理並指導天蠍座合夥人

天蠍座不可能輕易接受指揮。想駕馭他們超凡的精力和強硬的觀點也很困難。與其浪費時間做這種沒有成果的努力，最好在一開始先達成某種具有約束力的協議，然後讓你的天蠍座合夥人遵守這些協議。相對來說，你可能必須對抗他們試圖控制你的獨裁傾向，雖然他們的建議與指引可能常常很有幫助又令人安心。然而如果他們犯下重大錯誤，又拒絕認錯，為了避免災難，衝突可能是免不了的。

29 與天蠍座合夥人長期的合作之道

天蠍座合夥人通常是有心長期合作的。他們有能耐多年維持他們那一方的協議內容或股份。然而，他們可能對於你處理事情的方式有意見，而且鮮少會不好意思開口說。要是你拒絕聽這種批評，他們通常會加強他們的努力，直到你聽見為止。天生愛衝突的天蠍座，不是容易迴避的對象，而且你標準的迴避機制會受到嚴厲的挑戰。如果你想抱怨他們的方法、行為或整體表現，應該要在正確時機以充滿敬意的方式為之，否則這些話會被視為抵禦的攻擊，而他們通常會做出更強烈的反擊。

30 與天蠍座合夥人分道揚鑣

必須逐字遵循你應該已經跟你的天蠍座合夥人簽訂的最初合約。正常情況下，像是債務、房地產、著作權、資產與利潤劃分之類的事情都應該涵蓋到。要不計代價設法避免爭執，以及牽涉到尖刻言語及責怪的全面對戰，因為面對天蠍座的全面攻擊並不是個愉快的場景。只要事情保持客觀、禮貌和愉快，合夥關係的解除可以在雙方都滿意的情況下達成。請記得，天蠍座的記性很長，而且極端固執，所以最好現在就解決所有問題，不要留下重要議題懸而未決。

你的天蠍座競爭者

天蠍座競爭者不喜歡輸。他們對於勝出的慾望極其強烈，以至於他們能夠做出很不合倫理的行為，但只有在最極端的狀況下才會如此。這是因為只有在公平戰鬥中獲勝，他們才能完整體驗到打敗對手時的那種原始喜悅。天蠍座競爭者在戰火正熾的時候覺得很自在，實際上還很放鬆，這經常釋放了他們最豐富的能量。策略是他們的強項，因為一個真正的天蠍

強項
- 奮戰到底
- 一絲不苟
- 詭計多端

弱點
- 不道理
- 殘酷
- 傷人

互動風格
- 周密
- 好鬥
- 競爭心

座，永遠不會在沒做過嚴密詳盡又狡詐的計畫以前就介入衝突。

31 反擊天蠍座競爭者

天蠍座競爭者是很強悍的對手。因為他們好鬥的天性，知道怎麼對抗他們便顯得很重要，否則他們就會壓倒你。他們特別善於等待，可以用閃電般的速度攻擊你，然後又再度採取守勢。這種攻擊與防禦的絕佳組合，讓人很難反擊他們。最重要的是，保持冷靜，而且不要匆促行動而暴露了你的弱點。其次，要小心別落入詭計與陷阱之中。第三，準備好面對漫長艱困的戰鬥，而不是迅速輕鬆取勝。用你自己完善的準備，來跟他們周密的準備較量。

32 智取天蠍座競爭者

在設法做出勝過天蠍座競爭者的計畫時，你會涉入一場艱難的鬥爭之中，因為制定計畫正是他們的強項之一。一開始，先對你過往的強項跟他們一直以來的弱點給予同樣的關注。在他們的方法裡找到漏洞，並且仔細地分析他們曾經受過的挫敗，如此便有希望能夠從中找到他們的致命弱點。建立你自己的強項，一直到你確定有能力可以進行長期戰役為止。直到這個時候，你才應該轉而檢視他們最大的強項（以便讓你可以預測他們的攻防模式），然後關注你自己的長期弱點——你的天蠍座競爭者肯定會發現的。

33 當面讓天蠍座競爭者刮目相看

只在你處於優勢立場時，才接近你的天蠍座競爭者。裝好人或者用裝傻這招，並無法愚弄他們之中大部分的人。他們很擅長找出掩飾和詭計，鮮少會落入傳統的陷阱中。他們是戰爭藝術真正的學生，對於放鬆、安靜又自信的舉止有最深的印象。一旦他們承認你是勢均力敵的對手，你就會得到他們的尊重，這樣會把他們推到公平對抗的方向，並且減少他們使用下三濫伎倆的需要。你的身體外在形象不該過度令人望而生畏，但可以小心翼翼地採用誘惑的方法，只要你仍然察覺得到他們的專業伎倆就好。

34 對天蠍座競爭者削價競爭或高價搶標

天蠍座競爭者很會唬人，不過他們鮮少在沒有彈藥庫存的狀況下就上談判桌。在叫價超過他們的時候，你會發現要解讀他們的意圖很困難。因為他們如此縝密行事，讓他們得以掩藏他們真正的動機，還有口袋的深度。削價跟他們競爭的最佳辦法，是激起他們的憤怒、破壞他們的平衡。雖然胡亂揮打的天蠍座進攻者在任何對抗中都很嚇人，他們卻留下了可能被暗中破壞、力量被榨取的裂口。然而當他們使出冷血的手段時，甚至可能變得更可怕——他們眼中令人畏懼的眼神就是信號，告訴你最好退後，或者你得面對他們全面性、目標精準的暴怒。

天蠍座

㉟ 與天蠍座競爭者的公關戰爭

公關戰爭通常不是天蠍座競爭者的強項。要是這變成了全面戰爭，應該預期到會出現他們一貫的強項：預先規畫與無情的執行。但大多數天蠍座被要求衡量大眾的脈動和心態時，會顯得不確定。雖然他們很有個人魅力，但大多數天蠍座競爭者並不知道該怎麼引誘一般大眾，或者怎麼打敗理解群眾喜好的對手。太常見的狀況是，天蠍座競爭者遵循固定的規則，無法展現出反擊你新式又多樣化的新方法所需的彈性。

㊱ 向天蠍座競爭者展現你的態度

天蠍座在私人領域裡是危險的對手。因為天蠍座太了解自己的動機與感受，以致他們能夠輪番攻擊與誘惑他們的對手，經常讓對手手足無措又大惑不解。在確保成果的時候，他們可以用非常沉著又經過算計的方式，運用個人的魅力與磁鐵般的吸引力。此外，他們素有背信忘義的名聲，而你不該忘記這一點。要特別留心他們看似不感興趣、放手不再努力的時候。「復仇這道菜最好冷了再上。」這句話一定是天蠍座說的。

愛情

天蠍座
10月23日至11月21日

強項
熱情
自制
性感

弱點
深藏不露
愛打探
祕密行事

互動風格
謹慎
難以捉摸
觀察入微

與天蠍座的第一次約會

雖然天蠍座是高度性感、熱情的人，他們卻相當能夠保持自制。他們無可否認地充滿了魅力，會以難以捉摸的方式施展他們那種特別的魔法，而不會引起警戒或擔憂。然而如果你真的想要，他們總是準備好更進一步。天蠍座想要好好看清楚你，但對於表露他們真正的個性、展現他們的意圖，會特別謹慎。你應該清楚表明，施與受在這個領域裡很重要，互動是互惠性質的，而不是一條單行道。

37 吸引天蠍座的目光

天蠍座可能是主動搭訕和追求的那一方。就算最不進取的天蠍座，通常也會打出讓你繼續進行的信號，所以在看似過度被動的同時，他們仍保有主控權。天蠍座並不羞於建議為你們的初次約會訂下時間，但通常會提議一個比較不公開、較有隱私的地方，他們可以在這裡更認識你。隨後天蠍座約會對象的追求，遵循的是一種老套的模式：委婉地堅持你們要再見面。而如果他們真的喜歡你，這就成為固定的方式了。

38 初次跟天蠍座約會的建議

天蠍座喜愛在低調的環境下，靜靜地享用晚餐。他們熱愛美食，特別受到異國料理吸引，所以會很享受有這種食物的民族風餐館。不要把他們安靜或含蓄的舉止詮釋成不感興趣，因為許多天蠍座約會對象喜歡讓事情慢慢發展。不疾不徐可能被錯誤地詮釋成害羞，而實際上大多數天蠍座約會對象是相當有自信的。身為誘惑藝術的大師，天蠍座知道怎麼等候而不逼迫，用一種最誘人且有魅力的方式，編織他們的誘惑之網。

39 初次跟天蠍座約會的助興與敗興之舉

大多數天蠍座約會對象並不樂於被問到關於他們自己的事。如果他們擋開或者忽略你針對他們個人的提問，你就應該完全避免碰觸這個主題。極度感官取向的天蠍座約會對象，香氛、偶爾的碰觸或「意外地」近距離擦身而過、溫和的言語性暗示、以及低調而有邀請性質的一瞥，會讓他們感到興奮。雖然他們無可否認地重視身體的吸引力，經驗豐富的世故行為通常最讓他們興奮，沒那麼委婉的暗示與行動則會讓他們掃興。對他們的

沉默與隱私表現出尊重，而且不打擾他們含蓄的舉止，絕對是助興之舉。

40 對天蠍座採取「攻勢」

一般來說，天蠍座約會對象會把事情巧妙地操縱到讓你先採取行動，不管程度可能有多輕微。如果他們激起興趣了，他們會打信號要你更進一步，但他們不會期待你以侵略性的行為來回應。然而一旦天蠍座約會對象徹底被撩撥了，他們完全盛放的熱情天性便會顯露出來，讓人對於他們極度性感的傾向再無疑問。靜水流深，一旦你打出完全亮起、清楚明白的綠燈通行標誌以後，你最好準備對天蠍座全面釋放的性感接招。

41 打動天蠍座的方法

天蠍座約會對象對你的外表會特別有印象。好看而且滿足感官慾望的人，對他們有高度吸引力，就算他們自己沒那麼迷人的時候也是如此。天蠍座吸引人的特質會對你越來越有影響力，但他們期待驚喜，或者至少在一開始就對你感到極度好奇。天蠍座約會對象很快就會捕捉到你有興趣進一步跟他們親近的任何暗示，但請記得，他們缺乏立即反應可能是一種策略，因為他們以隨心所欲控制個人感情為傲。

42 擺脫天蠍座的方法

如果天蠍座約會對象覺得你極有吸引力，你就不容易擺脫他們。他們會持續追求他們的興趣，甚至可能有絕不放棄的執迷。編造出你已有個穩定關係的故事，通常只有更進一步刺激他們的作用。他們有尋求挑戰的傾向，所以你丟出來的所有路障都會招致他們加倍努力、捲土重來。通常最佳方式是忍住不要直接拒絕，而是隨著時間流逝，逐漸降低接觸的頻率，然後再永遠拋下他們。

你的天蠍座戀人

你的天蠍座戀人可能同時很嫉妒又有占有慾。他們完全期待你只跟他們往來，一旦出現你對別人感興趣的跡象，他們很可能不是大發雷霆，就是變得沉默、退縮且沮喪。天蠍座認為，因為他們付出很多，就應該也得到很多，而且你能夠擁有他們是你運氣好。除此之外，對天蠍座來說，愛是有領域性的——他們就是不喜歡有人去招惹他們選中的人。你的天蠍座戀人也很有保護性，對於心愛之人的福祉有很明確的興趣，在他們生病或有需求的時候，可以安靜地給予關懷。

43 與天蠍座戀人進行討論

許多天蠍座對於自己說什麼顯得很小心。他們相當清楚言語所具有的力量，知道那些話能夠在後來的討論裡被用來對抗他們。無論他們選擇討論什麼，你可以確定的是，就像一座冰山，表面之下有很多沒說出口的東

強項
關懷
保護
感興趣

弱點
嫉妒
占有慾
憤怒

互動風格
投入
嚴肅
沉默寡言

西。天蠍座也喜愛利用暗示而非直接陳述，特別是在對別人施加壓力的時候。因此，他們的威脅在大多數狀況下是隔了一層的，但你應該認真看待。天蠍座一定會貫徹他們的意圖。

44 與天蠍座戀人發生爭論

大多數天蠍座不會選擇發動爭論，不過一旦涉入，就可以靠他們來結束爭論。對他們來說，爭論只是另一種形式的戰役（在極端的狀況下會是戰爭），必須不計代價獲勝。因此，不建議跟天蠍座挑起爭執，因為情緒上的附帶後果可能很嚴重。避免使討論變成爭論，這意味著要敏感而且極為有覺知，藉此控制住謾罵的層次。避免爭論變得太沉重的一個方式是開玩笑，並且以不會被認真看待的競爭性文字遊戲和俏皮話來注入幽默。

45 與天蠍座戀人一起旅遊

天蠍座很擅長事先制定計畫和做安排，但並不總是會選擇這麼做。在這個領域裡，一種古怪的消極可能會浮現，逼得你只能帶頭來做，拿你的偏好來冒險。這可能會導致天蠍座無情地批評你的選擇，用上他們精心磨練過的諷刺與反諷，甚至到達輕視你的極端手段。因為這些理由，你最好一開始就堅持，在計畫旅行的時候就要他們扮演更積極的角色；要是你們旅行時起了爭執，就能給你一些彈藥。

46 與天蠍座戀人的性愛關係

天蠍座對於性的興趣、投入與表現是眾所皆知的。他們經常對此感到自傲，但不會公然表達。通常這種態度會呈現在性事的安靜自信上；他們知道，他們可以做到伴侶的任何要求。他們也不會克制而不表達自己的願望，這些願望被界定得很清楚，而且經常很苛刻。他們免不了有非傳統、甚至有點變態的性態度，然而這不該讓人感到意外。天蠍座熱愛探索性愛領域的大道與小徑，沒留下多少空間給他們的伴侶去想像。

47 天蠍座戀人的親暱表現

與其說天蠍座重視感官，不如說是很熱情。大多數天蠍座選擇在暴風雨般的過程裡，完整表達他們的感受，而不是沉浸於太情緒化、漫不經心的碰觸裡。因此，他們並不是太愛摟摟抱抱或展現親暱。他們通常是透過講笑話、甚或拋出侮辱的話（但眼中有淘氣的目光一閃）來表達深情。你應該了解這其實是一種親暱的表現，而且天蠍座期待你永遠不會因此被冒犯。他們在這方面可以做得相當過火，除非你把玩笑開回去、或者就只是保持冷靜，否則你很有可能會覺得受到嚴重侮辱，然後發火，這樣只會激起更多的嘲弄。

48 天蠍座戀人的幽默感

天蠍座的幽默相當怪異，他們的幽默通常意味著拿另一個人尋開心。

他們說的這種俏皮話或者其他機智的評論都意有所指，是在針對誰、針對什麼事，幾無疑義。一旦天蠍座做出這樣的陳述，他們很可能會透過一個挑釁的微笑，甚至是一個宏亮的竊笑、或者直接大笑出來，施加進一步的傷害（當然，他們不是有意的）。訣竅在於不要有負面反應，反而要跟他們一起笑。在你們兩人能夠私下交換關於同一個人的笑話時，便可以享受到很多樂趣。

你的天蠍座配偶

天蠍座通常很忠誠，卻並不總是忠貞。意思是，他們把個人的生活當成是他們自己的，因此在跟性自由有關的時候，特別抗拒受到伴侶或者整體社會的支配。然而在此同時，他們可以忠誠地履行他們那一方的婚姻責任，過著某種雙重生活。天性隱密行事的天蠍座，就算有，也鮮少跟家人或朋友分享他們個人生活的資訊。天蠍座熱愛他們的家，並且會盡可能多花時間在家裡，而且他們不會拒絕投入金錢讓家變得美麗舒適。

49 天蠍座的婚禮和蜜月

度蜜月時，與性有關的面向，對於你的天蠍座配偶來說茲事體大。能提供給伴侶樂趣，對他們來說很重要，他們自己的樂趣則不是關鍵。天蠍座把蜜月之旅看成是慾望的激情實現。因此，如果狀況只是差強人意或者不順利，他們很可能會感到極為失望、挫折與沮喪，而且他們可能會試圖隱瞞這一切反應。婚禮通常被視為只是蜜月的必要前奏，蜜月才是最重要的部分。

50 天蠍座的家庭和婚姻生活

天蠍座配偶並不總是會察覺到、或者對婚姻伴侶的心願有所回應。就算在與配偶的日常接觸中，他們似乎也活在自己的私密世界裡。通常很難交心的天蠍座會退縮到私密的空間裡，就算那裡只有一張椅子外加一本書或一份報紙。你的天蠍座配偶能夠隨心所欲地關上耳朵，所以你可能會發現他們好幾分鐘、好幾小時、甚至好幾天沒在聽你講話了。然而在這段時間裡，他們肯定有在聆聽他們的內在聲音，而且受到他們內在的提示所刺激。所以，不要因為他們的反應而責怪自己；你可能甚至不曾涉入他們之中。

51 天蠍座婚後的財務狀況

天蠍座喜愛花錢在食物、飲料與昂貴的個人及家庭用品上。幸運的是，他們也很擅長賺錢，因此保證了固定的現金流。然而你必須注意盯著他們，因為不只是他們的花費可能會失控，他們也會被各種承諾會有回饋的投資計畫吸引。有時候最好保有某些跟你的天蠍座配偶分開的帳戶、收入與開支，留下共同日用家庭基金讓你們兩人使用即可。

強項
忠誠
重視家庭
維持

弱點
不貞
叛逆
性關係混亂

互動風格
祕密行事
抗拒
個人主義

52 天蠍座的不忠與脫軌

天蠍座有很高的性需求，你或許能夠滿足，或許不能。此外，他們還深受祕密私通、隱藏的浪漫關係之類的事情吸引。就算你在性方面滿足了你的天蠍座配偶，他們可能還是覺得需要偶爾沉浸於婚外情之中。從天蠍座的眼光來看，他們可能同時既對你很忠誠，又偶爾出軌一下，卻不覺得自己做了什麼不合倫理道德的事。透過這一切，他們也能夠保持一種傷人的雙重標準，在他們對別人表示興趣的時候，還堅持你要專心一意。

53 天蠍座與子女的關係

天蠍座配偶對子女非常保護，在孩子還小的時候，他們鮮少會讓孩子離開他們的視線。所以，雖然他們的子女長大後很有安全感，但通常也會覺得被天蠍座父母主宰和控制。鼓勵子女獨立對天蠍座來說是很大的挑戰，這表示可能要冒著鼓勵孩子變得叛逆的危險。這個精神上的斷奶過程，對天蠍座配偶和他們的子女而言是一樣痛苦的。在這樣的過程裡，年紀較長也較明智的天蠍座父母應該採取的行動是，灌輸責任感與成熟度到子女身上。

54 天蠍座面對離婚的態度

很不幸地，天蠍座人格中較多的負面面向可能在此時顯露出來，特別是在天蠍座配偶覺得受到不公平或糟糕的對待時。天蠍座有種無可否認的復仇傾向，這可能會導致他們傷害配偶，對配偶採取報復行動。天蠍座是可畏的對手，而當你的天蠍座配偶為了失敗的婚姻不顧一切與你作戰時，你可能會覺得很難抵抗。為了這些理由，最好行為恭敬而沉默，避免激起他們做出能力所及的最糟行為。在離婚訴訟的程序裡，盡可能少跟你的天蠍座配偶聯絡，把大多數溝通事宜交給律師為佳。

你的天蠍座祕密情人

許多天蠍座祕密情人所扮演的多情角色，就像手和手套一樣親密。他們雙倍的熱情與神祕的天性，讓他們成為地下祕戀的理想候選人。這指的不是高頻率的感情牽扯，而是正好相反。大多數天蠍座祕密情人的感情牽扯相當少，也相當有選擇，但通常涉入很深。除了喜悅或沉醉以外，這個事實通常也保證他們可能經歷某種程度的痛楚和苦難。他們的情人會證實，天蠍座是非常情緒化的，事實上常常像是火山爆發一般，雖然這些感受通常處於控制之下，只有在最親密的情況下才容許顯露出來。

55 遇見天蠍座祕密情人

天蠍座祕密情人會以難以捉摸的方式表示他們對你有興趣。偶然對共同朋友提到的一句話、不經意的一瞥、或者拐彎抹角的奉承評論，都可能有打信號的作用。稍後你可能會自問：「他們是不是真的對我有興趣？」

讓你失去平衡可能是天蠍座的一個策略，通常會促使你掀開你的底牌，同時他們卻依然深藏不露。導致你的尷尬、甚至是有點不安，對天蠍座祕密情人來說可能正中下懷，因為他們處理愛情的方式，常常很類似他們上戰場的模式。讓你成為對手，也是種獎賞。

56 與天蠍座幽會的地點

讓你去他們家，會讓天蠍座祕密情人覺得受到刺激。他們的住處是他們的巢穴、他們的窩、他們的網羅，在其中，他們可以纏住你，把你牢牢地置於他們的掌握之中。在此密謀顯得很重要，天蠍座祕密情人會藉此激起你的好奇心，並且敦促你更認識他們。誘惑是許多天蠍座的專長，所以你可以好好享受。如果戀情不成功，稍後會有足夠的時間後悔或哀傷。你可能會發現自己在這種處境下是有侵略性的一方，你的天蠍座祕密情人也會投桃報李，造就出一生一次的初體驗。

57 與天蠍座的祕密性愛

有時候，跟天蠍座墜入愛河可能很像是一種上癮經驗。不管天蠍座有什麼（如果他們能夠把它裝進瓶子裡），可能都會變成非常受歡迎的靈藥。像上癮藥物一樣，天蠍座的愛會導致越來越高的劑量需求，而且在這種愛被扣住的時候，可能造成真正的戒斷症狀。雖然天蠍座可能給人受到壓抑、害羞或退縮的最初印象，一旦他們沉浸於性接觸時，他們真實的熱情本質就會顯露。在釋放出這樣灼熱的爆發性能量以前，請確定你可以應付這樣的戀情，而不會怪罪或後悔。

58 長久保有天蠍座祕密情人

如果你們兩人在情感上深深地融入彼此，正常來說要保有你的天蠍座祕密情人並不難。事實上，讓你的天蠍座祕密情人退卻，可能才會變成問題。做好準備，面對天蠍座祕密情人想要讓事情照現狀持續下去。對於你們見面的祕密面向，還有拒絕讓外界有任何機會看到或闖入這種私人領域而言，這一點特別真確。當天蠍座祕密情人想跟你聯絡的時候，可能會沉迷於暗中進行的溝通方式，甚至用上密碼與暗號。

59 與天蠍座的祕密歡愉

天蠍座祕密情人會充分表明他們個人的偏好。娛樂他們可以簡單到就只是跑一遍他們列出的清單。不幸的是，這可能讓你的需求與慾望被排除在外，所以在娛樂這樣的情人時，應設法使用保證雙方都能得到樂趣的方法。大多數歡愉是屬於私人性質的，因為天蠍座通常不會蓄意讓人看到你

強項
多情
親密
有如火山

弱點
痛苦
受苦
不快樂

互動風格
隱密
有所隱瞞
依戀

天蠍座

愛情

和他們一同出現在公共場合。由他們下廚的親密晚餐會取代造訪餐廳，看DVD與聽CD比去看電影或聽音樂會來得好。

60 與天蠍座祕密情人分手

不幸的是，跟天蠍座祕密情人的激情關係，通常會保證激情的分手。過程不必然會很戲劇化，但肯定很情緒化，因為分手可能為雙方帶來極大的痛苦。問題是這段關係與分手可能留下不會很快癒合的傷痕，以致讓你未來的感情牽扯、甚至是你很快再投入戀情的能力與興趣，都籠罩一層陰影。苦澀與挫折很可能同時浮現。為了對抗這些反應，請專注於這段關係美好的一面，拒絕對負面反應的感受讓步。

你的天蠍座前任

你的天蠍座前任並不容易對付。眾所周知，他們需要對你過往的行為（尤其是對他們強大自我的侮辱）做出懲罰性的報復，而這可能促使他們採取傷害性的行動。在某些時刻，你會受到痛苦的測試，而且必須決定是否要採取守勢以等待雨過天青，或者要反擊。不論採取哪種方式，你都需要形成一個戰略，而且這套戰略應該跟你的家人、牧師、會計師、律師或朋友聯合制定。這些人也可以對你的天蠍座前任施加壓力，讓他們守規矩，並且讓他們看出採取合作和談判的方式會對他們有利。

61 與天蠍座前任成為朋友

正常情況下，跟天蠍座分手以後便不可能建立深切的友誼。你能期望的最多只是停止明顯的敵意，以及一份不穩定的停火協議。不幸的是，天蠍座就算會，也鮮少真的寬恕或忘卻。此外，你所表現出的任何軟弱跡象，或者對寬恕的懇求，都可能會碰上輕蔑或附加的懲罰。天蠍座前任的態度是：「你種什麼因，就結什麼果。」所以你不應該期待他們會幫你。他們可能被迫合作的唯一領域，是懸而未決、需要金錢轉移的商業與個人事務。

62 與天蠍座前任復合

不建議你與天蠍座前任復合。天蠍座通常有一股想要施加傷害的深切需求，而再度跟你的天蠍座前任密切聯絡，可能會促發他們的這種需求。與你的天蠍座前任保持距離，並且避免復合，對你的情緒和精神來說，可能是必要的。偶爾談起你們的關係沒什麼不好，但對於任何可能同意和解的暗示，都要保持疑心。既然天蠍座知道怎麼打開他們的魅力開關，你就必須運用更多的自制力加以抗衡。

63 與天蠍座前任討論過去的問題

依照天蠍座的看法，他們清楚知道發生了什麼事，所以就他們看來，

強項
談判
合作
驕傲

弱點
報復心切
倔強
愛懲罰

互動風格
有侵略性
難相處
愛指控

天蠍座

沒有必要提醒他們。討論過往的問題對大多數天蠍座前任而言，就像是往撕開的傷口上灑鹽。首先，他們會懷疑你這麼做的動機，並且會小心提防你把他們牽扯進你未來的計畫裡。要是你就只是想要追憶往事，對愉快的共同活動做個輕鬆的交流或開個玩笑，請務必小心地切入這個主題；趁天蠍座前任心情正對的時候開口，可能有幫助。

64 對天蠍座前任表達親暱感情的程度

天蠍座前任可能會對你的情感表達有所回應，但如果這種反應往肯定與性有關的方面再發展一點，你可能會後悔當初為什麼要替這種事起頭。請記得，天蠍座把性的競技場當成他們個人的地盤，況且他們還擁有怎麼用這些力量對付你的整套知識。所以在對天蠍座前任表達任何身體上的親暱感時，最好保持疏離、尊敬與客觀。柔和的聲調或者可愛的一瞥，可能就是雙方能謹慎容許的最高表現了。

65 界定與天蠍座前任現有的關係

最好不要跟你的天蠍座前任討論這個關係，反而要給出你自己的定義，試圖保持冷靜和公正，並且敦促他們也這麼做。把彼此間大部分的互動限制在商業、物流與財務事宜，以及實際的日常家庭活動。持續把他們含括在家庭計畫裡，而不是排除他們，可以避免讓你的天蠍座前任覺得疏離。這是提供某種穩定性與社交控制的有效辦法，這樣他們的情緒才不會失控。有時候一位共同朋友可以扮演中間人的角色，協助界定現有關係，並且緩和一觸即發的情況。

66 要求天蠍座前任分擔照顧子女的責任

你和你的天蠍座前任必須小心防止在分手時，把子女當成武器來對抗彼此。此外，最好透過法律代表和法庭，而不是透過私下聯絡來謹慎處理所有監護權事宜。你們的子女絕對不該被逼著選邊站。說真的，孩子或許正是能夠讓事情和平進行的人，甚至有助於處理分居父母之間所產生的問題。在許多情況下，比起另一位父母，聰明的子女可以更有效也更理智地應付天蠍座父母。

朋友與家人

天蠍座
10月23日至11月21日

強項
選擇性
有趣
愛慶祝

弱點
暴躁
情緒不穩
喜怒無常

互動風格
強有力
刺激思維
防禦性

你的天蠍座朋友

　　天蠍座在選擇朋友的時候很挑剔，所以如果你被選中當他們的朋友，你應該要覺得榮幸。通常天蠍座會把最要好的朋友儲備起來，保留給最棒的時刻。大多數時候感情需求並不特別強烈的天蠍座，通常會在他們想樂一樂、慶祝一番、或者只是想到鬧區去玩的時候聯絡你。他們可能是很棒的同伴，不過他們的友誼大半建立在他們自己的條件上，而且通常是在他們自己的勢力範圍。本質上比較多才多藝又多變的人，會跟天蠍座相處得最好，因為他們能夠迅速適應天蠍座嚴肅的心情，以及複雜情緒狀態的改變。

67 向天蠍座朋友求助

　　既然大多數天蠍座朋友不常也不輕易找你幫忙，他們便假定你也不會很常找他們求助。然而在嚴重或者有危機的情況裡，他們是可以仰仗的。在緊急情況下很冷靜的天蠍座，對於他們的朋友來說可能是救命恩人，不論是字面上還是比喻上都是。一旦他們從你的聲音裡聽出口氣很認真，他們就會跳出來幫你，而且如果有必要，甚至會接著攻擊那些跟你對立的人。然而在釋放這些能量以前，你應該仔細想清楚他們的行動可能有什麼後果。

68 與天蠍座朋友溝通和聯絡

　　天蠍座朋友並不難維繫。你可以很長一段時間不跟他們聯絡，而在這樣的中斷之後，他們通常很樂意得知你的消息。因為他們並不渴求你的注意，所以不要一直詢問他們過得怎麼樣來煩他們。通常這種沒事找事的行為只會惹惱他們，而他們寧可你別管他們。在他們有事情要跟你分享的時候，他們自會聯絡。雖然重隱私而且內向不愛交際，天蠍座可以是絕佳的溝通者，能夠用寥寥數語把他們通常很發人深省的觀念傳遞給他人。

69 向天蠍座朋友借錢

　　雖然在生活的許多領域裡占有慾很強，天蠍座朋友卻能夠出人意料地輕易把錢分享給他們親近的人。他們痛恨吝嗇小氣勝於一切；與其在晚餐之後推託帳單分配，他們會藉由自己買單來避免這種事。但是請注意，他

們會假定你的錢也會分享給他們，所以如果他們有需要，他們可能會用聽起來像外科醫師要一把手術刀那樣不假思索的方式跟你要。天蠍座通常很善於用錢——賺錢、處理錢和花掉錢。他們處於貧窮狀態時會不快樂，因為那等於剝奪了不符合他們心目中對好生活的概念。

70 向天蠍座朋友徵求意見

天蠍座朋友會想要有時間思考過你的問題後，再給你意見。他們深思熟慮的天性，並不適合提供突如其來或膚淺的建言。不需要提醒他們，你曾經要求他們的建議；當他們準備好的時候，自然會想出一個解決方案。天蠍座通常自視為世故的人，對於人類心理學與世事運作有良好知識。雖然這是真的，不過你可能不會想要盲目地遵循他們的建議，因為事實可能證明這樣做有反效果。

71 拜訪天蠍座朋友的時機

天蠍座很喜歡朋友來訪。他們通常有很多東西可以跟朋友分享——在對話中，也在彼此享受的音樂、運動、政治諷刺與藝術領域裡，當然還有飲食。跟天蠍座朋友定期出去吃飯，可能極為愉悅，雖然費用很昂貴，因為他們的品味絕佳，而他們對品質的期望也很高。雖然他們偶爾會去拜訪你，但他們在自己的住處會更快樂也更自在，而那個住處經常看似一個祕密藏身處、洞穴或者窩巢。你若能享受其中，對他們來說有著至高無上的重要性。

72 與天蠍座朋友一起慶祝和娛樂

對天蠍座來說，慶祝和娛樂是非常特別的活動，而非每天沉溺其中的平常事。他們總是抱著很大的期待盼望這樣的事情到來。如果出席運動賽事、音樂會或表演，他們會想要買最好的位置，所以也假定你想這樣做。對於這些事情總是知識豐富的他們，會坦率地跟你分享他們的專門知識，舉止幾乎就像個導遊或是知識的泉源。如果他們帶著你一起去參加他們極為投入情感的活動，你有必要讓他們帶頭，並且對他們的行動與觀察表達你的欣賞。

你的天蠍座室友

隱私是大多數天蠍座室友的第一優先事項。不但他們的房間是不可侵犯的領土，他們可能也會開始把整間公寓或者房子看成自己隱遁的巢穴，只不過順便扯你一起來幫忙付房租、分擔開支而已。以這樣的態度，社交

強項
保護性
支持性
投入

弱點
退縮
不愛溝通
封閉

互動風格
祕密
隱遁
愛控制

活動可能很難實踐。此外，天蠍座喜歡控制他們的環境，所以在他們最敏感的時刻，你的天蠍座室友會設法減少你所產生的訊息量——不論是堅持音樂和電視要以較低音量播放，還是要求你別喋喋不休，還給他們安寧。天蠍座在剛醒來的時候脾氣壞得出名，而且通常需要一杯黑咖啡才能讓他們動起來。

73 與天蠍座室友分擔財務責任

就算他們付得出來，找天蠍座室友出他們那份房租、食物、水電瓦斯及其他開支，可能都很困難。最難的部分可能是提起這個話題，而沒讓他們拒絕談論或擋掉你的問題。事實是，天蠍座只有在準備好的時候才能做事情，而他們抗拒被催促。在令人滿意的月份，他們會把他們的貢獻以現金放在一個顯而易見或習慣放的角落，讓你去花那筆錢，或者把錢交到正確的地方。除了簡短指出他們留下什麼以外，你不太可能再聽到更多關於那筆錢的事。

74 與天蠍座室友分擔打掃責任

天蠍座室友並不是以對清掃的興趣而聞名的，雖然一旦他們下定決心要做，在這個領域裡，他們是相當能幹的工作者。通常他們會同意幫忙打掃共同區域，但對於把他們自己的房間弄得比較能見人的建議，則會猶豫不決。對他們來說，他們的房間是私人巢穴，你可能永遠不會被邀請進去，而且就連讓自己的空間置於你的審視之下，都會讓他們心生憎惡。一扇關閉的門可能是你必須習慣的景象，不管這些室友在不在家。

75 當你的訪客遇到天蠍座室友

天蠍座室友不常邀請客人來家裡。然而，偶爾他們會讓密友或家人來過夜。他們會期待你很輕易地就接受這些訪客，讓客人們覺得受到歡迎。不要在天蠍座與他們的客人共享時光的時候闖入，因為他們對於「屬於」他們的人占有慾很強。天蠍座室友會很自在地偶爾邀請訪客過夜、或者來個一夜風流，不管他們有沒有給你同等機會如法炮製都一樣。

76 與天蠍座室友的社交生活

雖然不是太過社交型的人，你的天蠍座室友還是能夠享受偶爾開趴。他們甚至會跟你分擔責任，並且在列出賓客名單時讓你有相同的地位。不過如果你在家的社交生活變得太活躍，他們會很惱怒，而且他們會明確表達他們需要隱私。擺出臭臉、然後砰一聲關門的不快樂天蠍座室友，在你的客人開始擠進來的時候，是不會做太多事情來提振歡樂心情的。所以，你必須對他們需要孤立隔絕的需求保持敏銳，不要讓太多人流造成他們的焦慮。

77 與天蠍座室友的隱私問題

奇怪的是，如果你和你的天蠍座室友相處愉快，在跟你獨處時，他／她或許就不會堅持隱私。這是天蠍座室友覺得和你很親近的最確切指標──事實上，親近到他們不會承認你是個分離的實體。像他們這麼重視隱私的人，竟然可以把你們兩人視為一體，這個事實毫無疑問是個恭維，但這或許也會被證明是很甜膩的，而且可能顯示出他們需要占有並控制你。這或許會讓你處於一個怪異的立場：你要堅持你自己的隱私，而這是天蠍座抗拒給你的東西。

78 與天蠍座室友討論問題

跟天蠍座室友深入的討論不只是可能的事，事實證明他們經常很有幫助，不僅在給予建議方面如此，在鞏固你們之間深切的個人連結方面也是如此。天蠍座室友鮮少找你討論他們個人的問題（除非他們把你扯進來），但在你碰上困難的時候，他們是很好的聽眾（除非這個困難與他們有關）。至於家中訪客、財務事宜、或者勞務分配，大部分天蠍座室友可能很難參與對話或討論。就算你們約好時間要對這些事務敞開來談，他們可能不是到得太晚，無法認真的討論，就是根本不現身。

你的天蠍座父母

大多數天蠍座父母會根據非常嚴格的原則來養育他們的子女。他們對於親職有很多想法──通常在他們甚至還沒有孩子的時候就成形了──而這些固定的原則，在實踐時不容有變化或妥協。他們對自己的子女極端直接，會堅持孩子要規律而不加質疑地做功課、家務、並且盡家庭義務。天蠍座父母對於子女感到驕傲，並且想看到他們看起來處於最佳狀態，特別是在出門去上學的時候，不過在家庭事務與社交場合也是如此。他們認為子女的行為直接反映了他們身為父母的能力，對良好的聲譽高度重視。只有一位天蠍座父母的組合，運作上通常比雙親都是天蠍座來得好，因為天蠍座有著苛求的天性與毫不妥協的態度。

強項
保護
勸告
鼓勵

弱點
過度保護
霸道
嘮叨

互動風格
堅持
苛求
驕傲

79 天蠍座父母的教養風格

天蠍座父母在管教事宜上會很嚴格。然而，他們也會跟孩子講得非常清楚，他們寧願根本不要處罰他們。他們宣稱選擇權在於孩子──不是遵從規定避免受罰，就是破壞規定招致懲罰。毫不含糊的規矩是天蠍座父母從一開始就定下來的，所以他們的子女永遠無法說他們不知道。從禁足到怒瞪一眼、打屁股或推一把，範圍廣泛的懲罰都是當場執行，沒有事先計畫。然而在更嚴重的越軌狀況下，他們可能施予更複雜、延續得更久、以糾正根本問題為目標的懲罰。

80 天蠍座父母與孩子的相處

天蠍座父母對他們的子女可以非常慈愛，但通常只有在他們乖乖守規矩的時候。天蠍座很一致地把表達親暱感情當成是一種獎賞，就像他們把執行管教當成是一種懲罰，總是以黑白分明的方式處理這些事。然而，天蠍座父母也能夠開玩笑假裝生氣，用他們裝出來的威脅和侮辱當成親暱的表達。在天蠍座的怒容剛開始出現時，他們的子女已經學習到怎麼解讀，並且決定接下來會是一場風暴還是一陣大笑。

81 天蠍座父母給孩子的金錢觀

金錢對天蠍座來說很重要，因此大多數天蠍座父母會花時間教導子女怎麼使用（而且不要誤用）金錢。通常把錢看得很緊的天蠍座父母，對零用錢不會太慷慨，會堅持子女要靠做家務來賺取現金。此外，天蠍座父母會鼓勵子女靠著當保母、送報紙和整理庭院之類的工作來賺錢，但他們也會嚴格監督這些錢是怎麼花的。某些天蠍座父母會鼓勵、甚或要求他們的子女把這些賺來的錢存到銀行帳戶裡，等將來需求或慾望出現時使用，藉此教導他們「好習慣」。

82 天蠍座父母的危機處理

在危機情況下，可以指望天蠍座父母會明確地支持子女。然而在子女明顯有錯，以及別人因為這些行為而受傷的狀況下，也可以期待天蠍座父母會做出嚴厲的警告與懲罰。對於每個相關者來說，把這種危機維持在最低程度，生活可以好過很多，因為天蠍座父母的反應很嚴厲。要是危機直接牽涉到天蠍座父母，他們會期待其餘家人表現出全然的支持與理解，否則這些家人可能會苦於接下來的後果，這將牽涉到責怪、憤怒與怨恨。

83 天蠍座父母的假期安排和家族聚會

依工作行程表而定，天蠍座父母可能選擇要不是徹底參與這種活動，就是完全把規畫與執行留給其他人。雖然他們可以享受假期和家庭聚會，但大多數天蠍座父母通常會把他們的職業、家務計畫、以及與朋友先訂下的約定擺在前面。到頭來假期和家庭聚會比不過這些事，落居第二順位，可能會讓某些家庭成員不高興、甚至覺得受到侮辱。天蠍座通常會認為這是另一個人的問題，而不是他們自己的問題。要是天蠍座父母選擇全程參與慶祝和度假的規畫，他們的投入通常是徹底而完全的——雖然他們非常能幹，有時候卻不免顯得過度控制和專橫。

84 照顧年邁的天蠍座父母

大多數上了年紀的天蠍座父母，只會在最低限度的必要需求上，要求家人幫助他們，其他部分他們會自己來。假定他們有足夠的退休金可以過活，他們的需求可能限制在每週幫忙採買並且／或者打掃。在比較嚴重的狀況下，在個人衛生與運動等事務上，他們寧願得到專業護士或健康照護

工作者的協助，而不願要求他們心愛的人提供這種協助。天蠍座父母喜愛定期看到他們的孫輩，會很感激你帶他們來拜訪。偶爾他們可能願意造訪你家（雖然並不常這樣），並且只會在你安排好往來交通時，他們才會去。

你的天蠍座手足

在任何家庭團體裡，天蠍座手足都會讓人感覺到他們的存在。光是他們強烈的好惡，就足以證明這一點了。但是當你加上好鬥與愛控制的脾氣，你就會領悟到他們真的是一股該被重視的力量。天蠍座手足通常不會克制他們的抗議或命令，反而會讓他們的兄弟姊妹知道他們心裡在想什麼。他們在家庭中的位置是極端重要的因素。最年長的天蠍座手足對弟妹可能很像是暴君，然而最小的天蠍座手足可能有比較陽光、甚至是惹人憐愛的傾向。排行居次或夾在中間的天蠍座手足若是被無視或忽略，通常會吃最多苦。

85 與天蠍座手足的競爭和親近

天蠍座手足可能會跟他們的兄弟姊妹發展出強烈的敵對關係，特別是若他們身為老么，拚命地呼喊著要被聽見、被認可。對天蠍座小孩來說，沒有什麼比在遊戲和運動競賽裡一再輸給其他手足更難受的了。這樣的敗北可能催生出一種成年後的慾望：事事爭先、不計代價求勝，而且經常對抗壓倒性的不利機率。另一方面，天蠍座手足也能夠跟他們的兄弟姊妹發展出強烈的羈絆，會持久延續到進入成人生活後期。在這些人當中，最常見的是一種敵對與親近的有趣混合。

86 過往的成長經驗對天蠍座手足的影響

天蠍座的記憶可以維持很久。這個事實可能在心理上對他們不利，而且因為他們無法原諒或忘記過往的委屈，以致會造成嚴重的問題。問題或許可以討論，但他們牢記在心的實際事件卻很難處理，不論是他們自己來還是有諮商師幫忙。他們平息這種議題的渴望，對於天蠍座來說是非常正面的步驟。一旦做了這種決定，他們就可以緩慢而小心地前進，花許多年時間讓這些事情平息下來。這樣的決心可以看成是天蠍座生活中的重大勝利。

87 與疏離的天蠍座手足往來

疏離的天蠍座手足在心理上通常讓人很難接近，必須長期反覆嘗試，才能跟他們有真正的溝通。必須展現出很大的敏銳度，因為若太常打擾他們，可能只會把他們惹惱，或者更加堅定他們不予回應的決心。把他們的感受列入考慮，以及溫柔又有說服力的那種堅持，會開始讓他們朝著正確方向移動。在這一切之下，許多天蠍座有種不曾言明的渴望，想要真正與

強項
有說服力
個人主義
有覺察力

弱點
受苦
怨恨
好鬥

互動風格
愛控制
直言不諱
苛求

他們的手足相親相愛,並且被接納回到家庭的懷抱(雖然他們可能永遠不會承認)。

88 天蠍座手足對繼承、遺囑等金錢議題的處理

天蠍座手足通常不會要求超過屬於他們自認為應有的那一份。在受到不公平或不誠實的對待時,他們才會發動攻擊,對敵人寸土不讓,而這些敵人通常是他們自己的親人。除了受到公平對待的需求以外,他們也會把他們的道德倫理價值,延伸涵蓋到權利被侵犯的其他家庭成員身上。因為他們在這種事情上不輕易放棄,遺囑與繼承問題可能會延續很多年。一般來說,只要有可能,天蠍座就會在財務上幫助他們的手足。

89 與天蠍座手足的家族團聚和慶祝活動

天蠍座手足熱愛參與聚會及其他家庭慶祝活動。依他們忙碌的時間表而定,他們偶爾會跟手足們共度假期,尤其是在孩子們(表親們)相處愉快的時候。天蠍座熱愛身為團體一分子的輕鬆感受,會慷慨付出金錢和時間來確保這類活動的成功。期待他們定期表現這種熱忱肯定是可行的,只要頻率不要超過一年兩次,或者最多三次。

90 與天蠍座手足一起度假

天蠍座手足通常較喜歡跟他們的朋友而非兄弟姊妹去度假。在假期長度範圍長達兩週到一個月以上的時候,舊有的敵意與衝突可能會浮上檯面,導致重大分裂。天蠍座的兄弟姊妹應該要察覺到這一點,並且避免死守對於假期的固定承諾。要是假期只延續幾天,頻率也沒有過高的話,每個人肯定都可以享受到樂趣,只要所有爭論都嚴守「暫停」的規範就好,免得爭執失控,毀掉每個人的美好時光。

你的天蠍座子女

天蠍座子女可能是任何家庭喜悅的來源,只要公平對待他們、不要利用他們就好。天蠍座孩子熱愛他們的朋友勝過世界上任何其他人,而且甚至能夠跟兄弟姊妹分享朋友,卻不會變得占有慾過強。父母會發現天蠍座子女很有責任感、有覺察力、精力充沛、對父母的個人問題有同情心。一個天蠍座孩子經常能夠在父母缺席時成為家庭領袖,或者提振群體團結的驅動力,並且在父母在場時支持他們。對他們來說,沒有什麼比跟大人和其他小孩一起談笑、享樂更令人愉快了。

91 天蠍座子女的人格發展

天蠍座子女在很小的時候就展現出型態良好的人格,有時甚至已經完整成形。他們的特徵會在一、兩歲的時候強烈顯露,而且驚人的是,可以在整個人生裡保持恆定。觀察一個天蠍座孩子的人格發展,是個很迷人的

過程，因為他們的感情如此深刻，以致他們心理狀態的錯綜複雜是很難解的。教師、父母、其他家人和朋友，在跟天蠍座孩子維持關係的時候，真的會碰上挑戰。他們的行動經常是無可阻止的，而且天蠍座有著強大的人格特質，其他人必須學習如何處理，而不要為了跟他們戰成僵局而用盡精力。

92 天蠍座子女的嗜好、興趣和職涯規畫

天蠍座子女的興趣經常混合了心智與身體。對挑戰很有反應、深受吸引的天蠍座子女，大多數很擅長克服困難，雖然他們也相當能夠享受更傳統的愉快活動。相當常見的是，後者被當成是前者的回饋。在一段時間內被剝奪簡單的感官享受，可能耗掉他們的正面能量，並且讓他們不快樂、甚至變得尖刻。因此，以糖果、最愛的食物、親暱表現或禮物等形式表現的回饋，是讓你的天蠍座子女保持好心情必須符合的要求。良好的職涯路線，是能提供挑戰、適當的報酬與愉快的工作環境那種。

93 對天蠍座子女的管教

天蠍座子女對於教師、父母或其他家人採取行動管教他們，反應非常差。大多數天蠍座子女有很清楚的是非觀念，而且覺得懲罰或管教是不必要的，因為他們完全能夠察覺到自己做了什麼。的確，他們的自我懲罰可以比任何大人都做得更多，而且他們犯下的錯誤會讓他們深深受苦，特別是在他們對其他人採取不公平或傷人行為的時候。天蠍座子女比大多數人更能夠忍受痛苦、責難和孤立，甚至這種懲罰明顯不公平時，亦是如此。

94 與天蠍座子女的親暱程度

天蠍座子女熱愛給予並接受親暱情感，但很有選擇性，雖然採取的形式可能相當不尋常，甚至怪異。成年天蠍座甚至可以對他們的敵手很有感情；他們小時候在競爭或者明顯的戰役中，就可能展現出這種特徵了。其中有一部分是跟這個事實有關：他們真心尊敬那些能夠挺身抵抗他們強烈人格的人，而他們與對手之間分享的親暱感情，通常是一種互相尊敬的徵兆。雖然對某些人來說，天蠍座是感情表達太露骨的生物，但他們也可以對其他人相當帶刺又冷淡疏離，這通常指出天蠍座子女在容許任何人太接近以前，必須先發展一種有意義的個人關係。

95 處理天蠍座子女與手足之間的互動

當天蠍座子女帶頭的時候，得到父母和手足一致的尊重是非常重要的。有時候他們可能自己擔起家庭的領導權，甚至到了跟父母競爭控制權的地步。有時候父母的管教行為、懲罰和訓誡，可能都被迫衝著天蠍座子女而來，因為這些孩子已經變成其他手足的代表了。因此在這種情況下，天蠍座子女被迫長大，並且在他們發展早期就裝出成熟負責的態度，而這可能會導致他們被剝奪童年無憂無慮的快樂。

強項
- 討人喜歡
- 盡義務
- 精力充沛

弱點
- 容易生氣
- 愛爭論
- 不快樂

互動風格
- 支持
- 樂於助人
- 有動力

96 與成年天蠍座子女的互動

就像前面指出的，天蠍座子女可以在很小的年紀就成熟變成大人，視個人環境而定。在青少年時期就已經相當成熟的天蠍座子女，成年時可能已經完全成形，並且繼續在他們的餘生中展現出同樣的特徵。父母在與天蠍座子女對抗的時候，經常訝異於他們所面對的似乎是一個小男人或小女人，而他們可能是相當可畏的對手。成熟是天蠍座天生就很有感的事情，因為這補足了他們的嚴肅與感情深度，以及他們對於世界極度現實的觀點。

射手座

生日：11月22日至12月21日

射手座是變動宮火象星座，受到樂觀又極端開朗熱情的木星主宰。大多數射手座對生命採取極其正面的觀點，並且相信對於有勇氣大膽嘗試和做夢的人來說，幾乎任何事情都是可能的。身為理想主義者，他們堅持與他們接觸的人要有合乎倫理的行為並且誠實，偏好從動機而非達到的結果來評價一個人。射手座是小生物的天生保護者，而且是弱勢的擁護者。

工作

射手座
11月22日至12月21日

強項
直覺
有說服力
迅速

弱點
不溝通
含糊不清
沒有同情心

互動風格
獨立
個人主義
衝動

你的射手座老闆

因為高度獨立與個人主義，射手座並不總是適合老闆這個角色。他們傾向於突然出動，而且常常是在一頭熱之下，魯莽地奔向自己的方向，所以他們的員工可能很難跟上他們的腳步。此外，他們可能不會花時間清楚地跟公司溝通他們的想法，而寧願讓他們的行動來為自己說話。不是團隊合作者的射手座老闆傾向自己掌權，然後跟著他們的直覺走，而不是仔細規畫好一場戰役並委派責任。

1 要求射手座老闆加薪

身為結果導向的人，射手座老闆對你的工作方式可能不會表露出太大興趣，也不會花時間聽你的建議和抱怨。所以，要不要接近他們、陳述你的意見，同時希望他們會更認識你，全都取決於你。跟他們的助理保持密切聯繫，找出他們旋風式行程中最有利的休息時間。不要用閒聊來浪費射手座老闆的時間；應該用清楚、簡潔又明確的方式陳述你的觀點。只有在你真正應該得到加薪的時候，才在隨後某一天去找他們談這件事。

2 向射手座老闆宣布壞消息

射手座老闆很容易發怒，在壞消息第一次呈上的時候很可能就會怒火上衝。不要試圖讓他們冷靜，反而要讓他們發洩即時的怒氣。他們可能會怪罪到你頭上，或者設法跟你討論這件事，然後達成一個為控制損害而構思出來的共同決定。在這樣的危機狀態裡，你可能跟射手座老闆產生連結，雖是報告壞消息的人，卻因此造就出正面的結果。要是這些計畫成功了，你或許會發現你的射手座老闆更常徵詢你、甚至尋求你的意見。

3 替射手座老闆安排差旅和娛樂

因為射手座老闆生氣勃勃又有強烈野心的天性，讓他們可能會花很多時間旅行，但不會期待被悉心照顧或款待。出差的時候，他們鮮少在任何一個地方待上太長時間，所以他們的行程表必須很有技巧和效率地安排好，以便發揮最大效果。射手座老闆只需要在正確時間被放在正確地點，放出他們的閃電，然後再繼續進行下一次的較量。住宿處只需要舒適到合理的程度，不一定要豪華。要記在心上的是，他們會想要在旅途中和待在

旅館裡的時候工作，所以請確保有供電設備、無線網路和高速網路接頭可用。

④ 射手座老闆的決策風格

射手座老闆以快速做決定聞名。有時候他們會堅持自己的決定，有時則不會。對他們來說，一個決定不必然有約束力，而且可能取得某種試驗性質的地位；如果發展不利，這個決定就會被改變或駁回。所以如果射手座老闆做出你覺得有錯的決定，你不該太過氣惱，因為在幾天、幾週或幾個月內，他們可能就會恍然大悟，然後修正他們的計畫，讓這些計畫更能配合你自己的規畫。不要立刻反對你的射手座老闆，而是要表現出耐心與克制，然後觀望並等候。

⑤ 打動射手座老闆

射手座老闆對於不會太努力爭取他們的注意，卻隨著時間產出優秀成果的員工，印象最好。要是他們對你的工作表現出興趣，尤其是對你用來達到成功的方法感到好奇，請放心地公開並分享你的想法與作法。如果他們得到的結論是，你和他們在相同的波長上，射手座老闆會對你的能力很有信心，而且很可能決定把同事們都垂涎的好專案託付給你。

⑥ 提案並對射手座老闆做簡報

射手座老闆並不是有耐性的人，所以你應該讓提案保持簡潔，簡報則要簡短有力。他們甚至不會選擇全程出席會議——遲到、旋風式地繞行會議桌一圈（但願他們會短暫地坐下來），然後在他們要往門口走的時候聽你說幾句話。因此，你可能要趁他們在場的短時間內拋下你的文件，然後用希望是有啟發性的即席方式，特別針對他們發言。你對你的提案表現出的熱忱與樂觀，他們會注意到的。

你的射手座員工

射手座員工可以是辛勤工作又專注奉獻的，但你必須留意他們，因為他們也有能耐在任何時候追隨他們的衝動。他們會跟一個工作團體或公司待在一起，直到他們得到夠多經驗，然後就獨自離開了。促使他們朝著專業上的獨立邁進的事件，經常不是經過計畫的，甚至不是他們自己造成的；命運就是插了一腳，提供了他們走自己的路所需要的推力。射手座員工可以充當他們所屬工作團體的臨時老闆，並且運作得很順利。

⑦ 面試或雇用射手座員工

一定要接受射手座求職者本來的樣子，因為再怎麼多的解釋或灌輸，都沒辦法讓他們克制我行我素的性格太久。然而，因為他們太多才多藝（他們的簡歷或履歷通常都能指出這點），他們是寶貴的多工處理者與代

強項

多才多藝
努力工作
專注奉獻

弱點

匆促
叛逆
古怪

互動風格

充滿精力
迅速
警覺

理人,總是能夠在短時間內就承擔起暫時的責任。雖然射手座員工很容易厭倦,不過他們也相當能夠長時間執行重複的任務。話雖如此,如果你給他們公司裡有趣又刺激、鼓勵個人進取的職位,他們的反應會更加正面。

8 宣布壞消息或解雇射手座員工

因為樂觀又積極的態度,射手座員工對於批評與責難的反應很糟。如果壞消息與他們的行為有直接關聯,他們可能變得沮喪且不快樂;如果是因為其他人的失敗,他們通常會跳進去幫忙導正事態。要是他們不公平地被開除了,他們會要求跟他們的雇主把事情談開來。他們的處事方法高度合乎道德倫理,會想要講明他們的動機純正,而且十分努力。射手座會積極尋求好的推薦信,為他們的下一份工作加分。

9 與射手座員工一同差旅或娛樂

在差旅路上的時候,可能很難跟得上這些發電機。射手座員工最好獨自出差,雖然他們很享受路上有一、兩個同伴,只要這些同事不會阻礙或拖累他們就好。射手座員工很享受被其他人娛樂,不過因為他們在這個領域裡的品味是很有選擇性的,通常最好讓他們自己帶頭提供娛樂。他們在制定計畫和規畫活動的時候不太需要幫忙,雖然他們用某種方式做事的獨特方法與理由並不容易揣度。

10 分配任務給射手座員工

請確保射手座員工有仔細聽你說話,並且完整地理解你期待他們做什麼。另一種狀況當然就是他們會在你解釋完以後走出去,然後就照著他們的方法去做了。堅持要他們把你的指示寫下來——在極端的狀況下,甚至還要簽名;也要叫他們重述這些指示,以顯示出他們真的有在聽。在你的許可之下,可以讓他們修正一、兩點,這麼做會讓他們有好一段時間,覺得自己不太尋常卻經常很有用的建議受到欣賞與重視。

11 激勵或打動射手座員工

在許多情況下,比起你的表現,射手座員工對你的意圖印象更深刻,特別是在事情不成功的時候。他們合乎倫理的工作方法,強調的是思考清晰、動機純正、以及誠實的重要性(這最為優先)。射手座員工重視的不只是跟其他人有關的誠實,也在乎一個人對自己的誠實。最令他們失望的就是看到老闆自欺欺人,或者活在幻想世界裡。從後見之明來看,完全為了正確理由而採取的迅速有效行動,或許是讓他們最刮目相看的。

12 管理、指導或指正射手座員工

射手座員工必須很有技巧地管理、指導或批評,以避免激起他們的反抗與敵意。請記得,他們對於需要做什麼,以及應該如何達成,總是有非常清楚的想法。所以持續地糾正和批評他們,可能導致他們的熱情降溫,

讓他們的表現變差。一個氣餒、不受青睞的射手座看起來可能很可憐，而你稍後或許會後悔沒有更敏銳、更體諒地對待他們。此外，你可能因此失去一個有需要時能請求支援的最寶貴盟友或援手。

你的射手座同事

雖然射手座同事在企業組織下工作會覺得不自在，但在融入同儕這方面，他們是很友善且合作的。通常可以指望他們會說好話或者給個微笑。他們的樂觀主義是很明顯的，雖然當他們頹喪的時候，他們的羽毛看起來可能比其他人更濕更髒。同僚可以信任辛勤工作的射手座，會在幾乎任何艱困的情況下伸出援手。然而，射手座的第一直覺是靠他們自己解決問題，而不是以團隊合作者的身分加入挽救的行動。

強項
樂於助人
友善
樂觀

13 尋求射手座同事的建議

射手座非常重視觀念，會花很多時間以哲學方式思考事物。因此，他們經常能夠仔細思考你的話，而且一旦他們有足夠時間徹底考慮這些話，就能給出很好的建議。射手座同事通常可以對問題做出不同的詮釋，並從非常不同於大多數人的觀點來看待這些問題。正面詮釋可以幫助你重振低迷的心情，給你希望；負面詮釋則是他們試圖警告你，要對抗自欺妄想和錯誤的樂觀主義。除非你準備好面對真相，否則不要去找射手座要建議；真相或許是他們最優先考慮的。

弱點
衝動
受挫
疲態盡露

互動風格
坦率
直接
易感

14 向射手座同事求助

射手座同事總是準備好用行動來為他們的話背書。行動導向的他們如果覺得你受到不公平對待、或者認為你是他們的朋友，就會站在你這邊，為你上刀山下油鍋。他們是劣勢那方的支持者，不介意跟你站在同一陣線作戰，以對抗看似壓倒性的不利機率。由於你有這麼忠實的好同事在你身邊，他們超凡的精力，能夠產生提振士氣、給你更多精力戰鬥的作用。而且問題一解決，他們就會退開，不會想要藉此控制你，或者對你施加不當的影響力。

15 與射手座同事一同差旅或娛樂

你和射手座同事之間感覺良好的時候，一起旅行可能是最令人愉快的經驗。射手座對於他們喜歡的同事極為友善和親切，他們友好而積極的舉止，會讓任何旅途或娛樂的經驗都值得懷念。身為一個好旅行家，他們不會耽誤你時間或者過度苛求。如果你在旅行前跟他們不熟，等到旅程來到尾聲，你們可能已經變成堅定的好朋友了。然而你可能要花一點時間，才能習慣他們有趣而通常很獨特的思路和舉止。

16 與射手座同事共事

雖然射手座同事可以相當合作，但他們高度個人化且經常很衝動的處事方法，卻會導致他們跟公司規定、傳統行為模式及更保守的觀點決裂。情況常常是，等到一個解決特定問題的特殊小組成形的時候，他們可能已經搞清楚狀況，並把問題永遠解決了。對大多數射手座同事來說，要減少他們的努力、接受團隊合作裡比較次要的角色，顯得特別困難；這在他們知道怎麼靠自己迅速解決問題時，尤其如此。對於怎樣做個團隊合作者，他們有很多要了解的地方，但他們學得很快，而且能夠適應得很好。

17 打動或激勵射手座同事

如果射手座同事對一個專案有信心，他們會有高度動機為此付出全力。但如果他們有嚴重的懷疑，他們便相當能夠抑制他們的能量，甚至透過批判的態度讓事情緩下來。在對待如此倔強的射手座員工時，動機是非常重要的。你可以透過你的邏輯推理與所提方法的效果，真正地打動他們，藉此遏止他們頑固又魯莽的傾向。然而，他們還是會對你的動機有疑慮，如果他們覺得你不誠實，儘管你做得很成功，他們還是會耿耿於懷。

18 說服或指正射手座同事

如果能幫忙解決問題，射手座同事相當能夠接受建設性的批評。他們對有用的小訣竅特別能接受，通常會試試看這些招數是否奏效。如果你知道在什麼時機以什麼方式接近他們，會最容易說服他們；當他們被迫或被要求遵守命令的時候，可能會頑固地拒絕聽從。跟他們溝通的最佳時機絕不是他們正在辛勤工作的時候，而是休息時間，若能夠一起出去吃飯、或者下班後喝一杯的話會更好。心情放鬆的時候，他們更有準備被說服到至少聽聽不同的觀點，並加以考慮。

你的射手座客戶

射手座客戶肯定是結果導向的，因此對於你的禮物包裝沒什麼興趣，反而比較在意盒子裡的內容物。任何不必要的裝飾、你跟他們做生意答應會有的益處、或者直接送禮，他們都會抱著懷疑看待。基於同樣的道理，他們也拒絕接受露骨的承諾與保證。然而只要你和你的射手座客戶雙方都保持一致的看法，射手座的樂觀主義與理想主義可能還是會明白表現出來。在大多數射手座心目中，在其他條件都相同的情況下，正向思考總是比負面、保守或膽小的態度來得好。

19 打動射手座客戶

對於射手座客戶的專案深廣度，你表現出的理解力會讓他們印象深刻。他們不喜歡器量狹小、閒聊和過度講究細節，總是喜歡大處著眼，勝過對細節做瑣碎的分析。如果你選擇一直卡在小問題上面，進而拖慢了專

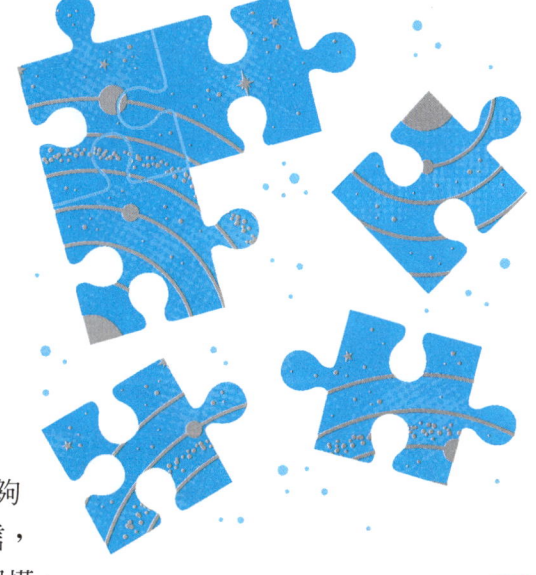

案的進展，你會發現他們非常不耐煩。這不是說他們鼓勵你把小心謹慎拋諸腦後。儘管他們走積極正面路線，但他們不會催你在做重大決定時倉促行事，或者擱置你的批判態度。射手座客戶知道每個角落都暗藏危險，而他們相信要為此做好準備。

20 向射手座客戶推銷

最好不要試圖以使用你產品或服務的好處，來向射手座客戶推銷。他們只想在盡可能不麻煩的情況下，讓自己的要求得到滿足。最重要的是，他們必須相信你，所以他們會要求你對他們誠實。在大多數情況下，他們也想得到保證，知道你不會做出不合倫理的行為、不會違反任何法律、或沉淪於不道德的行徑裡。他們的名字和聲譽對他們很重要，如果你涉入他們的生意，他們會期待你用心地避免讓他們的名譽蒙羞。

21 射手座客戶重視的外表和舉措

你所展現的外表，其重要性絲毫都及不上射手座自己的外表。他們會高度覺察到自己看起來如何，以及他們營造出什麼樣的印象。在衣著與合乎潮流的觀點這兩方面，射手座客戶希望他們的品味得到直接或間接的認可。如果你能夠避免做作的行為，而且不設法用昂貴衣物給他們好印象，會有最好的表現。在大多數情況下，他們的衣著會顯得自然而非正式，並且會對不僵硬、不過於優越的態度留下良好印象。雙方以自然的態度互相認可，有助於讓事情有好的開始。

22 保持射手座客戶的興趣

射手座客戶特別喜歡技術事宜、謎題、幽默、甚或傻氣的文字遊戲，雙關語和笑話都包括在內。因為他們高度的個體性、以及他們對他人個體性的尊重，他們通常會欣賞你非主流或怪異的做事方法，並且認可在遠離規範的環境下蓬勃發展的努力成果。當他們對你的方法感到好奇的時候，更有可能以財務承諾支持他們的興趣，這些承諾能讓你的專案往前邁進，並且更快產生結果。在跟射手座客戶交涉的時候，請避免消沉或令人心煩的主題。

23 向射手座客戶報告壞消息

射手座客戶不想聽到壞消息。由於他們天生的樂觀主義與理想主義，看到他們的夢想化為雲煙，這樣的結果可能對他們產生很大的打擊。然而他們也相當堅韌，能夠想出B計畫，或者能夠證明有效的全新途徑。你或許能夠說服他們相信，削減開支或把一個專案刪修到比較能夠管控的規模，

強項
積極正面
理想主義
自然

弱點
疑心重
不接受
不切實際

互動風格
直率
誠實
不拘禮節

永遠是一種可能性，並且讓他們領悟到他們的宏大計畫只是暫時延宕而已。一般來說，射手座客戶有辦法安然脫身，撐過顯而易見的災難。

24 招待射手座客戶需注意的「眉角」

射手座客戶喜歡拚命工作、用力玩耍。他們不太會在工作時間裡追求自己的樂趣，但他們還是可以享受一頓好午餐、喝一杯、熱烈的對話、長時間散步或慢跑，或者是一局網球或高爾夫。別想嘗試靠著豪華款待來買下、甚至影響他們對你或你公司的興趣。他們可能把這種款待看成不只是尷尬，在某方面還不道德。你的人格、觀念與公司，對他們來說已是充足的娛樂和招待，排除了用花錢來確保他們過得開心的需要。

你的射手座合夥人

強項
誠實
合乎倫理
直率

弱點
愛下判斷
緊張
心煩意亂

互動風格
開放
充滿精力
能幹

要跟你的射手座合夥人維持良好的工作關係，在私人層面上擁有良好感受是非常重要的。射手座喜歡事情輕鬆進行、沒有壓力，在此同時也享受跟你的日常往來和接觸。就像婚姻一樣，跟射手座的合夥關係可能有喜悅，但也會成為挑戰與興趣的無盡泉源。無論後來事情如何發展，射手座合夥人都期待你的誠實，也會堅持你的意圖要純正而合乎道德。你總是能夠對射手座合夥人敞開心扉，雖然這不是必要的，因為你們公司可以在高度客觀又誠實的基礎上順利運作。

25 與射手座建立合夥關係

在與射手座建立合夥關係時，一切都應該公開，並且詳細地陳述清楚，所有含糊之處或暗地裡的議程規畫都要努力避免。這樣會讓事情有個好的開始，也會提供一個將來可以回顧的清楚參照點。有必要這麼做的另一個理由是，射手座合夥人有個明顯特點：他們會改變心意，卻並不總是對此有自覺。此外，他們還可能同時感覺到有需要讓你堅持原本的承諾，以致造成某種雙重標準。基於這些理由，一個能為你們雙方做法務代表的好律師，應該起草一份簡明卻包含一切、有法律約束力的合約，讓雙方簽字。

26 與射手座合夥人之間的任務分配

射手座合夥人是多才多藝的，但卻往往同時做太多事情，以致力量分散。替他們難以捉摸的能量加上規範與組織，可能是必要的。如果你可以控制好他們，射手座合夥人就可以把他們超大存量的精力應用在任何任務上。既然他們很容易厭倦，請確保他們的工作內容是有趣的，而且不會卡在某個無聊或重複的職務上。跳脫框架思考是他們的專長，但你必須讓他們比較不切實際的那一面不至於失去控制。

27 與射手座合夥人一同差旅或娛樂

雖然射手座是很好的旅人，但他們對於自己的工作基地有著驚人的熱愛，會在這裡建立他們的工作空間，並且很自在地用盡可能最好的方式把工作完成。一般而言，最好放手讓他們獨自出差，並且安排他們自己的娛樂，因為他們的品味是高度個人化的，如果他們被迫用對他們很陌生的方式來做事，很可能會引起衝突。射手座合夥人特別需要自由去做他們自己的選擇，在他們想要的時候走出門去或跳進車裡。

28 管理並指導射手座合夥人

雖然射手座合夥人可能很難管理或指揮，卻可以用委婉的方式做到這一點，方法是把關於他們行為的重大決定留給他們，然後你在正確的時機現身，往對的方向推他們一把。隨口一句評論對他們來說經常能夠變成強烈的動因，而他們隨後會反覆思考你說過的話。這些合夥人是高度哲學性又富有思想的，他們需要相當多「停機時間」來反思你的觀察，並且構思自己獨特的反應，這經常意味著他們會想出一套全新的有效途徑。

29 與射手座合夥人長期的合作之道

長期來說，射手座合夥人會堅持要你遵守你的承諾，並對你們共同的工作保持全然的奉獻。一旦你有任何放手或退卻的跡象，他們就會變得緊張氣惱，並且相當能夠在爆發的怒氣中表達對你的指控。他們對於合夥人確切的所有長期要求，就是你對他們的意圖保持忠誠，對公司專心奉獻，對他們投入的精力與方向保持持續的支持，並且做出成果。他們對分心、做白日夢、缺乏焦點、一直找藉口和不必要的要求最為感冒。

30 與射手座合夥人分道揚鑣

如果射手座合夥人覺得你有不合乎道德的行為，要跟他們拆夥可能非常困難。他們鮮少會在資產與不動產的分配上表現得自私，因為他們以自己的公正與誠實為傲。要是你試圖想取得占比不公平的戰利品，他們會以令人畏懼的強大力量反抗你的努力。在合夥關係中累積了可觀債務的狀況下，他們會堅持債務要償還到最後一分錢，而且你們兩人要完全聯合起來負擔起你們的責任。好聚好散並不總是有可能，但從你的合夥人眼中看來，這樣肯定比較令人嚮往。

你的射手座競爭者

射手座競爭者可以靠他們豐富的精力把你拖垮，讓你筋疲力竭。為了跟上他們，你必須保持警醒和靈敏。他們不會只在一條陣線上發動攻擊，而是會設法透過好幾種手段來促進他們的產品與服務，並且用各式各樣的方法來貶低你們公司的優點。然而，射手座競爭者不一定有長期支撐的續航力。他們的心情與路線很容易改變，有可能以轉移宣傳活動所強調的重

強項
精力充沛
多變
讓人不安

弱點
不合群
太有攻擊性
散亂

互動風格
暗中顛覆
轉移變換
對抗

點，打亂你一次專注於一個領域的努力。

31 反擊射手座競爭者

在做生意這方面，射手座競爭者看似更投入於概念與原則，而非追求金錢所得。射手座競爭者經常會想到新主意和新方法，但其中有許多都沒什麼道理，或者是不成功的。然而，成功點子的百分比雖不高，卻讓人畏懼又有效果。對抗射手座競爭者最困難的部分，在於反擊他們的閃電戰術技巧。應設法保持鎮定，不要對他們每次進攻的成果有所反應，反正許多攻勢很快就會被捨棄。

32 智取射手座競爭者

智取射手座競爭者的最佳方式，通常是讓他們浪費自己的時間、金錢和精力，去執行他們的許多點子，然後你可以悠閒地坐下來一一擊破，只處理最重要和最有效的那些即可。除了這種選擇性的反擊技巧之外，你把雞蛋都放在同一個籃子裡最好，亦即將攻勢專注於一、兩個領域，個別地而不是持續地使用大量火力。多虧有出其不意的要素，你會逼得射手座競爭者採取守勢，而當他們採取守勢時，並不總是覺得自在或成功。

33 當面讓射手座競爭者刮目相看

射手座競爭者對於欺騙、不誠實與操縱只會覺得輕蔑。比起他們被違反道德行為所激怒時的狀態，在公平決鬥中，他們通常比較容易對付，所以讓你的表現保持開放而光明磊落，就會很順利。這也可以應用在你的外表上，應該要保持低調而不突兀。通常射手座競爭者似乎更有興趣為贏而贏、並且支持他們的理想，所以你應該在財務方面掌控住有利位置，然後在任何情況下都採取實際、精明與慎重的方法，來讓他們留下深刻印象。

34 對射手座競爭者削價競爭或高價搶標

因為射手座競爭者充滿熱忱又豪爽的做事方法，你應該讓他們為了對全面性的多種議題出價而累垮自己。別讓他們逼你壓低標價以吸引顧客，反而要看著他們在許多領域裡占得地盤，結果將來很快又放棄。藉著採取這種路線，你會讓他們作出他們無法履行的承諾。當你認真想要在競標戰中打倒他們的時候，請在少數幾次努力中付出你所有的一切。藉著出其不意與深度的參與，低價搶下或高價超越他們所出的標價，便可能導致他們迅速撤退，並且在幾個你其實不在乎輸掉的領域裡對抗你。

35 與射手座競爭者的公關戰爭

設法展現出他們促銷不可靠產品與服務的方法有多不切實際，在他們的宣傳活動上打出幾個洞。強調他們對顧客缺乏經年累月的承諾與持續性，這種辦法可以極其有效地破壞他們的承諾，特別是在維修領域裡。同樣地，強調你的公司在你們產品背後提供穩定的支持與可靠性，並且舉例

射手座

說明你們如何可靠。給出你們公司過去幾年對顧客堅定承諾的具體例子。

36 向射手座競爭者展現你的態度

採用更個人性質的路線，通常能夠動搖並暗中顛覆你的射手座競爭者。他們在需要社交與個人互動的商業領域裡並不是專家，當你成功地與客戶和大眾都建立連結時，他們可能被拋在後面。當他們開始尊敬你的社交長才以後，可能就會撤退到客觀的壁壘後方，專注於策畫更新的花招來抓住大眾的注意力。你最好採取一種溫暖、甚至友好的路線，因為關鍵在於受歡迎的輕鬆優雅態度，而非挑戰性或拒人於千里之外的態度。射手座競爭者會很難揣度或反對你的低調作法。

愛情

射手座
11月22日至12月21日

強項
有魅力
幽默
觀察敏銳

弱點
戲弄
測試
反覆無常

互動風格
身體性
刺激
活力十足

與射手座的第一次約會

你的射手座約會對象可以很有魅力,雖然有點疏離,但還是很迷人。他們喜歡慢慢地從不同的觀點來評估你,而且特別擅長在他們的觀察中注入幽默,提問時眼中閃著惡作劇的光芒。有時他們輕鬆的調笑可能變得嚴肅,讓你覺得微微有些不自在。但最常見的狀況是,在你長時間的沉默之後,他們免不了要改變話題。射手座總是持續迅速地行動,所以你必須快速移動才能跟上你的這位約會對象。他們通常一秒就改變心意,送出無聲的訊息後,讓你跟上他們旋轉的步調。

37 吸引射手座的目光

射手座對什麼都充滿興趣,所以想要引起他們的關注並不難。然而要把握住他們可能就難了,因為他們多變的天性與難以承諾的問題,確保了一段關係的最早期階段會有個不確定的未來。要讓射手座約會對象對你更有興趣,可以這樣做:採取神祕態度,因為這些天生的偵探家很享受挖出祕密,以及讓隱藏的事實曝光。射手座約會對象也傾向於挑戰,所以你若試圖拒絕他們,通常只會刺激他們——這是在他們喜歡你的情況下。射手座往往會堅持到得其所欲為止。

38 初次跟射手座約會的建議

通常射手座約會對象會想到「做某件事」的點子。極愛動身體的射手座約會對象會一如往常地建議費力的活動,這也符合他們的目的:測試你有沒有能力跟上他們。要是你通過這個考驗,你就可以確定他們的興趣會被激發出來,而且他們會想要將來定期排定時間碰面。在一次長時間散步或跑步、游泳、騎腳踏車或其他激烈的活動之後,免不了接著要在桌前坐下來更認識彼此,而且事實可以證明這會是最愉快的事。

39 初次跟射手座約會的助興與敗興之舉

如果你可以跟得上他們,射手座約會對象就會興奮,反之就會覺得掃興。極其活潑又樂觀的他們,也會很快就對你表現出的任何消極性感到排斥,雖然偶爾的反諷帶刺可以得到他們的讚美。在某個領域裡,他們可能會有一點雙重標準:他們可以很自在隨意地批評你,卻憎惡任何針對他們

而來的批評。因為他們極端重視身體面向的本質，如果他們覺得你真的很吸引人，你的外表可能是真正讓他們興奮的條件。

㊵ 對射手座採取「攻勢」

一般來說，對射手座約會對象採取攻勢並不必要，也不建議。如果他們喜歡你，他們一點都不會羞於先採取行動；而如果他們不覺得你有性吸引力，你這方的任何舉動都會讓他們倒胃口。因此最好採取觀望態度，把採取行動這件事留給他們去做。如果彼此都有性方面的興趣，請記得，射手座約會對象有心理準備做到底，而且會毫不保留地給出他們的一切。

㊶ 打動射手座的方法

射手座約會對象對你自然的舉止與誠實會留下深刻印象，特別是你動機上的純正。他們不喜歡任何虛假或人為造作，因此對於他們自己不必然也有的特色或觀念，他們的反應很正面，會對你的坦率公開表示尊重。沒有必要恭維射手座約會對象；說真的，他們對討好他們的嘗試充滿了疑心。你能給他們的最大恭維，就只是讓自己看起來很棒，參與活潑的對話，並且讓他們覺得跟你一起出現在公眾場合很值得驕傲。

㊷ 擺脫射手座的方法

既然射手座很容易感情受傷，想擺脫掉他們便不難。眾所周知的是，如果你說了他們不喜歡的話，他們甚至會突然轉身走掉。射手座很容易像爆竹似地爆炸，所以在目睹這種反應以後，你可能會覺得有需要小心從事。如果他們喜歡你，他們會讓你知道；在此之後，擺脫他們會變得更困難，因為他們的傲氣可能會受到傷害。但他們可以理解你需要獨處，而不會覺得被拒。

你的射手座戀人

射手座是忠誠又熱情的戀人。然而，他們也能相當放鬆，享受歡樂友善與美好的心情，並且對人生中的許多樂趣感到開心。他們積極的傾向與極多的精力，讓他們成為寶貴的伴侶，總是會在任何情況下尋求最佳方案，並且激發出你身上最好的部分。不過，他們很不擅長處理失望，在事情不成功的時候可能會陷入沮喪。容易失望的他們，在被拒的時候，積極的那一面可能就此跌落谷底，讓他們覺得無望而且被拋棄。但他們活潑的精神很快就會復原，而他們的人生哲學會敦促他們下次再做得更好一點。

㊸ 與射手座戀人進行討論

射手座非常熱愛哲學上的討論。他們不但有很多事情可以貢獻給任何對話，也知道他們可以從對話裡學到很多。相對而言，他們對閒聊並不感興趣；身為一個行動導向的人，他們知道作為比文字更擲地有聲。射手座

強項
忠誠
好性情
積極正面

弱點
失望
絕望
被遺棄感

互動風格
樂觀
哲學性
尋求改進

會敞開心胸聆聽其他觀點，但通常自己會有強烈的見解。他們會期待你仔細傾聽他們有什麼話要說，如果你顯得缺乏專注力，他們會不高興。

44 與射手座戀人發生爭論

射手座在爭論中不會輕易放棄。他們會繼續下去，有時可以堅持好幾天、好幾個星期、甚至好幾個月，非把他們的觀點講清楚不可。這展現出他們的需求不只是要贏，還要完全表達他們經常具道德性的宣言，而他們確信這兩者都很真確且有幫助。他們相信他們可以撥亂反正，只要你給他們機會。他們的戀人總是希望射手座能放他們一馬，但射手座覺得這種事很難辦到。

45 與射手座戀人一起旅遊

讓人驚訝的是，射手座可以很居家，通常寧願在自己家裡放鬆，但當他們決定離開某處的時候，他們也可以動如脫兔。一旦他們打定某個主意，要跟上他們有時可能很困難，甚至不可能。他們也不會讓你陪伴他們的任務變得更容易，因為他們實在太專注於達成自己的目標了。你最好學會怎麼解讀他們打算全速前進的警告跡象，並且準備好跟他們一起移動。

46 與射手座戀人的性愛關係

射手座是偏向熱情洋溢而非感官享受的類型，他們通常不會專注於做愛的預備或後續。他們直接、熱情、有時顯得無可抗拒，因此可以仰賴他們提供高度的興奮。對你們兩人來說，滿足並不必然是這種狂熱活動的常見附加物，但這樣的經驗在大多數狀況下都是讓人難忘的。自發性的表達是射手座的一項專長，驚喜則是這種行為的一項必要特色。你這方溫馴而可預測的行為，可能會讓他們掃興，或者刺激他們以形式極端的性刺激來攻破你的防禦。

47 射手座戀人的親暱表現

相當深情的射手座，有獨特的曬恩愛方式。他們天生對身體的輕鬆態度，容許他們自在地跟朋友距離很近，但他們可能會避免觸碰、握手或撫摸他們心愛的人，而寧願把身體接觸延遲到他們性慾被撩撥的時候。因此，射手座通常較喜歡透過他們溫柔的目光一瞥、微笑、輕笑或竊笑來表達深情。喜愛動物的他們，可能覺得對心愛的寵物表達深情，比對戀人表達親暱還容易。

48 射手座戀人的幽默感

喜愛跟人開玩笑的射手座，最喜歡的莫過於笑別人和講好笑的故事，就算講笑話不是他們的強項。當你們兩人參與某個社交聚會的時候，你的射手座戀人真的很如魚得水，他們在這種場合會變得相當活躍外向。他們並不總是帶頭的人，而是熱愛用一句妙答來回應，替激起他們反應的那段

陳述，抹上一層機智、通常帶有反諷的色彩。大笑的實際動作帶給他們多得不尋常的樂趣，而笑聲響亮的表現，是他們正在享受好時光的確切徵兆。

你的射手座配偶

射手座配偶極其能幹，但因為他們的職涯傾向於在世界上（或者至少在他們的社交與專業領域中）功成名就，他們可能大部分時候都不在家，無法陪伴他們的配偶與家人。這麼一來，可能會把大量的責任放到他們的配偶身上，而他們的配偶必須很擅長讓家中諸事運作順暢。如果你和你的射手座配偶在專業上與社交上都很忙碌，事實可能證明有個管家是必要的。通常而言，擁有小孩（而且雄心萬丈地培植他們的教育與職涯），是讓射手座配偶在家務上更積極投入所需的磁石。

49 射手座的婚禮和蜜月

對你的射手座配偶來說，婚禮與蜜月通常不是那麼重要。由於他們的行程表十分緊湊，婚禮後可能沒什麼時間度蜜月，不過他們可能會細心地計畫在當年稍晚、甚至是下一年再度蜜月。雖然他們會照著傳統婚禮的正式程序走，但若照他們的意思做，他們會選擇公證結婚，省去一大堆忙亂和喧鬧。不過特別的是，如果他們未來的配偶非常想要一個盛大的家庭派對，射手座會盡責地扮演他們的角色，甚至努力表現出某種程度的熱情。

50 射手座的家庭和婚姻生活

別指望會常在家裡看到你的射手座配偶。他們有忙碌的行程表，在他們迅速進出自宅的時候，看起來彷彿是家裡的過客。他們極其獨立，所以你必須用固定的行程表與責任來約束他們。身為大拖延家，他們總是盡可能推遲清掃、整頓、打理他們的工作與居住空間。這並不是指他們有拖延的傾向，而是這類活動整體而言對他們缺乏重要性。

51 射手座婚後的財務狀況

射手座並不是以節儉、省錢或編列預算出名的。他們很容易有錢時就花錢，幾乎就像錢留在口袋或錢包裡會燒出一個洞似的。當他們沒錢的時候，他們也能夠靠著相當少的錢過日子，但在財務水準充裕的時候則不必然會這麼做。所以說，他們只有在極為必要的時候才會節省。射手座在現金流運作良好的時候最開心——他們很享受以輕鬆不複雜的方式賺錢和花錢。他們更有可能花錢買衣服，以及像是運動器材這樣的特殊物品，而不是把錢花在度假或電腦產品上。

52 射手座的不忠與脫軌

射手座配偶非常忠貞。要是他們出軌了，通常會經歷很大的自我折磨

強項
能幹
有野心
活躍

弱點
缺席
不感興趣
滿腦子自己的事

互動風格
直截了當
精力充沛
目標導向

與罪惡感，然後才能公開跟他們的配偶討論某次祕密情事。如果他們真的選擇說出來，在終於吐實的時候，情緒可能會如激流一般泉湧而出。誠實對於射手座來說太重要了，以至於他們保密的理由（就他們看來）是出於體貼他們的配偶、子女與其他家人。射手座配偶並不擅長保密，也沒有處理地下戀情的能耐，所以應該盡力避免踏上這條路。

53 射手座與子女的關係

射手座父母的重大問題之一是，他們可能會對子女的職涯有太大的野心又顯得太霸道。就算他們加以否認，並且聲稱子女是自由的（他們常常這樣做），然而仔細一看就會看出他們有高度的期望是子女必須符合的。射手座父母覺得跟子女非常親近，而且通常有控制他們職涯選擇的傾向，即使他們在教養過程中會教導子女要為自己思考，也給了他們某種程度的自由。有智慧的射手座父母會藉著拒絕批判與控制子女，來避免在子女身上培養出叛逆心態；如果他們夠努力嘗試，就非常能夠做到這一點。

54 射手座面對離婚的態度

通常射手座配偶離婚只是因為他們需要自由，因此，他們甚至不會出現對伴侶的惡劣感受，促使他們產生離開的動機。他們的直覺就是做出了要求：為了他們的自我發展，現在該離開了。而他們可能相當冷淡無情，不讓任何事情擋住他們的去路，包括對子女的義務。他們也不會過度擔憂配偶的狀態，他們似乎知道配偶會熬過這個難關。對許多射手座來說，離婚只是另一個人生中的事實，就好像先前的婚姻一樣。

你的射手座祕密情人

射手座祕密情人常常變成性獵食者的輕鬆獵物，有一部分原因在於他們極為同情情人的苦境。如果射手座覺得情人孤獨又不快樂，就會立刻用他們對待受苦小動物的相同方式直接反應。非常有同情心與同理心的射手座，可能感受到他們所愛之人的苦痛，以致會給予深情與支持的回應。這種感受之後，性愛就會相當自然地發生，而且通常是給予而非接收。射手座祕密情人對他們的情人很敏感且反應熱烈，但他們為了維持婚外情而忽略並拋棄家人的作為，可能極端傷人。

55 遇見射手座祕密情人

射手座通常會透過機緣巧合或共同朋友遇見他們的情人。他們對於孤獨不快樂的人有種第六感，無法抗拒地對這些人產生興趣，甚至可能會產生牽連。對他們來說，這樣的感情牽扯鮮少變成定期的習慣，但在大多數射手座的生命中確實會發生幾次。（射手座祕密情人比較不常跟生活快樂滿足的人發生祕密戀情。）他們也會針對自己的需求放出信號，但一般來說，射手座祕密情人會在他們的婚姻或孤獨的存在裡默默受苦，而不會追

逐別人以減輕自己的苦況。

56 與射手座幽會的地點

一般來說，射手座祕密情人在你的地盤上會覺得比較自在——至少在祕戀的初期階段是如此。既然他們在展現感受時，通常自視為付出和幫助的一方，他們甚至可能把他們的頭一次到訪，看成是來你家幫你的忙。射手座幫助他人的需求之大，讓他們鮮少能夠克制住自己，不設法去照亮他們情人的生活與居住空間——不論性愛上的表達是否也包括其中。他們經常會在真正的激情火焰點燃以前，先造訪幾回。

57 與射手座的祕密性愛

一旦射手座情感上投入了，他們就準備好把自己的一切奉獻給他們的情人。然而如果受到糟糕的對待，到最後他們會放棄幫忙的努力，不管他們有多麼氣惱，都會設法保留他們的尊嚴。他們受傷的自尊可能促使他們接著找另一個祕密情人，以便讓他們再度覺得被欣賞、被重視。因此在大多數情況下，並不是性愛本身支配了射手座對性愛投入的程度，而是更複雜的情感、甚至是倫理考量。

58 長久保有射手座祕密情人

射手座祕密情人會對他們幫助過的那些人保持忠誠，前提是這些人對他們沒有過大的傷害。對射手座祕密情人來說，被欣賞的重要性無遠弗屆，而把握住他們的最佳方式，就是讓他們知道你在細微的事情上很重視他們，而不是做出誇張的愛情告白。極其觀察入微的射手座知道他們的情人什麼時候在假裝，以及什麼時候他們的言論和行為真的就是那個意思。對於射手座祕密情人來說，誠實是最佳策略。如果他們覺得你真的需要他們，他們的自我犧牲精神可能是他們持續承諾的強烈動因。

59 與射手座的祕密歡愉

射手座祕密情人很享受被寵溺與款待。燭光晚餐或者其他浪漫節目，在他們的優先順序清單上名列前茅。充滿謎團與冒險的私密環境，對射手座祕密情人有磁鐵般的吸引力。他們可能覺得你的地方極為有趣，而且想要瀏覽一遍你擁有的書籍、CD和個人財物，藉此努力地更認識你、更了解你。這讓娛樂他們變得很容易，因為你只要邀請他們過來，讓他們到處閒晃就行了。他們可能在第一次到訪的時候就試圖幫忙，甚至到了協助整頓並打掃你家的地步。

強項
同情心
同理心
深情

弱點
疏忽
拋棄
傷人

互動風格
性感
反應積極
喚起記憶

射手座

愛情

60 與射手座祕密情人分手

一旦你向射手座祕密情人表示你不再需要他們了，他們就會離開。在某種意義上來說，他們的任務已經完成了，可以去找另一個可憐的受傷生物來幫助，同時也把他們的精力奉獻給那些不需要戀情與性愛的人。要是你決定在戀情進行到一半的時候改變伴侶，射手座受傷的自傲通常會保證結束掉這段關係。在這樣的情況下，他們可能會回到原本的伴侶身邊，再度把全新的關注之情投注到他們的子女和朋友身上。

你的射手座前任

強項
有禮貌
親切友好
善意

弱點
冷酷
不露感情
唐突

互動風格
令人愉快
客觀
實際

射手座前任在情緒上是相當冷靜的，只要對立與敵意沒有浮上檯面，就不太可能縱容自己公開表露感受。他們寧願對現狀保持客觀，既不膨脹對過往的感傷情緒，也不對未來抱持過多希望。雖然他們並不厭惡討論，但他們會讓這種互動保持少量、簡短。這看似不怎麼愉快，但他們會保持禮貌，藉此防堵情緒依賴。射手座前任相信，如果雙方都能展現善意與真誠，他們就有機會把事情處理到每個相關人等都滿意。

61 與射手座前任成為朋友

雖然不怎麼熱絡，事實證明這種友誼在處理親職、家務與財務事宜上很有效。良好的工作關係可以撐上很久，藉此解除緊張、撫平過往的棘手議題。在射手座前任已經找到新伴侶的時候，事情可能變得更加複雜；在這種例子裡，會需要更大的接納與理解，以便跟他們之間的友誼保持完好無損。射手座前任可能非常被動地讓你帶頭、回應你的建議，而不是自己先採取行動。不要施加壓力或催促你的射手座前任，他們需要隨心所欲地自己做決定。

62 與射手座前任復合

跟射手座前任和解是有可能的，但需要很多理解與耐性。在他們的驕傲或榮譽感受到嚴重考驗或直接破壞後，射手座前任不太容易接受你的和解提議。無論多少道歉或承諾，都不會讓他們對你的好意信服。他們反而會等著看你有多真摯，還有你是不是出於純粹而誠實的動機而進行這件事。射手座前任要花個一、兩年、甚至更久才能下定決心的狀況，並不罕見，所以如果他們無法或者不願意做決定，你必須等待，並且展現出真誠的敏銳度。

63 與射手座前任討論過去的問題

對於這個議題要慢慢來。射手座前任很容易在討論過往問題的過程中，變得不高興而且情緒激動。這樣的不快可能突然之間逆轉了分手後浮現的任何正面趨勢。應該不計代價避免這種挫敗。當你看到暴雨雲在累積的時候，應迅速撤退並且改變話題。如果你必須提起某些議題，就用寫

的，特別是透過電子郵件，並鼓勵他們以相同方式回應。簡潔而明確地表明你的論點，同時努力避免操縱的伎倆或者製造罪惡感。仔細傾聽你的射手座前任想告訴你什麼。

64 對射手座前任表達親暱感情的程度

要是你決定公開對你的射手座前任表達親暱感情，你可能會面臨拒絕。然而如果他們能夠打破自己的沉默，而且你看出他們冰封的外表有開始融化的跡象，就可以把這當成表達親暱感情的前兆。不要過度反應。就算他們凝視著你的雙眼或者握住你的手，要注意射手座前任可能只是在測試你。他們並不會避諱表達他們其實沒有感覺到、卻出於本能地當成一種控制情緒的手法，藉此操弄你，有時他們甚至對此沒有自覺。

65 界定與射手座前任現有的關係

雖然射手座前任可能會同意種種規定和指導方針，卻不要期待他們會加以遵守。在談到情緒方面的事情，包括浪漫戀情、性與愛的時候，射手座極端不可預測又衝動。他們可以保持冷靜、控制感情到一定程度，然而當他們的情緒沸騰到超過他們所能控制的地步時，很可能爆發出一陣火熱的激流，就像是火山爆發一般。請採取冷靜路線，拒絕以同樣強烈的態度回應他們，因為在這樣高度緊張的情況下，過早做任何事可能會讓你們雙方隨後後悔不已。

66 要求射手座前任分擔照顧子女的責任

在你的射手座前任的人生中，通常有比照顧孩子更多的事情要做，所以他們可能相當樂意分享出孩子的監護權。就算他們堅持當主要照顧者，也會對你在週末與特殊場合帶孩子，並且偶爾接他們放學的提議讓步。在他們不必要求或威脅的狀況下，反覆展現你的善意、定期提供財務與後勤支援，以慷慨的精神免費給予他們所需要的支援，也可以撫慰他們，並且降低他們對你的怨恨。

朋友與家人

射手座
11月22日至12月21日

強項
有趣
樂觀
自負

弱點
不切實際
過度樂觀
壓抑

互動風格
有信心
有興趣
投入

你的射手座朋友

跟射手座朋友為伍很有趣。事實上，當他們準備好樂一樂、希望能分享這種經驗的時候，他們通常會聯絡你。射手座不是經常會向你抱怨或找你幫忙的那種朋友，他們總是維持樂觀的沉著態度，同時把他們的困擾放在心裡。作為他們的朋友，你可以鼓勵他們偶爾討論一下他們的問題，因為壓抑他們的感受、沉浸於私密的煩憂之中，可能會導致憂鬱。他們偶爾可能太過樂觀，這讓你有必要把他們拉回現實，無論這樣的過程可能多麼痛苦。

67 向射手座朋友求助

射手座朋友就是來幫忙的——如果你需要他們的時候能逮到他們的話。一旦你設法得到他們的注意——通常是透過語音信箱留言，或者寄給他們一、兩則簡訊——他們會警覺到你碰到了困難，而要是你急需幫助，他們很快就會出現在你家門口。一旦他們確信你的需求實際上就跟你說的一樣迫切，他們能提供的救援程度就沒什麼極限。只要你度過了危機，你的射手座朋友通常不會久留。

68 與射手座朋友溝通和聯絡

一般而言，射手座朋友不怎麼需要持續溝通。他們堅定地相信他們的友誼，看不出持續向其他人保證他們的感受有啥用，他們也不需要再三向自己保證。然而免不了的是，射手座朋友會排定一個晚上或一個下午聚一聚，好讓你們兩人更新並分享各自的最新消息，以及某些共同友人的有趣八卦。此外，既然射手座是習慣性的生物（至少在他們的人際關係上），你可以跟他們訂好符合他們工作時間表的每月固定活動或聚會。

69 向射手座朋友借錢

你的射手座朋友的財務狀況可能起起伏伏。雖然他們是慷慨的人，會跟你分享他們的最後一點麵包屑，然而當你有財務需求的任何時候，他們卻可能處於破產狀態。如果你不知道他們缺現金，被他們拒絕的經驗（還有他們對於拒絕你而覺得失望又尷尬），可能對你們雙方都很痛苦。在你的射手座朋友真的有經費的時候，可能根本不問何時還錢就給你錢了。雖

然他們可能隨著時間過去而忘了這筆小額借款，你最好還是立刻還錢給你的射手座朋友，不要利用他們善良的本性。

70 向射手座朋友徵求意見

射手座朋友很享受給予建議。他們比較有可能讓這種諮商維持簡短、直取重點，而不是進入長篇解釋，或者在後續會面中持續提醒你這件事。他們的態度通常是，由你來決定是否要遵循他們的建議。如果你忽略他們的意見，並不會因此傷害到他們的感情，但若是你一再陷入同樣的問題，他們可能會失去一直警告你的興趣。就他們看來，你的許多麻煩都有個簡單的答案，所以他們可能覺得是你一直把事情弄得比實際上更複雜，造成了你自己的麻煩。

71 拜訪射手座朋友的時機

射手座朋友通常處於動態，不容易發現他們在家，而他們一旦安定下來，就會歡迎朋友來訪。因此在途中拜訪他們，比趁著他們趕著到當地酒吧或餐廳赴約的路上逮住他們，更合常理。這樣的拜訪最好保持簡短。要是你們想共度一個安靜的夜晚，最好邀請他們來拜訪你，同時記得如果他們有個約很早以前就訂下來了，可能必須因此延後跟你的約會。

72 與射手座朋友一起慶祝和娛樂

射手座朋友熱愛生日和假日慶祝活動。他們會樂於在他們的住處主辦這種活動，但他們也可能有空加入不在自家進行的群體活動。他們的角色通常是去店鋪採買，經常被要求衝出去買臨時需要或忘記的東西。射手座熱愛小派對，勝過大排場坐著吃的晚宴或聚會。他們熱愛與三五好友共度安靜或喧鬧夜晚（看他們心情而定）的親密感。付帳單是某種他們荷包滿滿時會喜歡做的事，而他們提供美食和好酒的慷慨也是有名的。

你的射手座室友

射手座室友可能會用他們豐富的熱情累垮你。此外，在他們有心情講個不停的時候，你會急切地想找個辦法讓他們閉嘴，或至少現在別講話。值得感謝的是，他們大部分時候會在外晃蕩，留下你一個人得以再度專注，從他們精力充沛的猛攻中恢復過來。射手座室友可能難以應付負面狀態，因為他們在沒有滿足期待、或者出現意料之外的失望時，經常陷入憂鬱之中，無論原因是來自你或房東。有時他們只是忘了繳房租、水電瓦斯費和伙食費，所以只要提醒他們付錢就好。這樣的探問並不會冒犯到他們。

73 與射手座室友分擔財務責任

出於善意，射手座室友會同意分擔財務責任。然而，貫徹到底對他們

強項
熱忱
樂觀
樂於付出

弱點
多話
不注意
健忘

互動風格
狂熱
滿懷希望
樂於原諒

來說並不總是有可能的，尤其是他們正在轉換工作、或者正待業中的時候，而這兩種狀況可能會頻繁發生。當月底逼近、他們卻完全破產的時候，射手座室友可能變得焦慮，而他們也會把焦慮傳達給你。他們免不了會要求你罩他們一回，並且答應會盡可能迅速還錢。當他們有工作的時候，就會及時履行他們的義務了。

74 與射手座室友分擔打掃責任

射手座既不是以打掃技巧、也不是以渴望物歸原位而聞名。他們反倒是對整頓有自己的古怪觀點，甚至可以驕傲地展示他們的成果，留下你震驚於他們為生活狀態帶來秩序的成就有多低微。所以說，射手座室友的觀念相當獨特，然而一旦他們下定決心要打掃，就可以做得很好。在正確時機逮住他們，可能是個令人望而生畏的挑戰。請容我預先警告，打掃這件事在射手座的優先順序清單上，排名不高。

75 當你的訪客遇到射手座室友

射手座室友可能非常歡迎你的客人，會設法讓他們覺得舒適放鬆。然而他們旋風式的精力，並不總是有助於讓人感到賓至如歸，因此，就連最平靜的靈魂都可能被他們擲出的閃電給震撼到。毫無疑問地，射手座可能對你的客人出言挑釁，但這不是出於負面感受，而是出自檢視這些客人的需求，想看看將來是否可以信賴這些人。射手座通常是人格的好裁判，他們可以從一哩外就瞥見不誠實和虛偽，而他們就是克制不住要發動芒刺，戳破那些過度膨脹的自我。

76 與射手座室友的社交生活

大多數射手座室友很享受辦派對，無論跟你一起或者自己辦（在你不在家時）都一樣。唯一的問題是，他們可能開始霸占目光焦點，尤其是在他們喝了幾杯，或者把他們熱烈的愉悅累積到變成狂熱程度的時候。鬧過頭是不變的結果，無論後果是杯盤落地、還是分貝飆高到令人難以忍受的程度都一樣。射手座的笑聲是令人難忘、又有高度傳染性的。正常狀況下，除非在場每個人都玩得很開心，否則你的射手座室友是不會滿足的。第二天早上，他們可能對自己的行為已毫無記憶。

77 與射手座室友的隱私問題

射手座室友鮮少要求隱私。最重要的是，他們在家時很享受社交接觸；其次，他們能夠在周圍有一大堆活動的狀況下專心或工作。周遭若連續好幾天太安靜，射手座室友很可能會變得緊張起來。他們不把隱私看成某種必須為自己確保的東西，而是當成他們可以跟你、甚至是你的朋友們分享的東西。請小心你告訴他們的事，因為他們喜歡跟別人分享你的觀念、甚至祕密，並把這種分享當成是鼓勵你更開放、更不重隱私的手段。

78 與射手座室友討論問題

一般來說，射手座室友已經準備好帶著同情聆聽了。身為一個好聽眾，他們可能不會立刻想出一個解決方案，但在一段時間後，突然間，他們就會被一陣靈感閃電給照亮了。從字面上遵循這些天啟的時候請小心，因為射手座室友太常提出他們獨特的觀點，而不是想著你能夠怎樣處理一個特定問題。到最後，他們會覺得你的問題是你自己要注意的事。

你的射手座父母

射手座父母對他們的子女非常樂於付出。他們並不是被責任感所逼，而是受到他們的奉獻與愛驅策。射手座父母通常會透過加入家庭寵物、以及在美麗自然的環境裡建立家庭的需要，來豐富他們的居家生活。話雖如此，許多射手座父母儘管有穩固的親子關係，婚姻終究還是失敗了。這通常是因為他們苛求的本性，他們沒有能力連續許多年一直妥協，而他們天生就靜不下來的個性，可能因此把他們牽引到離家很遠的地方。一旦他們下定決心要跳船了，不論是為了改變生活還是換一個新伴侶，他們這麼做的時候並不會回顧，也不會後悔。

強項
付出
充滿愛
自然

弱點
不滿足
多變
分心

互動風格
迫切
捉摸不定
焦躁不安

79 射手座父母的教養風格

在子女表現出不合倫理或不誠實的行為時，射手座父母會對子女很嚴厲。光是違背他們的期望還不足以真正惹怒他們，因為他們其實很欣賞子女展現出的勇氣與個體性。射手座父母並不常管教他們的子女，也不會對身體施加懲罰性的行為，除非他們被逼到了極限。射手座父母在憤怒時可能陷入的壞習慣是變得沉默，這樣做對子女的影響通常比體罰更深遠而殘酷。另一個壞習慣則是讓人有罪惡感或者自艾自憐。

80 射手座父母與孩子的相處

射手座父母熱愛摟抱貓狗，還有——對，他們的子女。傾向於用身體表現的射手座，很享受跟心愛的人緊密接觸，而且相信擁抱是日常接觸中的重要部分。然而，他們沒有很龐大的需求要從別人那裡接收親暱情感的表達，反而寧願由自己來給予。在摟摟抱抱的時刻以外，他們可以相當冷靜含蓄，完全看不出他們能夠多深情溫柔。射手座父母也能夠透過笑話、逗弄的行為和溫和的嘲弄等親暱方式，來表達深刻感情。

81 射手座父母給孩子的金錢觀

射手座父母寧願剝奪自己的食物和必要需求，也不願拒絕孩子的需求。但他們不會把禮物堆到子女頭上，或者只買他們要求或渴望的東西。射手座父母在容易建立品格、而且符合發展教育與專業機會等目的的領域裡，會很慷慨。他們想給孩子最好的，在這方面他們經常顯露出他們真正的意圖——要看到他們的子女出人頭地，變得成功。不過不該讓這樣的野

朋友與家人

心失去控制，因為他們可能剝奪了子女的進取心與自我價值感。

82 射手座父母的危機處理

射手座父母產生危機的能力，就跟處理危機的能力一樣強。有時正是這個事實，讓他們看不見為什麼一開始危機會產生，因此也無法加以解決。許多射手座父母明明把目標放在拯救子女，結果卻離靶心很遠。部分原因在於他們的判斷力被蒙蔽，但也是因為他們有過敏的神經系統，可能因此太容易就受到干擾。學習在砲火下保持冷靜，對射手座父母來說是很大的挑戰。

83 射手座父母的假期安排和家族聚會

與自己的兄弟姊妹關係良好的射手座父母，可以在任何家族聚會裡，把這樣的良好感受傳遞給他們的子女、姪子女與外甥、外甥女。問題是，雖然他們的子女與甥姪輩可能這些年來都很期待見到彼此，他們的父母卻未必，因為他們經常被射手座成員毫不妥協、讓人疏離的行為給惹毛。射手座父母太常感覺到自己像是家庭聚會裡的外人，而在怨恨或憤怒的情感冒出頭的時候，就會替他們的子女造成問題。一開始子女可能覺得很自在，直到看到父母變得烏雲密布為止。

84 照顧年邁的射手座父母

許多射手座年紀越大，就變得越龜毛古怪。很難滿足的他們，對於他們個人空間的任何侵擾可能會產生埋怨，特別是一片好意、設法讓事情保持秩序的親屬。上了年紀的射手座父母會送出要人退開的強烈訊號，而如果這個訊號沒被注意到，他們或許就會完全斷絕聯繫。照料年邁射手座父母需要極大的圓融與關懷，才能避免激怒他們。通常最佳途徑是讓他們自己想辦法，同時仔細留意他們，並且確保他們的身體需求得到滿足，安全也得到保證。

你的射手座手足

射手座手足太常發現自己是家庭中的怪胎。他們的兄弟姊妹可能很難應付射手座手足，因為射手座保護他們（如果年紀較小）的天生傾向，常常得不到感激，或者就直接被拒，而他們想勝出的衝動（如果年紀較長）很有可能變得有支配性。射手座跟他們的手足太過不同，以至於通常鶴立雞群，甚至到了看起來跟其他手足不一樣的地步。如果要避免衝突，必須給予射手座的個體性極大的尊重，而且給他們的處事方式寬廣和彈性的空間。

85 與射手座手足的競爭和親近

射手座手足即使會、也極少放棄跟他們的手足爭鬥。這包括爭取父母

的注意，雖然射手座比較不在意要成為父母的最愛，而是想在遊戲與比賽中取勝。在競爭中有自信又很好鬥的射手座，在與家人、朋友的私下互動裡可能很安靜、甚至害羞。他們鮮少會設法把注意力引到自己身上，通常光是自己玩就滿足了，尤其是為自己創造一個幻想世界。如果他們讓一位最喜歡的兄弟或姊妹（通常是同性別的）分享他們充滿想像力的鮮明創造物，應該把這當成一種恭維。

86 過往的成長經驗對射手座手足的影響

射手座手足可能非常不能寬恕，也可能永遠不忘他們某位兄弟姊妹給予的侮辱。對街上碰到的寵物或動物極度保護的射手座手足，會譴責殘忍或疏忽的行為，而且不輕易原諒。要是他們覺得自己受到父母殘忍或疏忽的對待，射手座小孩有時候會默默受苦，甚至自願受責，以便保護他們的手足不受傷害。這樣的過往經歷會帶到他們的成人生活中，而且會不時地浮現，導致家庭平衡狀態受到擾亂。

87 與疏離的射手座手足往來

讓一位疏離的射手座手足參與任何一種體能活動，是把他們帶回家裡的最佳方式。所有的閒聊、承諾、提醒過往的歡樂之類的作法，通常不會有效果。但如果疏離的射手座手足同意接受邀請，看一場運動比賽、一場時裝秀或科技展、或者到海灘度過一下午，可能是朝向和解與最終原諒的第一步。射手座不喜歡不愉快的感受，若能擺脫這些感受，同時不必道歉或承認失敗，又能維持他們的尊嚴，他們就會釋懷。

88 射手座手足對繼承、遺囑等金錢議題的處理

既然公正與誠實對射手座手足如此重要，他們會堅持在遺囑與繼承事宜上，所有相關者都要得到合乎倫理的對待。他們同樣可能為自己或為手足站出來說話，同時會譴責並反對任何的不公平。不幸的是，他們經常很道德的態度也可能是譴責性的，而在把行為用黑白分明的詞彙說成好或壞的時候，他們可能把自己封閉起來，無法跟其他人做有意義的溝通。他們重大的人生課程，是學會更能接受並理解其他人的處境與觀點。

89 與射手座手足的家族團聚和慶祝活動

射手座手足很享受一年一、兩次美好的家庭慶祝活動。他們也相當好客，會期待邀請每個人到他們家來，然後花費心力確保客人們有一段好時光。然而對於承諾要更常出席——好比說，每個月都出現——他們則會謹慎考慮，因為他們高度重視自己的隱私與自由。此外，在聚會更常舉辦的狀況下，過往的議題更有可能浮現，而他們的惱怒門檻通常也很低，極容易就過了臨界點。

強項
突出
獨特
自信

弱點
古怪
被拒絕
奇特

互動風格
無畏
大膽
有挑戰性

射手座

朋友與家人

90 與射手座手足一起度假

射手座手足較喜歡獨自度假、跟朋友度假、或者帶著自己的小家庭度假。所以若射手座的兄弟姊妹能克制住不把他們包括在自己的度假計畫裡，會比較好。與其在離家很遠的地方跟愛唱反調的射手座困在一起，邀請他們在夏天參與一個比較大的社交聚會，像是野炊，會是比較審慎的作法。如果他們是素食主義者（許多射手座都是），請確保能配合他們特殊的飲食需求。他們對動物的愛與對肉食的反感是密不可分的。

你的射手座子女

強項
有挑戰傾向
努力奮鬥
克服

弱點
敵對
叛逆
不注意

互動風格
易怒
好鬥
堅持

射手座子女可能很難、甚至不可能控制。熱愛自由到了極點的射手座小孩，會打破既定的規矩、搗毀設計來關住他們的柵欄。這些不可抗拒的力量橫掃他們面前的一切，當然了，除非他們有個父母是真正八風吹不動的人。在這種情況下，鬥個你死我活的戰役很有可能接踵而至，導致家庭裡一直雞犬不寧。明智的父母不但會給射手座子女他們要的自由，還會容許他們贏得這種自由，在長期爭鬥的末了取得它。射手座子女在不可能的挑戰面前總是發展蓬勃，而且會自豪於身為不平等戰鬥中的弱者，最終還是獲得勝利。

91 射手座子女的人格發展

應該透過射手座子女人格發展的不同階段，明智地引導他們。要是他們在這種發展的關鍵點上被限制住了，他們可能會苦於嚴重的情緒困擾，以致遏阻了成年時的人格成長。射手座子女如果要發展得當，就要得到大量的理解與耐性，而好的父母應該避免對他們挑撥的行為作出任何未經思考的反應。通常他們的叛逆只是表達出不被理解的受傷感，而睿智的父母會理解這種行為，不會憑衝動作出反應。

92 射手座子女的嗜好、興趣和職涯規畫

不該嘲弄射手座子女不尋常的野心，即便他們自己也沒有完全認真看待時亦然。除了想當消防隊員或運動明星、電影明星這種標準的童年夢想以外，射手座子女可以想到最怪異的職涯志向，通常是以他們的嗜好或主要童年興趣為基礎。絕對不要取笑或嘲弄他們的選擇，因為他們會非常認真地看待這種事，在以後的人生裡可能會很難忘記你的嘲弄。射手座子女通常會在青春期晚期改變或調整他們的職涯方向，而且可能到頭來挑了一個相當實際的職涯，並且發展得很成功。

93 對射手座子女的管教

請對抗任何想對射手座子女動手的衝動。正常來說，一句警告或威脅的一眼就綽綽有餘，如此已經能讓他們知道你有什麼感受了。用管教手段反制他們經常很狂野的傾向，最好在形式上具有結構和實際的規則，並在

仔細向他們解釋過以後，確定他們能夠理解。一旦射手座子女同意你的見解，他們就會熱衷地遵守你的規則，叛逆就不該是個問題了。然而要是你制定了獨斷的限制，他們就會全力反對這些限制，那麼就請預期會有最糟的狀況發生。射手座子女在跟父母衝突的時候不會退讓，而且在衝突中經常顯得亢奮，所以請避免給他們藉口讓這種表達方式失控。

94 與射手座子女的親暱程度

親暱感情會讓射手座子女茁壯。就像花朵會轉向陽光，他們會敞開心胸，同等給予回應。然而因為他們厭惡所有類型的虛偽，父母在公眾場合做出的虛偽親暱表現會讓他們退縮。除非你想以最明確的方式被揭發而尷尬不已，否則就請克制任何這樣的虛偽行為。就像他們因親暱感情而茁壯，射手座子女也會苦於缺少溫情。冰冷、批判或過度苛求，抑制住愛或把愛當成武器的父母，對敏感的射手座子女可能會造成無可形容的傷害。忽視也可能被證明是一種形式陰險的虐待。

95 處理射手座子女與手足之間的互動

大多數射手座子女並不要求特別待遇，他們只想得到跟手足一樣的機會。如果他們的兄弟姊妹不理解或無法接受射手座手足的不尋常特質，就永遠不要公然逼迫射手座與其他手足和樂相處。可以用比較委婉的方式──一種不會進一步惡化既有一觸即發處境的方法──引導孩子們與射手座手足共存。解除射手座與其手足之間的衝突，可以變成一種常規性的家庭活動，能夠產生很大的回饋，並減低家中的壓力程度。

96 與成年射手座子女的互動

身為心性如此強健的個體，接近成年的射手座子女應該要尊重他們經常不太尋常的生活風格與習慣。對他們做出種種預設，可能會招致災難。反而應該在他們要做某件事情以前，問他們這樣做是不是合他們的心意，並且不是用猶豫或貶低人格的方式問，而是直截了當，不帶防衛。此外，在計畫一項活動的時候，最好丟下一個建議，在他們心裡撒下一顆種子，隨後再讓他們帶頭做。成功安排一次簡單聚會（或許去喝一杯或者去散個步）的驕傲，通常會讓成年射手座子女很珍惜，並且讓將來的互動留下空間。

摩羯座

生日:12月22日至1月20日

摩羯座受到決定命運的行星土星支配,是嚴肅且充滿野心的個體,絕對不容小覷。這個星座的基本宮土象本質,讓摩羯座成了極其負責任的人,在他們參與的任何團體裡,都可能占支配地位又有極高要求。摩羯座需要定期放鬆身心,不要這麼嚴肅地看待自己。在他們終於能夠放鬆的時候,他們享樂的能耐是很強大的。熟識他們的人,會重視他們實際而務實的態度。

工作

摩羯座
12月22日至1月20日

強項
支配
有決心
自信

弱點
不敏感
不理會
頑固

互動風格
獨裁
指揮
堅定

你的摩羯座老闆

摩羯座老闆有著支配型人格，所以生於這個星座的老闆會想要得到不容質疑的遵從。此外，他們會堅持主張他們身為部門或公司領導者的地位，而無論如何，他們都不會容許你或別人損害他們的權威。在為摩羯座老闆工作時，「鋒頭絕對別搶過主子」絕對是一條該遵循的好準則。摩羯座不一定會對晉升如飢似渴，不過一旦到了老闆那個階級，便有可能緊抓著他們在企業天梯上的那一階不放，而且在大多數狀況下打算盡可能長久待在那裡。

1 要求摩羯座老闆加薪

摩羯座老闆會期待你用事實與數字來支持你對加薪的要求，而這些資料要清楚顯示你有不可或缺的特質、有辛勤工作的紀錄，還有帶頭做事並堅守公司指導原則的歷練。請避免對你未來的貢獻做出驚人的保證或承諾，你的摩羯座老闆只會把這樣的宣言撇到一邊去，認為那只是一廂情願。一旦這些講求實際的人確信你的加薪要求具有正當理由，他們就會認真考慮，然後迅速回覆你他們的決定。

2 向摩羯座老闆宣布壞消息

如果你必須為即將報告的失敗或崩壞負主要責任，那麼你應該要有心理準備，一般的摩羯座老闆會嚴厲地批判你，並且對你的大多數藉口與解釋充耳不聞。另一方面，要是你在要披露的壞消息中只是扮演一個小角色、或者那個狀況根本與你無關，你便可以強調你對公司的忠誠，以及你打算更加努力工作來匡正形勢。如果失敗的計畫值得拯救，你就可以自願帶頭肅清，做損害控制，或者集思廣益，想出一個新部門來取代舊部門。

3 替摩羯座老闆安排差旅和娛樂

雖然摩羯座老闆很享受美好時光，他們卻是節儉的人，捨不得把錢花在娛樂上，不管那是為別人或是他們自己安排的都一樣。面對熱愛佳餚美饌的摩羯座，你應該用包含大份量美食與上選美酒的晚餐來寵溺他們的胃口。選擇新潮或者「正夯」的餐廳，在此並不重要。在安排住宿地點的時候，摩羯座老闆只需要中等價位或稍高於平均水準的旅館即可，而除非公

263

司此時荷包滿滿，否則不需要為他們安排頭等艙。

④ 摩羯座老闆的決策風格

摩羯座老闆會堅持所有重要決定都留給他們來做，並且期待你對於他們的指示毫不質疑。另一方面，當他們徵詢你、要你起頭的時候，確實會很重視你的意見，但最後，他們會期待你做出若他們在場的話會做的同一種決定。要做到這點，你必須徹底了解老闆的心意與方法，而且總是尋求最有效的辦法追隨他們的腳步。因此，摩羯座老闆要求堅定不移的忠貞，但也要求你對於他們的願景有深層的理解。

⑤ 打動摩羯座老闆

只有結果，才能讓高度務實主義又實際的摩羯座老闆刮目相看。無論這些結果是一般程度還是很不得了，長期來說並不是最重要的，他們傾向於看重穩定成長勝過突如其來的意外收穫，反正他們對意外收穫總是有點疑心。摩羯座老闆不會真的被你的興奮與熱情給打動，反而會要求有扎實的好論證可以支持你的想法。一旦他們知道能夠信任你的判斷，他們就會對你的想法有正面反應，並且有動力全力支持。

⑥ 提案並對摩羯座老闆做簡報

在向摩羯座老闆做簡報的時候，請確保你有花時間慢慢來，細節方面絕不可倉促草率，而且最重要的是，要完整清楚地陳述你的提案中的每一個面向。摩羯座老闆是深思熟慮的人，一旦他們邀請你或命令你做簡報，他們就會花時間去聽——在許多方面，你成功打動其他人，會被看成是分享成就，由此展現出你和你的老闆多麼地合作無間。無論是私下還是在團體中，當摩羯座老闆能夠以完全贊同提案來回饋最佳員工的時候，最開心了。

你的摩羯座員工

傳統而言，摩羯座員工既專注投入又勤奮努力，但他們也是有高度野心的靈魂。通常他們的目標就是朝著成功之梯往上爬，而要達成這個目標最好的辦法，就是從第一座梯子的階梯，跳到下一座梯子的最高階，然後繼續如法炮製。所以，他們只會忠於公司到某個程度，並且總是會留意自己的利益與進展。他們通常會在正確時機棄船離職，然後熟練地換檔以配合新的位置。他們的工作品質很高，會以賣力工作來彌補他們缺乏原創性的不足。

⑦ 面試或雇用摩羯座員工

對未來的摩羯座員工做廣泛調查，通常不是必要之舉。事實上，反而是他們可能已經事前好好調查過「你」，以便得知你的好惡、性格特徵與

經驗。他們的履歷表通常很適切，他們的技術背景和工作資歷也足以勝任職務。這是因爲摩羯座鮮少應徵他們只是希望能得到的位置，反而會專注於他們客觀上知道自己的良好紀錄可以取得的職位。身爲現實主義者，摩羯座比他們大多數的競爭者更有覺知，也知道怎樣在初次面試時創造好印象。

8 宣布壞消息或解雇摩羯座員工

應設法避免在摩羯座員工處於沮喪、承受痛苦或不安的時候，向他們宣布壞消息。如果你在這種時候宣布，你可能會看到他們瞠目結舌，低下頭去，頹然地垮下肩膀。在這種處境下開除他們，可能導致極度不安，以及默然無聲的精神崩潰。然而當摩羯座處於比較滿足的心理狀態下，此時若告訴他們工作做得不好，他們容易變得感情用事，甚至可能失控。在否認自己做得不好、爲此熱烈爭論、最後大吼大叫以後，他們會很難冷靜下來。衝出房間甩上門，通常是摩羯座爲這個暴風雨般的場面所做的盛大終曲。

9 與摩羯座員工一同差旅或娛樂

身爲感覺主義者的摩羯座熱愛找樂子，他們很享受旅遊和娛樂的舒適與奢華。然而他們很節儉，而且不會輕易跟他們的錢分手，除非這頓菜餚眞的頗爲特別。在低預算的旅程中，摩羯座很擅長因陋就簡；就算他們自己並不樂於如此，通常也不會抱怨。不過如果住處不夠乾淨、不夠衛生，他們會想要立刻離開，找比較好並且只稍微貴一點點的房間。如果公司出差的預算很慷慨，摩羯座一點也不覺得寵溺自己很可恥或羞怯。

10 分配任務給摩羯座員工

摩羯座員工很擅長接收指示，指明要他們做什麼，以及最好怎麼遵循工作以及部門的規定。在把他們丟進一項新職務以前，摩羯座會想要做好準備，並且堅持在一連串訓練課程裡得到廣泛的簡報與指示，這或許是以實作的方式進行。摩羯座的辭典裡沒有「失敗」這個詞，他們也沒有興趣在第二次或第三次才把事情做對。這有一部分問題可能出自於他們的工作狂性格，以及他們習於讓自己處於巨大的壓力下。

11 激勵或打動摩羯座員工

可靠、扎實、不打高空的實際推論，會讓摩羯座員工印象深刻。老闆在做出執行面的決定時，若表現得很有見識，他們在摩羯座員工眼中就加分了。摩羯座員工會尊重能夠跟他們並肩工作、不浮誇、只管捲起袖子認眞幹活的老闆。如果他們可以把老闆看成不只是同僚，同時也是朋友，他們就會爲老闆多盡一份心力。通常摩羯座員工的整個社交生活就跟他們的同僚綁在一起，所以他們是很好的委員會成員、派對規畫者與工會成員。

強項
專注投入
堅持不懈
勤奮努力

弱點
野心過大
不忠誠
自私

互動風格
充滿抱負
向上提升
不讓步

12 管理、指導或指正摩羯座員工

管理與指導摩羯座員工不該成為難題,只要兩件事有先獲得保證與同意就好:首先,一開始就先講明他們的一切責任;其次,切實地評估你對他們有什麼期待。要是第一點模稜兩可或含糊不清,第二點又只是一廂情願,摩羯座通常會突然停止整個行動,然後要求這兩點要得到更完整的討論與解決,他們才會繼續做這個工作。對這個階段的摩羯座員工有耐性,並且不帶批判地聆聽他們,隨後便會得到額外的好處。

你的摩羯座同事

摩羯座同事穩定而可靠。他們在任何工作團隊中都是可靠的一分子,並且能夠連續多年執行適當或高水準的工作。他們並不是毫無幽默感的人,反而很享受工作上的社交接觸,也熱愛偶爾講個希望能吸引同僚注意的笑話或故事。摩羯座特別喜愛辦公室派對、慶祝活動和特別節目,這些場合讓他們有機會沉醉在美好的感受中。摩羯座會在同事之中得到一位獨一無二的摯友,他們會跟這個人共進午餐,如果有空,偶爾也會去散個步。

13 尋求摩羯座同事的建議

摩羯座同事給建議時是很認真以對的,因此如果他們不認為自己幫得上忙,就會克制不給建議。然而到了這種時候,他們過去可能已經在辦公室裡建立了能給出明智建議的名聲,所以在艱困的狀況下,繼續找他們、也稍微逼他們幫一下忙,是值得的。到最後,摩羯座同事會把你持續的努力當成是一種恭維,通常會同意提供他們的智慧來協助解決問題。他們的方法是保守派的,不過你大可以信賴他們的判斷,並且遵循他們建議的作法。

14 向摩羯座同事求助

摩羯座同事會準備好在行為和語言上提供幫助。然而,他們必須完全確信來求助的人真的需要協助,而且出手幫忙能夠對整個工作團隊的福祉與成功有所貢獻。事實上,摩羯座同事比較樂意在專業情況上幫忙,而不是針對某個人提供個人性質的協助。因此,摩羯座同事通常會把團隊的好處置於個人利益之前,不管是其他人、甚至是他們自己的利益都一樣。

15 與摩羯座同事一同差旅或娛樂

旅行和娛樂,能夠讓平時較嚴肅安靜的摩羯座同事有機會跨出去表現自己,放縱一下自己社

交性的那一面。因此，他們參與這兩個領域的時候通常會顯得心情很好，並且準備好盡全力讓這次經驗很成功。他們不是挑剔或難搞的人，大多數摩羯座同事都不會要求特殊待遇，而是會尊重公司為差旅和娛樂撥下來的預算，同時也會以節省又考慮周到的方式在這筆預算內運作。通常可以指望摩羯座同事在艱困處境下，創造出最好的結果。

16 與摩羯座同事共事

摩羯座同事不總是覺得在工作事務上跟別人合作很容易，特別是當他們覺得動機或方法不恰當，所以礙難同意的時候。此外，他們對人有強烈的好惡。他們可能對於所屬工作團體有正面的感覺，卻覺得團體裡有一、兩個人極端惱人，導致彼此間偶爾會產生尖銳的對立。摩羯座同事自己不愛惹麻煩，所以渴求注意、常常生事製造騷動的多事之人，特別讓他們心煩。

17 打動或激勵摩羯座同事

長期而言，能夠產出穩定可靠結果的老闆與同事，最能讓摩羯座同事留下好印象。個人高度的承諾與奉獻也會讓他們刮目相看，他們尤其仰慕那些把公司與團隊需求置於個人需求之上的人。摩羯座同事看到周圍的人盡心盡力服務、貢獻並同心協力的時候，會受到強烈的激勵。激勵摩羯座同事，在實質上有助於製造成果，因為他們穩定而強勁的作風一旦徹底被激發，能量是極其龐大的。當他們決心要贏的時候，幾乎沒什麼障礙能夠擋住他們的路，而且他們鮮少在目標實現之前放棄。

18 說服或指正摩羯座同事

與你的摩羯座同事交涉時，最好用輕描淡寫的批評方式，以及更委婉、具說服性的說辭，因為太過直接可能會讓他們覺得有針對性，導致他們更加堅持立場，頑固地抗拒你的意見。摩羯座同事喜歡被撒嬌、拜託與求情──儘管他們總是採取嚴肅而務實的立場。說服他們並做出批判性觀察的工作，應該留給團體裡那一、兩個能夠對他們施展引誘魔法的人。這樣的人通常知道什麼時候可以接近摩羯座同事，以及怎樣讓他們聽人說話。

你的摩羯座客戶

摩羯座客戶想要什麼，在你和他們初次會面的時候，大概就已經底定了。這些牢靠的人自信而且目標精準，很清楚他們想要你替他們達成哪些事。然而，他們可能不了解自己真正需要的是什麼，在此，你的分析能力與直覺，可能有助於啟發他們，讓你對他們的幫助遠超過他們所知可能的程度。摩羯座客戶會對你的建議保持開放，只要你提出這些建議時，是用引人好奇、不冒犯又不製造衝突的方式為之。

強項
懂得感激
厚道
社交性

弱點
無趣
顧人怨
被忽略

互動風格
穩定
可靠
無私

強項
自信
目標精準
扎實

弱點
缺乏自覺
無知
頑固

互動風格
正直
開放
留心

19 打動摩羯座客戶

如果你提供給摩羯座客戶宣傳與銷售他們產品或服務的新觀點，是他們從未考慮過的，他們就會對此印象深刻。充滿野心的摩羯座，總是在尋求讓他們更上一層樓的新方法。話雖如此，你仍必須把他們內在的保守傾向考量進去——你必須確定你的論證有扎實的事實做後盾，而且你的方法務實到能夠滿足他們。摩羯座客戶會帶著興趣仔細聆聽極不尋常的點子，只要這些點子有穩固的基礎，特別是在財務面上。

20 向摩羯座客戶推銷

讓你的點子為自己說話，而不是用包裝紙和緞帶來加以包裝。摩羯座客戶是直來直往的人，他們想要你把你的資訊與概念直接丟出來。他們會立刻讓你知道他們同不同意，但以他們的個性來說，也可能會告訴你他們需要時間斟酌一下。思慮周到至極的摩羯座，說他們會在一段時間之後回覆你，就不會只是說說而已。他們對於自己的決定也不會含糊不清，對你的提議所給予的回應通常是清楚的「好」或「不」。

21 摩羯座客戶重視的外表和舉措

你的外表對摩羯座客戶來說不是太重要，因為他們對於你要說什麼比你看起來如何，更有興趣。事實上，他們最有興趣的是他們有什麼話要說，而他們期待你仔細聽好。因此，你應該有極度樂於接受的態度——總是很專注，並且以靜默來表現這種專注，只偶爾提出字斟句酌過的問題。在這樣的會談中，你最好看起來像個進行訪問的記者。這並不意味著貶低你自己，而是讓摩羯座客戶主導，你則提供溫和的引導，讓事情保持在正軌上，又讓彼此都有收穫。

22 保持摩羯座客戶的興趣

摩羯座客戶對你的興趣，直接跟你對他們表現的興趣成正比。對摩羯座客戶來說，最令人不悅的就是某個人覺得他們很無趣，甚至在他們講個不停的時候睡著。如果你很注意他們的一舉一動，他們除了比較可能採納你的服務，也會激發出他們最好的想法，到頭來讓未來的任何計畫都更有成效。一旦你們雙方明確定義了一項任務，別浪費任何時間，馬上向摩羯座客戶顯示你能夠以迅速且有效率的方式執行計畫。

23 向摩羯座客戶報告壞消息

在大多數專業情況下總是實事求是的摩羯座客戶，可以應付壞消息而不至於亂了方寸。他們通常已經料到了會發生這樣的事，因為一般而言他們會眼觀四面耳聽八方，監控任何商業努力的進展。他們可能已經想好另一個應變計畫，而藉著立刻提出這樣的新方法，他們會讓你免除解釋你運氣不好、或者找藉口為一個明顯的失敗開脫的責任。與其立刻打發掉你，他們會給你第二次證明自己的機會，讓你覺得自己受到接納、甚至得到回

饋。

24 招待摩羯座客戶需注意的「眉角」

因為摩羯座客戶在商業事務上的嚴謹態度，使得他們喜愛以愉快的方式宣洩壓力。認真工作也認真玩是摩羯座的特色，所以請確定你所提供的娛樂形式會讓他們大感震撼，而不只是稍微讓他們振奮一點。請牢記摩羯座與生俱來的體型特徵，拿出令人印象深刻的菜單、酒單、音樂、舞蹈及有趣、刺激的活動。在娛樂領域裡全力以赴，可以產生實質的效果，通常表現的形式是，當你們下次一起參與專業會議時會更親密無間。

你的摩羯座合夥人

摩羯座合夥人所展現出的明顯正負面特質，你在與他們建立合夥關係時應該列入考量。摩羯座是充滿野心又努力工作的人，可以仰賴他們逐年產出穩定的成果——雖然不是很出色。摩羯座合夥人並不是最有想像力或最多采多姿的人，他們沒有太多彈性與多重才藝，但將他們安置在一個或多個限定範圍或職務功能上，不必監督並管理其他人複雜而多樣的工作時，他們會做得很好。身為優秀的行政人員與記帳人員，摩羯座合夥人會確保所有紀錄都以完美的次序保存下來。

強項
- 專注
- 井井有條
- 善於行政工作

弱點
- 平淡乏味
- 沒有想像力
- 沉悶

互動風格
- 能幹
- 可靠
- 穩定

25 與摩羯座建立合夥關係

大多數摩羯座會堅持跟你一起坐下來，規畫出公司的結構以及你們兩人在實行時會扮演的角色。在成為你的合夥人之前，摩羯座可能已完成周密的審查過程，仔細檢視過你的背景與過往紀錄。只有在他們完全確定你的可靠性以後，才會同意起草一份嚴謹的合夥合約，牢靠地約束你們成為一個有機的團隊。這些合約很可能只提供很小或者根本沒有轉圜的空間，所以你在簽字之前最好全神貫注地看清楚合約內容。

26 與摩羯座合夥人之間的任務分配

摩羯座合夥人對自己的強項與弱點通常頗有自覺，而且很清楚哪些任務最好留給他們來執行。只要你仔細聆聽他們對於這個議題的想法，然後承擔起留給你的任務，你就會做得很好。唯有當你們兩人都覺得某個該做的工作做起來不自在時，才會產生問題，而這樣可能導致必須引進某個要負擔重要行政責任、卻不會成為公司正式合夥人的第三人，甚至第四人。只要工作協議有詳細定義好，你就可以跟你的摩羯座合夥人共同分擔任務。

27 與摩羯座合夥人一同差旅或娛樂

身邊有個摩羯座合夥人跟你一起旅行，會滿令人安心的。摩羯座有很多實際的技能，而且擅長執行、排定日程、還有規畫商務會議與出差。在

這樣的旅程中，你可以確定不會有太多事情要碰運氣。然而這樣有好也有壞，因為有時候你或許較喜歡跟著直覺走，即興發揮，但你的摩羯座合夥人卻可能企圖要你繼續遵循他們的既定計畫。你可能必須找到一個辦法追隨你自己的意思，自己脫隊去造訪你選擇的娛樂景點，卻不至於羞辱或疏遠你的摩羯座合夥人。

28 管理並指導摩羯座合夥人

如果你的計畫總是在變，而你又太有想像力，如此就會很難管理並指導你的摩羯座合夥人。控制摩羯座合夥人的最佳方式，是讓他們遵守事先同意的具體細節（或者至少是計畫較早階段中討論過的那些），而且你自己也要盡可能遵守。奇怪的是，摩羯座合夥人有著古怪的一面，這一面通常會在他們情緒激動或氣惱煩亂的時候出現。面對這樣的時刻，若你能以冷靜且堅定的方式，應用規則與指導方針，會有讓他們平靜下來並回到正軌的作用。然而在大多數情況下，摩羯座合夥人並不需要廣泛的管理或指導。

29 與摩羯座合夥人長期的合作之道

一旦摩羯座合夥人知道他們可以信任你，你也已經證明你在猛烈的攻擊下還是很能幹，他們就會把你這個部門的日常運作留給你定奪。他們不時會仔細檢視你的工作，但通常只有在公司接受完整的財務與商業狀況檢視時為之，常態下一年約四到六次。如果你逼摩羯座驟然做決定，或者催促他們改變公司商業活動的基本方向或結構，可能就會跟他們產生摩擦。除此之外，只要穩定而正面的結果（儘管不是多了不起）隨時可得，長期來說，事情應該會運作得很順利。

30 與摩羯座合夥人分道揚鑣

等到你們實際上各走各的路時，與摩羯座拆夥可能就是個可預料的必然結果。摩羯座首先是個務實派，他們會在發生困難的當下就察覺到，而且當問題每況愈下的時候，他們對於你們之間的狀況到底有多嚴重，是不會自我欺騙的。問題是，他們可能選擇不分享他們的想法，而且就只是照樣進行日常運作，彷彿沒什麼不對勁；然後到了某一天，他們會扔下炸彈，說現狀行不通了。通常到這個時候，他們已經想好怎麼最有效率的執行分家了。

你的摩羯座競爭者

你可以確定的是，摩羯座競爭者對你很有挑戰性。堅持不懈的他們鮮少在奮戰中放棄，而且他們可以一連好幾年持續不斷地跟你競爭。千萬別犯下這種錯誤：認為他們很遲鈍，或者無法反擊你迅速而預料不到的猛攻。雖然這種短兵相接可能讓他們一時措手不及，一旦他們看出你有何打

算，他們就可以做出令人望而生畏的防禦。摩羯座競爭者的分析能力很強，而且他們能夠不辭辛勞地檢視你的宣傳活動，每個細節都不放過，並且在準備好了以後，很樂意展開反擊——他們是可畏的對手。

31 反擊摩羯座競爭者

反擊摩羯座競爭者最有效的方式，是設陷阱讓他們掉下去。因為他們習慣使用理性而非直覺，所以你應該設法丟出假線索，並且讓他們對你的宣傳活動做出不周全、不可靠的假設。一旦他們認為他們猜透你了，通常就會採取一種可能導致他們大大偏離目標的態度。固執的摩羯座會堅持他們的結論，拒絕加以改變或調整，這讓你有你所需的時間與空間，去推動你的產品或服務，而不至於遇到任何阻力。

32 智取摩羯座競爭者

很難智取這些頑固的競爭者，因為周全的準備是他們的強項之一。最好小心地監視你的摩羯座競爭對手，想出他們的方向，然後從他們過往的歷史中，找出已知有效的精心考量策略，讓他們冷不防地失去平衡。他們有可能會採取伺機而動的策略，在這種狀況下，你的耐性會被考驗到極限。請記得，摩羯座競爭者總是想著長期策略，所以你應該設法用不斷變動而精明的短期決定來宰制他們，如此一來，他們可能會覺得這些決定令人困惑，因此很難加以反擊。只要他們搞不懂你，你就可能會贏。

33 當面讓摩羯座競爭者刮目相看

藉著擾亂他們的預期，讓你的摩羯座競爭對手猝不及防。一旦你了解他們對你和你的公司有什麼假設，你就可以挫敗這些念頭，然後讓你的競爭者留下印象，覺得你看似很有本事。事實上，當他們注視著你，並且折服於從他們的分析來看找不到可以解釋的詭祕成功之道時，你就可以進一步混淆他們。穿著撩人或配色上令人迷惑的衣服，說著前後邏輯不連貫的話，發出緊張或不恰當的笑聲，可能全都證明會很有效。你就像一條蛇般，會讓他們感到迷惑慌亂，尤其當他們失去專注或整體而言顯得很不自在時，效果會更明顯。

34 對摩羯座競爭者削價競爭或高價搶標

在競標戰中務必小心保密，絕對不要讓你的摩羯座競爭者看出你真正的意圖。在你用令人困惑的規律改變戰略時，這些穩紮穩打的人可能會被誤導。如果你細心研究他們的計畫，他們推論中的某些缺陷會顯露出來，讓你能夠解除他們的武裝，贏得上風。另一個也很有效的戰略是，確保一個乍看之下對你沒有什麼益處的客戶或資產，因為摩羯座競爭者會接著苦惱地想你為什麼要做這種決定，而在苦思過程中浪費掉寶貴的時間與精力。

強項
堅持不懈
分析性
警惕

弱點
沉重單調
太講究邏輯
缺乏洞見

互動風格
反擊
競爭性
持久

摩羯座

工作

㉟ 與摩羯座競爭者的公關戰爭

公關並不是摩羯座競爭者的強項。他們通常會犯下自認爲擅長這個領域的錯誤，選擇爲了省錢而自己執行公關宣傳活動，而不是聘用知名而昂貴的公司來處理這種專業工作。如果你把極多的預算分配到公關上（或許就是聘請了你的摩羯座對手該用卻沒用的那家公司），你應該能夠在這種爭鬥中戰勝。摩羯座競爭者經常對人性缺乏某種理解，這可能導致他們疏遠了顧客。

㊱ 向摩羯座競爭者展現你的態度

因爲摩羯座競爭者缺乏敏銳度且思路偏狹，所以他們的心思很容易被解讀。利用機敏的心理學方法，針對摩羯座面對個人攻擊時的弱點下手，你就可以有效地讓這些對手失去行動力。對他們的個人生活做點研究，挖掘他們一成不變的習慣、以及他們採用的頑固策略，以便得知確切來說他們在某種情況下可能會怎麼反應。一旦你能夠預測他們的行爲，在可能發生的任何競爭性爭鬥中，你就確立了能夠對付他們的重大優勢。讓他們心理崩潰並且反擊他們的行動，可以在隨後癱瘓他們的努力。

愛情

摩羯座
12月22日至1月20日

與摩羯座的第一次約會

與摩羯座第一次約會，情況很可能迅速發展到肉體層面。如果性方面的化學作用對你們兩人來說都很對味，觸摸、親吻、或許更進一步可能都免不了。因此，最好計畫你們要在哪裡見面，並且決定你是否要到鬧區去，或者在家裡享受比較親密的夜晚時光。摩羯座約會對象可能很實事求是，所以就算你們只約會一次，他們還是不太可能覺得被拒，而會以平常心看待。要是有可能進一步發展，事實會證明摩羯座約會對象很體貼而投入，但不是太過火。

37 吸引摩羯座的目光

如果你已經相中摩羯座一陣子了，以正確的方式接近他們，確保關係進展是非常重要的。一個有效的策略可能是替第一次會面找個藉口，把它放到約會之外的另一個範疇。建議來個腦力激盪時段、學習或工作專案、或者電腦方面的活動，通常會拉近你們兩人的距離。事實上，你們雙方可能都知道正在發生什麼事，但這樣通常有助於不要太早逼你的摩羯座約會對象考慮到浪漫關係。請確保求愛發生在比較放鬆或中性的環境下，而不是過度私密或隱蔽的地方。

38 初次跟摩羯座約會的建議

通常向你的摩羯座約會對象建議活動中的某個選項，會比試圖把你預先安排好的時程表強加於他們來得好。在起初的對話（請保持簡短）之後，你可以開始「也許我們可以偶爾一起……」這類的談話，然後在這裡打住。給摩羯座約會對象足夠的時間考慮，然後回覆你，或許你應該等個兩週或一個月。（如果他們到那時還沒有回應，就表示他們可能沒興趣，那麼最好別再找他們了。）與他們更進一步的最佳辦法，通常是你「碰巧」遇見他們，然後就可以重啟你們最初做過哪些活動的話題。

39 初次跟摩羯座約會的助興與敗興之舉

要是你們決定一起出現在公開場合，摩羯座約會對象對於他們想跟你一起亮相的時間和地點會有所選擇。一旦地點決定好，無論是讀書、工作或娛樂的環境，最好盡可能讓事情顯得自然而隨性，並且給你的摩羯座約

強項
觀察敏銳
直接
懂得欣賞

弱點
缺乏熱情
實事求是
含蓄

互動風格
身體性
反應敏銳
感官性

會對象足夠的空間。傾聽你的碎念，可能是他們很樂意接受的事，因為這樣不會造成嚴重的威脅。你的魅力會讓摩羯座約會對象興奮，無聊而可預測的建議或殷勤則會讓他們掃興。

40 對摩羯座採取「攻勢」

「攻勢」很有可能是互相的，而不是由你們其中一方造就。摩羯座約會對象對於相互的性吸引力有偵測雷達。他們在有心這麼做的時候會有高度反應，而在吸引力是雙向的時候，他們的感受又會更加強烈。摩羯座可以非常地縱情而開放，狀況可能相當快就變得很狂野。如果對你來說事情發展得太快了，你決定退一步，你必須準備好婉轉的藉口，避免傷害到摩羯座的感情，以致激起他們的失望或憤怒。

41 打動摩羯座的方法

摩羯座約會對象會對你冷靜、成熟卻有鑑賞力的舉止印象深刻。他們會對你的外在表現出特別的興趣，把這看成你的真實本性，以及你對他們有何感覺的指標。你選擇的髮型、衣著、布料、鞋子和香水，全都會讓他們感興趣。而如果他們對你有興趣，這些事情還會提高他們的好奇，到達足以更深入探索的程度。如果你們雙方決定在外面吃一頓或者看表演，請確保你沒有節省開銷，而且當然要事先提議由你請客。最常見的狀況是，你的摩羯座約會對象會想要跟你一起分攤帳單，以避免任何依賴或占便宜。

42 擺脫摩羯座的方法

在關係初期，摩羯座很容易擺脫；不過隨著感情進展變得更加認真深入以後，就會變得困難得多。不過，光是顯得對他們缺乏興趣可能不會奏效，因為這種態度實際上只會讓他們更來勁，激起他們誘惑你的欲求。最好準備一個好藉口，或者乾脆撒謊。最好的說法是，現在是你很忙碌的時期，而你很喜歡這樣的狀態，等你有時間的時候會再找他們。你的摩羯座約會對象通常會接收到暗示，然後收手。

你的摩羯座戀人

摩羯座很可能以非常實事求是、但也極為自然的態度對待性愛。典型摩羯座的態度是：「我迅速跟另一個人上床，好讓這件事不再橫檔在我們之間，然後我們就可以更了解彼此了。」雖然摩羯座是很重視身體的生物，超越性愛的層面對他們還是很重要，而他們通常寧願發展認真深入的關係，而不只是簡短膚淺的關係。摩羯座相當能夠克制到正確的人選出現為止。因此，他們天生的效率與選擇性，讓他們不至於浪費時間和精力在「魯蛇」身上。

43 與摩羯座戀人進行討論

摩羯座一點都不排斥討論問題。當他們處於對他們而言眞正重要的親密關係裡，他們會樂於給這段關係時間，並且努力解決問題。摩羯座不是把重要議題放著不管的那種人，他們通常會先提出需要討論的議題，而且在雙方都發表意見、徹底講明白以前是不會罷休的。然而對於這種討論要在何時何地進行，摩羯座會加以選擇。他們很可能等上好一陣，直到環境條件對了爲止。這樣的行爲乍看像是拖拖拉拉，然而通常並非如此。

44 與摩羯座戀人發生爭論

摩羯座極端固執，在爭論中絕不會退讓。要是在初次對決之後事情還是沒結論，其他衝突肯定會接踵而至，直到事情解決、達成協議、或者證實分居或分手爲止。如果你花時間解釋你的行爲或觀點，你的摩羯座戀人至少會仔細考慮你的說法，而不是馬上就把這些說辭打發掉。話雖如此，他們也期待你採取相同的作法，還會徹底而冷靜地盤問你他們講過的所有論點，以便確定你了解他們說了些什麼。

45 與摩羯座戀人一起旅遊

因爲摩羯座固著的觀念與意見，你的這位戀人並不是最好相處的旅伴。此外，他們通常寧願待在家裡，除非有理由讓他們願意去旅行，或者你用可以在遠方土地得到難以言喻的樂趣這個點，來哄他們一起去。要讓他們踏上你的飛毯，一定要強調旅行能提供的教育與職涯機會，而且當然要向他們保證你會全心全意地關注他們，特別是要放在提供豐富性愛回饋的浪漫背景之下。

46 與摩羯座戀人的性愛關係

摩羯座喜歡頻繁的性愛——只要是跟他們關愛而且看得見未來可能性的對象。摩羯座接受美好的性愛與它所帶來的深刻情感益處，他們了解性愛在發展浪漫關係中的重要性。性與愛對許多摩羯座來說是一樣的東西，而他們之中只有少數人會用膚淺或過度浮濫的方式對待其中之一。摩羯座在浪漫事務上期待他們的伴侶有同等的承諾，而不會長久維繫一個只有他們單方面付出的關係。

47 摩羯座戀人的親暱表現

摩羯座在感官領域中就跟在性愛領域裡一樣，有很多可以貢獻之處，因此，親暱表現的施與受，對他們來說是浪漫方程式中很重要的一部分。然而，他們表達親暱感情的模式，並不總是很容易讓人理解，這個事實通常導致其他人認爲摩羯座的特徵是疏離和冷漠，因爲他們並沒有徹底表達自己的熱情。你的摩羯座戀人比較有可能在眼神一瞥、某種聲調、或者短暫微笑與手臂輕觸中表達親暱之情，而不是透過一吻或直接擁抱來表現。同樣地，你若過度熱情地表達你的親暱，可能會讓他們退縮，在公共場合

強項
有選擇性
有效率
有深度

弱點
機會主義
勢利眼
挑剔

互動風格
嚴肅
苛求
直接

尤其如此。

48 摩羯座戀人的幽默感

傳統上，摩羯座通常被指控完全沒有幽默感。這並不是真的，但話說回來，他們對於什麼事情好笑的想法，以及對你的幽默表達欣賞的方式，讓人並不總是很容易理解。摩羯座在一個好笑話之後會展現一個小小的微笑，通常伴隨著眼神一閃或者低聲竊笑，而不是直接笑出聲。在他們講故事或者說了個機智的論點以後，他們期待看到你臉上出現一絲理解的光芒，而不是聽到捧腹大笑或者歇斯底里的格格笑聲。因此，他們的幽默路線通常比較微妙，而且比大多數人的幽默更細膩。

你的摩羯座配偶

強項
- 有野心
- 投入
- 可靠

弱點
- 強勢
- 令人窒息
- 專橫

互動風格
- 支配
- 控制
- 支持

身為充滿支配慾的人，你的摩羯座配偶必須當家裡毫無疑問的統治者。他們控制周遭每個人的需要已經是眾所周知的了，而最明顯表達出這一點的就是他們對伴侶的態度。摩羯座配偶對他們心愛的人可以極端有野心，而他們令人生畏的望夫／望妻成龍之心，並不罕見。這種朝向成功的推進力，不只出現在專業領域裡，也出現在家務事上。因為自身專橫的特質，摩羯座必須學會退一步，偶爾給他們的另一半喘息的空間。

49 摩羯座的婚禮和蜜月

在計畫婚禮和蜜月的時候，你的摩羯座配偶全都鉅細靡遺地想好了──不只是他們自己的婚禮和蜜月，有時候也替別人籌畫。處理各種付款事宜、並且讓一切事物保持在負擔得起的程度，是摩羯座的專長。而你們在度蜜月時，你的摩羯座配偶也會名副其實地確保一切物超所值。確保他們自己得到最大樂趣和最少打擾，在他們的優先順序名單中排名很高，但他們總是以明智又節約的方式為之。婚禮和蜜月明確的獲得成功，對於跟摩羯座締結的婚姻開端來說是根本關鍵。

50 摩羯座的家庭和婚姻生活

在你和摩羯座配偶的婚姻生活之初，就要創造出你自己的定位，否則你可能會發現自己只是跟在他們後面，甚或被排除在外。摩羯座是有支配性的，而且自然地會想要控制幾乎每一項居家活動。表現出你能幹、進取到足以要求理應屬於你的事物，並且建立你的強項與專長，會使你的摩羯座配偶真正尊敬你，同時接受要介入你的私人空間是徒勞無功的。像是「別插手」或者「我搞定了」這樣毫不掩飾的句子，可以警告他們注意這點，並且在一開始的時候為之就夠了；日後，就用心知肚明的一瞥來取代。

51 摩羯座婚後的財務狀況

大多數情況下，最好把家庭財務留給摩羯座配偶來處理，因為他們有

很務實又負責的方法。然而在編預算的時候，你應該確保自己堅持參與家庭收入該怎麼花的決定。這並不是說摩羯座配偶會試圖把所有可用經費用在他們自己身上，但他們確實傾向於務實思考，因此人生中較享樂的面向有時就被忽略了。你可能必須面對未經斟酌就花錢的指控，尤其是把錢花在衣服、娛樂和一般來說可有可無的東西上。但你必須支持自己，必要時甚至可以用上經過掩飾的威脅。

52 摩羯座的不忠與脫軌

大多數摩羯座配偶是非常忠實的。要是他們誤入歧途，問題不在於他們跟另一個人形成的關係，反而在於他們沒有能力從情緒層面處理事情。苦惱的懺悔、情緒爆發，還有緊張或沮喪的攻擊，在這種狀況下可能都會出現，甚至天天上演。要是摩羯座配偶可以在不覺得極端有罪惡感的狀態下處理他們的問題，他們的行為可能比較容易被接納與忘卻。克制住不給出你的寬恕，通常可能被證明是很有力量的武器，可以維持你掌握力量的地位，甚至覺察到愛在任何關係中總是擁有更重要的地位。

53 摩羯座與子女的關係

大多數摩羯座配偶都很重視家庭，會想要擁有至少一、兩個孩子。不幸的是，他們會把為人父母當成某種促進他們個人規畫、而非子女自身規畫的東西。就像《舊約聖經》中的造物主，摩羯座通常選擇以自己的形象來塑造子女。身為這種摩羯座的配偶，肯定意味著要支持並捍衛子女的權益。太常見的狀況是，這可能導致家庭內部深刻的裂痕與兩極對立，而摩羯座配偶將成為被排擠的那個。

54 摩羯座面對離婚的態度

摩羯座配偶對離婚這件事應付得並不好。他們對物品、金錢、子女，還有最重要的住所與家庭安全感的依附，讓任何一種分手都變得很困難。在你甚至可能很享受你剛發現的自由，或者覺得終於如釋重負地脫離他們支配性的態度時，你的摩羯座配偶可能苦不堪言，讓你處理事情的難度增加許多。因此在許多方面，離婚可能變得跟先前的婚姻一樣，問題很大，甚至有過之而無不及。你採取的態度可以有同情心到某個程度，但應該以務實為主。

你的摩羯座祕密情人

摩羯座祕密情人相當能夠保證讓他們的伴侶得到性滿足。摩羯座祕密

強項
性感
謹慎
持久

弱點
不敏感
過度苛求
自私

互動風格
實事求是
刻板
入世

情人不只是重視性愛，還具備長時間纏綿的鬥志，有助於讓性方面的興致維持好幾個月，甚至一連好幾年。他們相信兩個人之間發生的事是他們的事，與別人無關，所以他們也很擅於保密，不會損害到與他們伴侶既有的關係。雖然摩羯座祕密情人很體貼，有時卻沒能考慮到伴侶的感受，在表明他們真正的需要時可能不夠委婉。

55 遇見摩羯座祕密情人

最常見的情況是，你們共同的朋友把你介紹給摩羯座祕密情人，而不是你倆偶然巧遇。這種事情可能發生在一場派對或者其他社交活動上，抑或在某個刻意撮合的家庭晚餐聚會裡。摩羯座通常不會透露太多關於他們自己的事，在第一次約會的時候會相對安靜，好仔細地觀察你。雖然要穿透他們的盔甲、察覺到他們的感受（當然，包括他們對你的興趣）可能很困難，但在一、兩週內（頂多是一個月），他們會毫不猶豫地以某種方式跟你聯絡。

56 與摩羯座幽會的地點

摩羯座會帶你回家，或者到一個他們有幾分熟悉且不易引人注意的地方去。在你們初次密切的社交聯誼或親密的性互動中，要你的摩羯座祕密情人在屬於你的地方應付這一切，對他們來說不好駕馭，挑戰性太高了。摩羯座並不真正對他們的伴侶和他們怎麼生活感到好奇，他們寧願以完全直接而熱切的方式會見他們的情人，沒有會分散他們注意力的事情。只要環境安靜而整潔，保證不被打斷，摩羯座祕密情人便會感到滿足。請確保你有關掉手機，免得他們覺得你很無禮。

57 與摩羯座的祕密性愛

與摩羯座祕密情人之間的性愛，可能會有種怪異的、非關個人的感覺。通常在這段親密時間過去以後，你可能會納悶他們到底有沒有以一個人的身分跟你互動。從某些方面來說，摩羯座對愛的肢體表達這方面表現很棒，但他們對於信任、親密與尊重的理解卻有缺陷。因此，跟他們幽會一回之後，你可能感覺很好，或許也累壞了，但不免也覺得空虛，甚至對發生的事情覺得有幾分困擾。日後你們雙方或許有必要針對這一點好好談談，好讓你的摩羯座祕密情人用比較真誠的態度對待你。

58 長久保有摩羯座祕密情人

只要你能夠在性愛方面取悅並滿足摩羯座祕密情人，你要把握住他們應該沒什麼太大問題。簡言之，如果他們沒有從你身上得到他們所需要的，他們跟你聯絡的頻率就會降低，到最後則是徹底拋下你。持續地提供滿足，對於把握住你的摩羯座祕密情人來說是關鍵，這裡指的不只是身體上的滿足，也包括你是否能證明跟你在一起很有趣，而且你是個好夥伴，能免於使他們落入沮喪的狀態中，畢竟他們很容易體驗到這種情緒。

摩羯座

⑤⑨ 與摩羯座的祕密歡愉

摩羯座祕密情人想出門的時候，較常喜愛出入像是電影院、夜店，還有華麗、很酷或很潮的地方。偶爾（或者是頻繁到一週一次），摩羯座祕密情人喜歡拋下自己的困擾到鬧區去，有時甚至沉溺於讓人驚訝的外放行為。欣賞並分享他們稀奇古怪、充滿精力的突發奇想，順著他們的浮誇行徑而不顯得震驚或氣惱，會讓他們珍惜你，並且容許自己更信任你。對於他們的行為方式做出任何情緒上的抽離或批評，對這段關係可能都是致命的。

⑥⓪ 與摩羯座祕密情人分手

雖然摩羯座祕密情人相當能夠把你當成燙手山芋般隨手丟了，但卻不建議你突然跟他們分手。要是你放棄他們，草率地把他們從你的生活中踢出去，你可以預期將會得到一個嚴厲且苛刻的回應，不但直接針對你個人而來，也會傳達給你們共同的朋友、甚至是生意上的熟人。跟摩羯座祕密情人分手的最佳辦法，是以緩慢而漸進的速度為之，讓你們之間的聯絡隨著時間而變得比較不那麼頻繁。摩羯座心高氣傲，當他們的自尊心受傷時，很有可能會憤慨地一股腦兒爆發出來。

你的摩羯座前任

摩羯座通常會對他們的前任伴侶採取一種負責任的態度，甚至在分手後還能維持很多年。對他們來說，有持續而積極的興趣對舊愛關懷備至，卻不會喚醒任何浪漫的興趣或激情，一點都不算是不尋常。摩羯座前任對於家人與共同朋友的批評特別敏銳，所以通常會舉止得宜。同樣地，摩羯座前任會堅持他們的前任伴侶以得體並尊重的態度對待他們。如果他們受到侮辱或忽視，他們可能非常難以原諒。

⑥① 與摩羯座前任成為朋友

正常來說，這不是問題。然而，你們的友誼最好保持在嚴格的限制下，而你的摩羯座前任可以毫無困難地界定並堅持這些限制。只要你維持在這些守則限度內，並且遵守規定，你們之間就不會有衝突。摩羯座可能對禮儀規範持續被破壞感到相當氣惱，當他們的前任以無可預測又不理性的方式行動時，尤其如此。不事先通知就去按他們家的門鈴、或者半夜打電話給他們，你的摩羯座前任肯定不欣賞這種行為。每隔一、兩個月聯絡一下摩羯座前任，或者要他們聯絡你，這樣就行了。

⑥② 與摩羯座前任復合

與摩羯座前任討論復合這件事，不該輕忽以對。就連提起這個話題，都具有很重要的意義。請記得，在這種談話裡，你所做的任何承諾或者你所表達的任何感受，他們都會認真看待，而日後若你聲稱自己只是開玩

強項
體貼
關懷
有警覺心

弱點
過度敏感
好鬥
不寬恕

互動風格
傳統
尊重
負責

摩羯座

愛情

笑，想藉此擺脫他們，是不會有用的。你可以確定的是，要是沒有得到你界定明確的承諾，沒有任何摩羯座會認真同意復合。這些承諾包括（但不限於）法律上的保證、財產與財務的重新調整，以及重新定義過的家庭關係與承諾。

63 與摩羯座前任討論過去的問題

與摩羯座前任討論過往的問題，而不激起他們的怪罪、譴責或製造罪惡感的傾向，可能很困難，或者根本不可能。你的摩羯座前任對於這樣的對質，態度可能很嚴厲，而你肯定不會讓他們留下美好的感受。你責怪他們或者跟他們爭辯的任何嘗試，都可能激起火山爆發般的憤怒，所以在這方面一定要非常小心謹慎。可能有幫助的作法是在公共場合邊喝咖啡邊進行這樣的討論，提供某種社會性的控制，而不是硬著頭皮做充滿危險的私下對質。這樣的會談長度應該要有限制，甚至可以邀一位共同的朋友在場當仲裁者。

64 對摩羯座前任表達親暱感情的程度

任何親暱表現都應該避免，或者處於嚴格的控制之下。你的摩羯座前任會抱著懷疑態度看待這樣的表示，他們會確信你這樣做是一種操縱與控制的策略。與其表達親暱感情，最好用別的方式表現出你的關切與擔憂，尤其是在他們需要的時候提供幫助，或者就只是準備好傾聽並認真看待你的摩羯座前任要說的話。通常你能做的最體貼之事、還有會替你掙得最高點數的行動，就只是放摩羯座前任一馬。

65 界定與摩羯座前任現有的關係

摩羯座前任對於現有關係的地位有良好的概念，在這個議題上不需要你提供意見。他們深信自己在這種事情上的意見很正確，所以通常會拒絕你的觀點，除非你們的看法剛好一致。首先是個現實主義者的他們，會很快地指出你哪些時候的觀察只是一廂情願的想法。最好避免跟他們談論這段關係，但如果你忍不住要開這個話題，並且表達你的觀點，請準備好面對不怎麼有同情心的反應。

66 要求摩羯座前任分擔照顧子女的責任

每當子女牽涉在內的時候，摩羯座前任的支配性特徵就浮現了。他們很難應付跟這類議題有關的問題，他們堅持自己是唯一的監護人，你出現在孩子們的生活中只會造成不安與困擾。然而，如果你可以透過你極為負責、不自私又關愛的態度——真正把子女的需求放在第一位——向他們保證你不會造成困擾，他們會開始對共享監護權採取比較開放的態度。摩羯座前任傾向於做出道德譴責，而且會毫不猶豫地指出你所有的缺陷，不只是在私底下，在公開與司法環境下亦然。

朋友與家人

摩羯座
12月22日至1月20日

你的摩羯座朋友

就算與摩羯座的交情不深,摩羯座還是會對於朋友的困難展現關懷之情,並且在朋友有需要的時候支持他們。習慣上,摩羯座只會固定對他們的伴侶、幾個親人和一、兩個朋友給予情感上的付出。因此如果你是摩羯座的朋友,你可能會發現自己就是他們「最好的」朋友,在他們人生中占據的位置說有多嚴肅而重要,就有多嚴肅而重要。身為摩羯座的摯友可以是一個很沉重的使命,而且並不總是令人愉快。從積極面來看,摩羯座對他們最好的朋友非常之好,而在某些狀況下,他們甚至更愛有摯友相伴,勝過任何人。

67 向摩羯座朋友求助

如果摩羯座把你看成真正的朋友,他們會毫不遲疑地幫助你。如果你一再忽視他們的建議或濫用他們的幫助,對於付出的少數限制之一就可能會出現:他們將來可能會拒絕協助你。不管摩羯座多忙於其他事情,他們都會立刻把事情擱下,去幫助一個真正有需要的朋友。最好別濫用他們的幫助,在不必要的狀況下召喚他們,或是把這當成爭取他們注意的計謀;最好只在迫不得已的狀況下才要求他們幫忙,在這段友誼中有過一、兩次就好。

68 與摩羯座朋友溝通和聯絡

摩羯座並不是最佳溝通者。他們不覺得經常聊天很重要,寧願只是在心血來潮的時候不定期聯絡你。維持規律的聯絡這件事可能要留給你來做,而你應該謹記,你可能很難約束摩羯座,要他們遵守友誼中固定的義務與時間表,因為這不同於他們對商務聯絡方面的態度。然而一旦他們答應要見面,就會可靠的現身,而且鮮少會讓他們的朋友失望。雖然他們不太擅長遣詞用字,但他們是很坦白的人,大部分狀況下可以信任他們所給的意見與判斷。

69 向摩羯座朋友借錢

摩羯座會借錢給他們的摯友,但也會要求依照固定時間表還錢。在某些情況下,他們甚至會做額外的工作或者掏出他們的積蓄,以便有資金可

強項
穩定
樂於付出
可靠

弱點
有所要求
沉重
愛下判斷

互動風格
關愛
負責
體貼

摩羯座

朋友與家人

281

以借給你。不過要是他們看到你浪費他們的錢（對他們來說，浪費的形式可能是你參與不可靠的商業投資，或者把錢給了不可靠的親友），毫無疑問地，他們將會拒絕再對你這麼慷慨。另一方面，如果你善用他們借你的錢，甚至靠這筆錢再賺錢，他們可能會認眞考慮直接投資你未來的事業。

70 向摩羯座朋友徵求意見

既然摩羯座朋友對於這麼多議題都有定見，你或許在開口問以前，就已經知道他們的建議是什麼了。這可能讓你根本不去尋求他們的建議，雖然摩羯座朋友對事情的某些看法可能證實相當有啓發性。無論如何，他們會認眞看待你的問題，並且慷慨地提供他們的時間與想法。摩羯座鮮少會對他們建議的行動改變想法，或者承認他們一開始對你的處境評估錯誤。對於某個既定策略的失敗，他們通常會找到另一個理由來解釋。

71 拜訪摩羯座朋友的時機

雖然摩羯座朋友的家很歡迎你，你甚至可能長年在那裡度過不少時光，你卻永遠不該假定門永遠是開著的，或者你的朋友有時間和興趣常常見到你。雖然摩羯座可能受得了比較頻繁的拜訪，但隨著時間過去，他們可能累積了不少抱怨和惱怒。直到後來事情變得有點太超過的時候，他們的憤怒才會爆發。常常邀請他們到你家，也不是可行的選項，因爲他們寧願把大多數時間花在自家地盤上。

72 與摩羯座朋友一起慶祝和娛樂

一般來說，摩羯座朋友喜愛付出，勝於接受。在計畫慶祝與派對活動的時候，他們在勞務與金錢方面都是牢靠的貢獻者；但若這些活動是爲了他們的利益而辦時，他們可能會退縮。這種對獎賞或報償所抱持的奇特迴避態度，是因爲他們不願意覺得自己受人恩惠，或是不想在將來被指責爲不知感激。在節慶場合裡，摩羯座總是無條件付出，卻鮮少要求任何回報。他們在自己做得很好的工作裡得到莫大滿足，而且私下很享受爲此接受祝賀。

你的摩羯座室友

摩羯座室友明智又穩定的能量，會讓大多數居家活動每天都保持在軌道上。當然，摩羯座對於經濟與效率的要求，可能會把他們的室友逼瘋。在每一筆能源與現金支出上，節儉的摩羯座室友會保證把浪費控制在最低程度。事實證明，被他們質疑看到你的房間到深夜還開著燈就夠惱人了，但在摩羯座室友暗示你要爲此多付點電費時，你可能會發現自己被逼到了極限。你那無憂無慮且無所謂的態度，在這間屋子裡可能不會得到太多欣賞。

73 與摩羯座室友分擔財務責任

雖然你們會一起分擔財務責任，不過摩羯座可能會堅持對付款、購物和水電瓦斯的使用做執行上的決定。他們不只是理所當然地在這些領域裡奪取掌控權，也藉由表現出他們優越的務實思考力來支持這種態度。不幸的是，他們以這種角度分配給你的角色，通常是對實際現狀沒什麼概念的空想家，跟他們自己所採取明智的態度正好相反。最好不要針對這些事情涉入沒完沒了的衝突，就把這種事留給他們去處理吧！在大多數情況下，摩羯座室友會清楚而公平地詳細說明你的財務責任。

74 與摩羯座室友分擔打掃責任

摩羯座室友有時可能變得相當邋遢，但在混亂的插曲之間——特別是在他們自己的房間裡——他們會替自己和室友規畫出嚴格的打掃時間表。所以，住處的外觀很可能在邋遢與整潔之間巨幅震盪。奇怪的是，儘管他們吹噓著自己很務實，摩羯座室友卻可能在追求個人興趣的時候「大走鐘」，對於事情看起來怎樣變得很盲目。你可能必須在共同生活空間裡做額外的工作，好讓一切保持整齊，卻不會從你的摩羯座室友那裡得到任何感謝，他們甚至可能不會注意到你所做的一切。

75 當你的訪客遇到摩羯座室友

摩羯座室友通常不喜歡家裡有客人，不管是你的還是他們的。在大部分狀況下很保守的摩羯座室友是習慣的動物，他們喜歡事物在沒有太多擾動之下維持原狀。要是你邀請朋友或親人來待超過一個週末的時間，就準備好迎接麻煩吧！你的摩羯座室友會因為需求增加而堅持要你做出更多貢獻，接著他們終究會開始試著趕走那群討厭的人——不甚委婉、頗為直白地建議他們離開。要避開這些尷尬，最好把這種拜訪的頻率與長度降到最低。

76 與摩羯座室友的社交生活

雖然摩羯座室友不是派對動物，不過他們仍可以不時地享受一下美妙的盛宴。這樣的節目給他們一個機會，展露他們浮誇外向的一面，而你或許從不知道有這一面的存在。摩羯座在派對上無拘無束，他們自己就可以提供大量娛樂。然而一旦他們開始計算讓人頭腦清醒的花費，可能就會有一段時間不希望重複這種經驗了。陪伴他們去參加共同朋友在別處舉辦的派對，可以是很好玩的經驗，只要不期待他會為任何東西出錢就好。

77 與摩羯座室友的隱私問題

雖然摩羯座室友會堅持要保有隱私，同時他們也會驚人地善於分享公共空間。他們會堅持的一件事情是，要有拉長而不被打斷的時間，以滿足他們的泡澡、淋浴與美妝方面的需求。他們使用廚房的要求也一樣，在這裡，他們就是不能被趕被催。太常見的狀況是，摩羯座對待分享的態度，

強項
精打細算
節儉
明智

弱點
過度挑剔
容易惱怒
愛打聽

互動風格
直率
有管理能力
愛控制

就好像他們是在給你某種特別的禮物，而不只是承認你有平等的待遇。你可能偶爾得被迫提醒他們，這棟房子或公寓也是你的。

78 與摩羯座室友討論問題

與摩羯座室友之間總是會產生問題，但他們鮮少會承認那是他們造成的。因此在討論問題的時候，最好把這些難處當成是互相的，並且尋求摩羯座室友的支持來客觀地解決這些問題。絕對不要試圖把某個家務災難歸咎於你的摩羯座室友，或者想讓他們有罪惡感。你永遠都會激起他們的否認，而且不只如此，你還可能迎來一陣激烈的指責風暴，而矛頭就指向你。這樣的爭論可能很容易就失控，讓家中的低氣壓一連持續好幾天。

你的摩羯座父母

強項
負責
關切
充滿了愛

弱點
嚴格
苛求
強制高壓

互動風格
權威性
保護性
愛控制

理論上，每個小孩都應該有機會得到一位摩羯座父母，但千萬不要兩個都是。摩羯座太獨裁、太有保護性、太愛控制他們的孩子，而且幾乎天天、甚至時時刻刻如此，除非另一位父母比較寬容隨和，否則這個孩子很可能會吃足苦頭。摩羯座父母嚴肅地看待他們所扮演的角色。他們會確保子女受到良好的照顧，而且絕對不會規避對子女的責任。雖然能夠給予關愛，許多（但並非全部）摩羯座父母卻選擇把愛保留起來當成一種武器，藉此脅迫子女尋求他們的認可、並且同意他們的要求。

79 摩羯座父母的教養風格

摩羯座父母是嚴格的監工。他們對子女的期待，通常會小心而詳細地表達出來，以避免可能產生的誤解。摩羯座父母可能暗示或者明講：「如果你乖乖的，你就會得到一切。如果你使壞，那你什麼都得不到。」直到後來小孩才會終於搞懂，「乖乖的」就只表示遵循摩羯座父母的規定。摩羯座父母鮮少會執行任何一種體罰，但體罰的威脅可以強力嚇阻孩子的不服從。許多摩羯座父母嚴肅的舉止，讓人難以懷疑他們要子女從命的決心。

80 摩羯座父母與孩子的相處

儘管有著嚴謹的態度與嚴肅的舉止，摩羯座父母也喜愛跟孩子一起玩樂。直接搔癢、摔角、競爭、開玩笑和逗弄，並沒有那麼不尋常。只要子女遵從摩羯座父母的規定，避免對這種官方命令表示批評或公然反叛，一切就會進行得很順利。實際上，摩羯座父母有對子女表現親暱感情的強烈需要，而雖然他們對子女也報以親暱很讚賞，不過他們卻並不要求如此。許多摩羯座父母不喜歡從長大的子女那裡收到昂貴禮物，覺得他們不想讓孩子把錢浪費在他們認為是奢侈品的東西上面。

81 摩羯座父母給孩子的金錢觀

摩羯座父母會樂意提供子女適度的每週零用錢，不過通常只涵蓋到必要需求的錢。他們教導孩子要節儉，而且絕對不要蠢到把錢浪費掉。金錢在摩羯座的排序中占據一個重要位置，當金錢是辛苦專注工作賺來的時候，尤其如此。摩羯座父母可能嘲弄孩子的不切實際或愛做夢，只為了讓他們能夠毫無疑義地控制這個領域。不幸的是，許多孩子會去迎合這樣的角色，就算這麼做只是為了取悅摩羯座父母苛求的自我。

82 摩羯座父母的危機處理

雖然在危機時刻可以仰仗摩羯座父母，但他們也可能對必須解救他們任性的子女這件事產生埋怨。他們執行的懲罰所導致的痛苦，常常比危機本身產生的苦難還大。摩羯座父母通常採取的態度是，他們的子女惹上的麻煩大半是他們自己搞出來的，因此他們基本上沒什麼同情心，雖然還是會在場扮演他們的角色——負責任的父母。免不了的是，有些狀況下，摩羯座父母的子女一開始之所以惹上麻煩，只是因為他們被過多限制性的規則束縛，需要表達他們的個體性。

83 摩羯座父母的假期安排和家族聚會

摩羯座父母會參與家族聚會，但他們還是比較喜歡把假日留給自己和他們的配偶。他們甚至可能會找個保母——（外）祖父母或者其他家庭成員——好讓他們可以出去玩，或者至少有一陣子免除身為父母的責任。在跟旅行有關的時候，摩羯座父母較喜歡只跟他們的核心家庭去度假，而不包括阿姨嬸嬸、叔伯舅舅和其他表親堂親。度假時，摩羯座父母並不會太過吝嗇，但他們仍舊不會放過省錢與避免非必要花費的機會。

84 照顧年邁的摩羯座父母

年邁的摩羯座父母通常會講明白，他們不想讓任何人照顧他們。雖然他們會感激你提議要幫忙，不過他們只會在絕對必要的時候才接受幫助。聘請全天候幫手來照顧他們，或者把他們送到老人之家，並不是他們喜歡的作法。摩羯座父母非常依戀他們的環境，而且寧願獨自掙扎受苦，也不要搬去一個他們不熟悉的地方。這樣通常會導致他們逐漸喪失行動力，所以他們鮮少出門，甚至限制自己在家中的活動只到某個最低限度。

你的摩羯座手足

除非是排行最長的，否則摩羯座孩子正常來說會退到兄姊後面，相當能夠融入家庭的次序中。排行最長的摩羯座孩子是無庸置疑的老大，會以高度負責的方式施展他們的權力。年紀較小的摩羯座小孩可以相當狂野，但鮮少反叛秩序與權威，對他們的哥哥姊姊大多會予以尊重。摩羯座會很快從手足那裡領會到暗示；他們在必要的時候會表現得很堅定，能夠很快

強項
合作
關愛
多才多藝

弱點
依賴
充滿恐懼
感情需求強烈

互動風格
堅定
尊重別人
有保護性

就取代任何人的角色。手足之間親密聯繫所產生的良好感受，能讓他們蓬勃發展，而且他們在心理上也依賴著親密家庭所保證的安全感與保護作用。

85 與摩羯座手足的競爭和親近

摩羯座手足會奮力維持他們在家庭中的權力，並與確保家庭穩定的事務保持合作態度。因此，他們會非常嚴厲地處置堅持特立獨行、或者設法損害家庭權威的家人。摩羯座手足通常採取的是一種看門狗的態度，而在他們發動攻擊的時候，他們咬下的那一口會很令人畏懼。與摩羯座手足的競爭，在任何家庭中都算是常見的狀況，雖然只要有可能，摩羯座寧願和平相處。只是當他們被逼到極限、警鈴大作的時候，他們會變得非常有攻擊性。

86 過往的成長經驗對摩羯座手足的影響

摩羯座手足相當不寬容。過往的議題對他們來說，長年來都近在眼前。處理過去對他們來說可能是一個真正的問題，因為這麼猛烈地緊抓著過去的問題不放，可能會妨礙他們的自我發展。一個仁慈、體諒又有同情心的兄弟或姊妹，可以幫助他們處理這種議題，而且如果有足夠的耐心，還可以療癒他們的心病。可以預期的是，大多數摩羯座人生中的某一時刻，會發生他們被困在過去問題（通常是跟某個特定的創傷事件有關）的困境。

87 與疏離的摩羯座手足往來

摩羯座手足可能極為頑固，而且可以連年不斷拒絕兄弟姊妹的接近。能夠觸及他們心扉的唯一辦法是連續好幾個月、甚至好幾年，同時結合堅持與退讓的作法。通常脅迫或者催促摩羯座手足建立停火或復交協議的所有嘗試，都會以悽慘的失敗告終。感覺得到接近他們的正確時機，對於成功來說是必要的。如果處理得恰當，在明智而審慎地激勵他們一段時間之後，疏遠的摩羯座手足或許會是開始主動聯絡的那一方。

88 摩羯座手足對繼承、遺囑等金錢議題的處理

摩羯座手足對於遺囑與繼承議題，採取的是主導性的角色。他們不只是為了自己的利益而堅持，同時也是為了兄弟姊妹的利益。正常來說，他們不會尋求特別的回饋，而會與團體形成同盟。一般而言，摩羯座不會向他們的手足或資產與信託基金借錢，除非發生緊急事件，逼得他們以此作為最後手段。他們會謹慎地歸還所有借來的金錢，雖然這可能要花點時間。

89 與摩羯座手足的家族團聚和慶祝活動

摩羯座手足通常很重感情，很享受與他們最愛的兄弟姊妹、以及他們

摩羯座

的配偶和子女的團聚與年度假期聚會。鮮少有其他的事情所帶來的樂趣，會勝過看著他們的子女跟表親堂親在這種場合玩在一塊。摩羯座手足對於家庭慶祝活動提供的溫暖與友好氣氛有真切的感受，而因為他們奉獻的本性，他們會不惜精力與血本來讓這些活動圓滿成功。在這樣的活動結束以後，摩羯座會很滿足，不過在下一年到來以前，他們可能不會有興趣再度聯絡。

90 與摩羯座手足一起度假

雖然摩羯座會以家庭為重，不過帶著一個兄弟或姊妹，外加他們的一對孩子一起去度假，大概就是他們能處理的極限了。對摩羯座來說，假期意味著真正擺脫一切，這甚至包括他們的家庭。話雖如此，發現你正跟你的摩羯座手足一起度假，可能是最享受的一次經驗。一旦摩羯座手足下定決心採取包括你在內的行動路線，他們就不太會去區分他們的利益和你的利益，他們覺得要負責給你和其他人一段美好時光。

你的摩羯座子女

摩羯座孩子在心智上，通常會比他們的實際年齡成熟。這些小大人有著嚴肅的舉止，他們的父母可以幽默地看待這一點，但若是嘲笑這些孩子，將會是極大的錯誤。摩羯座要求被尊重，若試圖拒絕給他們尊嚴，他們會以驚人的力道反擊，儘管他們還是小朋友。生於這個星座的孩子是充滿自信的，他們知道自己要什麼，以及該如何取得。用情緒勒索、激發他們的罪惡感，並不是非常妥當的做法，因為摩羯座小孩對人類心理學頗有理解。

91 摩羯座子女的人格發展

既然摩羯座在早年就顯得很成熟，你可能會納悶，摩羯座小孩的人生裡還有多少人格發展要展現。他們碰到的困難可能會在稍後出現——在成人早期，他們開始領悟到自己被剝奪了真實的童年時。這種感覺——他們的內在小孩因為不成熟的情緒發展而嗷嗷待哺——可能會是一種令人無法抗拒的領悟，喚醒了各種的後悔與怨恨。最常見的狀況是，父母並沒有錯，但他們很可能變成摩羯座子女怪罪的對象。

92 摩羯座子女的嗜好、興趣和職涯規畫

許多摩羯座小孩很早就對於自己將來想要發展的職業生涯很有概念。然而，他們卻不知怎地沒有辦法實現自己的這種理解，可能得等到成人後，花了相當長的時間才能在某個專業上安定下來。年輕的摩羯座成人通常是好幾次起步失誤的受害者，不過終究會碰上某項專業，跟他們有記憶以來就已經出現的某個嗜好或生活興趣相關。一旦他們下定永久的決心，並且動手去實現他們的願望，他們就可以在接下來的工作生涯裡堅守他們

強項
精明
成熟
令人印象深刻

弱點
自我中心
過度苛求
緊繃

互動風格
咄咄逼人
不讓步
堅持

摩羯座

朋友與家人

93 對摩羯座子女的管教

摩羯座子女了解有需要以管教來遏阻狂野的能量，包括他們自己的能量。他們可以理解、甚至同情一位覺得管教有必要存在的父母。這樣的理解，容許他們忍受施加於他們和手足身上的懲罰。這是因為他們很清楚是非，而當他們打破這些規則的時候，他們知道這麼做要冒著被報復的風險。他們把管教看成是不必要的，但接受懲罰則是他們逾矩之後免不了需承擔的後果。

94 與摩羯座子女的親暱程度

摩羯座對親暱的需求是挺複雜的一件事。他們看起來就像是不尋求也不渴望親暱，而且他們完全滿足於沒有親暱表現的生活。然而，他們有種要給予親暱情感的古怪責任感，很容易可以見諸他們對較年幼家庭成員與寵物的態度上。一旦他們的父母掌握了這種根本事實，就可以明顯看出摩羯座子女確實需要親暱（就像大多數小孩一樣），但要他們自己承認這一點或者直接要求，對他們來說有很大的困難。這通常要怪他們的驕傲與自信，導致他們覺得要求被擁抱——甚至是默默地要求——無疑是承認了自己的軟弱。

95 處理摩羯座子女與手足之間的互動

如果手足中排行最長的是摩羯座，這個孩子與兄弟姊妹的互動必須得到引導。極為常見的情況是，身為老大的摩羯座是個小父母，一直在篡奪父母的特權，心裡總是以弟妹的利益為念。要處理這些獨立而通常充滿困擾的親權干預，最佳方式是由父母給摩羯座子女一些雜事和責任，不管他們的年紀或排行順序是什麼，讓他們覺得自己很重要，其他人需要也想要他們。然而這些責任一定要受到控制，以避免前面談過的那種童年剝奪感。

96 與成年摩羯座子女的互動

如前所述，成年摩羯座子女可能早在他們實際上成年之前就轉大人了。所以當摩羯座來到三十歲以上的任何年齡，他們的家人可能就只是用比他們年輕得多的既有方式，繼續跟他們互動。既然許多摩羯座子女似乎是天生的成人——至少在心理上如此——他們的整個人生都會對他們所扮演的角色非常自在，只要他們有清理掉沒得到真正童年的任何埋怨就好。既然老成是大多數摩羯座的天生狀態，他們對年齡增長適應良好，而且對於完全為自己與他人負責並不會覺得不自在。然而若過度高估他們的能耐，總是可能浮現出來變成一個問題。

水瓶座

生日：1月21日至2月19日

水瓶座這個固定宮星座,統治我們現在生活的新紀元。受到革命性的行星天王星主宰,水瓶座通常是很現代、很有前瞻性的人,他們很不尋常,而且也能接納別人的不尋常。水瓶座通常是他們愛人心中的喜悅與絕望之源,他們可能不穩定並冷漠到令人抓狂,忽視人類的情感,讓人很難與他們維持長久的關係。然而,他們迷人的特質與敏捷的心智,卻深深吸引著那些願意忽略或原諒他們這種任性傾向的人。

工作

水瓶座
1月21日至2月19日

強項
敏捷
聰明
開放

弱點
不耐煩
飄忽不定
難以理解

互動風格
立即
不可預測
無法掌控

你的水瓶座老闆

　　水瓶座並不特別適合當老闆，一般來說，水瓶座老闆也確實是較少見的。這有幾個理由，包括他們飄忽怪異又衝動的行為、需要獨自行動、閃電般迅速的舉動，以及沒興趣掌控他人或建立王朝。話雖如此，如果你有個水瓶座老闆，至少你已經先得到警告了。事實上，跟他們一起工作通常很有趣（在你跟得上他們的時候），而且他們對員工相當慷慨。他們的沒耐性已是眾所周知，所以在他們需要你的關鍵時刻，不要測試他們暴躁的脾氣，或者用你的缺席或拖拖拉拉使他們感到失望。

1　要求水瓶座老闆加薪

　　水瓶座老闆以光速行動，而且有取消正式約會的惡習，你的第一個問題會是追上他們，並且抓著他們去開會。你可能必須甘願滿足於設法在走廊上突襲他們，或者在離開餐廳的時候快速談個三秒鐘。你可能必須實際上把他們拉到一旁聊一陣，以此取代真正的約見。仰賴他們的助理來轉達水瓶座老闆的行蹤不會奏效，因為你們的領導人飄忽不定的行蹤，可能讓助理們跟你一樣感到挫折。

2　向水瓶座老闆宣布壞消息

　　如果你突然間被水瓶座老闆叫去解釋最近的銷售損失或業績下滑，你幾乎不會有時間整理你的思緒。所以如果你有個水瓶座老闆，你最好準備在短暫的預告後就解釋你最近的行動。這一點可以靠著替你的工作建立完整檔案、把所有重要紀錄都留在伸手可及的範圍來達成。如此周全的準備能夠創造比較大的成功，讓你可以在去老闆辦公室的路上隨手抓到一份檔案。請確保你有定期溫習這份資料，並且把它有條理地組織到容易參考的程度。

3　替水瓶座老闆安排差旅和娛樂

　　水瓶座老闆的旋風式能量與瞬間決策力，讓人很難事先安排好差旅和娛樂方面的預約。然而，水瓶座老闆要求每件事都運作順暢，讓他們能夠執行重要的商業決定，而不必擔心行程與後援。最好在做安排時盡可能保持流動與彈性，而且要有備用計畫、好的航班取消保險，還有能夠逆來順

受、充滿充滿體諒之心的餐廳領班。與一位知道能期待什麼，而且可靠又有同情心的旅行社代辦人員固定配合，是重要關鍵。

④ 水瓶座老闆的決策風格

水瓶座老闆會快如閃電地做出決定，並且期待你能夠效法他們。如果反應太慢，你的決定可能會讓他們很挫折，因為等待不是他們的強項。做決策對他們來說很容易，不過或許是太容易了，對於他們大多數員工來說會變得很難遵循，甚或難以理解。當這樣的決定由上而下傳遞的時候，經常留下一群大吃一驚的員工，彼此驚訝地面面相覷。要求水瓶座老闆進一步解釋可能很困難或是不可能，所以至少你要知道能期待什麼。

⑤ 打動水瓶座老闆

水瓶座老闆的動力來自於自身，而且無法逼他們往任何他們不想追求的方向去。唯有能夠理解他們快捷的心思和方法、以及立即執行他們計畫的能力，才能真正讓他們印象深刻。要是他們在走廊上遇到你，或者在進出一棟建築物的時候碰到你，他們會期待你跟著他們走到電梯前（有時他們或許會邀請你跟他們一起搭電梯），同時一路仔細聆聽他們簡要的命令。在你們短暫的行程之後，請確保你有盡可能迅速地寫下他們方才說過的話。

⑥ 提案並對水瓶座老闆做簡報

水瓶座老闆沒時間聽冗長的提案，而且對於無止境拖拉的漫長文件或簡報特別不耐煩。保持精簡扼要，講話時最好不要帶著筆記或視聽輔助工具。請記得，你只會得到水瓶座老闆幾分鐘的全副注意力，所以務必濃縮你的想法，用字力求精簡。如果水瓶座老闆在你簡報到一半時打斷你，或者一直插入他們的想法、反對意見與要求，別覺得訝異。保持專注，然而腳步要輕盈到足以很快就改變方向並即興發揮。

你的水瓶座員工

水瓶座員工人格特質中不尋常的地方，對於他們的老闆來說，可能一直是越研究越有趣的主題。水瓶座員工有獨特的做事方式，而一旦他們養成某種習慣，就很難讓他們更改，或者教他們別的方法。此外，水瓶座通常有叛逆傾向，因此生於這個星座的員工並不總是能好好接受高層權威的命令，他們對於被交代要做什麼會感到憎惡，因為他們手邊通常有更好的辦法。話雖如此，水瓶座員工可以把樂趣與輕鬆的心情帶到任何團體裡，而且他們喜歡事情進行得順利，沒有額外的麻煩。

⑦ 面試或雇用水瓶座員工

水瓶座求職者可以用他們敏捷的心思，以及陳列出他們有能力貫徹想

強項
有趣
好玩
個人主義

弱點
古怪
奇特
無法掌控

互動風格
輕鬆
友善
接納

法的工作紀錄,來讓老闆留下好印象。正常情況下,水瓶座求職者會很快吸收丟給他們的任何資訊,然後立刻證明他們已經理解了。雖然他們可能不同意,但他們會以明確的說法,建議更合乎他們好惡的改變。水瓶座想看到未來雇主對他們的建議保持開放態度,並且對他們的需求有回應,這樣他們才能感覺愉快地接受工作機會,簽下合約。

8 宣布壞消息或解雇水瓶座員工

水瓶座員工通常屬於兩個極端之一,沒有中間值:一種會接受壞消息,另一種不會。能接受的那種水瓶座員工可能會同意老闆說的,他們會在另一家公司發展得更好,而且實際到能夠接受批評與建議。不接受的那種水瓶座員工則可能因為被開除而變得非常瘋狂,除了口頭上的攻擊,而且看似已準備好採取實質的攻擊。他們的脾氣與反應過度在公司裡可能已經人盡皆知,在面對這種水瓶座員工時應該謹慎處理,讓打擊和緩輕微一些——或許靠著慷慨的資遣費,或者心意寶貴的握手致意。

9 與水瓶座員工一同差旅或娛樂

水瓶座是個熱愛找樂子的星座。水瓶座員工痛恨拘泥於形式、嚴謹的時間表,以及剝奪旅行與娛樂樂趣的其他嚴肅態度。因此跟他們一起旅行的人,採取的方法應該同樣輕鬆友善,而且必須沒有憂鬱傾向。水瓶座員工有時可能太過活潑,以致讓人很難天天跟他們在一起。因此與水瓶座員工一同旅遊,最好保持短時間,而且可以事先警告他們要控制他們的熱情。當然了,也不要完全澆熄那股熱情。

10 分配任務給水瓶座員工

因為水瓶座是固定宮星座,水瓶座員工相當能夠長時間堅持一項任務,並且適當地執行。然而要發展出驚人的結果(水瓶座相當能做到),他們必須對自己的工作有很大的熱忱。為了產生這樣的熱忱,一開始在挑選他們的任務時就要讓他們有些選擇權,或者至少讓他們幫忙給這件事一個定義並加以具體化,通常會是個好主意。光是把任何一種老套工作放到水瓶座身上,是不管用的,因為他們對於大多數任務有高度個人化、甚至是古怪的方法。他們的特別任務,最好是由一位雇主針對水瓶座員工發展出來的,而不是抽象地憑空想出。

11 激勵或打動水瓶座員工

只要發現水瓶座員工更多的偏好,並且把他們最喜歡的事情交辦給他們,就能激勵你的水瓶座員工。舉例來說,如果他們喜歡跟其他人工作,就讓他們成為團體的一分子;如果他們寧願獨自工作,就給他們自己的空間與設備。了解他們不尋常的本性、對他們的需求與想望都有回應的雇主,最能夠打動水瓶座員工。任何看輕水瓶座員工言論或要求的嘗試——拒絕認真看待他們,或者暗示他們太古怪、太飄忽不定、不值得信任——

都會激怒大部分的水瓶座，就算這種觀察並沒有錯也一樣。

12 管理、指導或指正水瓶座員工

某些情況下，水瓶座員工幾乎是完全管不動的。水瓶座很容易煩躁、不悅，接著就動怒。許多水瓶座員工會發現，如果用錯誤的方式接近他們，要他們接受批評和指教便很困難，或者是不可能。如果聰明的老闆想要好好管理水瓶座員工，就要花時間認識這些員工，下手輕巧，而且不會一次丟給他們太多沒有彈性的規定。一直責怪他們，會逼瘋大部分的水瓶座，經常監督他們的工作狀況也會。

你的水瓶座同事

水瓶座非常能夠接納他們的同事，而雖然他們有獨來獨往的習慣，但若被要求的話，他們也會參與團體活動。喜歡讓事態保持輕鬆的水瓶座同事熱愛交換笑話，而且特別喜歡能夠炫耀口語能力的機智快問快答或俏皮話。水瓶座同事的才氣總是能得到團體裡所有人的高度重視，因為這可以振作精神、提高士氣。雖然可以信賴水瓶座同事會做他們份內該做的任務，不過他們通常不會設法超時工作來多賺一筆，因為他們極為重視自己的休閒時間。

13 尋求水瓶座同事的建議

水瓶座同事有冷眼看情勢的能力，並且可以給出客觀的判斷。雖然他們不容易被逮住，好照著排好的時間表來個正式會面，但如果你在正確時機抓住他們，他們對跟你談話會抱持相當開放的態度。因此最好就只是探頭看看他們的辦公室，或者迅速打個電話給他們，看他們是否有空。通常努力個幾次，應該就能成功跟他們接觸和交流。你的問題應該保持簡短並且直接講到重點，你會發現他們的回答雖簡單扼要卻頗有幫助。應忽略他們比較極端的建議，只遵循中庸的意見即可。

14 向水瓶座同事求助

水瓶座同事相信天助自助者。因此根據此原則，他們可能不會特地幫你，他們認為這樣只會耗損你的士氣和個人的進取心。然而如果他們看出你已經試過了，而且確實無計可施，他們可能會很出人意料地幫你解決問題。如果此事關乎個人而非公務，水瓶座同事更有可能在這種情況下出手相助。他們通常會在別人有需要的時候，對他人表現出一種真心的關懷，因為他們的本質即是理想主義者。但在專業事務上，他們會積極地捍衛他們的時間，期待他們的服務會得到報酬。

15 與水瓶座同事一同差旅或娛樂

如果水瓶座同事不是你的摯友或夥伴，跟你一同出差時，他們表現的

強項
機智
建立士氣
娛樂他人

弱點
膚淺
疏離
不受約束

互動風格
幽默
反諷
才氣煥發

所有小怪癖和偏好，可能會讓你很驚異。水瓶座同事可能很愛操心，並且把他們的擔憂以緊張的形式表現出來，可能會讓你猝不及防。一旦他們冷靜下來，確定事情會順利進行以後，他們就能夠很令人愉快。在娛樂方面，他們熱愛看現場表演，夜店的音樂或舞蹈都包括在內。他們對於長時間坐著吃飯比較不感興趣，通常較喜歡順路簡單吃吃，然後在不同的娛樂場所進出，這樣他們才不至於有錯過任何娛樂的風險。

16 與水瓶座同事共事

水瓶座同事對於被命令或者與他人合作反應不佳，當他們忙於自己的工作時，尤其如此。然而如果他們相信自己奉命加入的團體有努力的目標與原則，他們就會慷慨地貢獻自己的才智與精力。一般來說，水瓶座覺得跟別人共事不容易，因為他們對於事情該怎麼做有特殊的想法。他們被要求每天參與社交或團體環境時，做得並不好。讓他們跟別人一起工作的較佳辦法，是只把他們與另一個人連結在一起，那個人最好是他們已經認識並且喜愛的同事，然後再把這個雙人組合融入較大團體的努力當中。

17 打動或激勵水瓶座同事

長期而言，承諾給他們更多自由的時間、更少需全神貫注的辛苦專案，可以激勵水瓶座同事參與其中。承諾給他們更多薪水與更大特權，對他們的效果不大，因為他們知道，如此一來，他們會被要求投入更多時間和精力來賺取那些薪水與特權。清楚而合乎邏輯的思維能打動水瓶座同事，定義不清的目標與含糊、過度樂觀、模稜兩可又誇大其詞的計畫則不能。雖然是理想主義者，水瓶座同事也有強烈的科學與務實傾向，在事實與數字方面要求實用主義路線。

18 說服或指正水瓶座同事

水瓶座同事可以敞開心胸面對建設性的批評。如果你夠小心，用正確的方式接近他們，他們會特別樂意聆聽你的計畫，向他們顯示如何以更省力的方式達成相同成果。學得很快的水瓶座可以非常迅速地學會新方法與新技術，通常只要解釋或示範一次就會了。如果水瓶座同事極不同意你說服他們的努力，他們可能就只會扮演魔鬼代言人，鼓勵你多告訴他們一些，或者進一步解釋。一旦你完全滿足他們了，他們才會敞開心胸照著你的計畫走，甚至對這些計畫變得很有熱忱。

你的水瓶座客戶

奇怪的是，水瓶座客戶對於他們想要什麼，不一定有清楚的概念。有太多事情仰賴你的專長為何，以及你能夠提供他們什麼，所以他們會聽完你的完整闡述以後，才做出決定。對於切入任何特定問題或需求的許多不同方法，水瓶座客戶都保持開放態度，他們會很享受跟你討論這些事，而

且可能要求進行第二次、甚至第三次會談。你們之間的關係會在這段時間稍微加深，讓他們對於你是怎樣的人，以及他們是否能信任你可以提升他們的最佳利益，有更清楚的概念。

19 打動水瓶座客戶

水瓶座客戶對於你能提供的廣泛選擇範圍與方法，會留下最好的印象。你願意貢獻時間給他們，跟他們一起工作，以發展出一個共同理念或方法，他們對此也會大感驚喜。既然你可能不會為這些初期會議開出任何價錢，他們會很樂意免費得到你的知識帶來的好處。請確定讓你們的第一次會議有一、兩個小時的時間，這樣雙方才不會覺得很趕。水瓶座客戶熱愛幽默與機智，所以也要確定你有些有趣的故事或笑話可說。他們會特別愛聽他們競爭對手的精采八卦。

20 向水瓶座客戶推銷

光是你的開放態度、你的創新與傾聽他們問題的意願，就足以向大多數水瓶座客戶推銷了。當然，你在這個領域的背景和早些時候的成功經驗，也會讓他們印象深刻，所以請確保手邊有一份你的商業紀錄列印文件。也要記得，他們會回去告訴他們的同事跟你見面的事——但願他們覺得很驕傲能見到你、並且能引起你的興趣。自己就是表演者的水瓶座客戶，會對於你介紹自己、你個人的成就及作出保證的表現，公開表達讚賞之意。

21 水瓶座客戶重視的外表和舉措

最新的風格與時尚，會讓水瓶座客戶特別印象深刻。所以，請確保你買了些在剪裁、質料、花樣和顏色方面能吸引目光的衣服。他們不僅對接觸時尚很感興趣，還會因為你特別花心力為了這個場合，選擇並穿著這些衣物而被打動。在此對比之下，水瓶座客戶鮮少會想要跟你競爭，也鮮少覺得輸你一籌，因為他們通常滿足於自己的外表，並不會覺得被別人比下去。要是你選擇呈現出比較輕鬆或隨意的外表，你可以這麼做，但一定要避免極端正式或過度保守的衣服。

22 保持水瓶座客戶的興趣

在你與水瓶座客戶的會面中，請確保維持一種機關槍似的快捷路線，讓他們不至於對你感到厭煩。同樣地，要對他們的許多問題與意見立即反應，藉此顯示出你有所警覺。想長期保持他們的興趣，仰仗的是你選擇在他們身上投資多少精力。經常寄出你的進度報告，還有你替他們發展的公關計畫副本，兩者都不可或缺。請確保水瓶座客戶會把對你能力的讚揚散播得又廣又遠，而在這麼做的同時，他們會替你吸引來更多的客戶。

強項
體貼
接納
支持

弱點
含糊
沒有焦點
不確定

互動風格
有反應
合作
信賴

23 向水瓶座客戶報告壞消息

因為水瓶座客戶對於採用新方法抱持開放的態度，所以向他們宣布壞消息可以成為改變戰略的信號。單單一次運氣不佳，鮮少會導致水瓶座客戶立刻把你除名。他們很喜歡分析哪裡出了錯，然後跟你一起計畫有望獲得更大成功的全新戰役。對於暫時的挫敗來說也是如此，因為水瓶座能夠看到更寬廣的整體局面，通常接納度也夠高，可以等待改變的到來。然而，他們的耐性有個明確的限度，會堅持要在幾週或幾個月內看到結果。

24 招待水瓶座客戶需注意的「眉角」

水瓶座的人熱愛玩樂，水瓶座客戶也不例外。安排在時尚餐館裡享用一頓晚餐、在很潮的酒吧喝一杯、或者是某個全新演出的前排座位，都會大大有助於你達成目標。水瓶座客戶並不期待與你的商業關係裡會出現友誼，雖然好感度對他們來說很重要。行事作風通常很冷靜疏離的水瓶座客戶，樂意以提供客觀地享樂而非情感投入的方式來共享娛樂機會。可以期待他們有同樣的回應，也邀請你出去，這永遠都是事情順利進行的良好徵兆。

你的水瓶座合夥人

水瓶座能夠把生命與熱情帶到任何商業合夥的關係中。然而必須小心盯著他們，因為他們超凡而通常飄忽不定的能量，可能很容易就失控。無可預測的水瓶座會走他們自己的路，卻沒有先跟你商量，或者就算你給了建議也沒去注意。想緊緊地束縛住他們是不可能的。退而求其次的作法是安排好每週會議，讓他們知道你的期待，並且讓你對於他們的意圖有些警覺。在這種會議上，關乎細節與大局兩方面的討論最好都要有。

25 與水瓶座建立合夥關係

把水瓶座合夥人牢牢牽制住的時間是在簽訂合夥協議之前，而非之後。關於新公司及他們在其中扮演的角色，應該做廣泛的討論，並在討論時給予特別的關注，讓他們能夠保持在控制之下。任何條款，如果能解釋成給他們更多免於你檢視或評估的自由，就應該要小心地修訂。水瓶座合夥人在起草這種協議的時候，會相當樂意答應你的要求，心想反正隨後他們還是會照自己的意思進行。你的工作會是要他們遵從自己的書面聲明。

26 與水瓶座合夥人之間的任務分配

水瓶座的人通常會同意平等公正地分配任務，問題在於如何讓他們遵循事先同意的計畫。他們比較不規律又任性的能量，可能會在這方面造成真正的問題，因為他們經常會棄他們預定的責任於不顧，而寧願去做冒出來的新事情。這會把你置於一個讓人不甚舒服的位置：令人畏懼的監工，總是在破壞他們的美好時光。在水瓶座合夥人的熱忱上澆冷水，是個不會

強項

活潑
熱情
個人主義

弱點

無可預測
衝動
飄忽不定

互動風格

友善
多才多藝
精力充沛

得到感謝的任務；但如果公司要存活下去，這麼做肯定是必要的。設法盡可能做到善解人意又體諒，然而決心還是要堅定。

27 與水瓶座合夥人一同差旅或娛樂

水瓶座合夥人可以是很棒的旅伴。機敏而且總是準備好娛樂自己的水瓶座，他們的妙語如珠可以讓你開心度過好幾個小時。但當預期之外的阻礙破壞了他們的心情時，問題就來了，因為他們很難從挫折所導致的沮喪中振作起來。此外，你可能會厭倦於他們整體而言的歡鬧精神，會祈求他們稍微放慢一點。免不了的是，你必須搞清楚有什麼辦法可以讓自己脫隊去喘息一下，卻又不至於忽略他們。

28 管理並指導水瓶座合夥人

因為水瓶座難以駕馭的天性，你最好忘了想要管理他們的想法。指導他們是有可能的──如果你能運用有效對付他們複雜人格的心理學方法。在此最好遵循預定好的計畫、或者已經證明有效的行動路線，而不要只是對他們的每個衝動行為做出反應，這樣到頭來會把你自己逼瘋。永遠都要安撫他們、使他們平靜下來、讓他們感到安心，並且避免會讓他們煩亂不安的話題。水瓶座很擅長冷眼客觀地檢視情勢，所以請訴諸他們的邏輯與理性的一面，以求得最好的結果。

29 與水瓶座合夥人長期的合作之道

設法做水瓶座合夥人的夥伴與朋友，而不要做他們的老闆。他們想要喜歡你，而且只要他們不覺得你一直在逼他們、沒完沒了地嘮叨碎念，他們就會喜歡你。讓他們一次就理解你的顧慮，而不要一直煩他們。水瓶座合夥人在事事順利、覺得你欣賞他們也重視他們的努力時，是最快樂的。讓彼此的互動盡可能輕鬆，因為你這方嚴肅或陰鬱的舉止，會隨著時間漸漸在他們身上出現負面效果，讓他們變得更難掌控。

30 與水瓶座合夥人分道揚鑣

突然跟水瓶座合夥人拆夥，毫無疑問是他們過去已經歷過的事。不管是他們自己還是另一個人先起頭的，分道揚鑣是水瓶座很熟悉的事，因為他們知道自己可能很難相處，而且也很考驗他們合夥人的耐性。突然分開是這種拆夥最常見的特色，但不必然要傷感情──至少不傷他們的感情。你可能會因為他們突然的行動而感到受傷或不滿，甚至覺得大惑不解，畢竟你本來以為一切都進行得很順利。在此，合約會扮演一個關鍵角色，因為在你簽約以前，合約中應該仔細列出與水瓶座合夥人分家的細節。

你的水瓶座競爭者

對抗水瓶座競爭者的最佳方式是鼓勵他們的魯莽，然後讓他們冷不防

強項
強而有力
壓倒性
直覺

弱點
懷疑
不安全感
反應過度

互動風格
令人生畏
反應積極
快如閃電

摔一跤。要達成這個目標，激起懷疑與不安全感是很有效的手段，再加上沿著既有路線進行，讓你的行為保持冷靜與一致。以下兩種策略可以同時應用：穩定地進展，同時在水瓶座競爭者的防禦上刺出一個洞，然後看著他們反應過度。這些競爭者可以是強勁的對手，因為他們會毫不猶豫地拿起手邊的一切砸向你。計策是讓他們的目標偏移或改變路線，希望能夠藉此創造出回力鏢效應。

31 反擊水瓶座競爭者

掌握的方式，是刺激你的水瓶座競爭者把他們所有的力量集結起來，以便你在做出一次重大攻勢之後，讓他們落入你的陷阱裡。然而一旦他們習慣了這種戰略，就會小心將來不要再掉進去。這也可以用來在心理上對付他們，而心理學路線──或者就只是讓他們精神崩潰──確實是很好用的戰略。水瓶座競爭者的反應太過倉促輕率，通常缺乏等待並且把事情想清楚的耐性。此外，他們不太可能計畫一次重大的反擊，因為他們想要先做出他們自己的閃電一擊。

32 智取水瓶座競爭者

水瓶座競爭者很難智取，因為他們不太可能讓你知道他們打算怎麼做。他們的路線鮮少合乎邏輯，而是靠著很難預測的直覺和預感來行動。不論你的水瓶座競爭者如何反擊，你的計畫應該要考慮周延，並且徹底執行；而且你光憑持續力就把他們拖垮的能力，很可能導致這場爭鬥對你有利。話雖如此，你也必須知道他們會採取怎樣的行動，而且就算不是直接對那些行動做反應，至少要察覺到他們的意圖。你必須動作很快，才能跟上他們機關槍似的行事作風。

33 當面讓水瓶座競爭者刮目相看

水瓶座競爭者對於你的創新能力，印象最為深刻。對於強調禁得起考驗卻過於保守的態度，他們不會有興趣，也不會有回應，只會很不耐煩。如果你們的會面是不具衝突性的，而你真的希望能打動他們，那麼你就要能夠近距離面對水瓶座競爭者，並且交換真正原創又能刺激思維的觀念──當然了，不要在這個過程裡洩露你最重要的計畫。他們在交換意見的過程中可能很有競爭意識，總是會設法透過尖銳的批評與思考的速度來勝過你。

34 對水瓶座競爭者削價競爭或高價搶標

水瓶座競爭者看到他們想要的東西就會去拿，讓人對他們的意圖幾乎毫不懷疑。所以如果他們手上有充分的資金，他們往往會在任何直接的競標戰中，為了想要的東西而出價壓過他們的對手。然而，你要是在早期較小規模的競標戰中同時耗盡他們的資金與能量，以便接下來在更大規模的爭鬥中取得優勢，你就會做得很好。為了你支持的合約而對水瓶座對手削

價競爭，最好伴隨著讓人信服的論證，藉此顯示出根據可靠的長期工作紀錄，你有能力履行承諾。水瓶座競爭者往往會做出沒有根據且他們可能無法履行的承諾，所以你在手邊備好事實與數字，是最好的反制之道。

35 與水瓶座競爭者的公關戰爭

水瓶座競爭者在他們的公關戰路線上通常技巧高明。對於現在的市場狀況與大眾的情緒氛圍，什麼有效、什麼無效，他們有第六感。技術上很熟練的水瓶座，在公關世界裡覺得非常自在：他們在呈現給專業人士與大眾的廣告、行銷、文案與視覺技巧上，都一樣出色。你不應該試圖直接在全面開戰中打敗他們，而是要讓他們在浮誇的宣傳活動裡用盡他們的儲備彈藥，你自己則專注於提升自家產品與服務品質的長期吸引力。

36 向水瓶座競爭者展現你的態度

水瓶座競爭者是冷靜的人，對於處理個人事務感到不自在，在牽涉到情感時尤其如此。他們拒絕採取針對個人弱點下手的路線，而他們面對你的心理戰時會很容易受傷，這就是他們的弱點所在。話雖如此，水瓶座在商業事務上極其有誘惑力，當然，這不是出於真誠的感受，而是透過他們的內在魅力與才智，用有說服力的論證來讓他人信服。先假裝為他們的話術傾倒，同時展現出智慧與狡猾，你就可以用偶爾針對個人的帶刺話語來讓他們陷入困惑，進而失去行動力。

愛情

水瓶座
1月21日至2月19日

強項
自發
自然
愉快

弱點
古怪
膚淺
不可靠

互動風格
活潑
充滿活力
獨特

與水瓶座的第一次約會

大多數情況下，你的水瓶座約會對象是活潑又愛玩樂的。這些多采多姿的人，對於麻煩或複雜的狀況並不感興趣，純粹只想擁有一段愉快的時光。更認識你並且深入交往的可能性，會出現在日後發展的某個時候。第一次跟水瓶座約會若想要上軌道，你應該要提出幾種餐廳、酒吧、夜店或音樂會讓他們選擇。如果他們已經決定好他們想做什麼，你也不必感到驚訝，那可能是在你見到他們之前五或十分鐘之內發生的事。因此在聽到他們現在有什麼意見以前，就把計畫確定下來，並不是好主意。

37 吸引水瓶座的目光

你的水瓶座約會對象移動非常迅速，在心理上與身體上都是，讓人很難跟得上。此外，你最好能利用你得到他們注意、或者讓他們凝聚目光的那幾秒鐘，因為他們往往會迅速消失在人群中。如果你企圖跟他們搭訕，他們卻突然對你失去所有興趣，並且轉向派對或其他社交聚會中的旁人，別覺得驚訝。這些轉瞬即逝的生物是很難被困住的，尤其是初次見面時，除非他們覺得你非常吸引人。

38 初次跟水瓶座約會的建議

跟水瓶座的初次約會很可能就是最後一次，除非你想到什麼不尋常的事。厭倦老套的水瓶座約會對象期待的是一次特別的經驗，他們尤其想要有個為他們獨特需求與想望量身打造的活動。如果你想撐過你們同在的前十五分鐘，請仔細聆聽他們說什麼，並且照著做決定。牽涉到媒體與音樂或跳舞的活動，是很好的賭注。從安靜的燭光晚餐開始，通常不合乎水瓶座的速度——你的浪漫意圖對他們而言太過明目張膽，而在某個地方與你相對而坐所需的時間會太多。

39 初次跟水瓶座約會的助興與敗興之舉

你對水瓶座約會對象所做的臆測，或者你落入任何明顯的常見套路，都會顯示出你沒有變通能力，對於他們的個人特質也沒回應，這些都會讓他們覺得掃興。如果你可以設法以旋風式的風格來主導，讓他們神魂顛倒，你的水瓶座約會對象會很吃驚並且被打動。避免出現吝嗇的態度，像

是因為找到超划算的食物或娛樂而沾沾自喜。要尊重水瓶座約會對象的隱私，同時表現出你最活躍的自我：浮誇地引他們到下一個彼此都愉快的經驗。

40 對水瓶座採取「攻勢」

雖然對你感興趣的水瓶座約會對象可以非常挑逗，並且對你的進攻抱持開放態度，但若你決定先展開攻勢，那就是在涉險。如果他們對此不感興趣，那麼你可能永遠得不到第二次機會，因為水瓶座對於過早的攻勢，反應可能相當無情。如果你留在後方，等待他們先採取攻勢，或者至少亮起明確的綠燈批准你這麼做的時候，會可行得多。

41 打動水瓶座的方法

你的個性與行為中比較不尋常的面向，會打動水瓶座約會對象。如果他們覺得你真的很有趣，便是往正確方向邁進了一大步。大多數水瓶座約會對象，對於沮喪、不快樂或心懷煩惱的人就算感興趣，也只會有那麼一點點興趣。雖然跟他們初次會面時，保持輕鬆愉快看起來可能不特別有搞頭，但至少會確保你不會早早就被拋棄。水瓶座約會對象不開心或印象不好的時候，你會立刻知道，因為他們沒什麼興趣隱藏自己真正的感受。

42 擺脫水瓶座的方法

正常來說，一、兩個令人不悅的表情或負面評論，就足以讓你的水瓶座約會對象一溜煙跑掉。因此如果你真的對他們有興趣，請避免送出任何哪怕只有些微可能被當成拒絕的負面信號。建議作法是微笑、大笑，以及最重要的，回應他們的輕鬆閒聊。如果你們兩人合不來，水瓶座約會對象無論如何都會先擺脫你，而你甚至還沒有機會決定到底要怎麼做。請避免嘲弄他們的小習性和怪癖。

你的水瓶座戀人

你的水瓶座戀人會忠實到某個程度，直到其他更有趣的事情出現為止。因此如果你可以設法讓水瓶座戀人的臉一直轉向你，而且可以滿足他們非比尋常、通常有點怪異的需要，你就有機會讓這段關係長壽。當他們免不了迷失的時候，你必須對此很寬容，並且能夠把某些往來關係看成芝麻小事，一笑置之。你的自信，是總在漂蕩的水瓶座小船最重要的錨。不消說，水瓶座戀人可以像頑皮的猴子一樣，有趣得不得了，但也一樣難以控制。

43 與水瓶座戀人進行討論

對於某些議題討論一番是可能的，然而有些主題就太超過了。舉例來說，在事關水瓶座戀人的行為時，最好不要激起他們激烈的反抗，以免導

強項
好玩
有趣
刺激

弱點
飄忽不定
不做承諾
不忠實

互動風格
聰穎
歡快
開放

致意志上的衝突。過了一陣子以後，如果你為了他們飄忽不定、無法預測的行徑而責備他們，而且每次過後又試著修補關係，就會變得像是試圖把濾網的全部孔洞封起來一樣。最好就只是記下他們做了什麼，而不要討論這個話題。在大部分領域裡，在幕後巧妙地運作，不要引起他們的對立，是最好的應對之道。

44 與水瓶座戀人發生爭論

水瓶座戀人很容易發火。他們容易惱怒和激動，反應可以很劇烈而迅速。在一、兩次衝突以後，你會明智地選擇把非爭個你死我活的大爭執維持在最低頻率。水瓶座戀人的問題是，討論會在瞬間變成爭論，而如果你們走上那條路，當你們走到盡頭時（如果你們真的做到這個地步），通常是嚴重的兩敗俱傷，所以應該努力避免發生爭論。給水瓶座戀人簡短的意見，或者你出門前用書面形式留在廚房桌上的警告、或是隨後寄出簡短的電子郵件或簡訊，通常會有效。

45 與水瓶座戀人一起旅遊

在心情對的時候，水瓶座戀人可以接受你丟給他們任何計畫好的活動；當他們心情不對的時候，不管你做什麼，似乎都是錯的。跟他們一同旅遊的最佳作法，就是保持步履輕盈，準備好調整以配合他們千變萬化的偏好與要求。最糟糕的狀況是，執著於需要他們合作才能實現的某個特定慾望。最重要的是，不要根據過往的經驗，預設你認為他們可能喜歡或討厭什麼。水瓶座戀人太有可能隨時冒出一個新的「驚喜」了。

46 與水瓶座戀人的性愛關係

水瓶座戀人可能熱愛跟你做愛，但不幸的是，他們可能同樣很享受跟別人做愛。在這個領域裡的最佳建議是，趁著還行的時候享樂，不要太在意他們不在你身邊時做了什麼。如果水瓶座覺得很自由自在、沒有被你批判，他們肯定會留得久一點。但當他們感覺到脖子上的吊索束緊了，或者意識到婚姻的溫柔陷阱就要彈起來夾住他們的時候，他們很可能會以光速消失。

47 水瓶座戀人的親暱表現

比起深沉或情感上的親暱，水瓶座更熱衷流於表面的曬恩愛。一旦你掌握了他們那種冷淡疏離的節奏，就會了解一閃即逝的微笑或手的碰觸真正的重要性。如果這樣的親暱表現還伴隨著一個諷刺的笑聲、一抹微笑、甚至嘲弄式的安慰，像是「喔，可憐的寶貝！」，可別覺得驚訝。大多數水瓶座展現的情感與親暱之情，是用調皮的眼神一閃表達的，隨後還有一句奚落挑撥的話，話中帶有反諷或者直接的諷刺。請記得，這樣的表達通常不是出於惡意。

48 水瓶座戀人的幽默感

水瓶座戀人會立即表現他們的幽默，但不幸的是，你可能很快就變成笑哏。被取笑可能隨著時光流逝而變得極端惱人，進而拖垮你，到頭來讓你不快樂。所以最好的作法是，打從一開始就對這樣的行為設定界線，避免讓水瓶座戀人的幽默落入嘲弄的模式或者失去控制。比起總是拿你開刀，找到共同的嘲笑對象通常是很好的選擇。不要試圖扭轉局面去嘲笑你的水瓶座戀人，因為在關乎他們自己的時候，他們的幽默感絕對是有限度的。

你的水瓶座配偶

水瓶座配偶對他們的家庭相當盡心盡力。一旦他們確定結婚是最好的發展，他們就會毫無保留地奉獻。要他們保持忠誠，必要條件是讓他們覺得配偶和子女需要他們。雖然水瓶座會有很多時間遠離家園，主要是參與專業活動，他們卻非常享受居家互動，尤其是休假和節日的慶祝活動。即使是最普通的日常活動，水瓶座配偶都會帶來刺激與火花。他們的好心情會提振周遭人的精神。

強項
愉快
忠誠
堅定

49 水瓶座的婚禮和蜜月

水瓶座配偶對於浮誇社交活動的鋪張和奢侈不太有興趣，就連自己的婚禮也不例外。雖然簡單的典禮就能讓他們相當滿足，但他們也會接受你想要以更華麗的方式來進行，而且會毫無保留地參與奢華的慶祝活動。一般來說，他們不會把很大的期望帶進蜜月套房裡，反而喜歡順應狀況，因此通常能避免沮喪或失望。你可以信賴他們盡全力讓婚禮與蜜月變得很特別，但在他們問起「我表現得如何？」時，可別覺得驚訝。

弱點
忙碌
煩躁不安
自我中心

50 水瓶座的家庭和婚姻生活

即使在他們讓一切顯得生氣蓬勃的同時，許多水瓶座還是很難適應日常生活的世俗要求。他們很容易覺得無聊，而提供所有趣味與興奮感的持續壓力，可能隨著時間拉長而壓垮他們。請確保你貢獻了足夠的能量和興趣，讓他們覺得愉快，好讓你不至於失去他們的注意力。此外，要讓他們有他們所需要的自由，可以遠離家園，也絕對別窮追猛打地追問他們去了哪裡、做了什麼。他們會告訴你他們想讓你知道的事情。對大多數水瓶座來說，分享應該順其自然就好。

互動風格
積極
才氣煥發
有趣

51 水瓶座婚後的財務狀況

水瓶座必須覺得能夠無拘無束地照他們的希望花錢。如果他們沒有遵守嚴謹的預算限制，便可能替他們的家庭製造出嚴重的問題。行為無法預測的水瓶座，面對寄來的銀行文件顯示出你們的共同帳戶嚴重超支、或者信用卡被刷爆，通常很難承認自己的現金開支。最好避免完全分離的銀行

帳戶，否則你就沒辦法對他們的開支做出某些限制了。水瓶座配偶對於很炫的新奇玩意、車輛與設備特別難以招架。

52 水瓶座的不忠與脫軌

雖然水瓶座戀人可能不忠誠到了惡名昭彰的程度，不過水瓶座配偶通常不是這樣。他們對家庭非常自豪，而且相當專注於努力支持並鼓勵家庭的成長。然而免不了的是，在任何婚姻中都有那麼一、兩次，當某個特別有吸引力的人出現，或者婚姻關係裡的不快樂與痛苦變得太強烈而讓他們難以忍受時，水瓶座配偶會受到出軌的強烈誘惑。這樣的不忠可能導致他們在情緒上受苦，而大多數水瓶座生來並不擅長處理這種狀況。鼓勵他們說出來，而你如果想要留住他們，就請對他們保持寬容。

53 水瓶座與子女的關係

水瓶座可以成為絕佳的父母。他們像個孩子的那一面，促使他們沉浸於跟子女進行彼此都覺得愉快的活動，包括（但不限於）運動（身為參與者或旁觀者都一樣）、遊戲、解謎、創作藝術品、出遊，以及參與許多種類的社交聚會。跟孩子一起坐在沙池裡，是水瓶座父母的特色，他們對於完全展現自己的內在小孩給所有人看，完全不會忸怩不自在。如果婚姻沒有好的結果，或者配偶不願意擁有或扶養小孩，水瓶座可能就會耽溺在深深的沮喪中。

54 水瓶座面對離婚的態度

比起生活中所有的領域，破碎的婚姻與因此產生的功能失調家庭，可能最讓水瓶座配偶感到痛苦，特別是牽涉到子女時。在許多方面都很能包容的水瓶座配偶，可能會拒絕接受分手，且隨之而來痛苦的情緒折磨可能延續多年，嚴重影響他們的前任與子女的生活。因此只要有可能，就應該避免跟水瓶座配偶離婚；就算他們是主要有錯的一方，你也應該給他們第二次、甚至第三次機會。一旦他們充分領悟到他們有失去家庭的風險，他們就會誠心地做到最好，以滿足你對未來的期待。

你的水瓶座祕密情人

當你跟水瓶座祕密情人有染時，你必須讓自己順應這個事實：你既不是第一個，也不會是最後一個。此外，很有可能你也不是他們現在唯一的祕密情人。當事情跟愛有關時，水瓶座認為他們有能力四處周旋，而不至於疏忽他們在乎的任何一個人。因此，他們與任何人分享的愛的份量，在數量上是有限制的，但品質可能很高——至少現在是如此。那些在關係中尋求深度與意義的人，對水瓶座祕密情人所能提供的東西可能並不滿足，覺得這太膚淺（雖然很刺激），而且太稍縱即逝，無法持久。

55 遇見水瓶座祕密情人

水瓶座祕密情人在任何時間、地點都可以跟你幽會。他們一點都不挑剔，只要有可能，就會接受他們能得到的東西。透過電子郵件或手機聯絡他們，通常不是問題，因為他們會定期查看，並且會在二十四小時內回覆你。他們對於你這方的自發行動特別難以抵擋，因為難以預期和刺激是像磁鐵般深深吸引他們的兩個領域。你也必須習慣突如其來的聯絡，召喚你在某個時間到某個地點，有時甚至是在十五到二十分鐘之內！他們認為一小時前通知你已經算是充裕了。

56 與水瓶座幽會的地點

地點對大多數水瓶座來說不是大問題。有時候被發現的風險或危機，可以當成一種春藥，反而讓水瓶座祕密情人喜歡挑選比較敏感的地點。打破規則所導致的騷動，通常是跟水瓶座祕密情人扯上關係必然會有的結果，所以你最好習慣。這些自然又率直的人就是無法用任何方式加以控制，常常會做出異乎尋常的行為。他們發現這種興奮相當值得冒險，也期待你到頭來會欣賞這一點。

57 與水瓶座的祕密性愛

水瓶座祕密情人對多樣性有出於本能的感受，但偶爾或許也會瞥一、兩眼《印度愛經》、亨利‧米勒的著作、或者《O孃的故事》。在床第之事上，水瓶座祕密情人很容易厭倦，所以如果你希望成為他們持續感興趣的對象，最好在這個主題上飽覽群書，或者願意追隨他們最狂野的暗示。緊張或者過度保守、拘謹的態度，肯定會讓水瓶座祕密情人掃興；但在某些情況下，這些行為卻可能刺激無法無天的他們達到驚人行徑的新高點，相當令人愉快又刺激。

58 長久保有水瓶座祕密情人

其實不太可能把握住這些瞬間消失的人太久。水瓶座祕密情人的專長在於短期關係。要是你渴望把握住他們較長的時間，那麼你必須是個能維持他們興趣、克制住他們眼光亂飄的高手。就像《一千零一夜》裡的說書人雪赫拉莎德，編織了永無止境的故事，你的方法必須有迷人的魅力，而且可能到頭來以結婚來達成最後協議。你越是企圖把握住水瓶座祕密情人，就越會覺得他們像水一般從你手中流走。

59 與水瓶座的祕密歡愉

水瓶座祕密情人很享受私下被娛樂，但通常他們在娛樂別人的時候覺得更自在。他們的食糧是欣賞與肯定，而你可能一再被召喚過來，在做愛時跟他們說他們以前和現在有多棒，以便安撫他們的自尊心，緩和他們的不安全感。要是你想要從他們瘋狂的進犯中得到一點喘息空間，你可以建議到鬧區去，因為對於這種意味著迅速且隨興更換地點的建議，他們總是

強項
令人興奮
有創意
不占有

弱點
稍縱即逝
膚淺
散亂

互動風格
付出
活躍
品質導向

抱持開放的態度。水瓶座祕密情人很樂意在公開場合被人看到跟他們的情人同在，並且成爲各種爭議的中心。

60 與水瓶座祕密情人分手

這通常不是問題，因爲你的水瓶座祕密情人可能已經跟你分手了，只是你沒發現，或者他們根本從一開始就沒眞正跟你在一起過！水瓶座祕密情人很少緊抓住你，逼你跟他們繼續在一起。對他們來說，這世界充滿了新的有趣事物，而最新的一個可能就在轉角處等候他們。並不是他們的自信刺激他們前行——他們常常對他們愛人與做愛的能力很沒安全感——而是他們的信念在驅策他們：每當他們缺乏新戀情的時候，宇宙總是會給他們一個新的。

你的水瓶座前任

強項
不依賴
自制
客觀

弱點
冷漠
疏離
不關心

互動風格
實事求是
感受遲鈍
不感興趣

如果水瓶座前任沒對你表示出很大興趣，不要驚訝，很有可能他們已經把焦點轉移到別人身上了，導致你不是如釋重負地鬆了口氣，就是承受莫大的痛苦，端看你的感受而定。在分手後極短的時間裡，你可能就不認得這些人了。他們的改變如此之大，而他們可能看起來也不太認得你了。水瓶座前任有時候會把你當成從沒存在過那樣地對待你，因此讓你很難或不可能跟他們建立任何一種關係。對於大多數的水瓶座前任而言，感情一旦結束就是結束了，你不可能期待太多。

61 與水瓶座前任成爲朋友

水瓶座前任通常對於分手後跟你維持友誼不感興趣，但只要接觸保持零星而表面，就有可能維持聯絡。讓形式上的接觸涵蓋到實際事務與決定，是你能期望的最佳狀況了。最重要的是，不要期待他們表達情感，這樣會讓你免於很多挫折與受傷的感受。要是他們對你表示興趣，這可能只是一種策略，目的是獲得他們想要的某種東西，而你應該拒絕陪他們玩這種遊戲。

62 與水瓶座前任復合

在水瓶座前任對重燃愛火表現出善意興趣的少見例子裡，他們可能願意在永久性的基礎上做出承諾。然而，他們同樣也能把討論復合當成一種控制你的計謀——實際上，就是爲了自私的目的而利用你。請小心翼翼進入對於這個議題的任何討論，逼迫他們爲他們的意圖提供確定的保證，甚至建立書面的合法約束。如果你有興趣復合而他們沒有，你就只能期待一個充滿痛楚與苦難的未來了。

63 與水瓶座前任討論過去的問題

大多數水瓶座前任肯定完全沒興趣討論過去，更不要說重溫過去的問

題了。他們甚至可能不記得發生過什麼事,不論好壞全忘光了,而他們實際上或許已經永遠地否認過去大多數的問題。要是你竟然設法展示出他們對你或家庭做出奉獻的照片或書面資料來跟他們對質,他們可能會拒絕看這些東西,並且聲稱你只是企圖操縱他們的感情。(「他們哪有什麼感情?」你很有可能這麼問。)他們也相當有能耐拒絕跟你談論過去,立論基礎在於他們現任的伴侶不會喜歡這樣,以及這樣可能會毀了你和他們新伴侶之間的關係。

64 對水瓶座前任表達親暱感情的程度

這通常是不可能的。再度強調,如果水瓶座前任逐漸增加親暱的表現,這通常是因為他們想要得到什麼,不管是身體上的還是財務上的。這種親暱表達可能帶有性慾色彩,而且會直接攪動出舊有情緒,可能很快就導致你們兩人上了床。不幸的是,在大多數情況下,事實會證明,看似愛火重燃的事情就只是孤立且單一的事件,不管這種經驗有多愉快,都明確地建議你就讓事情到此為止。

65 界定與水瓶座前任現有的關係

什麼關係?這整件事情或許用簡單幾個字就能作為總結,而不會留下多少想像空間。水瓶座前任往往會把現有關係界定成只限於幾個必須處理的必要領域,像是子女、稅金或財產。任何嘗試進一步描述或定義彼此關係的討論,通常都不可能,因為你的水瓶座前任對此並不感興趣,或者明顯有敵意。你對於這個議題的想法,可以用寫信或者發電子郵件的方式給他們,但對他們的回應別期待過高。

66 要求水瓶座前任分擔照顧子女的責任

共享監護權,是可以預期並與水瓶座前任保持接觸的唯一一個領域。因為他們對子女的愛,還有繼續待在孩子生活裡的希望,使得他們很可能做出一些讓步,去見你、甚至討論某些事情。孩子通常會要求有相同的時間與水瓶座父母相處,因為他們會提供孩子很多樂趣和特殊待遇。這種期待可能讓你處於一種不自在的位置,致使你得扮演嚴格的老師或惡魔這類不討喜的角色。

朋友與家人

水瓶座
1月21日至2月19日

強項
理想主義
多才多藝
自發

弱點
怪異
不可靠
不確定

互動風格
抽象
客觀
冷靜

你的水瓶座朋友

友誼對大多數水瓶座來說極為重要。對他們而言，友誼通常預設了理想性、全面性與普遍性的重大意義，遠勝過其他個人關係。因此，他們大多數的友誼都有高度抽象與客觀的性質——是冷靜的，而非熱情的。水瓶座鮮少有興趣致力於每天、甚至每週聯絡，他們會趁著在移動的時候，或者在他們最近的積極斬獲逐漸沉寂或暫時休止時聯絡你。所以你不該仰賴他們成為你穩定的支柱，反而應該把他們視為你人生中有趣的附加活動——一個同時具備娛樂性又有一點特別的人。

67 向水瓶座朋友求助

對於行動迅速的水瓶座朋友，最好只問一、兩個問題就好——尤其是那些可以在超迅速的意見交換中快問快答的題目。在關於移動、計畫、安排職責、為工作與未來計畫列清單，還有購買難找品項這些方面的幫助上，最好別指望他們。對你的水瓶座朋友來說，幫助是某種他們只能在閒暇時提供的東西，而他們的閒暇時間可能本來就已經極為有限，或是根本不存在。然後還有跟他們聯絡的問題，這也很困難。最好留下語音訊息，或者在你需要幫助之前幾天、甚或一、兩週前，給他們一封事前通知信。

68 與水瓶座朋友溝通和聯絡

雖然水瓶座朋友是很好的交流對象，不過可能會是由他們來聯絡你，而不是反過來。這不只是因為他們很難找，也是因為他們更喜歡當開始聯絡的那個人，這麼做，可以讓他們選擇哪個時間、地點與方式最適合他們。太常見的情況是，他們聯絡你時，不免會剛好影響到你正在忙的事情，而一旦你發現不可能立即回應他們的自動表示，事實可能證明他們將來會變得更難聯絡上。首先，水瓶座必須感覺到你真的急切需要他們；其次，你想溝通和聯絡的企圖必須在正確時機、以正確的方式打動他們。

69 向水瓶座朋友借錢

別仰賴能夠向水瓶座朋友借錢，即便是那些已經答應或承諾要借你錢的人。雖然他們滿腔善意，卻很有可能就在要給錢之前，把錢花到別處去了。他們對於花錢太沒有意識了，以至於完全無法信賴他們會履行固定的

財務義務。然而如果你可以讓他們對你用那筆錢做的事感興趣，他們可能會把那筆借款看成是有趣的投資，到頭來給你的錢比你要求的還多。他們對這種興趣的覺醒，值得花時間慢慢發展，因為這麼做很有可能行得通，進而帶來慷慨的現金。

70 向水瓶座朋友徵求意見

水瓶座不是那種會給出冗長建議的人。正常情況下，他們不需要時間思前想後，就可以用寥寥數語告訴你他們的想法。通常他們在客觀議題上很敏銳，但他們在心理觀察、人類情感、還有人生黑暗面等領域，並不是特別有天分。有時候他們直接就拒絕牽扯進令人沮喪或不健康的討論裡，這不只是出於厭惡，而是出於原則。最好把你要求的建議，限制在他們已經展現處理靈巧度的領域裡，尤其是技術性的事務。

71 拜訪水瓶座朋友的時機

因為他們通常不在家，拜訪水瓶座朋友會變得很困難。此外，如果他們在家，卻完全沉浸於專業或私人事務上，他們可能不會回應門鈴或敲門聲。當水瓶座完全沉浸於手邊的事務時——當然，可能隨時改變——甚至經常會排除掉已經事先排好的拜訪，所以你已經事先得到警告，不要有假設，或者讓自己期望太高。你可能會覺得最好建議他們來拜訪你，給他們範圍寬廣的時間作選擇，並且容許每個選擇有幾小時、甚或幾天的時間區間，讓他們可以順道拜訪。

72 與水瓶座朋友一起慶祝和娛樂

熱愛找樂子的水瓶座很享受慶祝特殊場合，以及到鬧區去度過一段美好時光。然而，因為他們迅速改變的時間表，最好的作法通常是趁著心血來潮就決定慶祝或者外出。在這樣的衝動之後，你們雙方都能廣泛參與各種活動，過得很愉快，從簡單的一頓飯或喝一杯、到各種娛樂可能性的全面大爆發都有可能。你會發現水瓶座享樂的能力是無窮盡的，只有在你企圖踩剎車叫停的時候才會造成問題。

你的水瓶座室友

水瓶座室友往往會以驚人的快速步調來來去去，拒絕在同一個地點、甚至位置停留太久。要跟上他們、甚至只是適應他們，可能很難或者根本不可能，所以你最好就只是做你自己的事，並且盡你所能地忽略他們。他們不會故意去惹惱你或者干涉你在做的事，所以當你們互相容忍的時候，

強項
容忍
接納
開放

弱點
逃避
健忘
不涉入

互動風格
疏離
善變
個人主義

一切會最順利。大多數水瓶座的疏離，已排除掉任何真正深刻的牽連。你應該避免用大範圍的家事責任造成他們太大的負擔。他們很可能為了讓你不要煩他們，就迅速同意這些責任，隨後也同樣迅速地忽略這些責任。

73 與水瓶座室友分擔財務責任

不幸的是，水瓶座室友通常對錢感到束手無策。他們花錢花得太快，以至於總是在月底時捉襟見肘。欠你房租可能令人遺憾地變成一種模式，雖然當他們現金充裕時，很可能會對你一擲千金。在關乎一般的付款事宜時，水瓶座室友就是不可靠，除非你冒著讓他們脾氣爆發的危險逮住他們，接著迅速退場。

74 與水瓶座室友分擔打掃責任

不要走上替他們打掃善後的那條路。你處理長期旋風所造成的後果，會讓你感到筋疲力竭又沒完沒了，並且只會激起你的憤慨。最好讓他們被自己的混亂淹沒，同時保持你自己的房間乾淨整潔，希望這樣能成為一個好模範。問題在於讓公共空間維持秩序，像是廚房、浴室或客廳，而你免不了必須做大部分的工作。但在一切變得一片混亂以後，你必須押著你的水瓶座室友把事情做好，並且堅定地拒絕接受任何藉口、或者保證將來會參與的承諾。

75 當你的訪客遇到水瓶座室友

大多數水瓶座室友有驚人的容忍度去接納你的訪客，甚至是那種在意外時刻來訪，還決定比預期停留更久一點的不速之客。水瓶座愛找樂子，而且鮮少錯過跟其他人分享好時光的機會。然而要是你的訪客異常保守或一絲不苟，你那位極不尋常的水瓶座室友的狂歡與惡作劇，可能會讓他們看得很震驚。對立人格所表現出的尖銳互動，可能會把這種拜訪帶向戛然而止的尾聲。

76 與水瓶座室友的社交生活

不論事前或事後，辦派對通常是讓你的水瓶座室友打掃的好辦法。水瓶座熱愛派對，而且很可能同時貢獻時間與精力，以確保每個人都很愉快。要控制住他們可能會有點問題，雖然他們通常會跳舞跳到腳軟為止，而且可能突然間就不見人影。然而有時候，他們可能必須真的被抬到他們房間去，扔到他們床上。甚至在最狂野的活動中，水瓶座室友依然不會為事情能發展到什麼地步而設下底線。

77 與水瓶座室友的隱私問題

水瓶座室友並不會特別尊重你的隱私，因為在一起同住的時候，他們是以團體而非個人作為思考單位。他們也會容忍你闖入他們的私人空間，雖然在他們深刻投入專業或親密活動的時候，通常會畫下一條嚴格的

界線。一般而言樂意分享的水瓶座室友，對於分享他們的食物、空間和錢（這是指他們有錢的時候），抱持著開放的態度。通往他們房間的門比較有可能是開著而非關著，因此不需要先敲門，就會招來偶爾的談論與造訪。

78 與水瓶座室友討論問題

水瓶座室友對於在自發性的基礎上討論問題，態度很開放，但很可能對預先安排、比較正式的會議感到卻步。然而，特別是在他們很快就同意你提出的要求時，你可以預料到他們會徹底忽略他們似乎極其容易就同意的事情。要逮住水瓶座，讓他們答應履行固定的義務是非常困難的。他們很能體諒你的期望，然而對於加以執行的看法卻不實際。他們有個盲點，看不出他們是被討論的問題的一部分，而且還有可能把批評指向其他人，或者就只是怪時機不對或運氣不好。

你的水瓶座父母

許多水瓶座有著自由的靈魂，根本不會選擇結婚或生小孩。那些結婚生子的人，很可能保有他們的獨立地位，或者鼓勵他們的孩子剛成年就離巢。水瓶座父母不是過度苛求或占有慾強的類型，相反地，他們喜愛看到子女發展出獨立的態度；但當子女打破他們制定的某些不可撼動的安全規定時，他們可能會無法忍受。所以當水瓶座父母覺得子女讓自己置身險境時，他們就會在子女的自由之上畫下一條界線。水瓶座父母對課外活動通常比對學業更有興趣，會特別鼓勵他們的孩子參與運動、社交活動、建立友誼與投入創意活動。

強項
鼓勵
有興趣
解放

79 水瓶座父母的教養風格

大多數水瓶座父母寧願根本不要管教他們的小孩，除非在跟安全有關的時候。要是一個孩子打破規矩而且招來危險，水瓶座父母會嚴厲地懲罰他們，可能會禁足他們一段時間。在其他情況下，水瓶座父母會設法教導他們的孩子為自己的行為負責，給他們附有但書的放任：讓孩子知道，他們雖然擁有自由，卻也要為自己的行為負起責任。舉例來說，如果容許他們在週間夜晚出門，及時起床並且做完功課就是他們的責任。水瓶座父母討厭嘮叨。

弱點
不夠寬容
充滿恐懼
自私

互動風格
活躍
熱忱
不重課業

80 水瓶座父母與孩子的相處

水瓶座父母可以對他們的孩子很親熱，卻沒有一大堆大驚小怪或嚷鬧。每天給予並接受擁抱和小小的親吻，對他們來說很正常。然而，大多數水瓶座父母的親暱程度不會再更深入了。在許多情況下，這些人可以相當冷靜，以致常常遺忘了孩子的情感需求。大部分水瓶座父母的性情有點古怪，表現親暱情感的方式也很奇特，甚至可能過火到逗弄、甚或嘲笑他

們的子女。許多小孩看不出這種行為是在表現親暱和慈愛,而且就算他們看得出來,他們的朋友可能也無法理解,因而可能一直覺得很困惑。

81 水瓶座父母給孩子的金錢觀

水瓶座父母可以對現金開銷相當慷慨。他們通常會給子女豐厚的每週零用錢,而且他們很樂於看到子女把錢花在追求愉快(但無傷害性)上。就算他們領悟到吃點巧克力可能會導致蛀牙,還是覺得巧克力提振情緒的性質勝過蛀牙的風險。在子女需要的重大物品上,水瓶座父母也會給得很慷慨。唯一的問題是,錢可能已經花在水瓶座父母最近的熱情所在或時尚追求了。他們的腦筋通常很清楚,會避免為了子女想要或要求的昂貴物品而讓家庭陷入嚴重的負債狀態。

82 水瓶座父母的危機處理

身為高度緊繃的人,許多水瓶座父母在子女遇險時(至少在他們眼中是如此),很容易反應過度。顯得極度緊張,而且過早就來救援,是典型的水瓶座特徵,可能經常因此加強而非減少了危險。舉例來說,處於警戒狀態、設法要警告子女的水瓶座父母,實際上卻可能讓孩子分心,就像是有一輛車逼近的時候,孩子的注意力卻被父母的聲音給轉移了。水瓶座父母必須學會怎樣對孩子的覺察力更有信心。

83 水瓶座父母的假期安排和家族聚會

水瓶座父母並不熱愛家族聚會,但他們喜歡跟子女一起去度假,而且他們甚至會帶著子女的一、兩個朋友一同前往。關鍵在於,他們喜歡做的事情(度假)與他們被要求去做的事情(家族聚會)之間的區別。水瓶座痛恨以重複而可預測的方式一再做某些事情,所以每年同樣的老套家庭活動會徹底讓他們感到厭倦。對水瓶座來說,厭煩導致惱怒,惱怒導致怨恨,怨恨導致最後頑固地拒絕參與。然而在度假時,他們可以完全沉浸於他們自發性的衝動,以及他們對冒險的嚮往。水瓶座父母的舉止,通常就像個大孩子。

84 照顧年邁的水瓶座父母

年邁的水瓶座父母通常會要求別人不要管他們,而且會頑固地拒絕接受子女的幫助,不論是身體上還是財務上。隨著年齡的增長,他們有明顯的小氣傾向,所以很適合靠著很少的物資生存下去,不管他們是否需要如此。他們能夠維持生存的少量配給,對大部分他們那個年紀的人來說是不可能的,而且肯定不想這樣過。因為水瓶座父母的古怪癖性也會隨著年紀一起增長,子女通常會對父母讓人無法理解的怪異行為表現出極大的關注,甚至開始假定可能出現某種形式的失智症了。最好只是留意年邁的水瓶座父母,而不要去箝制他們常常很古怪的生活風格。

你的水瓶座手足

水瓶座手足不可避免地會透過他們的機敏與才氣，為他們的手足點亮生活中有趣的一面。你除了可以倚靠他們享受一段好時光，也可以仰仗他們就只是靜靜地為家庭生活添加輕鬆、不嚴肅的氣氛。他們的心情可能突然間從低調轉變至狂亂，以致會在手足之間製造出一股震波。然而當這種行為維持個幾年以後，無可預期的事也會變成可以預期的，大家對他們的反應就會開始減弱。想新的計畫和以獨特方式思考是水瓶座的特殊專長，他們的手足會開始高度重視這種能力；在事情變得太過無聊或老套的時候，兄弟姊妹通常會轉向水瓶座手足尋找靈感。

85 與水瓶座手足的競爭和親近

在大多數情況下，水瓶座與手足之間並不會太過競爭，就算他們在家庭以外顯現出有攻擊性的特徵也一樣。水瓶座會選擇親近自己的手足，但這並不總是有可能，因為他們的某些特質可能會被認為惱人和令人不快。然而，水瓶座手足有種贏得人心的辦法，讓別人常常能夠原諒他們令人苦惱又喧鬧的逾矩行為。與其競爭，水瓶座手足覺得做自己的事情就滿足了；他們的競爭趨力通常會被轉換成尋求優越，並且超越他們個人最好的狀態。

86 過往的成長經驗對水瓶座手足的影響

水瓶座手足不只是健忘，他們也能夠原諒並忘卻過往的問題。他們的健忘通常指出他們傾向於往前邁進、非常地活在當下，並且期待著未來。過去對大多數水瓶座手足來說並沒有太多的重要性。然而對於他們的這種傾向，某個覺得被虧待的兄弟或姊妹可能不會有同感；在這種情況下，水瓶座手足的健忘或接納特質，只會進一步激怒被虧待的一方。水瓶座手足必須學習體認到，過往的議題對其他人來說可能有多重要。

87 與疏離的水瓶座手足往來

因為水瓶座希望事情能夠順利，而且他們強烈需要對手足表達他們的友善之情，所以他們會對和解保持開放態度。很有可能他們是被團體放逐，而不是自己選擇疏遠。所以可以由家庭選擇在他們之間把事情說開來，接納迷途的水瓶座手足回歸家庭的懷抱，最後朝著和解之路前進。在大多數情況下，疏離的水瓶座手足會同意回來，甚至同意在這麼做的過程裡達成某些要求。但水瓶座手足可能永遠不會完全理解，為什麼當初他們會被拒於門外。

88 水瓶座手足對繼承、遺囑等金錢議題的處理

一般來說，金錢對水瓶座並不是最重要的東西，所以借錢對他們來講沒什麼大不了。他們也不會因為自己在遺囑裡受到財務上的忽略而太過難

強項
有啓發性
有想像力
創新

弱點
令人困擾
讓人震驚
讓人心生警戒

互動風格
突然
自發
不嚴肅

受，除非逝者是他們在情感上非常親近的父母或親屬。在所有兄弟姊妹（包括他們自己）都分到相等份量的時候，水瓶座最快樂。他們討厭為錢爭執，而很可能因為拒絕這樣做，因此受到財務上的損失。比別人更加理想主義的他們，鮮少摒棄他們對金錢事務上所抱持的原則。

89 與水瓶座手足的家族團聚和慶祝活動

水瓶座手足非常樂於在家庭假期、慶祝與團聚中扮演適當的角色。他們會立刻回應所有家人之間共享的美好感受，絕對不會在這種活動裡，替自己尋求特別的關注或有權力的位置。讓他們快樂並避免爭論會有附帶好處，讓大家不至於承受水瓶座的惱怒和突然的情緒爆炸。充滿喜樂、笑逐顏開的水瓶座一現身，總是會為家庭聚會帶來歡樂的氣氛。請確保把他們納入滑稽短劇、故事、遊戲或戶外娛樂活動裡，以便好好利用他們旺盛的精力。

90 與水瓶座手足一起度假

在任何度假活動中被撇下，對於大多數水瓶座手足來說可能都是種折磨。他們必須被包括在進行中的事件裡，如果沒有，你就準備好回來時面對臭臉、充滿埋怨、甚至淚眼汪汪的反應。水瓶座手足在度假時偏愛更有挑戰性與令人興奮的活動，面對危險時鮮少會退縮，實際上還會因此被鼓舞。身為水瓶座的手足，必須時時留意他們，因為無可預見的意外或疾病，可能是其他方面很愉快的假期突然告終的信號。必須不時提醒水瓶座手足他們的限制，並且給他們一些約束，雖然他們通常會對嚴厲的約束感到退縮。

你的水瓶座子女

水瓶座子女可能會對他們的父母造成嚴重的問題，但因為他們歡樂的天性，他們會立即回應父母的注意、理解與接納。問題通常牽涉到他們不尋常的做事方式，而且他們完全拒絕用你的方式做事——事實上，他們也拒絕任何其他方式。如果他們腳上的鞋子讓他們感覺不舒服，他們就會赤腳走進雪地裡；如果逼他們吃對他們有益卻不討他們喜歡的食物，他們連看都不願意看一眼；嘀咕抱怨、哭喊、扭動和尖叫，在他們年紀比較小的時候很常見，而他們對於控制他們的嘗試就是這種反應。

91 水瓶座子女的人格發展

應該容許水瓶座子女以他們獨特的方式，逐漸經歷不同的童年階段。身為父母的你，若是在他們發展的某個關鍵點反對他們，他們很可能就會被卡在那裡，然後在青少年時期與成年後的人生裡產生巨大的心理問題。請記得，水瓶座子女不像其他人，而且他們對於大多數事務有高度個人化的方法，必須得到認可、甚至得到尊崇。因此，他們需要、也應該得到特

殊待遇，尤其是你想要避免嚴重麻煩的時候。如果把童年發展比擬成一棵樹的成長，應設法避免過度摘除和修剪水瓶座的枝椏。

92 水瓶座子女的嗜好、興趣和職涯規畫

應該讓水瓶座子女在範圍廣泛的各種活動中作選擇。這樣做之所以必要，不只是因為他們有必須用掉的旺盛精力，也是因為水瓶座小孩對大部分提供給他們的活動不會有興趣。仔細觀察他們的嗜好偏向，通常可能會產生他們在往後的成年生活裡會選擇什麼專業的線索。絕對不要試圖把水瓶座子女硬塞到某個不成熟的模型裡，或者逼迫他們遵循你偏愛的道路。他們高度叛逆的天性遲早會爆炸，然後脫離那條路，長期而言會導致你更強烈的失望與不快樂。若是這樣，還不如接受他們個人的選擇，不管這麼做有多困難。

93 對水瓶座子女的管教

水瓶座子女很難或者不可能被管教。此外，既然他們對這種對待方式的激烈反應，可能很快導致全面衝突、甚至是戰爭，所以只要有可能，最好別管他們。堅定地運用某些基本規則，以及表現出體諒、溫柔、充滿愛的態度，通常是讓他們那股任性的能量處於控制之下的最佳方式。要是你體罰你的水瓶座子女，如果他們猛烈回擊，不要覺得驚訝，因為他們就是不會容忍被虐待。他們可能也會為周遭同樣承受不公平待遇的動物挺身而出。

94 與水瓶座子女的親暱程度

水瓶座子女比大多數孩子更需要擁抱。在比較年幼的時候，摟抱、安撫的聲調、充滿愛意的眼神、還有撫慰的輕拍，對於使他們容易興奮的個性平靜下來，是不可或缺的。水瓶座子女仰賴親暱感情過活，也很能夠在他們成年早期，把這樣的投資連本帶利回饋給充滿體諒與支持的父母身上。因為水瓶座精力充沛又瘋狂的天性，他們的父母可能會犯下錯誤，以為他們不需要太多鼓勵與慈愛，但不給他們這些將會是個更重大的錯誤。應該給你的水瓶座子女可以照顧的小寵物，這樣他們就可以學會溫柔與撫育，而不是狂野而難以駕馭。

95 處理水瓶座子女與手足之間的互動

水瓶座子女需要有特別能體諒的父母，來監控他們與手足之間的互動。太常見的情況是，手足們可能無法理解水瓶座不尋常且經常令人困擾的習慣，因而討厭他們。父母會受到最徹底的挑戰：在庇護一個特別狂暴的水瓶座子女時，還要維持家庭的和諧。另一方面，如果他們真的被接納了，而且徹底滿意他們所受的待遇，水瓶座子女就算會、也很少蓄意惹麻煩，或者想辦法打破家庭日常生活的和平，只為了爭取注意。

強項
歡樂
懂得欣賞
反應敏捷

弱點
容易惱怒
叛逆
難以駕馭

互動風格
苛求
挑剔
個人主義

朋友與家人

96 與成年水瓶座子女的互動

奇怪的是，就算最不安分的水瓶座子女，都可以在成年生活裡變成平靜的典範。一旦他們在童年與青少年時期發洩得夠多，他們經常會定下來過和諧得驚人的成年生活，展現出他們在早年缺乏的合作與理解精神。因此，成年的水瓶座子女可能在他們肆虐多年的家庭裡，變成一股穩定的力量。那些只認識他們童年時期的人，多年後見識到他們的轉變，常常會被嚇一跳。

雙魚座

生日：2月20日至3月20日

雙魚座，魚的星座，是受到海王星主宰的變動宮水象星座。屬於這個星座的人，感情深刻，比多數人都重視情緒問題，會在他們認真看待的關係裡要求深刻的投入。極其敏感的雙魚座很容易情緒受傷，面對拒絕時總是特別脆弱。他們的靈性或對神性的信念很強烈，就像他們對藝術（主要是音樂）的涉入很深一般。雖然很重視感官，雙魚座卻也知道生活裡有許多經驗，比他們能見到、能摸到的更多。

工作

雙魚座
2月20日至3月20日

強項
豐富
流暢
有同理心

弱點
容易被操縱
過度敏感
過度保護

互動風格
放鬆
適應性強
有影響力

你的雙魚座老闆

　　基於某種奇特的理由，雙魚座被認為是不善理財的。然而在歷史上、而且在他們的朋友圈裡，對生於這個星座的人來說，金錢似乎來得很容易。同樣地，雙魚座老闆太常勾勒出一種錯誤的想像：一條超放鬆卻優柔寡斷的魚，彈跳到超出其能力範圍之外的地方。但事實上，生於這個星座的人經常是極佳的老闆，甚至是商業王朝的締造者。賺錢對他們來說來得很自然，因為錢是一種他們完全了解的流動媒介，而善於撫育的雙魚座老闆，對於守護事業與員工利益的能耐極高，有能力把利潤帶給所有相關人士。

1 要求雙魚座老闆加薪

　　雙魚座老闆喜歡看到他們的金錢被善用，因此如果他們認定你在公司裡有良好的工作紀錄，他們就會想要回饋你，以便激勵你更進一步產出高品質的工作，並為公司增加利潤。你的加薪要求應該直接表明，同時附上你覺得這種加薪很正當的理由。在關於未來工作的承諾方面，大多數雙魚座老闆會稍微加油添醋，但藉著答應給你比較高的位置，他們可以聰明地把你成功所需的工具交給你。

2 向雙魚座老闆宣布壞消息

　　在事情不成功的時候，雙魚座老闆總是願意再試一次，甚至兩次。所以，帶來壞消息通常只是前奏，表示要在組織裡做點變革，在二度開始嘗試之前對計畫做幾項變更。通常最好讓雙魚座老闆想個新的工作日程表，因為他們在時機不利或者根本就是災難的時候，非常擅長迅速思考。的確，當他們被逼到牆角的時候，通常也就是他們最厲害的時候。請記得，痛楚、苦難與不幸，是大多數生於此星座的人眾所周知的特質——儘管受到重大挫折，他們也知道該怎樣堅持下去。

3 替雙魚座老闆安排差旅和娛樂

　　雙魚座老闆極為重視品質，有時他們之中某些人占據權力位置，只為了能夠徹底享受這些附帶好處。正常來說，雙魚座老闆的旅遊、住宿與用餐預算很高，會容許自己沉浸於自身發展得很好的品味中。雙魚座喜歡表

現得有教養，因此他們在高級餐廳和旅館的奢華環境裡顯得非常自在，甚至可以說像是回到家一樣。雙魚座不太可能克制住奢侈花費，他們知道，在哪裡被人看見通常可能是一種潛在的商業工具，可藉此讓客戶與競爭者印象深刻。雙魚座會想要在出門的時候穿上精緻的好衣服，而且他們特別喜歡美麗的鞋子。

4 雙魚座老闆的決策風格

以猶豫不決、優柔寡斷為人所知的雙魚座老闆，在大多數商業環境下有保持彈性的極大優勢。他們一點都不是猶豫不決，而是喜歡好整以暇地仔細考量許多因素，然後才做成決定，而且通常都是正逢其時。因為這種對「決策時機」（kairos，意思是執行一項行動的正確時間）的敏銳度，他們很可能在大多數的商業行動中得到成功。一旦雙魚座老闆下定決心，他們會立刻就準備好實踐他們的想法，並且讓他們的專案開花結果。

5 打動雙魚座老闆

雙魚座老闆知道，一家成功的公司意味著每個人的回饋都有增加，所以打動他們的最佳方式，就是讓他們看看你身為團隊合作者做得有多好。同樣地，整個團隊在奮鬥時合作無間，雙魚座老闆就會更有動力賣出產品，並且以「職人精神」的最高水準來提供服務。雙魚座老闆在辦公桌之間漫步、監督他們的員工時，通常會從詢問看似與個人工作無關的事情開始，好讓員工放輕鬆。要打動你的雙魚座老闆，你也應該採取同樣放鬆、友好的口氣。

6 提案並對雙魚座老闆做簡報

雙魚座老闆需要對提案感到信服。他們總是想知道為什麼他們應該相信你說的話，而且他們來到會議桌前，是為了看到有讓人信服的證據支持你的主張。雖然不必然要用吸引人的技巧和特色來替你的簡報增色，不過雙魚座老闆有非常重視美學的傾向，會很欣賞優雅並令人愉快的簡報，就像他們也會覺得草率和粗心的簡報極為令人討厭一樣。雙魚座老闆通常會用簡單地點頭來表示他們的贊同與欣賞，比較不會用華而不實的稱讚來表達。

你的雙魚座員工

因為擁有極大的適應力，雙魚座員工經常受到極大的重視。幾乎能夠在任何狀況下代打的他們，總是被視為可靠的臨時替代者，接獲通知後很快就可以上陣。雙魚座員工往往是無私奉獻的，會為了整體的好處而犧牲自己的利益。然而，他們這種犧牲的特質可能對自己不利，因為謙讓可能讓自尊心低落，到頭來導致怨恨積少成多。雙魚座員工的努力會在財務上得到完全的回饋，當他們被容許在公司裡慢慢往上爬的時候，狀況會是最

強項
有彈性
適應力
無私

弱點
自我犧牲
謙讓
積怨

互動風格
奉獻
辛勤工作
以團隊為重

好的。

7 面試或雇用雙魚座員工

成功的雙魚座求職者可以向他們的新雇主提供他們的靈活彈性，並且以履歷表證明他們能執行大範圍的多種任務，藉此支持他們多才多藝。未來的雙魚座員工通常很謙遜，雖然很有自信，但也鮮少吹噓自己的成就。他們知道怎樣讓外表顯得好看，會很敏銳地察覺到自己看起來如何，以及現在流行的風格與品味是什麼。對於工作內容有了更多了解以後，他們會很誠實地表達是否自認為適合這個工作。要是面試進行得順利，如果有需要，他們通常願意立刻開始工作。

8 宣布壞消息或解雇雙魚座員工

雙魚座員工能夠應付壞消息，而且在你跟他們說之前，他們可能已經預料到了。他們不會試圖否認自己對已發生之事的責任；事實上，他們甚至會責怪自己到超過必要的程度，而這通常是出於一股保護他人的慾望。在嚴重的情況下，他們甚至會先提出辭呈，而不是等著斧頭落下。在事情不成功的時候，這些現實主義者有足夠的覺察力，知道什麼時候應該適可而止，分道揚鑣勢在必行。

9 與雙魚座員工一同差旅或娛樂

雙魚座員工善於旅行，但不常這麼做。在偶一為之的商務旅行中，他們可能很含蓄，而且非常欣賞提供給他們的一切舒適享受。不過度要求娛樂的他們，對美食難以招架，會願意花一個清閒的晚上，跟你一起坐在提供高品質料理的安靜餐廳裡。雙魚座員工也極度有助於擬定計畫和事前預約，尤其是他們以前去過的城市。他們通常有常去的最愛地點，也很樂於分享這些地方，並且帶他們的旅伴去看看他們在其他狀況下未必會去的特殊景點。

10 分配任務給雙魚座員工

這是雙魚座員工真正在行之處。他們不但會仔細聆聽指示，無私地奉獻給他們的任務，此外還保有足夠的彈性，可以把他們的技能應用在大範圍的各種商業活動上。雙魚座員工很擅長融入既有的團隊中，不猶豫也不抱怨地扮演他們的新角色。然而，他們極為敏感，通常沒辦法應付粗暴的對待。話雖如此，他們總是能夠盡可能給出良好的表現，在受到不公平對待的時候毫不退卻，雖然他們寧願不起爭執。

11 激勵或打動雙魚座員工

最能打動雙魚座員工的是，工作時謙遜又考慮周到的雇主與同事。技術事宜上的專業性會讓他們刮目相看，對於手邊的資料有深刻洞見的奇蹟締造者則經常讓他們心生敬畏。在這樣有啟發性的人身邊工作，可能是極

有激勵作用的，能激發出雙魚座員工的最佳表現。他們夢想在未來成為這樣的人，而假以時日，也總是能夠自然地發展成為這樣的角色。

12 管理、指導或指正雙魚座員工

雙魚座員工不怕被批評，事實上還很歡迎他們尊敬的人直率地提出批評。雙魚座員工把建設性的意見與指正當成教育過程中重要的一部分，他們會感謝你提出建議，並且是真心這麼想。雙魚座員工的另一個強項在於，他們能夠被管理與指導的程度。安於副手角色的他們，能夠把自尊心排除於工作之外，對於必須做的事情可以處理得很有效率。

你的雙魚座同事

雙魚座同事喜歡在放鬆的環境裡工作，同事們能夠以輕鬆自在的態度對待彼此。因為有著極度敏感的本性，別人所產生的負面情感很容易傷害到雙魚座，因此當同事們相處愉快時，他們是最快樂的。釋出善意對雙魚座同事來說極為重要，因為他們知道如果呈現出這種特質，事情就會進展得很順利。有時候雙魚座同事把自己逼得不夠緊，只要有可能，他們更喜歡只做份內的工作並且如期交差。

13 尋求雙魚座同事的建議

雙魚座是天生富有同情心的人，總是會讓他們的同事有個可以倚靠哭泣的肩膀。因為他們的情緒傾向與同理能力，雙魚座能夠感覺到問題背後的緣由，並且預知到牽涉其中的更深層動機和慾望。他們也能夠以有同情心的方式帶出這種領悟，而不會讓其他人激動不安或是受到驚嚇。然而，既然雙魚座同事很難讓自己與他人的痛苦保持距離，你應該要小心不要擾亂他們敏感的本性，或者導致他們把你的哀傷吸收過來，變成他們自己的。

14 向雙魚座同事求助

雖然對你的苦境感到同情，雙魚座同事卻沒有足夠的自信，覺得自己有能力幫你。而就算他們覺得可以提供幫助，可能還是會有所保留——不是出於保持較低能見度的期望，就是出於先照應他們個人問題的需求。沉浸在個人思緒中的雙魚座，傾向於把自己放在第一位。如果他們能夠及時做完他們的工作，他們就會盡快回應你。所以比起要求立刻得到關注的緊急處境，把時間拉長來看，他們比較有幫忙的可能性。

15 與雙魚座同事一同差旅或娛樂

雙魚座善於接納的本性，讓他們成為一同旅行遊樂的理想同伴。非常知所感激的他們，會很感謝你對他們付出的任何關注，以及為他們所做的努力。別期待他們在安排旅行或約定時會扮演積極的角色，並且請習慣雙

強項
好性情
敏感
有同理心

弱點
易受傷害
容易不安
倔強

互動風格
放鬆
欣賞
順從

魚座惡名昭彰的特色：不會準時出現。此外，早上他們需要很長的時間才能清醒。通常只有在他們喝完第二杯咖啡或柳橙汁以後，他們才會意識清醒到能夠對話。

16 與雙魚座同事共事

雙魚座同事對於與他人合作抱持開放的態度，但他們並不總是能夠這麼做，通常這是因為個人理由。他們在團隊努力中的問題核心通常在於他們過度自覺又缺乏自信，在比較私密的情境下，他們覺得很難打開心扉，往往會害羞並退縮。因此，心懷善意的他們會抱持開放的態度、甚至很渴望幫忙，但他們自己的人格特質卻會妨礙這種努力。通常最好等到他們覺得準備好開始的時候，才讓他們自願參與某個計畫，而不是施壓要他們這麼做。

17 打動或激勵雙魚座同事

雙魚座同事對於能夠以同情和理解的態度對待他們的人，印象最好，因為他們對自己的許多心情與複雜的情緒狀態很敏感。只有非常少數的同事知道怎麼對待他們，所以雙魚座同事可能自覺孤立於團體之外，甚至到了表現出偏執狂傾向的程度。他們的同事之中，有個好友或共事者能夠了解他們，知道在何時可以接近他們、還有怎樣接近他們，通常是激勵他們工作的關鍵。可以仰賴他們能夠信任的這個人，來充當雙魚座同事與其他同僚之間有效的溝通橋樑。

18 說服或指正雙魚座同事

很難說服雙魚座同事對抗他們自己的意志。當他們表現出頑固與強烈的好惡時，可能就像一匹馬，可以被帶到水邊，卻不能逼他們喝水。此外，既然他們極為敏感，他們對於直接的批評便不太能好好接受。當他們覺得不獲賞識的時候，免不了會退縮、變得安靜，而且事實證明很難把他們從這種內縮的狀態裡喚醒。他們無法表達自己的憤怒與怨恨。太常見的情況是，當他們受到不當批評時，就會陷入沮喪狀態，所以如果你想要他們工作很有成效，方法就必須溫柔又體諒。

你的雙魚座客戶

善於處理金錢的雙魚座客戶，不太可能把錢浪費在沒有成果的努力上。另一方面，一旦他們看出你的產品或服務的價值時，便會毫不猶豫地慷慨投資在你能提供的事物上。雙魚座客戶在商業事務方面極為敏銳，會在下定決心之前不斷質疑你。相當有可能的是，在他們跟你見面以前，你已經經歷過詳盡的審查過程了。此外，他們也會對你的公司或部門做徹底的調查。因此，別因為他們對你已有的了解而感到驚訝。

19 打動雙魚座客戶

雙魚座客戶感興趣的不只是你的工作紀錄，還有你的願景，尤其是你跟他們一起做夢、發展有創造性專案的能力。他們最關注的是有沒有可能建立某種個人紐帶，確保你完全理解他們的想望，並以有效又兼具敏銳度的方式加以實現。你預期他們心願的能耐，對他們來說非常重要。如果他們覺得你對他們的想望夠有反應，便會毫不猶豫地投資金錢，讓你獨自進行你的工作。

20 向雙魚座客戶推銷

雙魚座客戶不會對試圖說服他們的挑釁姿態或浮誇簡報作出反應，不管你的努力多有說服力都一樣。他們會靜靜地坐著，通常會提出幾個問題，而你的推銷是否成功，幾乎完全取決於你怎麼回答。因此當這樣的探詢浮現時，請不慌不忙、深思熟慮地回應，就算這樣要耗掉一些時間。另一方面，對於可以簡短回應的問題，就不應該囉囉唆唆地講下去。雙魚座客戶對於你情緒反應的觀察非常敏銳，並且會十分注意你回應的邏輯。

21 雙魚座客戶重視的外表和舉措

你的外表對於雙魚座客戶來說是很重要的，你所呈現的所有書面與視覺資料的狀態也一樣重要。如果你在這些領域的任何一處有所欠缺，或者根本就是草率行事，他們會覺得很難相信你的任何主張與計畫。因此，雙魚座客戶更有可能從你的外表與簡報表現，而不是簡報資料來評價你。正常狀態下，他們會精心打理自己的外表，作為對你表示尊重的信號，但這也是他們的品質指標。雙魚座客戶希望能夠因為與你共事而感到驕傲。在這層意義上，如果你想得到他們的尊重，就不要讓他們失望。

22 保持雙魚座客戶的興趣

一旦你打動雙魚座客戶並且拿到合約，他們就會等著看你能產出什麼。然而如同前面指出的，他們不會對你緊迫盯人，通常會給你充裕的時間拿出成果。雙魚座客戶不必然會要求你在第一個月拿出什麼驚人成果，但如果過了幾個月以後，你還是沒有表現出實質進展，他們就會漸漸變得緊張。以在三、四個月內造就出一次足以讓他們大為驚豔的重大成功為目標，你在這一年剩下的時間裡就會占盡優勢。

23 向雙魚座客戶報告壞消息

建議你在這方面採取有點迂迴的路徑，因為用帶著負面衝擊的全副力量來打擊他們，可能會讓他們招架不住。至少花一個星期散播你的壞消息，然後用刻意但委婉的方式，避免一次全部釋出。這樣也會給你多一點的時間，開始彌補你的某些損失，或者至少想出怎麼做的辦法。一旦你的雙魚座客戶看出你很擅長迅速地控制損害，並且靈活到足以改變路線以達成改善，他們很有可能會容許你繼續進行下去。

強項
愛好研究
敏銳
慷慨

弱點
揮霍無度
不安全感
多疑

互動風格
周密
消息靈通
精明

24 招待雙魚座客戶需注意的「眉角」

雙魚座客戶想要享受一段美好時光，並且會期待你全力以赴地招待他們。任何小氣的表現都會讓他們掃興，雖然如果你只為了給他們好印象就浪費錢或亂砸錢，他們也會覺得你很愚蠢。請記得他們熱愛奢華與品質，還有他們深受名牌的吸引。雙魚座對於生活中的優質事物是真正的狂熱分子，他們會很樂於跟你分享他們對奢侈品味的喜愛。雖然他們拿起帳單時不會猶豫，但還是會期待你付錢，而且也會慷慨地給小費。

你的雙魚座合夥人

雖然雙魚座合夥人會設法做到公平（至少他們自己是這麼想），但你必須時時刻刻都留意他們。方法上非常委婉、甚至迂迴的雙魚座魚兒們，是非常滑溜的人，不容易掌握或控制。他們相當能夠裝笨，或者做出模糊的陳述或回答，目的不是讓你對他們的立場沒有真正的概念，就是直接誤導你。他們的動機對你來說可能一直不明，因為他們透露的自我並不多，並且堅定地抗拒任何想要探索他們精神狀態的嘗試。另一方面，他們可以是對抗共同敵人的絕佳盟友，能有效地運用他們的策略來增進你們雙方的利益。

25 與雙魚座建立合夥關係

請確保你用小心而有秩序的方式建立合夥關係。一位你們雙方都滿意的優秀律師，對於起草最初的契約來說具有關鍵的重要性。若不可能這麼做，那麼你們雙方都必須有個別的法律代表。請確定合約很嚴謹。而就算有，也別留下太多模糊空間，因為雙魚座擅長從先前被認為滴水不漏的合約中掙脫，可是惡名昭彰的。要無情地修正並除去合約上所有的模糊之處。在這方面，沒講清楚的通常跟講清楚的一樣重要。

26 與雙魚座合夥人之間的任務分配

在最初的合夥關係合約裡建立任務指導方針，不是個壞主意。只要有可能，就在你們合夥關係的最初幾個月和幾年裡，讓你的雙魚座合夥人遵守這些規定——這是出於原則，也是出於必要。如果你容許一套比較有流動性的安排，你可能會發現你的雙魚座合夥人在你能阻止以前，已經朝著別的方向游走了。一般來說，雙魚座合夥人會覬覦更有創造力的專案與財務上的決策，而把比較乏味的維護和銷售事務留給你。不要把公司的願景完全留給你的雙魚座合夥人。雖然這方面他們很擅長，但也有能耐完全朝錯誤的方向脫軌而去。

27 與雙魚座合夥人一同差旅或娛樂

你必須小心監督雙魚座合夥人的花費，否則即便預算會爆掉，但在你知道以前，你就已經有很驚人的信用卡帳單要付了。此外，如果他們把預

強項
委婉
聰明
有策略

弱點
迂迴
含糊
有誤導性

互動風格
間接
容易改變
滑溜

雙魚座

算花光了，你將沒什麼機會花任何錢，除非你挖自己的私人基金出來用。當你們雙方都在享受美好時光的時候，雙魚座合夥人得到的是大部分的樂趣。然而如果你決定早點去睡覺，在沒有你的情況下，他們還是可以毫無問題的玩樂到凌晨。如果在路上，你想讓雙魚座合夥人保持好心情，旅行的食宿安排就應該要是頂級的。

28 管理並指導雙魚座合夥人

管理並指導雙魚座合夥人可能看似非常順利，直到某天你才如夢初醒地發現他們真正的打算是什麼。事實上，管理與指導雙魚座可能不像表面上看起來那麼容易。雖然他們會同意你說的任何事，然而一旦他們自己著手處理，就很可能忘記他們一開始答應過的每件事，而且一點都不會內疚。他們甚至可能沒察覺到他們正在破壞你的信賴，只要最新的想法或機會一到，他們就轉移注意力了。

29 與雙魚座合夥人長期的合作之道

一旦你習慣雙魚座合夥人的運作方式，也接受他們不尋常的工作方法，事情就會變得容易許多。然而，你最好奉獻一些時間和心力，照看任何優良合夥關係合約的大部分文字內容，其中應涵蓋當事情出錯、或者你們任何一方想退出時，要怎麼處理。你很有可能面對這樣的狀況：雙魚座合夥人太難控制，或者真的會造成災難。

30 與雙魚座合夥人分道揚鑣

如果現狀在合約上看來很健全，你只需嚴格遵循合夥關係合約的文字即可。不要讓自己落入必須配合雙魚座合夥人多變要求的地步，否則他們會把你逼瘋。一旦你們兩人同意現在是分家的時候了，就以高度有條理的方式逐一進行。最重要的是，在這個困難時期應仔細盯著你的雙魚座合夥人，因為他們可能會把合夥的錢花到失控，而他們趁著公司倒閉前實現夢想計畫的慾望可能會膨脹，然而不幸的也會爆炸，留下你來收拾殘局。

你的雙魚座競爭者

雙魚座競爭者是很狡詐的人。他們最愛的計謀，就是讓你以為你抓到他們了，就像抓到一條魚一樣，然而事實上卻是他們在抓你！他們通常會假裝屈服，被你的釣線吸引上了鉤，或者就只是沒你那麼聰明，同時卻充分意識到是他們愚弄了你，並且贏得優勢。當你忙於沾沾自喜、甚至幸災樂禍的時候，他們已經計畫要讓你垮台，或者根本已經在執行了。所以絕對不要從表面上來解讀雙魚座競爭者的行動，而要更深入地看進表面之下，以便預測他們真正的戰略。

31 反擊雙魚座競爭者

強項

有誘惑性
迂迴
有說服力

弱點

不公平
手段卑劣
不道德

互動風格

狡詐
騙人
引誘

　　雙魚座是戰略大師，所以要反擊他們，你就必須了解他們打算做什麼，也要想出一種阻止他們的辦法。因為他們很擅長引誘你上鉤，所以你必須發展出透過等待與不反應來智取他們的耐性。一旦你有機會真正取得優勢（而且不是被騙到認為你有，這樣可能很致命），你必須無情地出擊並摧毀他們的陣營，否則雙魚座競爭者會捲土重來，在幾個月、甚至幾年後，在你最意料不到的時候報復你。

32 智取雙魚座競爭者

　　不要試圖智取雙魚座競爭者，而要逼他們掀開他們的底牌，進而揭露他們的計畫。接下來有兩種可能：一個是他們設計出一次佯攻，讓你猝不及防，以致對他們的詐術過度反應；或者另一種可能是，他們發動認真的直接攻擊，讓你必須立刻反應。如果你設法要在雙魚座競爭者展開第一步行動以前就智勝他們一籌，運氣可能不會太好，因為他們太迂迴又機靈，除非你藏了個間諜或者竊聽設備在他們的核心組織裡，以其人之道還治其人之身，讓假計畫落入他們手中，然後完全擺脫他們的追蹤。

33 當面讓雙魚座競爭者刮目相看

　　雙魚座競爭者對於拒絕落入他們許多詐術之中的人，最為刮目相看。他們只會嘲笑那些蠢到會相信他們的人。同樣地，看起來比較厲害、談吐不凡、比他們更有說服力的對手，也會讓他們印象深刻。請記得，雙魚座對手屬於一流的詐騙專家；如果你不記得，他們就會提醒你。舉例來說，要是你試圖愚弄他們，他們很有可能看似信服了，但就在你認為你已經完全唬住他們的時候，他們可能強烈地瞪你一眼，緊緊握一下你的手臂，同時說出或者暗示：「絕對別詐騙一個詐騙專家。」

34 對雙魚座競爭者削價競爭或高價搶標

　　雙魚座的反應太易變，腳步又太輕快，讓人很難對他們削價競爭或高價搶標。身為虛張聲勢的高手，他們通常會坐在相當弱的牌後面，在看似注定要大開殺戒之前，逼你丟下你的籌碼，然後放棄。但這只是個計謀而已。為了你想要的項目或資產逼高你的出價，以及在爭取某位潛在客戶的合約時逼你降低出價，都是他們的專長。要在心理上勝過、甚或猜透雙魚座對手實在太困難，以至於你極有可能從一開始就放棄這麼做。請保持你的決心，不要一受到刺激就改變心意。

35 與雙魚座競爭者的公關戰爭

　　最常見的狀況是雙魚座競爭者在幕後工作。他們通常不會直接攻擊你的廣告與公關活動，卻會用各種迂迴卑鄙的手段，來顛覆並破壞這些活動。與其先建立他們自己的宣傳活動，他們比較可能等你這麼做，然後破壞你的努力。他們會試圖把你的話轉過來對抗你自己，藉此顯示出你的弱點與矛盾，引誘你花錢，徒勞無功地企圖跟他們匹敵，然後逐漸拖垮你攻

擊的力道,還有你抗拒的意志。算準時機閃電出擊,通常能夠阻止他們的進擊路線——至少暫時如此。

36 向雙魚座競爭者展現你的態度

　　雙魚座競爭者非常圓滑,他們催眠你、控制你的能力非常有誘惑性。就算是他們的最大死敵,都有可能被他們的魅力迷惑,發現自己喜歡他們。要反擊他們有高度操縱性的靠近,最佳之道是以石頭般的沉默迎向所有這樣的序曲,堅定地拒絕相信你看到或聽到的任何事。最重要的是,不要設法玩他們的遊戲或者跟他們鬥智,因為你沒什麼成功的機率。你當然應該要友善,但在此同時也要毫不含糊地給他們一個直接的信號,指出你沒有上他們的當。

愛情

雙魚座
2月20日至3月20日

強項
衣著講究
愛美
特別

弱點
奇怪
有怪癖
愛操控

互動風格
引人入勝
有誘惑性
反應積極

與雙魚座的第一次約會

如果你的雙魚座約會對象覺得你很吸引人，就會立刻對你的示好反應積極。雖然許多雙魚座重視身體之美，但這對他們並不是最重要的事。因此，你的雙魚座約會對象會欣賞你的人格，特別是你不尋常的特質。雙魚座經常在尋找某種特別的東西——某種不尋常的東西——而你很有可能符合要求。因為衣服對他們很重要，他們很可能穿著講究，並且期待你也一樣，雖然過度豪華又昂貴的衣服並不是嚴格的必要條件。

37 吸引雙魚座的目光

在奇特或不尋常的環境下遇見雙魚座，是可以預期的狀況。通常雙魚座約會對象不會專程來與你相遇，反而像是漂流到你的生活裡。更常見的狀況是出於機緣巧合，而非出於計畫。然而，雙魚座也能夠準備微妙的陷阱，反映出一點計畫，卻給人隨性的印象。雙魚座約會對象一旦依戀上你，直到他們得到你以前，不太可能會放手。這些慾望從一次性的隨性會面，到延續的戀情都有可能。

38 初次跟雙魚座約會的建議

如果感覺很強烈而且是雙向的，雙魚座約會對象不太可能克制得住自己。因此在高度隱私的環境下共度親密時刻，可能比外出到鬧區更為恰當。雙魚座是情緒化的人，而且絲毫不怕表達他們的感受，這些感受顯然是浪漫而帶有性慾的。到頭來與雙魚座初次約會對象上床，不該被看成是意外之事——從雙魚座的觀點來看肯定不是。在性愛前後出外迅速喝一杯，也是一種選擇。

39 初次跟雙魚座約會的助興與敗興之舉

對雙魚座約會對象來說，最掃興的就是你不覺得他們吸引人，或者你忽略了他們誘人的「性」致，拒絕他們的示好。如果沒有從你這方表現出的慾望，雙魚座約會對象是不會跟你在一起的。他們很容易對許多不同種類的人感興趣，但對於選擇真正要談情說愛的對象時，他們是相當挑剔的。對雙魚座約會對象來說的助興之舉，會包括你夠敏感，能立刻確定他們的好惡，而不必讓他們來背誦一遍清單。

40 對雙魚座採取「攻勢」

對雙魚座約會對象採取攻勢的方式，可能是從事相互性的活動。一旦某些無聲信號送出去了，然後透過眼睛與雙手得到強化，其他一切就會水到渠成，通常中間不會中斷，除非為了脫掉多餘的衣物。這種自動展開的過程，特徵是一種行雲流水的動作，一旦開始了，直到你們雙方都達到性滿足之前，鮮少會停止。如果你對於跟雙魚座約會對象進展得這麼遠、這麼快有任何疑慮或擔憂，那麼最好一開始就別跟他們有牽扯。

41 打動雙魚座的方法

情感上的誠實能夠打動雙魚座約會對象，而且他們痛恨所有形式的膚淺和虛偽。如果你的感情是假的，你的行為不誠實，他們立刻就會知道，並且選擇不再見你。要是你選擇陪伴他們進行令人興奮的浪漫冒險，他們覺察情緒的立即性與深度會非常令人驚訝，而且通常令人心滿意足。你的無所畏懼，還有你拋棄常規與社會習俗的能力，會讓他們對你更進一步留下好印象。對他們來說，為愛而做的每一件事，都是在超越善惡的狀況下發生的。

42 擺脫雙魚座的方法

既然雙魚座約會對象對於膚淺表面與傳統常規都毫無興趣，你所持的批判、緊繃或譴責的態度，都足以讓他們落荒而逃。雙魚座約會對象對於不贊同的態度極其敏感，以至於他們可能會選擇對你直言進展不順的事實，而且相當坦白地建議彼此不要再繼續下去。無論如何，只有在你和你的雙魚座約會對象相處融洽、對彼此有共同渴求的時候，初次約會才進行得下去。如果狀況發展得不好，終止可能來得很突然，而且會在幾乎任何活動中間就發生。

你的雙魚座戀人

雙魚座戀人會在任何一段發展成熟的關係裡給出他們的一切。就算最日常或平淡的配對，都會被這樣的伴侶賦予新的生命，充滿了深切的情感。跟他們相關的人會作證說明他們有苛求、充滿占有慾、誘人、愛控制又熱情的本性。就連最反覆無常或獨立的戀人，都會覺得很難或不可能在同時間繼續其他的關係。在他們的雙魚座戀人離開之後許久，他們很可能有好一陣子都處於筋疲力竭的震驚狀態。

43 與雙魚座戀人進行討論

雙魚座戀人絲毫不會對可以大發牢騷的機會保持緘默，因此在跟他們進行討論的時候，很可能有大半內容是他們在說你做錯了什麼。雙魚座是天生的抱怨大師，覺得自己有很好的理由，必須完整而毫無保留地為他們的不滿發聲。他們就是這樣處理他們感覺發生在自己身上的事。你不需要

強項

熱情
誘人
浪漫

弱點

有占有慾
愛控制
充滿恐懼

互動風格

完全投入
不妥協
忠誠

在這種「討論」裡講話，只要聆聽，以及在必要時回答他們的問題就好。不要說太多，否則你只是在把自己的墓穴又挖得更深一點。

44 與雙魚座戀人發生爭論

忘了跟雙魚座戀人爭論這種事吧，在你打算吵贏的時候尤其如此。極度頑強的雙魚座不會放棄爭辯，並且會爭到你們兩人都筋疲力竭、心情很差為止，而這種心情很可能會延續好幾天、甚至好幾個星期，所以跟他們起爭執絕對不是好主意。最好克制住不要直接爭吵，寧可隨口做出簡短的評論。要是你的雙魚座戀人開始爭辯，你可以選擇拒絕參戰，並且趁著火苗變成地獄烈火之前迅速滅火，或許可以離場以避免一場爭端。

45 與雙魚座戀人一起旅遊

偶爾的短程旅行，還有時間拉長的假期，雙魚座都很享受。他們有迅速適應的訣竅，而且通常不管在哪裡都很自在。雙魚座偏愛迅速改變場景，勝過無聊的固定地點（他們很有可能會表現出來，因為他們很容易感到無聊），他們總是樂意把目光放在新的刺激地點上。他們偏愛浪漫的地點，而如果你無法或者不懂得欣賞這種地方的誘惑力，那麼你最終會被唐突地丟下。如果能夠分享這些旅程，全然地參與其中，你會享受到真正的樂趣。

46 與雙魚座戀人的性愛關係

與雙魚座的性愛通常是沒有止盡又頻繁的。當雙魚座在性方面受到某人吸引時，他們可能好幾週、好幾個月、甚至好幾年都保持在高亢的興奮狀態。雖然可以指控他們很容易激動亢奮，但事實上他們只會對少數幾個浪漫伴侶，在深刻的情感層次上完全奉獻出自己。對雙魚座而言，愛會被提升到一個崇高的位置；一旦愛缺席的時候，性可能會變成乏味、沒什麼啟發性的活動。

47 雙魚座戀人的親暱表現

雙魚座可以極端親暱而深情。當性愛、浪漫與親暱表現自然地混合成一種令人愉快的媒介，讓他們可以日夜在其中泅泳的時候，他們是最快樂的。他們樂於跟你分享他們那種如水一般的媒介物，但你並不一定要完全分擔他們的感受，因為他們總是能夠表現並沉浸於足夠你們兩個人用的愛。事實上，雙魚座知道訣竅，能夠與某些覺得很難或不可能分享這種感受的人交往，而他們隨後就會搖身一變，成為這些人在這種事情上的導師。

48 雙魚座戀人的幽默感

儘管雙魚座的舉止看似嚴肅，他們最喜歡的莫過於說笑話、大笑、鬥嘴，以及沉浸於跟戀人之間的機智交鋒。能夠把他們這一面引出來的人，

對他們來說是非常寶貴的。所以並不是雙魚座偏愛當個受苦受難的人，而是他們接受這是他們人生的命運，自覺不幸注定要如此。當他們覺得情緒上快要溺斃時，戀人製造的愉快幽默與率真的喜劇，可以在他們心情變好以前充當救生工具。

你的雙魚座配偶

雙魚座配偶很重視家庭，並且很享受在家中度過的時光。雙魚座配偶致力於照顧家庭，但少了子女的婚姻對他們來說沒什麼意義。所以如果他們的配偶不想收養小孩，他們通常會把為人父母的衝動，轉移到姪兒女、外甥兒女、其他親近家人或朋友的孩子身上。許多雙魚座為人父母的衝動實在太強烈，甚至連寵物也變成他們的子女了。雙魚座配偶可能會對他們的伴侶太過保護，以致過度擔心他們的安康。雖然在正常狀況下他們會很感激自己得到關注，但他們卻不會替自己尋求這種守護。

49 雙魚座的婚禮和蜜月

雖然雙魚座（特別是雙魚座女性）被描述成對性愛不怎麼感興趣，但這個說法在蜜月時卻不是真的。雙魚座會為了婚禮而花費大筆金錢，並且期待在新婚之夜與隨後的日子裡有豐碩的回饋。然而，他們的伴侶才經常是這種回饋的受惠者。雙魚座配偶熱愛分享，而他們發現最讓他們感到滿足的事情是互相包容的浪漫。安排婚禮、邀請函、儀式、蜜月地點、旅館及預約餐廳的細節，對他們來說是最大的喜悅泉源。

50 雙魚座的家庭和婚姻生活

每天跟雙魚座配偶生活在一起，並不是很容易。他們最大的問題通常是憂鬱，這種感受常常不是來自婚姻，而是因為低自尊讓他們覺得自己很沒用，這通常阻礙了他們在專業上的抱負。說真的，許多雙魚座配偶沒什麼野心，只滿足於舒適的家庭生活與一份尋常的工作。誠然，不尋常的雙魚座可能會過著異乎主流的生活，但他們大半不會選擇婚姻，或者要是他們真的結了婚，到最後也會出於厭倦或者因為覺得被忽略而離開婚姻。

51 雙魚座婚後的財務狀況

雙魚座配偶負責任到足以長時間堅持他們的工作，而且是夠格或者（在某些狀況下）是很突出的家計負擔者。他們可以極其有效地管理家庭帳戶和預算，能夠體認到金錢的流動性質，也知道如何花錢。過度花費是他們的重大問題之一，經常讓他們的家庭陷入負債狀態。但不知怎的，他們總是看似有辦法擺脫這種處境，甚至連貧窮和破產都可以冷靜處理，持續地忍耐，直到最後超越困境。

強項
保護性
撫育
家庭導向

弱點
緊張
過度保護
封閉

互動風格
參與性
負責
忠實奉獻

愛情

雙魚座

52 雙魚座的不忠與脫軌

雙魚座只有在自己被配偶當成工具人、被虐待或被忽略的狀況下，才會出軌。就算是受到這種對待，他們可能還是會保持忠貞，自苦於他們與配偶之間的痛苦衝突，落入深沉的沮喪狀態中，卻拒絕放棄。許多雙魚座心中有種無可否認的受虐傾向，讓人有時候不免懷疑他們很享受他們的苦難，而且他們肯定能夠談這件事。他們一直抱怨，甚至在相當快樂的時候也是如此，這樣可能會累垮他們的伴侶，並且讓他們的婚姻關係很緊繃。某些家庭成員有時會納悶地想，為什麼他們一開始要結婚。

53 雙魚座與子女的關係

雙魚座配偶總是完全奉獻給他們的子女，有時候還太過頭了。他們對子女的占有慾和過度保護的態度，可能嚴重損害子女的發展，以致造就出過度仰賴雙魚座父母的年輕成人。一部分問題在於雙魚座恐懼與受苦的傾向，這種傾向可能讓他們的子女對自己的行為覺得極有罪惡感與不安全感。因此，子女的信心受到貶抑，經常導致成年後神經質的行為。所以，雙魚座父母有必要學習放手，並且鼓勵他們的子女變得更負責而獨立自主。

54 雙魚座面對離婚的態度

離了婚的雙魚座，外表看來像是真正失去了靈魂。一旦雙魚座失去每天的家庭互動，他們通常會在掙扎中下沉，落入絕望的深淵。有個例外是承受多年的不快樂之後，有勇氣離婚的雙魚座配偶，這些人可能體驗到被釋放的興奮和喜悅。健康類型的雙魚座，經歷了離婚，會在幾年之後再婚，並且經常是跟非常不同於第一任配偶的人——一個更能深刻欣賞他們的人。然而，情感上受創頗深的雙魚座，則可能會與一個跟前任相似度驚人的人再婚，然後再度經歷同樣的苦難與虐待循環。

你的雙魚座祕密情人

經常可以發現雙魚座祕密情人一而再、再而三地愛上愛情，而非愛上一個「真實的人」。他們欺騙自己，認定他們真心愛著別人，但實際上卻是沉浸於自戀與高度理想化的衝動裡。他們重複相同的模式：迅速著迷，然後是激情又善妒的占有行為，藉此折磨著自己和他們的戀人，並從中把高強度羅曼史能夠提供的痛苦與愉悅全都經歷一遍。對於雙魚座的祕密戀情，最好的描述莫過於《北非諜影》主題曲歌詞裡的這一段：「月光和愛歌，如故還如新，熱情滿心中，嫉妒又不平。」

55 遇見雙魚座祕密情人

雙魚座祕密情人對於他人的需求極度敏感，尤其是在他們感覺到自己可以療癒另一個人所承受的不快樂或忽略時。他們會無私地奉獻自己，並

且將精力揮霍到一個讓他們覺得自己被需要的關係裡。許多雙魚座祕密情人是在實現他們的祕密幻想，在其中，他們看似拯救者，救援比他們更無助的生物；在給予愛的時候，他們在自己眼中變得崇高起來。太常見的結果是，兩個人雙雙淹沒在情感之海中，而不只是一個人。雙魚座祕密情人必須拋開這種傷害性的態度，才能建立真正的自尊。

56 與雙魚座幽會的地點

只要能確保徹底的隱私，你們其中一人的家就可以了。通常雙魚座的家會更好，尤其是他們單身，你則在虐待成性的配偶或同居人之外尋求避難所的時候。對雙魚座來說，他們的家有一種受到保護的感覺，有時就像是個令人安心的繭或洞穴，在其中，他們可以有效地從世界上撤退。經常拜訪這樣的地方，很快便會引發你是否要永久搬進來的想法，但這種情境不太可能成功。一旦你被雙魚座祕密情人的情網抓住，一整組新的問題可能會開始浮現，相較之下，你原本的關係看來還沒那麼難搞。

57 與雙魚座的祕密性愛

與雙魚座祕密情人的性愛可以極度令人滿足，尤其當他們很孤單而你又極為不快樂的時候。這些負面情感不知怎的融合交織，製造出讓人心醉神迷的性高潮。當然，中間不時會被進一步的孤寂與渴望打斷，而這些感受必須再度被平息與滿足。一旦被這種古老的性愛成癮雲霄飛車抓住，就很難下車；在跟雙魚座祕密情人共享這一趟旅程的時候，尤其如此。當狀況變得很瘋狂的時候，親友可能也會在情感上被捲入；或者在他們能保持客觀的情況下，他們就只會坐在一旁，目瞪口呆地看著這種狂歡。

58 長久保有雙魚座祕密情人

想保有雙魚座祕密情人，或許就像試圖在屬於魚的水元素裡抓住一條滑溜的魚，那是辦不到的。很快地你就會看出真正讓他們興奮的那件事，就是你的苦難，因此你們關係的存續，就直接取決於你在別人手中承受的虐待大概有多慘。同情導致安慰，安慰導致慾望，慾望導致激情，整個瘋狂的雲霄飛車又從頭再來一遍。所以，把握你的雙魚座祕密情人，或許就等於把握你自己的不幸。

59 與雙魚座的祕密歡愉

雙魚座祕密情人很享受別人跟他們說他們有多棒，尤其是在跟那個害你這麼悲傷的壞人相比時。對於雙魚座祕密情人來說，這樣做一點都不算是不尋常：講關於「那個人」的笑話，並且對於智取「那個人」得意洋

強項
付出
懂得欣賞
反應敏捷

弱點
受苦
自戀
易受矇騙

互動風格
被迷住
受折磨
感情強烈

愛情

雙魚座

333

洋，卻完全沒想到你們的關係就是建立在對「那個人」的共同憎恨上。與雙魚座祕密情人之間比較健康的活動，包括出去吃一頓飯、看場電影、或者跟朋友辦派對。但整體來說，擔心在公開場合被人看到你們在一起的猜疑心理，會逼得你們兩人都躲在家裡。

60 與雙魚座祕密情人分手

既然跟雙魚座祕密情人分手，可能表示你終於準備好放下其中的痛楚與苦難，你會因此發現自己處於一個沒那麼激情、卻比較健康的狀態中。你的雙魚座祕密情人不需要被憐憫，因為可以肯定的是，他們會找到另一個可以依附的受苦靈魂。但願你也會找到一個比較平衡又沒那麼黏人的人。

你的雙魚座前任

強項
誠實
自然
寬恕

弱點
難搞
不穩定
不快樂

互動風格
含糊
不確定
膽怯

可能要花上一段時間，不過一旦雙魚座前任跟你之間真的結束了，一般來說他們就不會回頭，或者甚至不會嘗試跟你聯絡。在最初分手與一去不回的轉捩點之間的時期，可能會很不確定又造成考驗。就像兩隻魚朝著不同方向到處游動（亦即雙魚的符號），這些人要下定決心會有很大的困難，他們通常每天都在改變作法。你的雙魚座前任可能因此對你和家庭生活，有著非常不穩定的影響。他們的報復心並不重，雖然他們的「不確定」是真的，但那通常不是他們施展的策略。

61 與雙魚座前任成為朋友

雙魚座前任並不會反對建立友誼，但因為分手之後他們就不再信任你，以致他們永遠無法全心全意地進入這份關係。他們極度懷疑要形成這種友誼的所有序曲與意圖說明，所以最好徹底避免這個議題，而是讓你的行動來為自己發聲。不要期待你的雙魚座前任先做出表示，因為他們通常會撤退到自己的小小世界裡，而且不會設法先開始跟你聯絡。正常來說，你能期待的最佳狀況是沒有或少有爭論與衝突。

62 與雙魚座前任復合

雖然你的雙魚座前任在許多方面像水一樣軟弱又含糊，但他們對於復合卻是相當堅定的：答案是不變的「不」。他們會指出他們很煩亂，而且不在討論這種可能性的情緒狀態裡，同時指出你傷他們太深，以至於他們不打算回來再試一次──至少沒那麼快。雙魚座前任要花很長的時間，才能讓感受沉澱到足以客觀地談論大多數事情，包括復合在內。

63 與雙魚座前任討論過去的問題

雙魚座前任真的會把各式各樣的感受歸咎到你頭上。在他們挑釁的消極表現變得太過火時，你複誦這句箴言可能很有幫助：「責怪再責怪，罪

惡加羞恥」，一直念到他們終於理解到他們在做什麼為止。要他們對自己無止盡重複的話達到這種領悟，對他們來說是很難的，他們會非常堅決地提起你的每一個不可原諒又惡劣糟糕的行為。對於你這方嘗試原諒自己或者為這種事情道歉，他們只會充耳不聞。

64 對雙魚座前任表達親暱感情的程度

雙魚座通常會回應親暱表現，但在雙魚座前任的例子裡，他們對於你的動機太多疑，以至於會覺得很難或者不能接受。你能期待的最多只有逐年建立他們的信任，直到他們終於能容許你做出這種表示為止。同樣地，不要期待他們對你表達親暱情感；如果他們這麼做了，你可以確定是有某種反覆無常的感受促使他們這麼做，而他們自己可能沒察覺到。

65 界定與雙魚座前任現有的關係

與雙魚座前任現有的關係，很容易波動極大，尤其是在兩極之間震盪，因此不可能加以界定。這表示你能夠日復一日、週復一週都很確定的事情，就只有一樣：這段關係的不確定性。做預測並且得到固定的協議，會是極端困難的，而你可能必須仰賴離婚原始文件的恆常性，來當成唯一固定的參照點，因為雙方感受上的變化，都會讓維持共同決定的能力變得不穩定。

66 要求雙魚座前任分擔照顧子女的責任

雙魚座前任與他們的子女通常有強烈的情感羈絆，會因為孩子不在身邊而承受極大痛苦。如果你們雙方能夠協商出一個公平的協議，平等分享監護權，你就應該對你的雙魚座前任建議這個選項，而不要試圖取得完整監護權。就算這樣的監護權分配是公平的，你還是必須預期在關於子女的事務上常常會有擾動，這會直接跟你的雙魚座前任當時經歷的情緒不安程度成正比。比起任何其他因素，子女通常更能夠可靠地幫助他們的雙魚座父母控制極端的情緒。

朋友與家人

雙魚座
2月20日至3月20日

強項
樂於付出
分享
慷慨

弱點
曠日費時
過度情緒化
揮霍無度

互動風格
有趣
有選擇性
奉獻

你的雙魚座朋友

雙魚座對於幸運到足以成為他們堅定朋友的人來說，有著永無止盡的魅力。此外，他們的敏銳度與反應力，確保了他們會清楚地覺察到你的情緒狀態，並且對你的感受給予高度尊重。雙魚座朋友在有需要的時候特別可靠。雖然朋友的數量有限，他們依然高度重視這份友誼，而且就像他們生活中大多數其他的領域一樣，他們重質不重量。通往雙魚座家的大門總是向你——他們親愛的朋友——敞開，在你急需幫忙的時候，他們非常樂意付出且十分慷慨。

67 向雙魚座朋友求助

正常來說，你甚至不必向雙魚座朋友求助，因為在你還不知道的時候，他們就已經評估過你的狀況，而且自願要幫忙了。雙魚座朋友知道窮愁潦倒、受苦受難是什麼滋味，而且因為他們強烈的同理心，使得他們幾乎立刻就能夠設身處地為你著想。在許多方面，你的痛苦就是他們的痛苦，在此情況下，他們會立刻同情你的苦況，並且喚醒他們想要出手相幫的渴望。當你的雙魚座朋友允諾會幫忙的時候，你可以指望他們會貫徹承諾。

68 與雙魚座朋友溝通和聯絡

雙魚座通常過著低調隱蔽的生活，即便是公眾人物也極度保護自己的隱私。所以，無論他們是比較隱蔽還是比較公眾的類型，他們並不總是有時間或意願，想定期跟你保持聯絡或主動聯絡你。然而當你聯絡他們的時候，他們會回應，而且在大多數例子裡，建議的作法就是這樣。一旦他們把你納入他們神聖的朋友圈中，就鮮少會拒絕你的接近。如果他們花了一段時間才回應你，不要覺得訝異——雙魚座可能動作很慢。

69 向雙魚座朋友借錢

雙魚座朋友會與最親近他們的人分享自己的任何事物，包括金錢在內。對他們來說，金錢就像他們擁有的任何其他物品，是要被分享的，而向他們借錢並不會觸發警報。既然雙魚座花錢很隨性，可能要花一段時間，他們的財源才會充裕到能夠幫助你，但他們是會幫你的。他們鮮少會

把錢要回來，或者要求立下正式借據。但如果他們需要錢，會理所當然地認為你會同樣給他們回饋。慷慨是雙魚座朋友如實的特徵。

70 向雙魚座朋友徵求意見

雙魚座朋友通常不太情願給建議，因為他們對於其他人的觀點太尊重了，而他們對自己在這個領域裡的能力又太過謙遜。然而如果你堅持，他們會以忠告回應。請記得，這樣的意見通常是高度主觀的，因為雙魚座所做、所想與所說的一切都沾染了情感色彩。所以，你可能會拒絕照字面遵循他們的意見，寧願挑選某些有幫助的片段，然後嚴謹地考慮這些部分。雙魚座朋友不會抗議這種選擇性的程序，他們很樂於以他們能做到的任何方式提供協助。

71 拜訪雙魚座朋友的時機

雖然雙魚座朋友高度重視他們的隱私，卻不需要你事先約好才能見他們。他們喜歡他們的密友未經告知就順路來訪，並且經常很歡迎這樣的打擾，視之為令人愉快的分心消遣，讓他們可以擺脫自己的許多情緒，通常是對症下藥的解毒劑，藉此鼓舞他們脫離陰鬱或沮喪狀態。雙魚座朋友把你拜訪他們的想望當成真正的恭維，或許還是最高程度的。他們也對見面喝一杯、吃一頓保持開放態度，但鮮少會來敲你的門，而是更喜歡在街上、或者在你的住處或辦公地點出來的路上跟你見面。

72 與雙魚座朋友一起慶祝和娛樂

雙魚座朋友熱愛抽出時間娛樂和慶祝一番，當成偶爾脫離他們內在與私密生活的慰藉，但他們通常無法應付大批人群，寧願在家裡度過比較安靜的夜晚，或者跟幾個親密朋友出去。話雖如此，一年大約一次左右，他們可以辦一場盛大又吵雜的派對，對此他們會全力以赴，而且毫無拘束。他們主辦這種社交聚會的奢侈鋪張是眾所周知的。他們會下廚、提供所有飲料、做裝飾，並且用表露他們真正親暱感情與愛的特別方式，招待每一位朋友。

你的雙魚座室友

雙魚座室友只要確定他們擁有自己神聖不可侵犯的私人空間，就不會很難料理。一旦確立了這一點，而且你知道不要隨便入侵他們的地盤，事情就可以運作得很順利。要是你需要他們，只要敲門或者喊他們的名字就夠了。然而有些時候他們會忽略這種召喚，把這當成某種時機不對的干擾。正常狀況下，雙魚座室友不管有多出神（而且從宇宙的意義來說，他們可能真的神遊到遠方了），都能夠幫忙處理日常居家雜務，並且拿出房租和伙食費，雖然大部分東西他們都有遲交的傾向。

朋友與家人

強項
樂於助人
居家
私密

弱點
隱遁
沒反應
沉浸於個人世界

互動風格
適應性強
常考慮到金錢
有貢獻

73 與雙魚座室友分擔財務責任

只要雙魚座室友知道他們的責任是什麼，就會盡其所能地履行。然而，所有責任都應該清楚地表達清楚，因為有時候雙魚座只聽到他們想聽到的，因此，狀況可能變得相當含混模糊，除非你自己很清楚。就算他們承認曾經聽你說過什麼，他們可能在幾分鐘內再度神遊他方，把所有負責任的念頭拋諸腦後。最好在紙上寫下他們應負的所有財務責任，甚至讓他們在上面簽名。

74 與雙魚座室友分擔打掃責任

雙魚座室友透過打掃和維持整潔，可以得到很多滿足。然而就算有最良善的意圖，他們還是有能耐累積並產生必須親眼見過才會相信的混亂。他們那種特殊形式的混亂，通常意味著他們把用完的任何東西隨手就扔到地上。因此，你不會太難找到他們——你只需要追蹤他們留下的痕跡就好。一旦把雙魚座室友逮住，然後徵召來組成一支清潔隊伍，你就會發現雙魚座室友是絕佳的打掃人員，而且別具慧眼，能讓東西看起來漂亮整潔。

75 當你的訪客遇到雙魚座室友

雙魚座室友通常只有非常少數幾個密友，但他們喜歡這麼想：隨時歡迎這些人來跟他們待一陣子。這可能表示這些人的其中一位，幾乎任何時候都會走進來，或者更糟的是在半夜時分按門鈴吵醒你。此外，雙魚座室友相信必須跟他們的朋友分享一切，這免不了包括在家裡共享的東西，或者根本就屬於你的東西。這個事實可能導致真正的難題，因為你必須眼睜睜看著雙魚座室友對你的私人財產表現得太過慷慨。

76 與雙魚座室友的社交生活

通常當你為了你的朋友們舉辦一場大型派對時，你的雙魚座室友會做好安排，讓自己根本不在家。如果他們非得留下，他們可能會固守在房間裡，拒絕現身。另一方面，當你和你的室友（們）決定一起辦個派對，雙魚座室友就會熱心參與。雖然他們採取自我克制的方式，然而直到聚會的節奏達到高潮時，他們可能會展現出極端外放的行為。雙魚座室友喜歡不時放下拘束，所以在家裡辦派對的場合是再好不過了。

77 與雙魚座室友的隱私問題

極為重視隱私的雙魚座，會堅持你在保證居家和平與安寧時能夠謹慎看待，並且大多數時候都會克制你的熱情和衝動。雙魚座把大聲的噪音與樂音當成汙染的形式，所以大多數時候你必須讓你的音響保持小聲。此外，雙魚座室友特別沉迷於浴室。他們會想要得到保證，能在那裡待上很長時間而不被打斷，好讓他們可以充分地泡澡或淋浴，以及照料個人衛生、造型和其他身體功能。

雙魚座

338

78 與雙魚座室友討論問題

雙魚座室友心頭通常有過多的個人問題，讓他們不想沉浸於太多關於居家問題的對話，特別是你與他們之間可能產生的困難。最常見的情況是，雙魚座室友認為你和居家空間可以為他們內在的騷亂提供紓解。他們雖不想跟你討論問題，但在某些時候，他們可能需要讓他們飽受折磨的靈魂卸下重擔，甚至要求你的建議或幫助。光是評論說他們看起來不快樂，或許需要談談，你就會讓他們比較容易說出口。

你的雙魚座父母

雙魚座父母專注奉獻於子女的福祉與個人成長。這樣的父母不只是有極大的需求要養兒育女，在養育孩子到成年初期所需的那些年裡，更是投注了相當多的精力。雙魚座父母為他們的子女感到驕傲，也急於給他們最好的機會。他們也很喜愛跟他們的小孩一起享受樂趣，會排定全家都可以參與的活動。有時候過度恐懼又要求很多的雙魚座父母，必須鼓勵子女獨立，以此表現出他們對子女的信心。直到這時，他們的子女才能夠長大，變成可以自立的獨立個體。

強項
撫育
關懷
愛

弱點
充滿恐懼
要求權利
占有慾

互動風格
保護性
熱情
驕傲

79 雙魚座父母的教養風格

一般來說，雙魚座父母覺得大多數的管教方式都令人討厭。就算在他們覺得有必要懲罰孩子的時候，他們也覺得很難、甚或不可能加強管教。體罰通常是不可能的，這會直接牴觸他們強烈的同理心感受，而且他們無法把痛苦加諸心愛之人身上。在設法限制青少年的時候，禁足是一種明確的可能性，從嚴厲的譴責到用手勢打信號在內的各種警告也是。不幸的是，太常見的情況是雙魚座父母就只是讓孩子到處撒野胡鬧。

80 雙魚座父母與孩子的相處

雙魚座父母喜愛寵壞他們的孩子，而這個過程的一部分是對他們恣意表達親暱情感。雙魚座父母的子女會覺得自己特別有福氣，能受到這麼多的關注；但在此同時，被寵壞的孩子可能發展出諸多的問題，而要是父母有比較不縱容、不過度獎賞的態度就可能避免了。因此，雙魚座父母雖然用意良好，卻太常因為過於寬容和體諒而產生不完美的結果。雙魚座父母的子女並不總是有適當的準備，能夠面對艱困世界的現實面。

81 雙魚座父母給孩子的金錢觀

雙魚座父母太容易給子女過多的禮物，包括慷慨的零用錢，讓孩子覺得只要合意就能花錢。為了平衡這種慷慨，雙魚座父母應該花必要的時間教導子女金錢的價值，以及一些關於節儉與儲蓄的訓誡。雙魚座父母也應該鼓勵他們的子女去賺錢，特別是靠著進行困難或苛求的家庭雜務來賺。以這種方式，他們的子女就不會茶來伸手、飯來張口。

82 雙魚座父母的危機處理

雙魚座父母往往會神經兮兮地瞎操心，卻沒有意識到他們正在把自己的恐懼注入到子女的心中，事實上他們可能導致了危機，而不是阻止危機。此外，這裡的危險是，重複的行為模式被灌輸到子女心中，而這通常是（父母本人）自我形象低落與缺乏自信的後果。在有危機的處境下，雙魚座父母可以控制他們比較狂亂敏感的一面，並且迅速而明確地保護他們的孩子。這一點，對於子女的朋友和家裡的寵物來說也是如此。

83 雙魚座父母的假期安排和家族聚會

雙魚座父母會替他們的子女舉辦驚奇派對，並且為家庭聚會的成功做出實質貢獻。然而在假期方面，他們很享受與自己的孩子或配偶單獨度過。在與配偶出去或者完全獨處的時候，他們的慣例是找可用的最佳人選來，在他們缺席時幫忙照顧孩子。雙魚座父母也會照顧堂表親，以如同對待自己子女的溫柔關愛態度對待他們。一般來說，阿姨嬸嬸和姨丈叔伯都會信任他們的判斷。

84 照顧年邁的雙魚座父母

年邁的雙魚座父母對於他們能得到的所有幫助都心懷感激。既然他們的人生總是會變得更內化，他們的需求免不了變得更固定而明顯，照顧他們的責任便會落在子女身上。大多數年邁雙魚座父母最大的需求，是被帶出去散步、偶爾參與社交活動，以及娛樂或享用一頓特別的晚餐，這樣他們就不會覺得自己像是被幽禁起來的可憐人。通常藉由維持他們愉快的心情，並且提供短期的每日護理照料，子女可以發現他們年邁的雙魚座父母過得非常好。被家人遺忘或忽略，對於年邁的雙魚座父母來說是最糟的狀況。

你的雙魚座手足

當雙魚座在手足裡排行老大時，一種非典型狀況可能會發生。這樣的孩子經常對他們的手足極度保護，此外還對他們很貼心又關愛。跟通常有壓迫性又有支配慾的典型年長子女相反，雙魚座老大反映的是雙魚座人格裡比較被動又關懷的特質。然而，這樣的小孩可能會留下手足團體中領導角色的空缺，以致必須由比較年幼的孩子來承擔。較小的雙魚座手足通常被溫柔地擁在家庭的懷抱裡，擁有一個舒適、卻受到高度庇護的童年。

85 與雙魚座手足的競爭和親近

與雙魚座手足的競爭，通常只是低度的衝突。雖然比較被動的雙魚座偶爾會被迫爭取認可，然而在大部分情況下，他們總是滿足於自己在家庭位階中的位置，並不會與他們的兄弟姊妹過度競爭。他們傾向於親近所有的手足，但是會跟其中一個特別親，在較大的家庭裡通常指的是異性手

足。正是跟這位親近的手足，雙魚座會有最具競爭性的衝突，而這通常是在很好玩且正當的心態下產生的。

86 過往的成長經驗對雙魚座手足的影響

雙魚座手足對於童年痛苦的感受非常強烈，並且不想輕易釋放這樣的感受。因此，一個雙魚座手足很可能帶著傷疤、甚至是還未癒合的傷口進入成人時期，他們不能也不會讓傷口癒合。學習變得成熟，並且能夠接受過往的痛苦、把它拋諸腦後，是任何雙魚座發展中的主要挑戰之一，特別是當這些侵害牽涉到某位手足的行為或言語時。雙魚座手足很需要家庭團體中的和諧，而且相當有可能在手足合不來的時候受創深重，甚至到了病倒的地步。

87 與疏離的雙魚座手足往來

整體而言，雙魚座往往會感覺自己被跳過、疏忽或忽視。他們也總是會落入受傷與自憐的模式中。因為這些特質，要應付自覺被冤枉或拒絕的疏離雙魚座手足，可能很困難。如果要把雙魚座家人帶回家庭的懷抱，必須面對的挑戰是往外送出敏感的觸角，去接觸這樣的雙魚座，並且以誠實而明智的方法堅持下去。雙魚座會對他們覺得有誠意的道歉，還有衷心真誠而非形式上與他們和解的嘗試，有所回應。

88 雙魚座手足對繼承、遺囑等金錢議題的處理

雙魚座手足期待自己在遺囑裡明確地被提到，一旦他們沒被提起的時候，可能會深感憤懣。比起金錢和物品，逝者對他們所表達的欣賞與愛更加重要。遺言或遺囑裡的一句好話，對他們來說或許就是足夠的情感食糧了。留給雙魚座的金錢，他們在花用時通常會考量到逝者會想要或贊同的事情。向雙魚座手足借錢時，如果他們有錢，便會樂於跟他們的手足分享他們所擁有的，而且鮮少要求還錢，比較小的金額肯定是不用還的。

89 與雙魚座手足的家族團聚和慶祝活動

雙魚座手足可以在這些活動裡扮演主動角色。他們是懷舊而感傷的生物，只要追憶兒時同在的舊時光，對自己的手足就會覺得心軟。拍照通常是雙魚座手足最愛的一項嗜好，他們是家庭過去的非正式編年史家。製作剪貼簿在家庭聚會裡到處傳閱，與手足、父母和自家子女分享，是他們最愛的方式之一。在美好的感受占優勢的時候，他們最快樂了。

強項
有保護性
撫育
關懷

弱點
被動
沒有方向
讓人不感興趣

互動風格
低調
警戒
體諒

雙魚座

朋友與家人

90 與雙魚座手足一起度假

雙魚座手足喜愛參與當下發生的事。不幸的是，他們負面的那一面通常會讓他們覺得被排除在外，甚至實際上並非如此的時候也這麼想。所以，明智的父母會給他們額外多一點的關照，以確保讓他們不覺得被兄弟姊妹排除在外。通常假期的成敗，就掌握在雙魚座子女手中。在一次負面經驗之後，他們的手足要不是想要把他們和其他家人留在家裡，就是會更勤勉地照顧他們的需求，至少當成一種保證，以對抗又一次的壞經驗。雙魚座手足對這樣的特別待遇，反應很正面。

你的雙魚座子女

強項
喜悅
快樂
熱情

弱點
絕望
被誤解
被拒絕

互動風格
敏感
反應性
苛求

雙魚座子女可以很柔和甜美，把父母的愛都引了出來；但他們也可以非常難搞，因為他們的情緒經常與周遭人的感受格格不入。當雙魚座子女被誤解時，他們會丟下情緒炸彈並且失去控制，因為他們身上就寫著「易碎物，請小心」。極度敏感正是他們的特色，但當他們快樂、覺得被接納與理解的時候，他們會點亮他們的空間，讓其他人充滿喜悅。看著雙魚座小孩受苦是最悲哀的事了，然而當他們同時也讓你日子難過的時候，你可能會很難同情他們。

91 雙魚座子女的人格發展

如果體諒的父母能以有智慧又敏感的方式來對待雙魚座小孩，他們便可以輕鬆地穿越人格發展的各個階段。然而如果你的雙魚座小孩受到剝奪，而且覺得挫折又被誤解，他們很可能幾乎每個階段都在跟父母和世界對抗。即便就連最難相處的雙魚座子女都能熬過去，但最終他們與父母都不免傷痕累累。快樂的雙魚座子女對愛與溫暖的回應，自然得就像是花朵會自然地轉向陽光一般；但在氣惱的時候，他們會覺得親暱表現很難接受，甚至會加以拒絕。

92 雙魚座子女的嗜好、興趣和職涯規畫

雙魚座子女有著形形色色的嗜好與興趣。這些嗜好和興趣通常僅限於童年，而隨著成長，他們會對其中大多數失去興趣。雙魚座在童年閒暇時間的追求與玩樂，鮮少預言他們成年後的職涯。對大多數雙魚座來說，童年與剛成人的時期之間有著嚴格的區隔。童年與成年似乎是兩個完全不同的世界，某些人甚至認不得長大後的雙魚座小孩了。學習在成年生活裡再度拾起玩心，對大多數雙魚座來說是重大挑戰。

93 對雙魚座子女的管教

雙魚座子女對於嚴厲的管教方式與懲罰，反應很差。這些作法可能讓他們陷入困境，並且進入一種打破規矩的模式，因而帶來更多的懲罰，還有隨之而來的苦難。雙魚座子女不守規矩然後被懲罰的問題在於，一旦變

成模式以後，會變得像是他們接受這樣就是常態，迫使他們重複錯誤，進入無限的循環。所以，雙魚座子女不該像其他孩子那樣被管教，在對待他們時要特別考量他們高度敏感的天性。

94 與雙魚座子女的親暱程度

雙魚座子女比大多數人更需要親暱表現。摟抱、擁抱、親吻與微笑，在他們的每日膳食中都是健康而基本的養分。一個被剝奪親暱感情的雙魚座孩子，看起來很可憐——有點像是濕淋淋、髒兮兮的雞。收回的親暱情感可能導致他們生病，心理上和生理上都會。這是父母能對雙魚座孩子做出最殘酷的事情。救命工具可以是一隻最愛的貓或狗，雙魚座小孩能夠轉向毛小孩來尋求親暱感情。一個小朋友或親近的手足，也可能幫忙彌補這種不足。但正常來說，雙魚座孩子需要直接從父母那裡接收到愛。

95 處理雙魚座子女與手足之間的互動

對父母來說，很難不保護他們的雙魚座子女，以致他們有時候會太努力嘗試讓其他手足接納雙魚座小孩了。此外，一旦雙魚座小孩被貼上「最受寵」的恥辱標籤，反而會激起羨慕與嫉妒，讓狀況變得更糟。父母必須畫出一條微妙的界線，剛好足以保護雙魚座子女、卻又不至於激起敵對並傷害到其他孩子的感情。一旦風暴平息，子女之間很有可能自己解決問題。

96 與成年雙魚座子女的互動

許多雙魚座會把他們的童年拋諸腦後，在成年時改變型態，成為一個截然不同的人。成年雙魚座最大的問題是透過重新喚醒內在小孩，與他們的青春時期恢復連結。他們經常必須等到自己為人父母時，才能如實地與童年本質上的魔法恢復真正的接觸，同時對於童年時期有客觀的理解——這是他們小時候所缺乏的。下面這個想法對雙魚座來說，或許比對大多數人更真切：「成人長大以後會成為小孩。」

國家圖書館出版品預行編目（CIP）資料

人際關係占星全書：96種日常情境，12星座溝通攻略/
蓋瑞．高史奈德（Gary Goldschneider）著；吳妍儀
譯. -- 二版. -- 新北市：橡實文化出版：大雁出版基地
發行, 2024.10
面；　公分
譯自：The astrology of you and me : how to understand
　　 and improve every relationship in your life.
ISBN 978-626-7441-83-1(平裝)

1.CST: 占星術

292.22　　　　　　　　　　　　　　　113012159

BC1058R

人際關係占星全書：96種日常情境，12星座溝通攻略
The Astrology of You and Me: How to Understand and Improve Every Relationship in Your Life

作　　　者　蓋瑞・高史奈德（Gary Goldschneider）
譯　　　者　吳妍儀
責任編輯　田哲榮
協力編輯　劉芸蓁
封面設計　黃聖文
內頁構成　歐陽碧智
校　　　對　蔡昊恩

發　行　人　蘇拾平
總　編　輯　于芝峰
副總編輯　田哲榮
業務發行　王綬晨、邱紹溢、劉文雅
行銷企劃　陳詩婷
出　　　版　橡實文化 ACORN Publishing
　　　　　　地址：231030新北市新店區北新路三段207-3號5樓
　　　　　　電話：(02) 8913-1005　傳眞：(02) 8913-1056
　　　　　　網址：www.acornbooks.com.tw
　　　　　　E-mail信箱：acorn@andbooks.com.tw
發　　　行　大雁出版基地
　　　　　　地址：231030新北市新店區北新路三段207-3號5樓
　　　　　　電話：(02) 8913-1005　傳眞：(02) 8913-1056
　　　　　　讀者服務信箱：andbooks@andbooks.com.tw
　　　　　　劃撥帳號：19983379　戶名：大雁文化事業股份有限公司

印　　　刷　中原造像股份有限公司
二版一刷　2024年10月
定　　　價　750元
Ｉ Ｓ Ｂ Ｎ　978-626-7441-83-1

版權所有・翻印必究（Printed in Taiwan）
如有缺頁、破損或裝訂錯誤，請寄回本公司更換。

The Astrology of You and Me: How to Understand and Improve Every Relationship in Your Life by Gary Goldschneider, illustrations by Camille Chew Copyright © 2009, 2018 by Gary Goldschneider
This edition arranged with Quirk Books through Big Apple Agency Inc, Labuan, Malaysia.
Traditional Chinese edition Copyright © 2024 by ACORN Publishing, a division of AND Publishing Ltd.
All rights reserved.